À LIRE ABSOLUMENT

Jeff Bezos – *La folle ascension du fondateur de l'empire Amazon* – *Brad Stone*

Mark McCormack – *Ce que vous n'apprendrez jamais à Harvard*

Jordan Belfort – *Vendre : les secrets de ma méthode*
Maîtriser l'art de la vente et de la persuasion avec le Loup de Wall Street

Brian Tracy – *Les habitudes des millionnaires*
Apprenez leurs secrets pour réussir votre vie personnelle et professionnelle

Nir Eyal – *Imperturbable*
Comment s'affranchir des distractions du monde numérique et rester maître de sa vie

Nik Halik – *Le week-end de 5 jours*
Le guide pour créer vos sources de revenus passifs

Tim Grover – *Devenez accro au succès*
Les secrets du coach de Michael Jordan pour devenir un compétiteur acharné

Ed Catmull – *Creativity, Inc.*
Les secrets de'l'inspiration par le fondateur de PIXAR

LES FONDATEURS

L'HISTOIRE DE PAYPAL ET DES ENTREPRENEURS QUI ONT FAÇONNÉ LA SILICON VALLEY

Ouvrage original publié aux États-Unis
sous le titre *The Founders*
par Simon and Schuster, Inc., New York.

Édition française publiée par
TALENT ÉDITIONS
115 rue de l'Abbé Groult, 75015 Paris

Design de couverture : © Michael Nagin

ISBN : 978-2-37815-250-5

LES FONDATEURS

L'HISTOIRE DE PAYPAL ET DES ENTREPRENEURS QUI ONT FAÇONNÉ LA SILICON VALLEY

JIMMY SONI

Traduit de l'anglais (États-Unis)
par Anne Confuron
Révisé par Paul Périé

Talent Éditions

SOMMAIRE

À ma fille, Venice,
qui est arrivée au moment même
où ce projet a été mis en route
et à Alice, mon éditrice,
qui nous a quittés lorsqu'il venait
tout juste de se terminer.

L'on doit remarquer qu'en effet il n'y a point d'entreprise plus difficile à conduire, plus incertaine quant au succès, et plus dangereuse que celle d'introduire de nouvelles institutions. Celui qui s'y engage a pour ennemis tous ceux qui profitaient des institutions anciennes, et il ne trouve que de tièdes défenseurs dans ceux pour qui les nouvelles seraient utiles. Cette tiédeur, au reste, leur vient de deux causes : la première est la peur qu'ils ont de leurs adversaires, lesquels ont en leur faveur les lois existantes ; la seconde est l'incrédulité commune à tous les hommes, qui ne veulent croire à la bonté des choses nouvelles que lorsqu'ils en ont été bien convaincus par l'expérience.

Machiavel, *Le Prince*

Ceux qui ont appris à marcher au niveau de mondes inconnus, au moyen de ce que l'on appelle communément par excellence les sciences exactes, peuvent alors, en laissant libre cours à l'imagination, espérer plonger plus loin dans les domaines inexplorés parmi lesquels nous vivons.

Ada Lovelace

INTRODUCTION

« Putain, Jimmy, tu me fais fouiller dans le grenier », a dit Elon Musk.

Nous étions assis dans son salon mais la métaphore restait de mise. Musk était sur le point de me raconter l'histoire de PayPal.

Au moment où nous nous sommes rencontrés, en janvier 2019, PayPal – une entreprise qu'il avait cofondée une vingtaine d'années plus tôt – était probablement la chose la plus éloignée de son esprit. La veille, il avait annoncé d'importants licenciements chez Tesla Motors, le fabricant de voitures électriques qu'il dirigeait depuis 2003. Et, la semaine précédente, il avait réduit d'un dixième de l'effectif chez SpaceX, constructeur aéronautique et société de transport qu'il avait créé en 2002. Dans ce contexte de turbulences, j'ignorais dans quelle mesure Musk accepterait de fouiller dans le passé, et j'étais prêt à l'entendre aborder quelques points de discussion connus et à m'envoyer promener.

Mais, au fur et à mesure qu'il évoquait le développement d'Internet et les débuts de PayPal, les histoires se sont enchaînées. Au sujet de son premier stage au sein d'une banque canadienne. De la création de sa première start-up, puis de la deuxième. De ce que l'on éprouve à être démis de ses fonctions de PDG.

À la fin de l'après-midi – environ trois heures plus tard – j'ai suggéré que nous fassions une pause. Nous n'avions prévu qu'une heure ensemble et, même si Musk s'était montré généreux de son temps, je ne voulais pas abuser de son hospitalité. Mais alors qu'il se levait pour me raccompagner, il s'est lancé dans une autre histoire sur PayPal. À quarante-sept ans, Musk parlait avec l'enthousiasme d'une personne plus âgée à laquelle on demande de revivre ses jours de gloire : « Je n'arrive pas croire que cela fait déjà vingt ans ! »

Il était effectivement difficile de croire non seulement aux années qui avaient passé, mais aussi à tout ce que les anciens de PayPal avaient accompli pendant ces années. Si vous avez utilisé Internet au cours des deux dernières décennies, vous avez utilisé un produit, un service ou un site Web lié aux créateurs de PayPal. Les fondateurs de plusieurs des entreprises phares de notre époque – les créateurs de YouTube, Yelp, Tesla, SpaceX, LinkedIn et Palantir, entre autres – étaient des employés de PayPal de la première heure ; d'autres occupent des postes de direction chez Google, Facebook et au sein des principales sociétés de capital-risque de la Silicon Valley.

Que ce soit au premier plan ou dans les coulisses, les anciens de PayPal ont construit, financé ou conseillé presque toutes les entreprises de la Silicon Valley au cours des vingt dernières années. En tant que groupe, ils constituent l'un des réseaux les plus puissants et les plus fructueux jamais créés : un pouvoir et une influence que traduit bien l'expression controversée « la Mafia PayPal ». Plusieurs milliardaires et de nombreux multimillionnaires ont émergé des rangs de PayPal ; la valeur nette combinée du groupe est plus élevée que le PIB de la Nouvelle-Zélande.

Mais se concentrer uniquement sur leur richesse et leur impact sur la technologie, c'est passer à côté de l'empreinte plus large du groupe : les anciens de PayPal ont créé des organisations à but non lucratif de microcrédit qui ont changé le monde, produit des films primés, écrit des best-sellers et conseillé des hommes politiques à tous les niveaux – de la Chambre des représentants à la Maison Blanche. Et ils sont loin d'en avoir terminé : aujourd'hui, les anciens de PayPal se sont donné comme mission de cataloguer les dossiers génétiques du monde entier, de restaurer trois milliards d'acres d'écosystèmes forestiers et de *scaling love* – mettant à profit leur expérience de PayPal dans chaque dossier.

Ils ont également été au centre des plus grandes controverses sociales, culturelles et politiques de notre époque, qu'il s'agisse des combats acharnés pour la libre expression, de la réglementation financière, de la confidentialité en matière de technologie, des inégalités de revenus, de l'efficacité des cryptomonnaies et de la discrimination dans la Silicon Valley. Pour leurs admirateurs, les fondateurs de PayPal sont une force à imiter. Pour ses détracteurs, le groupe représente tout ce qui ne va avec les grandes technologies, mettant un pouvoir sans précédent entre les mains d'une poignée de libertaires techno-utopistes. En fait, il est difficile de trouver un avis mitigé sur les fondateurs de PayPal : ce sont soit des héros, soit des barbares, selon la personne qui émet le jugement.

■ ■ ■

Et pourtant, malgré tout cela, l'époque de PayPal est généralement passée sous silence. Si les premières années sont évoquées, elles font généralement l'objet d'un paragraphe poli dans lequel PayPal est crédité d'avoir rendu possibles les réalisations ultérieures, plus éclatantes. Ces succès du groupe sont si légendaires – et leurs controverses si flagrantes – qu'ils éclipsent l'histoire d'origine. Après tout, les voyages dans l'espace sont une meilleure publicité que les services de paiement.

Mais cela me semblait étrange. C'est comme si ces gens-là avaient grandi dans la même petite ville et que personne n'avait pris la peine de demander ce qu'il y avait dans son eau. C'était aussi une honte : faire l'impasse sur la création de PayPal, c'est négliger les choses les plus intéressantes à propos de ses fondateurs. C'est passer à côté de l'expérience déterminante de leur début de vie professionnelle, qui a défini une grande partie de ce qui a suivi.

Lorsque j'ai commencé à fureter, à poser des questions sur les débuts de l'entreprise, il est devenu évident qu'une grande partie de l'histoire avait été négligée – et que beaucoup de ses figures centrales étaient absentes des récits. Plus d'une personne à laquelle j'ai parlé n'avait jamais été interrogée en détail sur son passage chez PayPal. Et leurs histoires étaient aussi riches et révélatrices que celles des grands noms.

C'est en effet dans les souvenirs de dizaines d'ingénieurs, de concepteurs UX, d'architectes de réseau, de spécialistes de produits, de combattants de la fraude et de personnel d'assistance que l'histoire de PayPal prend vie. Comme le dit un ancien collaborateur : « Vous avez des gens comme Peter Thiel, Max Levchin et Reid Hoffman. Mais, quand je suis arrivé dans l'entreprise, ce sont les administrateurs de base de données qui étaient considérés comme des dieux. »

Qu'elles soient connues ou non, les centaines de personnes qui ont travaillé chez PayPal de 1998 à 2002 considèrent l'expérience comme un tournant décisif. Elle a influencé leur approche du leadership, de la stratégie et de la technologie. Plusieurs anciens de PayPal ont fait remarquer qu'ils avaient passé le reste de leur carrière à rechercher une équipe dotée d'une intensité, d'une intelligence et d'un esprit d'initiative comparables. « Il y avait quelque chose de vraiment spécial et je pense que nous ne l'avons peut-être pas tous réalisé à l'époque, a déclaré un membre de l'équipe produit. Mais aujourd'hui, lorsque j'intègre une équipe, je cherche simplement cette magie que nous avons vue au tout début de PayPal. Et c'est rare, mais c'est ce que nous continuons à chercher. »

Un employé a fait remarquer l'effet papillon de l'entreprise – pas seulement au niveau des réalisations des gens comme Musk, Levchin et Hoffman, dont les idées ont touché des millions de personnes, mais dans la vie des centaines d'autres présentes au moment de la création. « C'est [...] quelque chose qui me définit et qui définit ma vie, et ce, probablement [jusqu'à ma mort] », a-t-il ajouté.

Comprendre les années PayPal permet de faire la lumière sur une période remarquable de l'histoire de la technologie et sur les personnes remarquables qui l'ont créée. Plus j'avançais dans mes découvertes, plus j'étais convaincu que « le grenier » valait la peine d'être fouillé.

■ ■ ■

La création de PayPal est l'une des grandes histoires improbables de l'ère d'Internet. Vingt ans plus tard, en vivant et faisant ses achats à une époque où le « e » de « e-commerce » est redondant, il est facile de prendre un service comme PayPal comme acquis. Lorsque quelques clics suffisent pour faire venir une voiture à notre porte, envoyer de l'argent par Internet ne semble pas être une nouveauté. Mais c'est une erreur de supposer que la technologie sous-jacente au transfert d'argent numérique a été facile à mettre en place ou que PayPal était voué à réussir.

Le PayPal que nous connaissons aujourd'hui a résulté de la fusion de deux entreprises. La première – initialement appelée Fieldlink et rebaptisée Confinity – a été fondée en 1998 par deux inconnus, Max Levchin et Peter Thiel. Au fil de son évolution, Confinity a mis en place une structure qui reliait l'argent au courrier électronique, un service ayant été baptisé « PayPal » qui a trouvé un public enthousiaste sur le site d'enchères eBay.

Mais Confinity n'était pas la seule entreprise à travailler sur les paiements électroniques. Tout juste après la vente de sa première start-up, Elon Musk avait fondé X.com, une entreprise qui aidait également les utilisateurs à envoyer de l'argent par mail. Mais c'était loin de coller à son ambition initiale. Musk était convaincu que les services financiers devaient être bouleversés et que X.com serait la plateforme pour le faire. Il a présenté sa nouvelle start-up comme étant le site financier, à une seule lettre, qui surplomberait tous les autres, offrant tous les produits ou services financiers possibles. Mais une série de changements stratégiques a conduit X.com à cibler le même marché des paiements en ligne que Confinity, les règlements numériques étant la porte d'entrée vers un éventail de services financiers plus large.

Confinity et X.com se sont livré une lutte acharnée pour la part de marché d'eBay, une compétition qui a suscité la colère des deux équipes et s'est terminée par une fusion fracassante. Au cours des années qui ont suivi, la survie de l'entreprise est demeurée incertaine. Poursuivie en justice, escroquée, copiée, moquée : d'entrée de jeu, PayPal était une start-up en état de siège. Ses fondateurs ont dû faire face à des sociétés financières pesant plusieurs milliards de dollars, à une presse critique et à un public sceptique, à des régulateurs hostiles et même à des fraudeurs étrangers. En l'espace de quatre ans seulement, la société a survécu à l'éclatement de la bulle Internet, à des enquêtes des procureurs généraux des États et à un produit copié par l'un de ses propres investisseurs.

PayPal a également dû faire face à un marché incroyablement concurrentiel. Au cours de ses années de formation, l'entreprise a vu arriver plus d'une douzaine de nouveaux entrants dans le secteur des paiements, tout en se défendant contre l'arrivée d'acteurs puissants et établis – associations de cartes de crédit comme Visa et Mastercard, ainsi que des banques multimilliardaires. Et parce qu'elle s'est imposée comme principale plateforme de paiement d'eBay, PayPal s'est retrouvée dans le collimateur des dirigeants du site, qui la voyaient, à juste titre, comme un intrus écrémant les frais de service leur étant dus. Ebay a acquis et lancé sa propre plateforme de paiement pour détrôner PayPal, une rivalité qui a marqué les premières années de la start-up.

■ ■ ■

Sans grande surprise, les mers agitées à l'extérieur n'ont pas engendré la paix au sein de l'entreprise. « Nous traiter de mafia est une injure faite aux mafias, plaisante John Malloy, un des premiers membres du conseil d'administration. Une mafia est beaucoup mieux organisée que nous ne l'étions. » Au cours de ses deux premières années d'existence, PayPal a connu trois PDG et son équipe de direction a menacé de démissionner en masse – deux fois.

L'équipe dirigeante de PayPal n'avait pas une grande ancienneté au sens traditionnel du terme. Beaucoup de ses fondateurs et de ses premiers employés ont rejoint l'entreprise lorsqu'ils avaient une vingtaine d'années ; la plupart sortaient tout juste de l'université. Travailler chez PayPal constituait leur premier pas dans le monde professionnel. Une main-d'œuvre jeune n'était pas rare dans la Silicon Valley de la fin des années 90, inondée de jeunes passionnés de technologie cherchant à faire fortune. Mais, même selon les normes de la Valley, la culture de PayPal était iconoclaste. Parmi les premières recrues, on trouve des jeunes qui ont abandonné l'école, des as du jeu d'échec et des champions en énigmes, souvent choisis pour leur excentricité et leurs particularités, et non malgré elles.

À un moment donné, le bureau de la société affichait à la fois un indicateur appelé « *The World Domination Index*[1] », qui suivait les utilisateurs au quotidien, et une bannière portant les mots « *Memento Mori* », qui signifie en latin « Souviens-toi que tu vas mourir ». L'équipe excentrique de PayPal était prête à dominer le monde – ou à mourir en essayant.

1. Indice de domination mondiale

La plupart des observateurs prédisaient cette dernière issue. À la fin des années 1990, 10 % seulement de tout le commerce en ligne se faisait par voie numérique – la majeure partie des transactions se terminaient encore par l'envoi d'un chèque *via* la poste. Nombreux étaient ceux qui hésitaient à saisir des informations bancaires ou d'une carte de crédit personnelle en ligne, et les sites comme PayPal étaient souvent considérés comme des portails pour des activités illicites telles que le blanchiment d'argent ou la vente de drogues et d'armes. À la veille de son introduction en bourse, une revue spécialisée de premier plan a déclaré que le pays avait besoin de PayPal « autant que d'une épidémie d'anthrax ».

La mauvaise publicité pouvait être ignorée. Mais pas les événements qui bouleversent le monde. Au moment où les fondateurs de PayPal s'apprêtaient à introduire la société en bourse – finalisant les termes de ce qui aurait dû être leur plus grande victoire –, deux avions ont surgi dans le ciel de New York pour frapper les tours jumelles. PayPal a été la première entreprise à déposer son dossier d'introduction en bourse après le 11 septembre 2001, alors que le pays et les marchés financiers commençaient tout juste à se remettre de l'attaque.

Sur la voie de son introduction en bourse, PayPal a dû faire face à une série de poursuites judiciaires et à la SEC[2], aux aguets à la suite de plusieurs scandales financiers très médiatisés dans d'autres entreprises. Après des revers quasiment sans fin – une fusion brutale, des dizaines de millions de dollars perdus à cause de la fraude et un climat difficile pour les valeurs technologiques –, PayPal a réalisé l'improbable : une introduction en bourse étonnamment réussie et son acquisition, la même année, par eBay pour 1,5 milliard de dollars.

Musk a par la suite corrigé un journaliste qui suggérait que PayPal avait été une entreprise difficile à créer. « La société n'a pas du tout été difficile à créer, a-t-il rétorqué. Disons plutôt que c'était une entreprise difficile à maintenir en vie. » Vingt ans plus tard, PayPal peut revendiquer un succès rarissime pour les entreprises de son époque :

2. La SEC, Securities and Exchange Commission, l'organisme fédéral américain de réglementation et de contrôle des marchés financiers. L'équivalent de l'Autorité des marchés financiers en France.

elle existe toujours. Finalement, eBay a donné son indépendance à PayPal, qui vaut aujourd'hui environ 300 milliards de dollars –, faisant d'elle l'une des plus grandes entreprises du monde.

Un peu plus de deux ans se sont écoulés entre la fusion de X.com et Confinity et l'introduction en bourse de PayPal sur le Nasdaq, mais de nombreux salariés ont eu l'impression d'y avoir travaillé toute une vie. Beaucoup se souviennent de l'entreprise comme d'un creuset : aussi féroce que créative et d'une rare intensité. Une employée l'a bien remarqué, dès la première heure de son premier jour. En se dirigeant vers son box chez PayPal, elle a repéré une cachette de taille industrielle de Tylenol sur sa droite. À sa gauche, dans le box voisin, elle a entendu une de ses collègues réprimander un conjoint frustré. « Je me souviens qu'elle a dit à son mari : "Écoute, je ne rentrerai pas à la maison ce soir ! Alors, arrête de me poser la question !" »

Les uns après les autres, les employés ont décrit cette époque comme un « brouillard » – un brouillard d'épuisement, d'adrénaline et d'angoisse. Un ingénieur dormait si peu pendant cette période qu'il a bousillé non pas une mais deux voitures en rentrant tard chez lui a des bureaux de PayPal. Le directeur technique de l'entreprise a dit que les collaborateurs du groupe se sentaient « comme les vétérans d'une intense campagne militaire ».

Pourtant, les anciens employés de PayPal demeurent nostalgiques. « C'était follement excitant, a fait remarquer Amy Rowe Klement. Je ne pense pas que nous ayons pleinement réalisé dans quelle fusée nous étions à ce moment-là. » Plusieurs personnes ont affirmé avoir fait le meilleur travail de leur vie pendant cette période. « J'avais l'impression de faire partie de quelque chose de grandiose, ce qui ne m'était jamais arrivé avant », a expliqué Oxana Wootton, une ancienne analyste du contrôle qualité. « À ce jour, mon sang est encore bleu PayPal », a remaqué Jeremy Roybal, un analyste des transactions frauduleuses.

■ ■ ■

Beaucoup de ceux qui ont fini par travailler chez PayPal sont arrivés dans l'entreprise de façon détournée. Ce projet est né d'une manière similaire. En écrivant mon dernier livre – une biographie du regretté Dr Claude Shannon, fondateur de la théorie de l'information et l'un des grands génies oubliés du xxe siècle –, j'ai mené une étude à propos de son employeur, Bell Laboratories. Bell Labs était la branche de recherches de l'entreprise Bell Telephone. En tant que groupe, les scientifiques et ingénieurs de Bell ont remporté six prix Nobel et ont inventé, entre autres choses, la numérotation à touches, le laser, les réseaux cellulaires, les satellites de communication, les cellules photovoltaïques et le transistor.

J'ai commencé à m'interroger sur d'autres constellations de talents semblables à celle de Bell, notamment des entreprises technologiques comme PayPal, General Magic et Fairchild Semiconductor, mais aussi sur des générations non technologiques comme les Fugitive Poets, le groupe Bloomsbury et les Soulquarians. Le musicien et producteur britannique Brian Eno a déclaré un jour qu'en tant qu'étudiant en arts visuels, on lui avait appris que la révolution artistique venait de figures solitaires – Picasso, Kandinsky, Rembrandt. Mais en se penchant sur leurs parcours, il avait découvert qu'ils étaient les produits de « scènes très fertiles impliquant des tas et des tas de gens, certaines artistes, d'autres collectionneurs, conservateurs, penseurs, théoriciens... Toutes sortes de gens qui ont créé une sorte d'écologie du talent. »

Eno appelait ça « *scenius* ». « *Scenius*, expliquait-il, c'est l'intelligence de toute [...] une opération ou d'un groupe de personnes. Et je pense que c'est une façon plus utile de réfléchir à la culture, en fait. » C'est également une façon intéressante d'envisager l'histoire de PayPal, bien comprise comme un récit sur les vies, les intersections et les interactions de plusieurs centaines d'individus, à un moment où l'Internet grand public a pris forme.

Les histoires de technologie moderne sont habituellement racontées comme des contes de réussite individuelle, plus *genius* que *scenius*. Jobs est indissociable de l'histoire d'Apple, comme Bezos l'est d'Amazon, Gates de Microsoft ou Zuckerberg de Facebook. Le succès de PayPal est une histoire d'un genre différent. Il n'y a pas de héros ou d'héroïne unique. À différents moments de l'histoire de l'entreprise, divers membres de l'équipe ont réalisé des percées essentielles pour la sauver ; éliminez l'un d'entre eux et il est possible que tout se soit écroulé.

En outre, de nombreuses réalisations emblématiques de PayPal sont nées des frictions productives du groupe, la tension entre les équipes chargées des produits, de l'ingénierie et les équipes commerciale donnant lieu à des joyaux d'innovation. Les débuts de l'entreprise ont été marqués par de profonds désaccords et, pourtant, comme l'a noté James Hogan, l'un des premiers ingénieurs, « il y avait une façon de ne pas se marcher sur les pieds, sur le plan personnel et émotionnel, qui a finalement dégénéré en dysfonctionnement ». Chez PayPal, la discorde a donné lieu à des découvertes.

Je voulais comprendre cette écologie, le mélange fertile des personnes impliquées, les défis qu'elles ont dû relever et le moment, dans l'histoire de la technologie, où elles les ont affrontés.

■ ■ ■

Pour l'auteur potentiel, l'histoire des origines de PayPal est passionnante – bien qu'intimidante – à écrire. J'ai commencé par un examen exhaustif de ce qui avait déjà été dit et écrit sur le sujet. Heureusement, les profils de beaucoup de ceux qui avaient construit l'entreprise jouissaient d'une bonne visibilité auprès du public ; ils avaient écrit des livres, lancé des podcasts et parlé de PayPal lors de conférences, à la télévision, à la radio et dans la presse écrite. J'ai passé en revue des centaines d'heures de leurs commentaires précédents et les centaines d'articles écrits sur PayPal au cours de ses premières années, ainsi qu'un petit nombre de livres et de publications universitaires qui prenaient l'entreprise comme étude de cas.

J'ai également tenté de contacter nombre de ses employés avant son entrée en bourse, et j'en ai interrogé des centaines tout au long de ce projet. Je suis reconnaissant d'avoir pu parler et interroger tous les cofondateurs de l'entreprise, la plupart des membres de son conseil d'administration et ses premiers investisseurs. J'ai également échangé avec des personnes extérieures qui m'ont apporté des perspectives inestimables : les conseillers techniques de la société, la personne dont l'entreprise a donné naissance au nom « PayPal », les investisseurs potentiels qui ont failli appuyer sur la gachette, et les dirigeants d'entreprises concurrentes, parmi beaucoup d'autres. Je suis reconnaissant à tous ceux qui m'ont généreusement permis de fouiller dans leurs collections de notes, de documents, de photos, de souvenirs et dans des dizaines de milliers de pages de mails des premiers jours de PayPal.

Dans de nombreux cas, j'ai découvert des histoires inédites – y compris les récits douloureux du quasi-échec de la fusion Confinity-X.com, et de la façon dont l'entreprise a failli s'effondrer à plusieurs moments critiques. J'ai également essayé de comprendre comment, à travers ce chaos, les innovations Internet de PayPal ont vu le jour et ont donné naissance au paysage internet d'aujourd'hui.

Ce qui est ressorti de ces années de recherche est une histoire d'ambition, d'invention et d'itération. D'une période de contrainte est née une génération d'entrepreneurs, dont les créations ultérieures portent l'empreinte de PayPal. Mais la première victoire – son succès – a été durement acquise. Bien comprise, l'histoire de PayPal est une odyssée de quatre ans de quasi-échecs suivis de quasi-échecs.

Rien d'étonnant, donc, à ce que son histoire commence par une panne technologique historique – une catastrophe à des milliers de kilomètres de la Silicon Valley qui a, pour la première fois, confronté l'un des futurs fondateurs de PayPal à la technologie informatique.

1ère PARTIE

LA DÉFENSE SICILIENNE

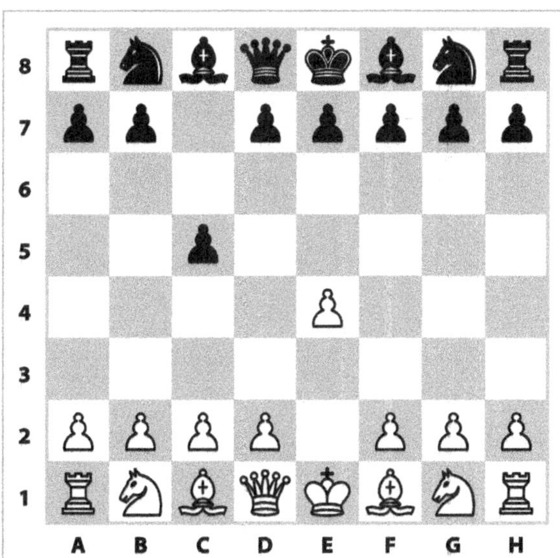

1

LES FONDATIONS

Le numéro de février 1986 de *Soviet Life* comprenait dix pages sur papier glacé : « Paix et abondance à Pripyat. » Pripyat était, d'après l'article, une idylle cosmopolite. « Aujourd'hui, la ville est composée de personnes appartenant à plus de 30 nationalités différentes, originaires de toute l'Union soviétique, écrivaient les auteurs. Les rues regorgent de fleurs. Les immeubles d'habitation sont entourés de pinèdes. Chaque quartier résidentiel possède son école, une bibliothèque, des magasins, des équipements sportifs et des aires de jeux à proximité. Le matin, il y a moins de monde. Seules quelques jeunes femmes qui se promènent tranquillement avec leur bébé en poussette. »

Si la ville avait des problèmes, c'était seulement parce qu'elle manquait d'espace pour les nouveaux arrivants. « Pripyat connaît actuellement un baby-boom, faisait remarquer le maire. Nous avons construit des dizaines de crèches et d'écoles maternelles, et d'autres viendront s'y ajouter, mais elles ne peuvent toujours pas faire face à la demande. »

Celle-ci était compréhensible, car Pripyat abritait une merveille technologique soviétique : la centrale nucléaire de Tchernobyl. L'usine était un employeur important et, selon l'article, elle offrait des emplois bien rémunérés et une énergie « écologiquement beaucoup plus propre que les centrales thermiques qui brûlent d'énormes quantités de combustibles fossiles ».

Et qu'en est-il des questions de sécurité ? Un ministre soviétique a été interrogé directement sur ce point, et il a répondu avec toute la confiance et l'assurance de l'autorité. « Les probabilités d'une fusion sont d'une sur 10 000 », s'est-il vanté.

Quelques mois seulement après que *Soviet Life* s'était extasié sur la vie à Pripyat, la ville n'était plus qu'une ruine fumante et radioactive. Le 26 avril 1986, à 1 h 23 du matin, le réacteur numéro « 4 » de la centrale nucléaire de Tchernobyl a fondu, provoquant une explosion qui a arraché le toit de mille tonnes du bâtiment. Rapidement, le ciel de Pripyat s'est rempli d'une quantité de matières radioactives plus de quatre cent fois supérieure à celle lâchée sur Hiroshima.

Maksymilian « Max » Rafailovych Levchin avait dix ans, et il dormait à cent quarante kilomètres de là lorsque Tchernobyl a explosé. Il s'est réveillé dans une ville transformée et façonnée par la catastrophe. Au cours de ces premiers moments d'angoisse, ses parents l'ont embarqué dans un train avec son frère. Pendant le voyage, il est scanné avec un compteur Geiger afin de détecter des radiations – et déclenche l'alerte de l'appareil. Une épine de rose coincée dans sa chaussure s'est avérée être le coupable radioactif mais, pendant un moment, il a paniqué en envisageant l'amputation possible de son pied.

■ ■ ■

Toute la famille de Levchin a été touchée par la catastrophe de Tchernobyl, y compris sa mère, Elvina Zeltsman. Elle était physicienne et travaillait dans le laboratoire de radiologie de l'Institut des sciences alimentaires.

Avant Tchernobyl, c'était un poste tranquille. Selon son fils, elle passait ses journées à vérifier la sécurité de l'approvisionnement en pain (non radioactif) de l'Ukraine. Mais, après Tchernobyl, alors que des aliments radioactifs ont commencé à sortir du nord de l'Ukraine, ses responsabilités ont augmenté –, ainsi que l'urgence de ses efforts.

Pour l'aider dans son travail, le gouvernement soviétique a envoyé deux ordinateurs au bureau d'Elvina : un DVK-2 soviétique et un Robotron PC 1715 est-allemand. Levchin accompagnait parfois sa mère à son travail et, au début, il trouvait les ordinateurs ennuyeux et poussifs. Et ce, jusqu'à ce qu'un jeu arrive pour le DVK-2 : Stakan (un nom donné à Tetris, qui a été créé en 1984 par des ingénieurs à l'Académie des sciences de l'Union soviétique). Il est devenu accro.

La curiosité de Levchin s'est rapidement tournée vers le Robotron. Il était livré avec un compilateur Pascal, un programme qui transformait le code humain en langage machine. La boîte contenait aussi un manuel pirate de Turbo Pascal 3.0, qui expliquait l'utilisation du compilateur. De tels textes étaient rares dans l'Union soviétique et, pour Levchin, le manuel est devenu un texte sacré.

Très vite, il a pu écrire des programmes rudimentaires – et il était fasciné : « L'idée que l'on puisse demander à une machine de faire des choses dont on n'aura connaissance qu'ultérieurement a été une prise de conscience déterminante, a-t-il déclaré des années plus tard. À partir de maintenant, je n'ai pas besoin de tout savoir pour faire des choses. Je peux juste commencer à l'écrire, et ça se fera tout seul plus tard. » Avant cela, Levchin voulait être professeur de mathématiques ; maintenant, il se vantait qu'il programmerait des ordinateurs une fois adulte.

Levchin savourait ses premiers codages et jeux, mais les ordinateurs n'étaient pas là pour son plaisir. Ils étaient censés aider Elvina à détecter les radiations dans la nourriture soviétique. Voyant que les compétences techniques de son fils dépassaient les siennes, elle l'a mis au travail et lui a proposé un marché : les ordinateurs étaient tout à lui, une fois ses tâches accomplies.

Cela ne laissait pas beaucoup de temps à Levchin pour coder en toute liberté. Alors, pour préserver le précieux temps de Robotron, il a élaboré un système : écrire un code avec un crayon et du papier. Dans le parc à proiximité de la maison de sa famille, il rédigeait et éditait ses programmes à la main. Une fois les travaux de sa mère terminés, Levchin transférait le contenu de son carnet dans l'ordinateur. Puis arrivait le verdict de la machine : « Si je le tape mot pour mot à partir de mon carnet, est-ce qu'il compile et s'exécute dès le départ, ou dois-je le débugger ? »

Ce processus d'apprentissage a donné lieu à des normes exigeantes chez lui. « En tant que programmeur, je me suis toujours défini par le fait d'avoir commencé avec ces ordinateurs décrépits, a déclaré Levchin. C'était une programmation très procédurale, dans différents langages d'assemblage [...] Cela m'a probablement rendu un peu plus élitiste, mais aussi certainement très tenace en tant que développeur. Je n'ai jamais vraiment eu la solution de facilité, je suppose. »

■ ■ ■

Ne pas choisir la facilité était une tradition dans la famille de Levchin. En tant que juifs vivant dans un État antisémite, ils ont travaillé deux fois plus dur pour atteindre leurs objectifs – et ont dû affronter des obstacles que les autres n'ont pas rencontrés. Un matin, le père de Levchin s'est réveillé pour trouver une étoile de David dessinée sur leur porte d'entrée. Ils ont expliqué à leur fils que, du fait de sa religion, devenir le major de son lycée constituait sa seule chance d'intégrer une grande université.

En dépit de ces obstacles, la famille a accompli beaucoup de choses, la grand-mère maternelle de Levchin ayant montré le chemin. Dr Frima Iosifovna Lukatskaya, une force de la nature du haut de son mètre quarante-cinq, avait obtenu des diplômes d'astrophysique et travaillait à l'observatoire astronomique principal de l'Académie des sciences de Kiev. Elle avait fait progresser le domaine de la spectroscopie astronomique, la science de la mesure des « variables d'éclipse » des étoiles, et ses longs articles sur l'« analyse autocorrélative de la luminosité des étoiles variables irrégulières et semi-régulières » et les « propriétés du rayonnement optique des variables et des quasars » ont été publiés dans des revues prestigieuses.

Pour Levchin, elle était le courage incarné : une femme qui triomphait dans un secteur dominé par les hommes et une juive qui réussissait dans un pays hostile. Son courage lui semblait presque surnaturel. L'année de la naissance de Max, on a diagnostiqué à Lukatskaya une forme rare et agressive de cancer du sein. « Elle a simplement dit : “Je ne peux pas mourir. J'ai mon petit-fils ici.” Alors, elle s'est décidée à vivre encore vingt-cinq ans, a raconté Levchin. J'avais cet exemple vivant de quelqu'un qui n'aurait jamais abandonné, peu importe les circonstances. »

Au début des années 80, alors que Levchin entrait dans l'adolescence, l'économie soviétique était en chute libre et le Politburo était paniqué. Lukatskaya a commencé à sentir les échos inquiétants de la Seconde Guerre mondiale, et les horreurs dont elle avait été témoin. D'après ce que la famille savait, le KGB surveillait le père de Levchin, et la perspective que le gouvernement le fasse disparaître était très forte.

Lukatskaya a demandé des fonds à un organisme pour les réfugiés juifs et a fait le nécessaire pour que les Levchin immigrent en Amérique. Le départ de la famille reste un secret bien gardé. « C'était une de ces années folles pendant laquelle j'ai su pendant environ douze mois que nous allions quitter le pays et je ne pouvais le raconter à personne », se souvient Levchin.

La famille est partie pour l'aéroport, en emportant avec elle un minimum d'affaires. En dépit de la douceur du mois de juillet, les Levchin sont arrivés au terminal enveloppés de manteaux d'hiver pour ne pas avoir à les déclarer. Après un dernier entretien avec un agent des frontières soviétique – qui leur a rappelé, en termes très clairs, que leur émigration serait définitive –, ils sont montés à bord de leur avion pour les États-Unis.

■ ■ ■

Toujours vêtus de leurs manteaux, les Levchin ont débarqué à l'aéroport international O'Hare de Chicago le 18 juillet 1991, un jour avant qu'une vague de chaleur meurtrière ne frappe la ville. Ils ont vendu les manteaux à un revendeur clandestin pour seulement quelques cents. Mais ces modestes bénéfices ont fait une grande différence. Juste avant leur départ d'Ukraine, la valeur du rouble s'était effondrée, réduisant le pécule de quelques milliers de dollars de la famille à quelques centaines de dollars seulement.

Pour sa famille, immigrer aux États-Unis était risqué mais, pour Levchin, qui venait juste d'avoir 16 ans, c'était la première étape d'une quête épique – et l'aventure a commencé tout de suite. Levchin avait été un bon élève et il voulait que ses relevés de notes du lycée ukrainien soient validés par le Chicago Board of Education[3]. Plutôt que de demander l'aide de ses parents, Levchin a sauté dans un bus en ville pour accomplir la mission tout seul.

Après être descendu au mauvais arrêt, Levchin s'est retrouvé au milieu des projets de logements Cabrini-Green, dans le quartier du même nom qui était l'un des plus meurtriers de la ville. « Je me suis simplement promené et j'ai pensé : *Eh bien, il n'y a personne qui me ressemble ici. Bonjour, braves gens américains*, explique Levchin.

3. Le conseil en charge de la gestion des Public Schools de Chicago

J'étais complètement inconscient [...] J'étais un petit juif maigrichon avec une grosse coupe afro, et j'avais l'air de porter des vêtements de l'usine Lénine à Saint-Pétersbourg – ce qui était le cas. »

Levchin s'est intégré par à-coups. Peu de temps après son arrivée en Amérique, il a récupéré une télévision cassée dans une poubelle, et sa famille de physiciens l'a réparée. Il a alors pu regarder la série *Diff'rent Strokes4* et, comme il le racontera à la journaliste Sarah Lacy des années plus tard, il a calqué son anglais sur celui d'Arnold Jackson, le personnage de Gary Coleman élevé à Harlem. « Où as-tu appris l'anglais ?, lui avait demandé l'un de ses professeurs, curieux de l'accent de New York et de Kiev qu'il entendait chez Levchin. Qu'est-ce qu'vous m'voulez, Monsieur Harris ?[5] », avait répondu Levchin. Le professeur lui suggéra gentiment d'élargir son régime télévisuel.

La langue et la culture étaient nouvelles mais une chose demeurait : l'amour de Levchin pour tout ce qui concernait les ordinateurs. Et, en Amérique, il en a finalement obtenu un à utiliser à sa guise. C'était un cadeau d'un proche, et il faisait quelque chose que ses vieux appareils ne faisaient pas : se connecter à Internet. Levchin est bientôt devenu obsédé par le Web et a découvert des réseaux et des forums remplis d'esprits numériques semblables à lui.

Il les a aussi trouvés à l'école. Au lycée Stephen Tyng Mather, dans le quartier nord de Chicago, Levchin s'est inscrit au club d'échecs, a aidé à la gestion du club informatique et a joué de la clarinette dans l'orchestre de l'école avec un ami, et plus tard un collègue chez PayPal, Erik Klein, qui jouait du trombone. À Mather, Levchin a montré les premiers signes de son intensité caractéristique. Un ami et futur employé de PayPal, Jim Kellas, se souvient que Levchin et lui se sont retrouvés seuls au fond de la classe du cours de dessin. Comme ils s'ennuyaient, ils ont décidé de lancer des couteaux X-ACTO sur le mur comme des fléchettes. « Max [...] est un perfectionniste. Il veut toujours être le meilleur dans tout ce qu'il fait. Il est donc assis là, pose son doigt dessus, évalue son poids et dit : "Oh, ce serait la position parfaite pour essayer de les lancer", se remémore Kellas. Et je dis "Non, non, non. Vas-y plus fort." »

---

4. Diffusée en France sous le titre *Arnold et Willy*

5. En VO : « Watchu talkin' bout, Mr. Harris ? »

Levchin excellait en cours de maths et de sciences. Alors, lorsque la saison des demandes d'admission à l'université est arrivée, il a contacté la conseillère d'orientation de Mather, débordant d'ambition : Levchin voulait rejoindre le « MTI ». « J'ai dit : "Je veux vraiment aller au MTI. Vous devez m'y faire entrer." Et elle me fait : "Mais c'est quoi, le MTI ?" »

Levchin faisait référence, bien sûr, au MIT. Sa conseillère d'orientation lui a recommandé de postuler plutôt à l'université de l'Illinois à Urbana-Champaign (UIUC), toute proche. Mais il y avait un problème : Levchin avait dépassé la date limite d'inscription à l'UIUC. En examinant les critères, il a néanmoins remarqué que la date limite pour les étudiants internationaux n'était pas encore passée. Il a alors vu une ouverture : « Je suis international-ish », s'est-il dit. « Je ne suis pas un citoyen, je suis arrivé aux États-Unis il y a moins de deux ans, qui sait ? » Et, en vertu de ce prétexte, l'UIUC a accepté Levchin.

■ ■ ■

Fatigué de vivre à la maison, Levchin a déménagé à l'université deux semaines avant le début des cours. Les réfectoires étaient encore fermés, alors il a pris son premier repas universitaire au McDonald's sur Green Street. Il a également essayé de rester discret. Avant d'arriver sur le campus, Levchin avait reçu un courrier l'informant qu'un comité d'accueil souhaiterait la bienvenue aux nouveaux étudiants internationaux à l'aéroport Willard voisin. Cela ne semblait pas facultatif.

« J'étais terrifié à l'idée qu'ils me jettent dehors parce que je m'étais introduit en douce », raconte-t-il. Donc, le jour où le comité d'accueil était censé l'accueillir, il a quitté le campus et s'est rendu à l'aéroport, portant avec lui deux valises qu'il avait refaites. Il simula l'émerveillement – comme s'il arrivait pour la première fois dans ce qui était sa maison depuis deux ans, l'Amérique. « L'ensemble du stratagème – ou de l'arnaque – était assez élaboré », a-t-il raconté.

Arnaque ou pas, l'admission de Max Levchin à l'UIUC était une heureuse concordance produit-marché : un technologue en herbe et énergique entrait dans l'un des épicentres mondiaux de l'informatique. Pendant des décennies, les chercheurs de l'UIUC ont été les pionniers en matière de technologie numérique et ont construit certains des premiers réseaux sociaux du monde. Au moment même où Levchin jouait l'arrivée de l'étranger, le National Center for Supercomputing Applications (NSCA)[6], basé à l'UIUC, annonçait un nouveau navigateur Web appelé Mosaic. Entre autres améliorations, Mosaic ajoutait des graphiques au Web et simplifiait le processus d'installation du navigateur, des changements qui ont significativement augmenté l'accessibilité d'Internet et accéléré sa croissance – avec l'UIUC au centre de tout cela.

Pour Max Levchin, étudiant en première année, les réussites informatiques de l'université étaient notables mais, à ce moment-là, il recherchait ce que tous les nouveaux étudiants recherchent : l'appartenance et la distraction. Il a trouvé les deux au campus lors de la Journée du Campus (*Quad Day*), où les organisations étudiantes présentaient les nouveaux arrivants. Levchin a repéré un groupe de gens qui avaient tous les attributs des geeks, debout à côté d'un ordinateur avec une boîte en carton autour de l'écran. La boîte protégeait l'appareil du soleil – et signalait aux futurs membres de l'Association for Computing Machinery (ACM) que le soleil n'aurait pas d'influence sur le temps passé sur l'écran. « Ce sont mes potes », a conclu Levchin.

Et c'était vrai. Fondée au milieu des années 1960, la section ACM de l'UIUC est vite devenue la plaque tournante de l'informatique sur le campus et, de facto, le foyer de générations d'étudiants de premier cycle dans ce domaine. Au moment où Levchin est arrivé sur le campus, les divers groupes d'intérêt de l'ACM (connus sous le nom de « SIGs ») s'intéressaient à tout, des réseaux avancés jusqu'à la réalité virtuelle immersive. « J'ai vu des départements [d'informatique] entiers avec moins de puissance informatique que ce que nous avions dans notre bureau de l'ACM », se vantait un membre de l'ACM de cette époque.

Levchin se sentait chez lui et a rapidement occupé davantage le bureau de l'ACM au sein du Digital Computer Lab (DCL) que sa chambre d'étudiant à Blaisdell Hall. « Je peux vous dire que la partie instrumentale de guitare de *Ah Via Musicom* d'Eric Johnson correspond exactement au temps qu'il faut pour aller de

6. Centre national des applications de calcul haute performance

Blaisdell au DCL à vélo à sept heures du matin. Je l'ai fait très, très souvent », a-t-il avoué à la revue des anciens de l'université, des années plus tard.

■ ■ ■

À l'ACM, Levchin a également rencontré deux étudiants de premier cycle qui joueraient plus tard des rôles essentiels dans sa vie et chez PayPal : Luke Nosek et Scott Banister. Ils se sont rencontrés la première fois lorsque Nosek et Banister sont entrés dans le bureau de l'ACM, tard un soir. Ils ont trouvé Levchin pianotant sur son clavier, largement indifférent à leur présence. À ce moment-là, le jeune homme était devenu tellement incontournable qu'ils ont voulu en savoir davantage sur lui.

« Tu travailles sur quoi ?, a demandé Nosek.

— Je suis en train de préparer un simulateur d'explosion, a répondu Levchin.

— Mais ça fait quoi ? À quoi ça sert ? a voulu savoir Banister.

— Qu'est-ce que tu veux dire ? C'est magnifique, a rétorqué Levchin. C'est en temps réel et il recalcule une explosion aléatoire à chaque fois.

— OK, mais pour quoi ? a poursuivi Nosek.

— Je ne sais pas. Parce que c'est génial ? a répondu Levchin.

— C'est vendredi soir. Tu n'as pas quelque part où aller ? a voulu savoir Banister.

— Non... J'adore ça. *Vous* ne devez pas aller quelque part ? lui a rétorqué Levchin.

— Nous allons lancer une entreprise. Tu devrais venir avec nous », a expliqué Nosek.

Tout comme Levchin, Luke Nosek a grandi dans une famille d'immigrants qui avait fui le communisme. Originaire de Pologne, il est arrivé aux États-Unis dans les années 1970.

Nosek était brillant, avec un penchant pour la technique et une vraie soif d'apprendre, mais il trouvait l'école étouffante. « J'ai commencé à penser que mon éducation, c'était les choses que je faisais, et non celles que l'on me faisait faire », a expliqué Nosek. Sa mère lui a promis que l'université serait une expérience d'apprentissage plus libre et plus indépendante.

Nosek a choisi l'UIUC du fait de la concision du dossier de candidature mais il n'a pas fallu longtemps avant que l'éducation formelle le déçoive à nouveau. « À la fin de cette [première] année, j'ai essayé de trouver un moyen d'échapper aux cours », a-t-il expliqué. Nosek a disséqué le guide du bureau d'enregistrement et il a déterminé les exigences minimales d'un diplôme. À chaque fois que cela était possible, il se débroullait pour que les résultats de ses tests compensent ses absences injustifiées.

Il a cherché d'autres personnes qui partageaient son état d'esprit et il a rapidement trouvé l'ACM. « L'ACM, c'était [...] un petit groupe de rebelles anti-éducation », assure Nosek. Même parmi les associations étudiantes, Nosek sentait que l'ACM se démarquait. « Nous avons remarqué que les gens qui rejoignaient d'autres groupes d'étudiants les utilisaient comme tremplins pour rester dans le système. » Les gens de l'ACM ne se souciaient pas du système, mais ils ont associé la rébellion à la création en faisant des prototypes innovants et en se livrant à des expérimentations de niche.

L'une d'elles consistait à mettre en ligne le distributeur de sodas du bureau de l'ACM. « Nous avons pensé que l'une des utilisations les plus intéressantes d'Internet était de mettre en ligne la machine à boissons gazeuses – dans le Midwest, on dit boissons gazeuses, et pas sodas », précise Nosek. La machine a été surnommée « *Caffeine* » et, selon le bulletin d'information du département d'informatique, les membres de l'ACM avaient « installé un microcontrôleur sur un distributeur automatique Dr Pepper vintage et l'ont connecté à Internet pour que les étudiants puissent acheter des boissons gazeuses avec leur carte d'étudiant ».

Nosek et les autres membres de l'ACM étaient fiers du distributeur de boissons intelligent – à la fois de sa conception et de la difficulté que cela avait représenté. « C'était très difficile de pirater un distributeur de boissons et de le mettre sur Internet, déclare Nosek. Nous aurions probablement pu créer eBay dans le laps de temps qu'il nous a fallu pour le faire. »

■ ■ ■

Avant qu'ils rencontrent Levchin, les membres de l'ACM avaient aussi réuni Nosek et Scott Banister. Banister deviendrait le premier du trio à partir pour la Silicon Valley, le premier à vendre une start-up, et un investisseur dans la première version de PayPal, pour finalement devenir membre fondateur du conseil d'administration.

Originaire du Missouri, Banister s'est intéressé très tôt à la technologie. Au lycée, puis à l'université, il s'est découvert une passion pour la création de sites Web et il est allé à l'UIUC en raison de la réputation exceptionnelle de cette université en informatique.

À l'époque où Nosek et lui se sont rencontrés pour la première fois, Banister n'appréciait pas non plus les limites de l'enseignement traditionnel et il a commencé à considérer l'université comme une cible à pirater. Il a élaboré des solutions de contournement des règles de l'UIUC, notamment un plan audacieux dans lequel il a créé une entreprise, s'est engagé comme stagiaire, puis a utilisé le stage pour valider des crédits de cours.

Iconoclaste, intense, avec une voix douce et doté d'une chevelure semblable à celle de Jésus, Banister est devenu un guide, à la fois pour Nosek et Levchin, et les trois garçons sont vite devenus des amis et des collaborateurs. Leur première entreprise commune a été la réalisation d'un tee-shirt pour les journées portes ouvertes de l'ingénierie, en 1995, une conférence annuelle organisée par les étudiants dont l'intervenant principal était cette année-là le cofondateur d'Apple, Steve Wozniak. Le trio s'est rapproché en produisant quelque chose de petit et cela leur a donné confiance dans le fait de pouvoir un jour faire quelque chose de grand.

En apprenant à se connaître, Nosek et Banister ont donné à Levchin un cours accéléré sur les idées libertariennes. Les deux hommes avaient cofondé un groupe d'étudiants libertariens et Banister codait le site Web du groupe. Ensemble, ils essayèrent d'endoctriner Levchin, l'encourageant à assister à divers événements libertariens et à lire des livres comme celui d'Ayn Rand, *The Fountainhead*[7] et celui de Friedrich Hayek, *The Road to Serfdom*[8]. « [Nosek et Banister] étaient les éléments subversifs de notre groupe, a précisé Levchin. Ils brûlaient l'amour libertairien. Et moi, j'étais du genre : “Écoutez les mecs, je veux juste écrire des codes”. Je me suis toujours senti un peu comme l'idiot du village. »

7. *La Source vive*, en français.

8. *La Route de la servitude*, en français.

La spécialité de Levchin, c'était l'ingénierie logicielle. À l'occasion, Banister essaierait d'écrire son propre code dans Perl, un langage de programmation fonctionnel mais inélégant, qu'il qualifiait en plaisantant à moitié de « ruban adhésif d'Internet ». Levchin était horrifié. « N'approchez pas ce truc-là de moi, a-t-il dit. C'est dégoûtant. » De son côté, Banister était heureux d'apprendre l'écriture de code à Levchin. « Max est celui qui m'a convaincu de ne pas être un programmeur, parce qu'il était trop bon », a reconnu Banister.

Ils ont mis en commun leurs talents respectifs pour le premier projet sérieux du groupe, appelé SponsorNet New Media, une tentative de création de petites annonces pour les sites Web. L'équipe faisait tourner l'entreprise grâce à ses maigres économies puis, lorsque cet argent a été épuisé, grâce aux cartes de crédit. SponsorNet a tout de même généré des revenus, suffisamment pour que l'équipe embauche des salariés et signe un bail pour des bureaux au pied de la Huntington Tower, un monument mineur de Champaign. « Nous étions étudiants. Donc pour nous, avoir un bureau, c'était[…] relativement important », se souvient Banister.

Pour se concentrer sur SponsorNet, Banister a arrêté les cours pendant tout le semestre. Levchin et Nosek ont travaillé au noir, trouvant un équilibre précaire entre leurs études et leurs fonctions au sein de SponsorNet. L'entreprise a duré un peu plus d'un an. « On a cramé le capital personnel de chacun au cours de cette année-là : celui de Scott, qui était correct, celui de Luke, qui était maigre, et le mien, qui était inexistant, écrira plus tard Levchin à propos de la disparition de SponsorNet. Et nous nous approchions du mur, c'était inévitable. Les multiples tentatives de collecte de fonds se sont avérées vaines, et nos gains insignifiants n'étaient pas suffisants pour maintenir les lumières du serveur allumées. »

En dépit de son échec, SponsorNet a été formateur : leur première tentative d'embauche d'une équipe, de créer un produit, de le vendre et de gagner – ou, dans ce cas, de perdre – de l'argent. « Je ne pense pas que PayPal aurait été possible sans cela », ajoutait Nosek.

■ ■ ■

Levchin – le dernier des trois à croire encore à l'école – se souvient avec émotion de l'époque de SponsorNet et de l'UIUC.

« J'étais un geek très heureux. J'allais à tous mes cours et j'adorais ça [...] Entre l'école, la programmation, les copines et le sommeil, j'ai échangé les deux derniers contre les deux premiers. »

L'emploi du temps de Levchin était chargé, avec tous les cours techniques, mais l'un de ses cours non techniques a laissé une empreinte durable. Dans un enseignement consacré au cinéma, Levchin a étudié quelques-uns des films du XXe siècle salués par la critique, et il est devenu obsédé par *Les Sept Samouraïs* d'Akira Kurosawa. « Je pensais que c'était le meilleur film du monde, a-t-il fait remarquer. Je n'avais jamais rien vu de tel. »

Pendant des vacances d'été, Levchin a dévoré le film en noir et blanc de trois heures et vingt-sept minutes avec abandon. « Tout ce que tu as, c'est toi, la télévision et l'air conditionné [...] J'ai regardé *Les Sept Samouraïs* au moins vingt-cinq fois au cours de cet été. Je suis devenu accro. » À l'heure où j'écris ces lignes, Levchin affirme avoir regardé le classique de Kurosawa plus d'une centaine de fois – et il en parle comme étant son unique source de « formation au management ».

Sur le plan social, Levchin est finalement parvenu à « trouver une petite amie », mais sa dévotion au codage a compliqué l'engagement amoureux. « Je me rappelle être allé chez elle une fois et, dès que je suis arrivé, je suis allé dans la salle de bain pour écrire un code. » En frappant à la porte, sa petite amie a demandé : « Mais qu'est-ce que tu fais ? »

— Quoi ? Nous sortons ensemble, a-t-il répondu, confus devant la question posée.

— Non, ce n'est pas un rendez-vous. Tu es en train de coder dans ma salle de bain. »

Pour Levchin, écrire un code – quel que soit l'endroit où il le faisait – était une source singulière d'émerveillement et de connaissance. Pour le monde, écrire du code était devenu une voie vers la richesse et l'influence.

Un autre ancien de l'UIUC, Marc Andreessen, a contribué à ouvrir cette voie. En tant qu'étudiant en premier cycle, il a fait ses armes au National Center for Supercomputing Applications intensif de l'université. Là, il a aidé à créer le navigateur Mosaic, avant d'emmener ses talents vers l'ouest et de lancer la société Netscape.

Bientôt, Netscape a fait son entrée au Nasdaq et Andreessen a atterri en couverture du magazine *Time*.

« Nulle part ailleurs, nos jeunes anciens ne sont aussi en vue que dans l'arène d'Internet, rapportait un bulletin d'information du département d'informatique au milieu des années 1990. Lorsque nous avons commencé à suivre les développeurs d'origine de Mosaic après leur départ du NCSA, il était possible de conserver un fichier avec les coupures de presse à leur sujet. En peu de temps, ce travail est devenu un travail à temps plein et nous avons fini par abandonner. » Ces coupures ont confirmé l'influence culturelle croissante d'Internet : en 1994, le magazine *Fortune* a qualifié Mosaic de produit de l'année – juste à côté de Wonderbra et des Mighty Morphin Power Rangers.

Le département des sciences informatiques de l'UIUC était tout à coup en ébullition. « Je suis venu à l'UIUC à cause de Marc Andreessen », admet Jawed Karim, un futur employé de PayPal et plus tard cofondateur de YouTube. Au lycée, Karim était un adepte de Mosaic et, lorsqu'il a appris les origines du navigateur, il a jeté son dévolu sur l'UIUC. Il y est entré et, avant même que les cours de première année ne commencent, Karim a pris un emploi au NCSA.

L'ascension d'Andreessen a inspiré cette génération d'ingénieurs de l'université d'Illinois : c'était la preuve qu'Internet était une force économique, pas simplement un hobby excentrique. « Une chose qui m'a vraiment façonné – et sans doute beaucoup d'autres personnes à Illinois –, c'était ce sentiment constant d'opportunité dans l'air, en raison de Mosaic et, par la suite, de Netscape, raconterait plus tard Levchin à la revue des anciens élèves de l'UIUC. C'était cette idée que les étudiants comme nous élaboraient ces outils incroyables qui n'étaient pas du tout considérés par l'industrie. »

■ ■ ■

Scott Banister a été convaincu que la ruée vers l'or de l'Internet était trop tentante pour être manquée, et il a donc quitté l'UIUC afin de poursuivre ses ambitions. Luke Nosek n'était pas tout à fait prêt à arrêter ses études, mais il a redoublé d'efforts pour obtenir son diplôme et tenter l'aventure vers l'ouest.

Ses deux amis proches étant partis en Californie, Levchin avait aussi l'intention d'abandonner et de poursuivre l'entrepreneuriat à plein temps. Évidemment, il fallait en parler à sa famille, qui accordait une réelle importance à l'éducation. La conversation fut brève : « Ta grand-mère est déjà mourante, lui ont dit ses parents. Tu veux accélérer le processus ? » Pour les Levchin, le diplôme du baccalauréat était simplement le premier échelon sur l'échelle de l'enseignement. « L'enseignement supérieur, pour la famille Levchin, c'est [...] un doctorat », a déclaré Levchin au *San Francisco Chronicle*, des années après l'avertissement de ses parents. Stoppé dans son élan, il est retourné à l'UIUC pour terminer ses études.

Ses rêves de côte Ouest mis de côté, Levchin avait de quoi s'occuper. À peine SponsorNet avait-il échoué que Levchin lançait son projet suivant – NetMomentum Software – qui créait des petites annonces en marque blanche pour les sites Web des journaux. Mais cette aventure n'a pas duré longtemps non plus. Ce projet a donné à Levchin sa première expérience d'un divorce au goût amer entre créateurs, puisque lui et son cofondateur étaient en désaccord sur le produit et son développement.

À court d'argent, il a lancé une société de conseils afin de donner un aspect professionnel à ses missions de programmation ponctuelles. Il a réutilisé les vestiges de NetMomentum – son logo NM – et appela la société NetMeridian Software, qu'il a cofondé avec un autre étudiant de l'UIUC, Eric Huss.

Un des projets de NetMeridian est devenu l'un des premiers succès commerciaux de Levchin. ListBot, de NetMeridian, était un gestionnaire de listing d'adresses électroniques primitif et le prédécesseur spirituel de Mailchimp et SendGrid. Le produit a été lancé, puis a prospéré, à tel point que le serveur de Levchin et Huss a atteint ses limites. Pour satisfaire la demande, ils ont investi dans un serveur Solaris de plusieurs milliers de dollars, qui pesait plus de 90 kilos et est arrivé dans un gros semi-remorque.

NetMeridian a remporté un deuxième succès avec un projet appelé « *Position Agent* ». Même à l'époque pré-Google de la fin des années 1990, les premières places dans les recherches Lycos, AltaVista ou Yahoo étaient convoitées. Position Agent aidait les administrateurs de sites Web à suivre leurs classements.

Il présentait un coup de génie de Levchin : un compteur de classements qui s'actualisait sans que l'utilisateur ait à recharger la page Web.

Mais le succès de NetMeridian était à la fois une bénédiction et une malédiction. Au fur et à mesure que le nombre d'utilisateurs augmentait, l'infrastructure devait suivre le rythme, mais Levchin n'avait pas d'argent pour acheter des serveurs toujours plus gros. Il a alors repensé à un modèle de financement qu'il avait utilisé pour la première fois pendant la période de vaches maigres de SponsorNet : il a enchaîné les cartes de crédit pour financer la croissance de l'entreprise, ce qui l'a accablé de dettes à des taux d'intérêt élevés et a entaché sa réputation de solvabilité pendant des années.

■ ■ ■

Officiellement, Levchin était le créateur de NetMeridian, une start-up prometteuse de spécialisée dans les logiciels-service[9] (SaaS). En réalité, c'était un jeune de vingt ans endetté, luttant pour rester solvable. Heureusement, les codeurs capables de travailler 24 heures sur 24 étaient très demandés, et Levchin a décroché un job lucratif pour John Bedford, qui dirigeait une société appelée Market Access International (MAI).

Selon Levchin, c'est grâce à Bedford qu'il a pu « sortir de la pauvreté », en décrochant des missions de programmation rémunérées plusieurs milliers de dollars par semaine. Le principal produit de MAI était une base de données sur CD, accessible par abonnement, permettant une veille concurrentielle pour les biens de consommation et des produits emballés. L'argent était le bienvenu, même si Levchin trouvait le logiciel basé sur Microsoft « incroyablement mauvais ».

Parallèlement à MAI, Levchin a trouvé un travail de programmation auprès de l'US Army Corps of Engineers[10], dont l'avant-poste de recherche se trouvait près du campus. « J'ai obtenu une carte d'identité émise par l'armée et j'ai pu entrer dans une vraie installation militaire, a raconté Levchin. J'y allais en vélo et je le garais dehors avec un antivol. » C'était payé quatorze dollars de l'heure, et

9. Software as a service (Saas)
10. Corps du Génie de l'Armée américaine

le travail de Levchin lui offrait un point de vue rare – une chance pour le jeune développeur de faire le tour des bases militaires et de fréquenter des pilotes d'hélicoptères.

Son domaine de compétence, c'était les logiciels audio intégrés au système de contrôle du trafic aérien de l'armée. « Lorsque je suis arrivé, ils avaient cet énorme morceau de code, programmé en Pascal, entre autres choses. » Le créateur original du logiciel étant parti, c'est à Levchin qu'il revenait de le maintenir. « J'ai pu apprendre comment de vrais systèmes étaient construits. »

Les utilisateurs du logiciel étaient des commandants de base endurcis – un public satisfait des procédures de vol fonctionnant sur un mode papier-crayon et sceptique à l'égard de l'automatisation. Pour répondre à leurs hésitations, Levchin a conçu une expérience utilisateur qui imitait la méthode papier-crayon. « Une fois, j'ai passé une semaine à chercher comment créer un formulaire qui aurait les dimensions exactes de la bande de papier. »

Le formulaire de Levchin semblait défiler au fur et à mesure que l'utilisateur tapait, mais il craignait que l'animation sautillante de l'écran ne soit trop « psychédélique » et « insensée ». Ses supérieurs, pourtant, l'ont qualifié de « parfait ». « Notre personnel l'utilisera parce qu'il le connaît », ont-ils dit à Levchin.

■ ■ ■

Dans l'armée, Levchin a dû faire face à une autre nouvelle expérience : la critique esthétique de son travail. « Ils m'ont dit que [mon programme] était parfaitement fonctionnel, mais pas cool. » C'est alors qu'il a dépoussiéré une ancienne création : le simulateur d'explosion. En en faisant l'économiseur d'écran de son logiciel, il a ajouté une touche de fraîcheur au travail ennuyeux de l'affichage des modèles de vols.

Désormais, Levchin avait un côté cool lui aussi. Il se rendait sur les bases de l'armée – Fort Drum à New York et Camp Grayling dans le Michigan, entre autres – et revenait avec des histoires hautes en couleurs à raconter. Cette période passée en tant que sous-traitant l'a également exposé à des réalités plus sombres de la vie militaire. À un moment donné, il a entendu parler de deux militaires, un homme gay et une femme lesbienne, qui étaient légalement mariés l'un à l'autre, mais vivaient avec d'autres partenaires. « Cela s'appelle un "mariage militaire" », a expliqué un ami de la base à Levchin. À cette époque d'avant le *Don't Ask Don't Tell*[11] – lorsqu'il était interdit aux gays, lesbiennes et bisexuels de servir dans l'armée –, ce genre de « mariage militaire » étaient courants. « J'ai beaucoup grandi en observant tout cela », a expliqué Levchin.

Bientôt, une sombre réalité l'a touché de près. Pendant le mandat de Levchin, l'Army Corps of Engineers s'est inquiété des employés étrangers et de la sécurité de l'information. Malheureusement, pour l'avant-poste de recherche d'Urbana-Champaign, cela signifiait potentiellement perdre la majeure partie de ses talents de programmation et laisser un système informatique complexe entre les mains d'un personnel peu familier avec son entretien.

Levchin était aussi sur la sellette, mais son manager est intervenu : le programmeur continuerait de travailler sur son logiciel d'hélicoptère, et recevrait un paiement officieux sous la forme de pièces d'ordinateur. Cela a fonctionné dans l'intervalle, et l'armée a finalement gardé ses travailleurs étrangers, mais avec une stipulation troublante : les prestataires qui n'étaient pas des citoyens américains devaient porter des étiquettes d'identification jaunes. « Si vous portiez un de ces badges, vous étiez surveillé de près. Vous ne pouviez pas quitter votre bureau. Et si vous le faisiez, vous deviez être escorté », déclare Levchin.

Pour un réfugié juif, les badges évoquaient des parallèles douloureux. « Je *n'ai pas eu* à faire ça, mais j'avais des proches qui l'ont fait », a-t-il précisé. Levchin a quitté le corps des ingénieurs de l'armée américaine, mais il a conservé le badge, un vestige lourd de sens de la plus étrange de ses activités secondaires à l'université.

À la fin de ses études, Levchin dirigeait NetMeridian tout en préparant en même temps les examens finaux et en réfléchissant à sa prochaine étape. Tandis que ses amis se préparaient à partir vivre leur vie loin d'Urbana-Champaign, Levchin se retrouvait coincé. NetMeridian marchait bien mais, dans un monde informatique bien antérieur au cloud, la société s'appuyait sur son serveur

11. Politique de discrimination mise en place dans l'armée américaine entre 1994 et 2011. Littéralement « Ne demandez pas, N'en parlez pas »

énorme et immobile. Tant que le serveur était bloqué dans l'Illinois, lui l'était aussi.

Une planche de salut est venue de Scott Banister. À ce moment-là, ce dernier avait créé et vendu une entreprise dans la Silicon Valley. Depuis son nouveau perchoir, il a négocié la vente des produits ListBot et Position Agent de NetMeridian, en août 1998. Levchin avait officiellement trouvé « une issue » et pouvait maintenant « s'échapper en Californie » – les premiers pas d'un parcours entrepreneurial qui changerait à jamais le monde numérique.

Tout a commencé modestement, Levchin refusant de payer des déménageurs. Au lieu de cela, il est allé chez Penske Truck Rental et a loué leur deuxième plus gros camion. Avec son colocataire, Eric Huss, il a chargé tout ce qu'il y avait dans son local, y compris des bureaux et des chaises Ikea d'occasion. Ils ont rempli le camion et la Toyota Tercel de Huss à ras bord et ont commencé leur voyage vers l'ouest. « Nous n'avons rien visité en route. Je voulais simplement me rendre à Palo Alto aussi vite que possible », a raconté Levchin.

2

LE PITCH

De son propre aveu, Peter Andreas Thiel a passé son enfance à cocher toutes les bonnes cases de la méritocratie : il a d'abord excellé au lycée, puis a été admis à l'université de Stanford pour y obtenir ses diplômes de premier cycle et de droit. « J'ai été soumis à des concours de recrutement du collège au lycée et jusqu'à l'université, a plus tard raconté Thiel dans un discours de remise de diplôme. Et en allant directement en faculté de droit, je savais que je serais soumis aux mêmes genres d'épreuves que j'avais passées depuis mon enfance, mais je pouvais dire à tout le monde que je le faisais pour devenir un adulte professionnel. »

Sa réussite s'est poursuivie après la faculté de droit, puisqu'il a obtenu un prestigieux poste d'assistant à la cour d'appel. Mais il a ensuite essuyé un échec cuisant : Thiel a passé un entretien en vue d'un poste d'assistant à la Cour suprême et a été refusé. À ses yeux, ce rejet fut un cataclysme. « Pour moi, c'était [l'équivalent de] la fin du monde », dira-t-il plus tard. Thiel a alors traversé « la crise de quart de vie pour se trouver », pendant laquelle il a abandonné le droit, rejoint le Crédit Suisse comme trader en produits dérivés et, en 1996, il est retourné dans l'ouest.

En Californie, il a pris un nouveau départ en levant des fonds auprès d'amis et de sa famille pour lancer un fonds spéculatif appelé « Thiel Capital », qui se concentrait sur la stratégie macroéconomique mondiale et les investissements en devises. Deux ans plus tard, tandis que Thiel se mettait à la recherche du premier collaborateur du fonds, il s'est appuyé sur un vivier de talents familier. Lorsqu'il était étudiant en deuxième année à Stanford, Thiel et son camarade Norman Book avaient lancé un journal étudiant indépendant, la *Stanford Review*.

Le premier numéro de la *Review* a établi son caractère résolument anticonformiste : « Tout d'abord, nous souhaitons présenter des points de vue différents sur un large éventail de questions d'actualité au sein de la communauté de Stanford. » Thiel devait trouver les fonds, s'occuper de la rédaction et solliciter des articles. Il signait également des éditos pour ouvrir chaque numéro, des pamphlets intitulés *Open or Empty Mind ?*[12], *Institutionalized Liberalism*[13], *Western Culture and Its Failures*[14] et *The Importance of Being Honest*[15], entre autres.

Pour ses partisans, la *Review* offrait une bouffée d'air frais au politiquement correct étouffant de Stanford. Pour ses détracteurs, la *Review* se faisait l'avocat du diable malhonnête, optant pour la provocation plutôt que pour le fond. Elle est devenue célèbre sur le campus pour son hétérodoxie politique. Et son premier rédacteur en chef deviendrait plus tard tristement célèbre dans la Silicon Valley pour cela.

La *Review* a survécu à l'obtention du diplôme de ses créateurs et, pour Thiel, elle a constitué un lien durable avec le campus. Il a assisté de temps à autre à des événements de la *Review* après ses études et c'est là qu'il a rencontré pour la première fois un étudiant de Stanford originaire du Texas, Ken Howery. Ils ont discuté brièvement et sont restés en contact.

Peu après, Thiel a laissé un message vocal à Howery pour lui proposer de rejoindre Thiel Capital. Les deux hommes se sont retrouvés pour dîner dans un steakhouse de Palo Alto pour en discuter. Plusieurs heures après le début du dîner, Howery était impressionné – pas seulement par les connaissances approfondies de Thiel, mais aussi par leur diversité. De retour dans sa résidence, Howery a dit à sa petite amie : « Peter est peut-être la personne la plus intelligente que j'aie rencontrée en quatre ans passés à Stanford. Je pense que je pourrais travailler pour lui pendant le restant de mes jours. »

Pour la petite amie de Howery, ses amis et sa famille, c'était une décision ridicule. Howery avait reçu des offres lucratives des

---

12. *Esprit ouvert ou esprit vide*
13. *Libéralisme institutionnalisé*
14. *La culture occidentale et ses échecs*
15. *L'importance d'être honnête*

meilleurs établissements financiers de la côte Est et il refusait tout cela… pour quoi ? Le fonds de Thiel n'avait pas d'autres employés que Thiel lui-même. Il n'avait même pas de bureau.

Mais Howery était néanmoins intrigué – plus par l'homme que par son entreprise naissante. Howery nourrissait un intérêt pour les start-up et la technologie et Thiel semblait branché sur ces mondes. C'était quelqu'un qui valait la peine qu'on lui donne une chance. Après avoir obtenu son diplôme, Ken Howery signa donc avec Thiel Capital.

Peu de temps après, le *boom* des dotcom a commencé – et pile dans le pré carré de Thiel et de Howery. Les sociétés Internet ont commencé à entrer en bourse aux côtés des entreprises américaines traditionnelles, et des milliards de dollars ont afflué vers l'ouest. Alors que Thiel avait connu un certain succès en tant que macro-investisseur mondial, il a vu dans l'engouement pour tout ce qui touchait à Internet une occasion lucrative d'investir dans des start-up technologiques prometteuses.

Pour que Thiel puisse prospérer dans ce domaine, il était convaincu que son entreprise avait besoin de la bonne adresse, autrement dit sur Sand Hill Road à Menlo Park, le siège des principales sociétés de capital-risque de la Silicon Valley. Thiel a chargé Ken Howery de trouver des bureaux – la première mission confiée à Howery par Thiel Capital. Ce n'était pas chose aisée. Avec l'accaparement des terrains en cours par les entreprises du net, les immeubles bas de Sand Hill Road avaient des listes d'attente et se louaient à des prix supérieurs à ceux des bureaux de Manhattan avec vue sur Central Park.

Howery a parcouru Sand Hill Road à pied, espérant que des demandes faites en personne pourraient générer des pistes. Après une journée frustrante de refus, il est parvenu à sa dernière étape – 3000 Sand Hill Road – où il a vu un homme plus âgé en train de tailler les haies. Howery l'a abordé, lui demandant à qui il pourrait parler de location. Il s'est avéré que le tailleur de haies était également le propriétaire de l'immeuble – Tom Ford, âgé de soixante-dix-sept ans, vétéran de la Seconde Guerre mondiale et baron de l'immobilier local, que l'on pouvait parfois trouver en train d'arranger ses propres propriétés.

Ford a conduit Howery à l'intérieur du 3000 Sand Hill où il a sorti un plan du bâtiment. Il a fait glisser ses doigts sur les rangées de bureaux déjà occupés, mais il s'est arrêté sur ce qui semblait à Howery être un simple point sur la page. « Bon, je n'ai pas de bureau, mais il y a ce cagibi qui pourrait faire l'affaire », a-t-il expliqué.

Ford a accompagné Howery jusqu'au placard. Un balai, une serpillère, plusieurs seaux et un assortiment de produits de nettoyage étaient alignés sur les murs. Howery a accepté sur le champ et Ford a rédigé un bail de cinq pages, très simple. Howery se mit au travail pour décorer le nouveau siège de Thiel Capital. « Nous avons acheté des numéros en métal dans une quincaillerie et nous les avons fixés au mur extérieur pour que cela ressemble un peu moins à un placard », se souvient Howery. En lieu et place de fenêtres pour les relier à l'extérieur, Ford a offert à ses nouveaux locataires deux posters d'animaux sauvages à contempler.

■ ■ ■

En 1998, Thiel Capital disposait d'un associé et d'un « bureau » sur Sand Hill Road et commençait à réaliser des investissements technologiques. L'un de ses premiers paris dans les start-up : un investissement dans une entreprise lancée par un diplômé prometteur de l'université de l'Illinois, Luke Nosek.

Après avoir obtenu son diplôme, Nosek était allé en Californie et s'écrasait sur des canapés, là où il pouvait. Toujours aussi sociable, il a décroché des invitations aux innombrables fêtes dotcom de la Valley. Lors de l'une d'elles, il a entamé une conversation avec un fêtard qui avait un contact chez Netscape et, peu de temps après, Nosek a décroché un job au sein du département de développement commercial de l'entreprise.

Pour ce nouvel emploi, il a assisté à toutes les conférences et rencontres dans le domaine technologique qu'il a pu trouver. À l'occasion de l'un de ces rassemblements – une réunion de l'Association des entrepreneurs de la Silicon Valley – Scott Banister, un ami de Nosek, a participé à une table ronde sur la réforme de l'enseignement. Après la présentation, un intervenant a fait remarquer que Banister et Nosek aimeraient rencontrer son colocataire à l'université, Peter Thiel.

Les quatre hommes se sont retrouvés chez Hobee's, une chaîne locale de restauration rapide : le premier rendez-vous qui en appellerait d'autres. Dans ses mails, Nosek faisait volontiers référence à ces rencontres en les appelant « le club du petit déjeuner des milliardaires ». « Nous étions tous convaincus que les autres allaient construire de grandes choses », explique Nosek. Pendant les repas, ils discutaient des dernières avancées en matière de technologie, de philosophie, d'éducation, de start-up et de leurs prévisions pour l'avenir. C'est là que Nosek a pris connaissance de l'intérêt de Thiel pour l'investissement dans les start-up.

Bien avant de rejoindre Netscape, Nosek avait été mordu par le virus des start-up. Une fois devenu salarié à temps plein d'une grande entreprise, l'infection s'est aggravée. « Je n'ai rien fait [chez Netscape] », a-t-il avoué. Il a été licencié au bout d'un an seulement.

Mais le chômage a ouvert la porte à la création de sa propre entreprise. Son idée portait le nom de Smart Calendar, une mise à niveau numérique pour la relique en papier d'antan et Nosek persuada Thiel d'investir. « Rétrospectivement, à peu près tout n'allait pas dans ce projet », dira plus tard Thiel à propos de Smart Calendar. L'espace saturé des calendriers électroniques comptait « quelque chose comme deux cents entreprises » qui rivalisaient pour dominer. Face à des vents contraires à l'extérieur et à des conflits en interne (Nosek a été évincé à la suite d'une dispute avec son cofondateur), Smart Calendar a fermé ses portes.

À la différence d'autres échecs, Nosek s'est pris la tête pour celui-ci, en partie parce que cela avait coûté de l'argent à son nouvel ami Peter Thiel. « Pour moi, cela compromettait ma relation avec Peter parce que j'avais perdu son argent », expose Nosek. Mais pour Thiel, la valeur de Smart Calendar n'était pas tant un investissement qu'une formation accélérée dans l'univers des start-up. Nosek avait partagé le récit détaillé de l'ascension et de la chute de l'entreprise, guidant Thiel à travers les subtilités du marketing Internet, de l'acquisition de clients et de la conception de produits.

Plus tard, Thiel évoquera son investissement dans Smart Calendar comme une source inépuisable d'apprentissage, un échec dont les leçons – y compris le choix judicieux des cofondateurs et la réduction de la concurrence – ont ouvert la voie au succès de PayPal. Pour

Nosek, la volonté de Thiel de continuer à lui parler après la disparition de la start-up était aussi une leçon : cela montrait que perdre de l'argent dans la Silicon Valley n'avait rien à voir avec perdre de l'argent n'importe où ailleurs. Ici, on gagne des points pour l'effort fourni – pas simplement pour sa sortie.

■ ■ ■

Avec Nosek occupé à créer son entreprise et Thiel son fonds, Max Levchin s'est mis en quête de quelque chose de bien plus basique : la climatisation. Son studio de Palo Alto n'était pas équipé, il a donc dû improviser.

Levchin a découvert que s'il se promenait sur le campus de Stanford et assistait à des conférences ouvertes au public – où il s'asseyait au fond et fermait les yeux : il pouvait profiter d'un répit par rapport à la chaleur.

Au cours de l'une de ses missions « air conditionné », Levchin a vu une annonce pour une conférence donnée par Peter Thiel. Le thème de la conférence (les marchés financiers et celui des devises) n'intéressait pas spécialement Levchin, mais il avait entendu parler de Thiel par Luke Nosek et savait qu'il investissait dans les start-up. Lorsque Levchin est arrivé dans la salle de classe du Terman Engineering Center de Stanford, il a été surpris de trouver une foule moins nombreuse que prévu, avec une poignée de participants assis autour de Thiel, comme s'il s'agissait d'un séminaire.

En dépit du petit groupe, le discours de Thiel a impressionné Levchin. *Ouah, si je fais un jour quelque chose dans le monde de la finance, c'est le type avec lequel je veux passer du temps*, a pensé Levchin. Il a vu dans l'expertise financière de Thiel le reflet d'autre chose, aussi : *Ce n'est évidemment pas un informaticien, mais c'est un geek.*

À la fin de la conférence, Levchin a traîné dans le coin pour essayer d'attirer l'attention du conférencier. Coincé dans ce qui semblait être un discours douloureux et impromptu sur la collecte de fonds, Levchin a pu voir que « Thiel avait besoin d'être libéré », alors il est intervenu : « Hé, Peter, je m'appelle Max […] Je suis un ami de Luke. »

L'autre interlocuteur a compris l'allusion, et Thiel a porté son attention sur Levchin. « Alors, qu'est-ce que tu fais ? a-t-il demandé.

— Je vais probablement créer une entreprise. C'est ce que j'ai fait dans l'Illinois, a expliqué Levchin, précisant que son entreprise la plus récente, NetMeridian, venait d'être récemment rachetée.

— Oh super ! On devrait se caler un petit déjeuner ensemble », a répondu Thiel.

Le lendemain matin, Levchin a mal évalué la distance qui le séparait du lieu de rendez-vous convenu – Hobee's. Courant pour rattraper le temps perdu, il est arrivé en nage et s'est excusé. Savourant déjà son smoothie préféré là-bas (un Red, White & Blue), Thiel est resté imperturbable. Levchin s'est assis et Thiel a commencé à l'interroger sur ses idées de start-up.

Levchin a d'abord présenté une mise à niveau d'un produit vendu par Market Access International, l'entreprise qui lui avait donné un contrat de travail à l'université. MAI vendait des informations sur les produits physiques et de détail, et Levchin pensait qu'il pourrait aussi y avoir un marché pour les bases de données publicitaires en ligne.

« Quelqu'un devrait fouiller tous les recoins du Web, rassembler ces bannières et les regrouper dans une base de données. Il y a une opportunité de créer un Market Access [pour la publicité] en ligne, a-t-il expliqué.

— OK, intéressant », a répondu Thiel.

Devant la réaction muette de son interlocuteur, Levchin est passé à son idée suivante. Lorsqu'il était à l'université, il avait élaboré une application pour le PalmPilot (alors l'ordinateur portable le plus populaire du monde) afin de résoudre un problème pour des amis qui géraient de gros systèmes informatiques. Par sécurité, ces administrateurs de systèmes s'appuyaient sur des cartes-clés de la taille d'une carte de crédit. Chaque ordinateur était relié à une carte-clé, qui délivrait un mot de passe à usage unique, mais les amis administrateurs système de Levchin devaient donc transporter avec eux un éventail énorme de cartes.

Levchin a appelé sa création SecurePilot. Elle a transformé la génération de mot de passe de plusieurs cartes-clé en une seule application utilisable sur un appareil portable. « En gros, j'ai émulé le tout sur un PalmPilot de manière à ce que mes amis puissent se débarrasser de leurs gadgets débiles », a expliqué Levchin.

Ce n'était pas une mince affaire. Les cartes-clé effectuaient une cryptographie complexe et produisaient des codes rapidement. SecurePilot devait tenir le rythme pour ne pas ennuyer les utilisateurs, mais le faible processeur du PalmPilot faisait de la vitesse un défi technique. « La façon d'accélérer [le programme] relève de l'art, tant du point de vue de l'interface utilisateur que de celui des mathématiques, dira-t-il plus tard à la journaliste Jessica Livingston. En mathématiques, il faut voir combien on peut en tirer, et pour l'interface utilisateur, donner l'impression que ça ne prend pas si longtemps. »

SecurePilot a maîtrisé aussi bien les mathématiques que l'art – et a gagné des clients payants par la même occasion. Levchin facturait 25 dollars par téléchargement et, lorsqu'il s'est assis chez Hobee's avec Thiel, il avait créé un produit rentable. Levchin a expliqué à Thiel que le succès modeste de SecurePilot laissait présager quelque chose de plus grand – une opportunité d'affaires au carrefour des appareils portables et de la sécurité mobile. Il prédisait un avenir dans lequel le PalmPilot et les appareils portables similaires deviendraient indispensables.

Thiel était sceptique. « J'ai vu ces appareils, mais à quoi serventils ? a-t-il dit.

— Pour l'instant, ils sont bons pour la prise de notes, a admis Levchin, mais je pense qu'un jour, ils serviront de cahier, de dictaphone, à la lecture des mails… Tôt ou tard, a-t-il suggéré, tout le monde aura un super ordinateur dans sa poche. »

Thiel a insisté. « Alors, quel est l'intérêt ?

— Le fait est qu'à l'heure actuelle, il n'y a pas de cryptage. Si quelqu'un vole mon PalmPilot et connaît mon code PIN, je suis foutu. Il aura accès à tout, a expliqué Levchin. Il faut crypter ce genre de choses. »

Thiel a commencé à voir le potentiel. Mais il avait une question, un défi de taille dans le domaine : c'était une chose de générer des mots de passe à usage unique mais le processeur du PalmPilot pouvait-il gérer le cryptage des mails, des documents et autres fichiers ? Les idées de Levchin surpassaient-elles la technologie disponible ?

« C'est exactement là où je veux en venir », a répondu Levchin. Lorsqu'il était étudiant, il avait examiné de près les recherches universitaires menées sur la cryptographie des petits dispositifs. Il leur a donné vie avec SecurePilot. Le cryptage mobile efficace était devenu une obsession et un domaine dans lequel Levchin pensait avoir un avantage concurrentiel. Tout cela, a apparemment convaincu Thiel, qui est passé du scepticisme au soutien fervent. « C'est une bonne idée. Tu devrais le faire. Et j'aimerais investir. »

■ ■ ■

Levchin et Thiel se sont régulièrement rencontrés au cours des semaines suivantes ; des rendez-vous que Levchin a qualifiés plus tard de « rendez-vous d'ultra geeks ». L'un d'eux a eu lieu à la librairie Printers Inc. Bookstore de Palo Alto, où ils ont passé des heures à échanger des énigmes et autres casse-tête. « Je lui en soumettais une pour voir s'il arrivait à s'en sortir, se rappelle Levchin, et il m'en balançait une à son tour. »

Le ton était amical, mais avec un esprit de compétition sous-jacent – ce qui préfigurait la future culture de PayPal. Thiel et Levchin ont tous deux perfectionné leur habileté à résoudre les énigmes, et aucun d'eux n'aimait perdre. Levchin se souvient d'un problème que Thiel lui a posé rapidement : *Prenez n'importe quel entier positif. Certains ont un nombre impair de diviseurs uniques, et d'autres un nombre pair. Décrivez le sous-ensemble de tous les entiers z qui ont exactement un nombre pair de diviseurs.*[16]

Levchin s'est débattu avec ça pendant quatre ou cinq minutes. Il se remémore « l'avoir d'abord compliqué à l'excès » et avoir accidentellement « donné un sous-ensemble du sous-ensemble », mais il a fini par donner la réponse exacte. Malgré cette étape intermédiaire, Thiel a été impressionné.

Et puis, Levchin a riposté avec une autre énigme : *Imaginez que vous avez deux cordes de densités différentes. Si vous mettez le feu à l'une des deux cordes, malgré une combustion à des vitesses variables, elle brûlera entièrement au bout d'une heure. En utilisant les deux cordes, mesurez exactement 45 minutes.*[17]

---

16. Réponse : trouvez le nombre de carrés parfaits inférieurs à z et soustrayez ce nombre de z - 1

17. Réponse : allumez simultanément les deux extrémités d'une corde et une extrémité de l'autre corde. La première corde sera entièrement brûlée au bout de 30 minutes. À ce moment-là, allumez l'extrémité non-allumée de l'autre corde. Lorsque la deuxième corde s'éteindra, 45 minutes se seront écoulées.

Thiel a répondu correctement.

Cette évaluation élaborée a duré des heures : des casse-tête agrémentés de problèmes mathématiques et de questions de logique. Levchin et Thiel se sont découvert un intérêt commun et original ; ils faisaient partie de ce type de personnes qui transformaient les mathématiques en sport. « Peter n'était pas un technicien, dit Nosek à propos de Thiel, mais c'était un intellectuel au même titre que Max, dans le sens où ils essayaient toujours de comprendre les choses. Ils adoraient se pousser l'un l'autre jusqu'aux limites de leur propre esprit. »

Les premières rencontres de Thiel et Levchin ont préfiguré le processus qu'utiliserait PayPal pour évaluer les candidats. Quelques questions, comme celle sur les cordes qui brûlent, sont devenues des incontournables des entretiens de l'entreprise. « Ils ressemblent à de jolis casse-tête, explique Levchin, mais en réalité, ce sont des problèmes informatiques de base [...] Il est bon de prendre du recul et de se dire : c'est une énigme, elle est censée être résolue rapidement. Si vous creusez en profondeur, vous vous y prenez mal. »

Levchin se souvient d'un entretien avec un candidat prometteur, titulaire d'un doctorat en mathématiques. Ayant reçu une énigme à résoudre, le mathématicien avait commencé à gribouiller, ses calculs occupant tout un tableau blanc, puis la porte vitrée du bureau. Pour Levchin, la démarche longue et sinueuse du candidat avait été un coup décisif. *C'est votre avenir en tant qu'ingénieur logiciel : vous y arriverez, mais cela prendra probablement trop longtemps,* a-t-il pensé.

L'utilisation d'énigmes ésotériques lors des entretiens n'a pas rendu PayPal unique : de nombreuses entreprises technologiques ont fait souffrir des candidats en ayant recours à ces méthodes. Et tous les anciens de PayPal ne trouvent pas ce processus idéal. « Je ne suis pas très fort pour résoudre les énigmes [...] mais j'aime résoudre des problèmes, a reconnu Erik Klein, ingénieur chez PayPal. Il y a une différence entre casse-tête et problème. Nous avons travaillé sur de nombreuses énigmes pendant les entretiens, mais j'ai l'impression que leur résolution a pu écarter des gens qui étaient bons pour résoudre les problèmes. » Klein se rappelle avoir été « à fond dessus » à l'époque, mais il se dit que « aujourd'hui, en étant plus âgé, je vois que ce n'était probablement pas la meilleure méthode pour recruter ».

Un ingénieur, Santosh Janardhan, voit les avantages et les inconvénients de la résolution d'énigmes en direct. « Nous avons probablement perdu de bons éléments, parce que quelqu'un était dans un mauvais jour. Néanmoins les gens qu'on a fini par embaucher avaient au moins un QI extrêmement élevé et pensaient comme nous. Donc, on a peut-être perdu de très bons talents, mais ceux qui ont pu venir [...] se sont entendus d'instinct. Alors, c'était peut-être une pensée de groupe mais, pour une petite communauté, réaliser quelque chose et le faire vraiment vite, c'était en fait, avec le recul, une chose magistrale à faire. »

Qu'il soit avantageux ou non pour le recrutement, ce qui a rendu PayPal différent, c'est que cet esprit de résolution d'énigmes imprégnait sa culture d'entreprise. Une ancienne designer UX se souvient de l'amour de l'équipe d'ingénierie pour la résolution de problèmes. « C'est simplement la joie de trouver une belle solution », a-t-elle déclaré. Pour susciter une telle joie, l'entreprise a inclus des casse-tête dans son bulletin hebdomadaire destiné aux employés, les réponses correctes donnant droit à une mention dans le numéro suivant.

■ ■ ■

Plusieurs cafés et casse-tête plus tard, Thiel Capital a accordé un prêt-relais de 100 000 dollars en décembre 1998 pour l'amorçage de la société naissante de Levchin. Ce n'était pas grand-chose, mais c'était un début. Levchin avait maintenant un investisseur providentiel et les éléments essentiels d'une entreprise. Il avait également en tête le PDG idéal : John Powers, un expert en informatique qui travaillait pour la société de logiciels JD Edwards.

Ils s'étaient rencontrés lors d'une conférence sur la technologie mobile à Oak Brook, dans l'Illinois, alors que Levchin était encore à l'université. Powers faisait la queue au stand de Motorola, armé de questions ; à proximité, il a entendu Levchin répondre à ses interrogations. *On dirait que ce gamin là-bas en sait plus que les types qui tiennent le stand,* remarque Powers.

Ils ont pris un café à proximité autour duquel Levchin a esquissé un cadre improvisé pour le problème que Powers avait prévu de présenter aux gens de Motorola. Powers a été soufflé par Levchin : les étudiants n'étaient pas exactement des participants réguliers aux conférences sur les technologies d'entreprise, et ils n'étaient pas non plus aussi pointus.

Levchin revoit Powers comme un homme « grand, dégingandé, farfelu [...] et bienveillant », quelqu'un qui « avait toujours une décennie d'avance sur son temps ». Ce dernier était venu à la conférence car il s'intéressait à l'informatique mobile. La première génération d'appareils mobiles – les PalmPilot, Apple Newton, Casio Cassiopeia, Sharp Wizard, etc. – venait juste de faire irruption sur le devant de la scène. Lorsqu'il a rencontré Levchin, Powers avait commencé à se documenter sur les normes de communication sans fil et la sécurité des appareils mobiles. « On pouvait voir l'évolution arriver », se souvient-il.

Peu de temps après la conférence, Powers a proposé à ses patrons chez JD Edwards l'idée de créer un cabinet de conseil aux entreprises mobiles. Mais aussi prometteur que cela puisse lui paraître, le domaine de l'informatique mobile n'en était qu'à ses débuts et ses patrons se sont montrés réticents. Malgré tout, Powers demeurait enthousiaste à cette idée, même si ses employeurs ne l'étaient pas, et il a pris un congé pour fonder une société de conseils.

À la recherche d'un associé, Powers a appelé Levchin et lui a proposé un contrat de travail pour de la programmation mobile, rémunéré 15 dollars de l'heure, que Levchin a accepté avec joie. Leur premier client a été la Hyster Company, un loueur de chariots élévateurs et de tracteurs. Les techniciens de maintenance d'Hyster avaient besoin d'un moyen de facturer les clients lorsqu'ils étaient sur le terrain et Levchin a conçu un logiciel permettant aux techniciens de terrain de mesurer le temps et l'argent consacrés aux pièces détachées.

D'autres entreprises ont bientôt fait appel à la jeune société, notamment Caterpillar Inc. basé à Peoria dans l'Illinois, et un autre groupe d'un secteur complètement différent : Avon Products. « C'est le lancement du programme de Avon qui a été le plus fluide », raconte Powers. En très peu de temps, le logiciel de Levchin a facilité la vente de maquillage et la réparation des chariots élévateurs.

Avec des clients payants, Powers a commencé à organiser des rencontres avec des investisseurs. Levchin et lui ont présenté l'entreprise à des dizaines d'investisseurs de Chicago, mais ils n'ont pas trouvé preneur. « Ils étaient heureux de financer une entreprise qui, d'une manière ou une autre, allait utiliser Internet pour envoyer de la nourriture pour animaux ou fabriquer des tee-shirts, mais nous n'avons rien obtenu, que dalle », dit Powers.

En y réfléchissant, ce n'était pas gagné pour le duo : en 1998, de nombreuses entreprises commençaient tout juste à troquer le papier et le crayon pour le clavier et la souris, et les appareils portables de faible puissance tel que le PalmPilot apparaissaient comme un bond encore plus grand – non testé, irréaliste et potentiellement dangereux. « Nous étions un peu naïfs », admet Powers.

Même si leurs présentations n'ont rien donné, le fait de présenter leurs idées et de gagner des petits contrats a été instructif pour Levchin. Un jour, les deux garçons ont été invités au siège social de Palm Computing, la Mecque de l'informatique mobile à l'époque.

Powers est arrivé vêtu d'une veste bleue, d'un pantalon kaki et d'une cravate. Levchin a débarqué à la réunion en short, tongs et tee-shirt sur lequel on pouvait lire « *WINDOWS SUCKS*[18] ». Avant la réunion, Powers a exprimé son inquiétude à propos de l'accoutrement de Levchin, mais celui-ci a repoussé ses remarques pour des raisons de fond. « John, tu ne comprends pas, ils n'aiment pas Microsoft non plus », a répondu Levchin.

Et c'était effectivement le cas : les bureaux de Palm Computing accueillaient de nombreux anciens employés d'Apple, qui partageaient la piètre opinion de Levchin sur Microsoft. Les doutes concernant l'apparence décontractée de Levchin ont également été levés lorsqu'il a répondu à des questions techniques difficiles. Il a facilement résolu les problèmes qui lui étaient posés à propos du débit des appareils et de la vitesse des processeurs. Même les techniciens les plus expérimentés dans la salle ont senti que sa tenue démentait son talent.

Pourtant, la réunion chez Palm s'est terminée comme les autres, avec de bons vœux et beaucoup d'enthousiasme – mais pas grand-chose d'autre. Alors que Levchin terminait son cursus à l'université et partait pour l'Ouest, il est resté en contact avec Powers et ils ont continué à travailler sur des projets de conseil ponctuels.

■ ■ ■

18. « Windows craint. »

Fin 1998, Levchin a de nouveau contacté Powers ; leur entreprise de téléphonie mobile avait enfin un investisseur. Il était temps de créer les produits de sécurité qu'ils avaient toujours imaginés. Powers a commencé à faire la navette entre Palo Alto et sa maison dans l'Illinois.

Cet effort représente sans doute la première itération de PayPal : ressuscitée après plusieurs refus, l'entreprise se vantait désormais d'avoir un investisseur providentiel avec un bureau placard (Thiel), un directeur technique sans air conditionné (Levchin) et un PDG qui faisait des trajets de plus de 3 300 kilomètres (Powers).

Powers a suggéré de nommer l'entreprise Fieldlink, ce qui reflétait l'essentiel des projets de Avon et de Hyster et qui sonnait bien. Thiel, Levchin et Powers ont commencé à réfléchir aux produits de l'entreprise et à les présenter à des investisseurs potentiels.

Le trio de Fieldlink a rapidement formé une équipe. Pendant les pauses, Levchin, Thiel et Powers jouaient aux échecs et aux cartes et, dans ces compétitions informelles, Powers a vu la ressemblance frappante entre Thiel et Levchin : un esprit de compétition acharné. Un jour, chez Printers Inc., Powers a battu Thiel à un jeu de pièces de monnaie, le 3-5-7 (également connu sous le nom de « jeu des allumettes »). Frustré, Thiel a mis le jeu en pause pour se livrer aux calculs sous-jacents du jeu avec un morceau de papier et un crayon. Les calculs terminés, Thiel a battu Powers à chaque tour suivant. « J'ai beaucoup appris sur Peter en [voyant] ça, se souvient Powers. Il va prendre des décisions fondées sur une base scientifique plutôt que de se lancer à l'aveugle et voir ce qui se passe après. »

Powers s'amusait bien sur la côte Ouest en montant sa jeune entreprise technologique, mais il bossait dur aussi. Il arrivait en Californie le vendredi soir, où il passait le week-end entier à travailler avec Levchin et Thiel. Puis, le dimanche soir, il prenait un vol de nuit pour rentrer à Chicago, s'arrêtant chez lui tôt le matin pour saluer sa femme et se changer avant de retourner au travail.

Cette première configuration convenait à Levchin : Thiel et Powers gérant les affaires et les levées de fonds, il restait seul pour écrire du code. Mais les semaines passant, Levchin a vu que Powers était sous tension et il en a conclu que l'entreprise avait besoin d'un PDG à plein temps, qui habiterait sur place. Le trio – Thiel, Levchin et un Powers fatigué – est allé dîner au Caffe Verona, à Palo Alto. Levchin a laissé à Thiel le soin de démarrer la difficile conversation, et ce dernier a gentiment expliqué à Powers que s'il ne déménageait pas à Palo Alto, il ne pourrait pas rester PDG. Thiel a reconnu la difficulté de chambouler la vie d'un couple tout juste installé (Powers était marié depuis peu) pour l'incertitude et le chaos d'une start-up située à l'autre bout du pays.

Powers l'a pris du mieux qu'il le pouvait. « J'étais un peu contrarié, parce que j'aimais l'intensité et le plaisir de cette aventure, explique-t-il. Mais rétrospectivement, c'était tout à fait raisonnable. » Les choses se sont terminées à l'amiable et, alors que l'entreprise se développait, Levchin et Thiel se sont même tournés vers Powers pour qu'il se porte garant de leur crédibilité. Ce qu'il a fait avec enthousiasme.

Cette première conversation difficile avec un salarié a permis à Levchin de voir de ses propres yeux les compétences de Thiel. Dès le départ, Levchin et Powers se sont partagé équitablement le capital de la société. Mais avec le départ de Powers et l'investissement de Thiel, une question épineuse s'est posée : ils devaient chacun diluer leur participation, et l'entreprise avait besoin de suffisamment de fonds propres disponibles pour les distribuer aux recrues potentielles.

Levchin s'est tourné vers Thiel pour gérer la négociation délicate, et ce dernier s'en est chargé. « Je me suis dit *Waouh, c'est à cela que ressemble un tour de passe-passe de Jedi.* Je n'ai pratiquement rien dit pendant trois heures, j'ai simplement regardé Peter expliquer pour quelles raisons John devait avoir moins de capitaux propres. » Levchin a commencé à se demander si Thiel pourrait jouer un rôle plus important que celui de simple investisseur providentiel chez Fieldlink.

« Les chefs d'entreprise et les fondateurs doivent avoir quelqu'un en qui ils peuvent réellement avoir confiance, a observé John Malloy, un investisseur arrivé par la suite chez PayPal. Il y a tellement de gens qui sont là pour vous lorsque les choses vont bien, mais lorsque tout ça ne tourne pas vraiment, à qui parlez-vous de manière objective ? [Levchin et Thiel] sont là l'un pour l'autre. Ils sont si brillants, et si différents. Ils incarnent l'un des meilleurs exemples d'une bonne collaboration. »

3

LES BONNES QUESTIONS

Les aventures d'Elon Musk dans le monde de la finance ont commencé à l'université. Lui et son frère, Kimbal, ont émigré d'Afrique du Sud à la fin des années 1980 et ont fréquenté ensemble la Queen's University à Kingston, en Ontario. Pour remplir leur Rolodex, ils ont commencé par démarcher les personnes dont ils entendaient parler dans le journal.

Un jour, Elon est tombé sur un article concernant le Dr Peter Nicholson, un dirigeant de la Banque de Nouvelle-Écosse. Nicholson a une formation en physique et en recherche opérationnelle et il a apporté son expertise scientifique au service du monde de la politique et de la finance. Il a été élu à la Chambre de l'assemblée de la Nouvelle-Écosse et a occupé le poste de chef de cabinet adjoint chargé des politiques au cabinet du Premier ministre du Canada. Au cours d'une carrière diversifiée, Nicholson a travaillé sur toutes sortes de sujets, depuis les problèmes d'ordinateurs à cartes perforées jusqu'aux accords de partages des droits entre les entreprises de pêche au Canada.

Intrigué, Musk a contacté l'auteur de l'article, qui lui a communiqué le numéro de téléphone de Nicholson, que Musk s'est empressé de composer. « Je pense qu'il est juste de dire qu'Elon est la seule personne qui m'ait jamais appelé sans crier gare pour me demander du travail », narre Nicholson. Impressionné par le cran de Musk, il a accepté de rencontrer Elon et Kimbal pour un déjeuner.

Pendant le repas, ils ont parlé « philosophie, économie, de la façon dont fonctionne le monde » et Musk a confirmé l'impression qu'il avait eue à la lecture de l'article, à savoir que Nicholson était « super intelligent [...] un énorme cerveau ». Ils ont abordé le sujet d'un stage, et Nicholson a dit qu'il avait une place dans sa petite équipe à la Scotiabank. Sentant que les intérêts scientifiques de Nicholson correspondaient aux siens, Elon a choisi d'accepter le poste, et Nicholson l'a pris sous son aile en tant qu'unique stagiaire.

Par là même, Peter Nicholson a obtenu une distinction. Il sera l'un des seuls patrons d'Elon Musk.

■ ■ ■

Musk a rejoint la Scotiabank à cause de Nicholson, mais pas pour devenir un financier. Son employeur avait rejoint la banque pour des raisons similaires, attiré non par la finance mais par le PDG de l'entreprise, Cedric Ritchie. Ritchie avait installé Nicholson à la tête d'une petite équipe de consultants internes. « Nous étions un peu comme la Darpa [Defense Advanced Research Projects Agency][19], compare Nicholson. Nous étions cette petite structure déjantée, un peu à l'écart. »

Pour Musk, stagiaire de dix-neuf ans au sein de l'unité, c'était une occasion de voir les finances du haut de la pyramide, et il s'est montré très prometteur. « Il était très brillant, très curieux, se souvient Nicholson. Et il avait déjà une vision très, très large des choses. » En dehors du travail, Nicholson et Musk passaient « beaucoup de temps à parler d'énigmes, de physique, du sens de la vie et de l'essence de l'univers. Même à cette époque-là, resitue Nicholson, l'un des centres d'intérêt de Musk se démarquait les autres : Sa véritable passion, c'était l'espace. »

Au cours du stage de Musk, Nicholson lui a peu à peu confié des missions de plus en plus exigeantes, dont un projet de recherche sur le portefeuille de créances de la Scotiabank en Amérique latine. Au cours des années 1970, les banques nord-américaines avaient prêté des milliards de dollars aux pays en voie de développement, dont plusieurs en Amérique latine, croyant que la croissance rapide de ces marchés émergents leur rapporterait un joli profit. Mais la croissance n'a jamais été au rendez-vous et, dans les années 1980, les banques et les pays ont été confrontés à une crise de la dette imminente.

19. Agence du département de la Défense des États-Unis chargée de la recherche et du développement des nouvelles technologies destinées à un usage militaire

Plusieurs solutions proposées ont échoué. De nombreux experts, dont Nicholson, pensaient que la meilleure était de convertir les créances douteuses en obligations, de les titriser. Les banques accepteraient une période de remboursement prolongée à un taux d'intérêt fixe. En échange, les nouvelles obligations seraient négociables sur le marché libre et pourraient théoriquement prendre de la valeur si la croissance revenait. Même si cela n'arrivait pas, ce scénario était préférable à l'alternative désastreuse : des dizaines de pays et de banques en défaut de paiement, entraînant l'économie mondiale dans une chute vertigineuse.

Le secrétaire américain au Trésor, Nicholas Brady, a apporté son soutien à la proposition, et les obligations qui en ont résulté ont été baptisées « les obligations Brady ». Libellées en dollars US, elles ont été soutenues par le Trésor américain, le FMI et la Banque mondiale. En 1989, le Mexique a conclu le premier accord Brady et d'autres pays ont suivi. « Un marché secondaire s'est développé assez rapidement pour ces obligations », a précisé Nicholson.

■ ■ ■

En réalité, Nicholson ne s'attendait pas à ce que la mission sur la dette latino-américaine donne grand-chose, mais il pensait que c'était suffisamment complexe pour occuper le stagiaire hyperkinétique de son équipe. Cependant, à peine Musk avait-il commencé à plonger dans le marché des obligations Brady qu'il a repéré une opportunité.

Il a calculé la valeur théorique de la garantie des obligations d'un pays, mais a découvert que la dette elle-même pouvait être achetée auprès de banques concurrentes pour un prix bien inférieur. À l'insu de Nicholson, Musk a appelé des entreprises américaines – Goldman Sachs, Morgan Stanley et d'autres – pour s'informer du prix et de la disponibilité de la dette. « J'avais littéralement dix-neuf ans ou quelque chose comme ça, se remémore Musk. [Je disais :] "J'appelle de la banque de Nouvelle-Écosse, et je suis curieux de savoir à quel prix vous vendriez cette dette…" »

Musk a imaginé un arbitrage lucratif : et si la Scotiabank achetait de la mauvaise dette bon marché auprès d'autres banques et attendait ensuite qu'elle soit convertie en obligations Brady ? Les gains pourraient se chiffrer en milliards, et ils seraient théoriquement garantis par le Trésor américain, le FMI et la Banque mondiale. Il a présenté l'idée à Nicholson. « J'ai dit : "Nous rachetons simplement toute cette dette. Ces gens sont des imbéciles. Il n'y a rien à perdre", a expliqué Musk. Nous pourrions gagner instantanément 5 milliards de dollars. Tout de suite. »

Les pouvoirs en place ne l'ont pas vu de cette façon. Alors que d'autres banques canadiennes vendaient leur dette des pays en voie de développement en essuyant de lourdes pertes, la Scotiabank était allée à l'encontre des usages et avait tenu bon, mais affichait aussi des pertes. De l'avis de son PDG, la banque avait beaucoup de dettes brésiliennes et argentines – des milliards de dollars. Ayant déjà été critiqué par son conseil d'administration pour cette exposition, il n'était pas prêt à augmenter les risques, en particulier pour un pari sur de nouvelles et incertaines obligations Brady.

Musk était effaré. Selon lui, le passé n'était pas un guide ; les obligations Brady étaient nouvelles et c'était là l'essentiel. « En fait, c'est la raison pour laquelle la dette était à vendre ; parce qu'il y avait tant d'autres PDG de banques qui avaient cette même idée absurde, a déclaré Musk. Cela m'a sidéré de voir qu'il y avait cette énorme opportunité d'arbitrage juste là, à portée de mains, et qu'ils n'ont rien fait. »

Nicholson a offert une évaluation plus charitable de la décision de Ritchie. Parce qu'elle avait conservé sa dette latino-américaine, la Scotiabank était beaucoup plus exposée que ses concurrents. « Ce qu'Elon n'avait peut-être pas pleinement apprécié à l'époque, a expliqué Nicholson, c'est que c'était déjà assez grave que la Scotia ne soit pas prête à vendre sa dette à perte. Mais penser à en racheter ? Cela aurait été allé trop loin. »

Pour Nicholson, Ritchie et Musk ont fait preuve tous les deux de la même clairvoyance ; Ritchie en étant convaincu que la Scotiabank devait conserver sa dette des pays en voie de développement, et Musk dans sa conviction qu'elle devait en acquérir davantage. Tous les deux ont fini par avoir raison : entre 1989 et 1995, treize pays supplémentaires ont conclu des accords Brady pour échanger leur dette contre des obligations négociables.

Pour Musk, le stage au sein de la Scotiabank a prouvé « à quel point les banques sont nulles ». La peur de l'inconnu leur avait coûté des milliards et, dans ses efforts ultérieurs chez X.com et PayPal, il reviendra sur cette expérience comme étant la preuve que les banques peuvent être vaincues. « Si elles sont si mauvaises en matière d'innovation, alors une entreprise qui entre dans l'espace financier ne devrait pas avoir peur que les banques les écrasent, parce que les banques n'innovent pas », conclut Musk.

■ ■ ■

Musk a quitté Scotiabank avec une mauvaise image des banques, mais avec un ami et mentor pour la vie en la personne de Nicholson. Il a même suivi ses traces, mêlant des études de sciences et de commerce à l'université. Musk quitta Queen's University pour rejoindre celle de Pennsylvanie et a obtenu un double diplôme en physique et en finance.

Plus tard, il a admis avoir étudié le commerce pour se protéger. « Je craignais, si je ne faisais pas ces études-là, d'être obligé de travailler pour quelqu'un qui les avait suivies et qui saurait des choses particulières que j'ignorerais, a-t-il révélé dans le bulletin d'information de l'American Physical Society. Ça ne me plaisait pas, alors j'ai voulu m'assurer que je savais tout cela aussi. » Si c'était à refaire, il a avoué qu'il aurait peut-être laissé tomber ses cours de business.

Il voyait la physique comme quelque chose de rigoureux. « Je suivais des cours d'analyse avancée des titres, se souvient Musk. On apprenait aux gens ce qu'étaient les mathématiques matricielles. Je me suis dit : *Ouah, d'accord. Si tu peux faire des mathématiques pour la physique, alors les mathématiques des affaires sont super faciles.* » Les camarades de classe de Musk en physique partageaient également ses intérêts extrascolaires : pour quelqu'un qui s'est déjà qualifié de « Nerdmaster 3000 », c'était un soulagement de trouver d'autres personnes qui savouraient *Donjons & Dragons*, les jeux vidéo de toutes sortes et la programmation informatique.

Bien qu'il l'ait étudiée de façon formelle à l'université de Pennsylvanie (UPenn), la passion de Musk pour la physique était antérieure à l'université. « J'ai traversé une crise existentielle lorsque j'avais douze ou treize ans, a-t-il expliqué plus tard. J'essayais de comprendre ce que tout cela signifie, pourquoi nous sommes là, est-ce que tout cela a un sens ; ce genre de choses. » Au milieu de cette crise, Musk a découvert un roman de science-fiction porteur d'espoir : *The Hitchhiker's Guide to the Galaxy* *20*de Douglas Adams.

Le personnage principal du roman, Arthur Dent, survit à la destruction de la Terre et entame une quête intergalactique pour localiser la planète Magrathea[21]. Au cours de ses aventures, il apprend l'existence d'une ancienne espèce « de créatures hyperintelligentes et pandimensionnelles » qui ont construit un ordinateur appelé « Pensée profonde » pour chercher une réponse à « la question ultime sur la vie, l'univers et tout le reste ». *Le guide du voyageur galactique* a apaisé les inquiétudes existentielles de Musk en suggérant que formuler les bonnes questions était aussi important que de trouver les réponses. « La plupart du temps, explique Musk, la question est plus difficile que la réponse, et si vous pouvez la formuler correctement, la réponse est la partie la plus facile. »

Pour Musk, la physique posait les bonnes questions. Après Adams, il a commencé à lire les travaux du Dr Richard Feynman, Prix Nobel de physique, parmi d'autres. Une fois à l'université, Musk s'est plongé encore plus dans la physique ; dans ses cours de commerce à Wharton, il a rédigé des articles sur les arguments financiers en faveur des supercondensateurs et des systèmes énergétiques spatiaux qui ont été bien accueillis.

Musk se régalait des questions de physique dans ses cours, mais il s'inquiétait de la réalité du travail dans ce secteur après l'obtention de son diplôme. « Je pensais que je pourrais me retrouver coincé dans un travail de bureaucratie au sein d'un accélérateur de particules, dit-il. Et puis, ce collisionneur pouvait être annulé, à l'image du Superconducting Super Collider[22], ce qui aurait été vraiment nul. » Mais quelles étaient ses alternatives ? Beaucoup de ses camarades de Wharton encaissaient leurs primes à la signature en tant que nouvelles recrues dans des banques et des cabinets de conseil. Il avait déjà fait le tour de tout ça ; ces voies traditionnelles l'attiraient encore moins que d'être coincé dans la hiérarchie d'un malheureux collisionneur.

---

20. Paru en France sous le titre *Le guide du voyageur galactique*

21. *Mégrathmoilà*, en français.

22. Également surnommé le Desertron, le projet, prévu au Texas, devait être le plus grand accélérateur de particules au monde. Il a été abandonné en 1993.

En fin de compte, Musk a choisi une voie empruntée par les jeunes diplômés indécis depuis des temps immémoriaux : les études supérieures. Il a postulé et a été admis au programme d'études supérieures en science des matériaux et ingénierie de Stanford.

■ ■ ■

Dr Elon Musk. C'était ça le ticket d'entrée – ou pas ? Musk savait qu'il n'était pas taillé pour la vie en entreprise mais, même s'il a été admis au prestigieux programme de Stanford, il a envisagé des alternatives au monde universitaire.

Au cours de ses derniers étés d'étudiant, Musk a effectué deux stages simultanés dans la Silicon Valley. Le jour, il travaillait au Pinnacle Research Institute, une entreprise de recherche sur les armes spatiales, les systèmes de surveillance avancés et les sources alternatives de carburant pour les voitures. La nuit, il partait pour la start-up de jeux vidéo Rocket Science Games en pleine effervescence. « Il était le "retourneur de disques" qui arrivait le soir lorsque le logiciel de jeu faisait son travail », a indiqué son responsable, Mark Greenough.

Ces stages ont permis à Musk de découvrir le monde des start-up technologiques et de rencontrer des personnes qui, comme lui, travaillaient 24 heures sur 24, aimaient les jeux vidéo et résolvaient des énigmes mathématiques pour le plaisir. Comme dans ses cours de physique, être un geek ici c'était un avantage, pas un inconvénient. Mais le plus important pour Musk, c'était de voir comment son travail pouvait allier l'impact aux idées. Chez Pinnacle, les chercheurs n'étaient pas soumis au modèle du « publier à tout prix » ; ils *produisaient* – et concevaient des technologies destinées à modifier les voitures pour toujours.

L'été que Musk a passé dans la région de la baie de San Francisco a donné lieu à du brainstorming *blue-sky* avec son frère Kimbal. Ils ont brièvement envisagé de créer un réseau social pour les médecins. Bien que l'idée n'ait pas abouti, elle a semé la graine de la start-up. Et ils étaient parfaitement conscients des opportunités qui se présentaient autour d'eux. Quelques mois seulement avant que Musk ne parte sur la côte Ouest, Jerry Yang et David Filo, deux étudiants diplômés de Stanford, avaient travaillé dur dans une caravane et mis au point le service Jerry and David's Guide to the World Wide Web[23] qu'ils avaient rebaptisé « Yet Another Hierarchical Officious Oracle[24] » avant de l'abréger en « Yahoo ». En 1994, un ancien bailleur de fonds a quitté New York, s'est installé dans la banlieue de Seattle avec sa femme et a lancé Cadabra Inc. dans leur garage. Lui aussi renommera plus tard son entreprise qui deviendra en « Amazon.com ».

La programmation informatique n'avait rien de nouveau pour Musk ; il codait depuis son enfance. À l'âge de treize ans, Musk a vendu un projet de codage, un jeu vidéo baptisé Blastar, dans lequel le joueur doit « détruire un vaisseau spatial extraterrestre qui transporte des bombes à hydrogène mortelles et des machines à faisceaux laser ». L'entrepreneuriat aussi était une vieille habitude pour Musk. Pendant ses années au Canada, il a créé Musk Computer Consulting, qui vendait des ordinateurs et des traitements de texte. L'entreprise avait pour nom « STATE OF THE ART[25] » d'après une publicité parue dans le journal étudiant de la Queen's University, et implorait les clients d'appeler « à toute heure du jour ou de la nuit ».

De son point de vue, les cerveaux derrière Yahoo et Amazon n'avaient que quelques années de plus que lui et ils n'étaient certainement pas plus sages. Mais démarrer sa propre entreprise lui semblait toujours risqué, en particulier avec un ticket pour Stanford en main. Musk a donc cherché un juste milieu en postulant pour un emploi dans l'entreprise internet en vogue à ce moment-là : Netscape.

Musk n'a pas reçu de réponse de Netscape – mais il n'a pas non plus été rejeté. Alors, il a décidé de s'aventurer dans les bureaux de l'entreprise et de flâner dans le hall. Peut-être que là, il pourrait entamer une conversation qui mènerait à quelque chose. Ça n'a pas marché non plus. « J'étais trop timide pour parler à quelqu'un, dira-t-il plus tard au créateur de Digg, Kevin Rose. Alors je suis resté là, debout dans le hall. C'était plutôt embarrassant. J'étais là, à essayer de voir s'il y avait quelqu'un à qui je pouvais parler, mais j'avais trop peur d'interpeller qui que ce soit, alors je suis parti. »

---

23. Littéralement : Le Guide de Jerry et David pour se déplacer dans le réseau mondial d'Internet
24. Littéralement : Encore un autre oracle officieux hiérarchique
25. À LA POINTE DU PROGRÈS

Netscape n'étant plus d'actualité, il s'est demandé s'il devait s'inscrire à l'université ou bien créer une société Internet. « J'essayais de réfléchir : *Qu'est-ce qui influencerait le plus l'avenir ? Quels sont les problèmes que nous devons résoudre ?* » Lorsqu'il était à UPenn, il a établi une courte liste des domaines ayant un impact sur le futur proche : Internet, l'exploration spatiale et les énergies renouvelables. Mais comment lui, Elon Musk, pouvait-il se positionner au mieux pour agir sur les domaines qui « influenceraient l'avenir » ?

Il a demandé conseil à Peter Nicholson. Tous deux discutèrent des prochaines étapes de Musk lors d'une longue promenade autour de Toronto. Nicholson lui a dit : « Écoute, Elon, la fusée dotcom est en train de monter. C'est le moment idéal pour te lancer avec ta bonne idée et prendre le risque, parce que tu peux toujours revenir et préparer ton doctorat. Cette opportunité sera toujours sur la table. » Venant de Nicholson, qui avait fait lui-même son doctorat à Stanford, ce conseil avait du poids.

Pourtant, Musk a quitté l'université de Pennsylvanie au cours de l'été de 1995 avec l'intention de commencer son programme d'études supérieures à Stanford. Mais en retournant dans la région de la Baie, les conseils de Nicholson sont devenus de plus en plus difficiles à ignorer. « J'aurais passé plusieurs années à regarder Internet connaître cette phase de croissance incroyablement rapide, ce qui aurait été vraiment difficile à gérer ; je voulais donc vraiment faire quelque chose », raconta Musk. Il demanda un report à Stanford pour commencer son programme en janvier 1996 au lieu de septembre 1995.

Bien que considéré aujourd'hui comme étant l'un des plus grands preneurs de risques dans le monde des affaires, le Musk de 1995 était partagé sur la question de l'abandon des études supérieures. « Je ne suis pas né pour prendre des risques », a-t-il dit quelques années plus tard à un journaliste de la *Pennsylvania Gazette* de l'université de Pennsylvanie. « J'avais aussi une bourse et une aide financière, que j'allais perdre. » À la réception de sa demande de report, le contact de Musk au sein du département de Stanford lui aurait dit : « Bon, tente ta chance, mais je parie qu'on se reverra dans trois mois. »

En 1995, Musk a commencé à écrire un logiciel pour un site Web réunissant des cartes vectorielles, des itinéraires point à point et des listings d'entreprises. Musk embarqua son frère à bord et, ensemble, ils ont lancé l'entreprise avec leurs propres économies et plusieurs milliers de dollars venant de Greg Kouri, un homme d'affaires canadien avec lequel ils s'étaient liés d'amitié et qui monta à bord comme cofondateur.

Kouri avait été sollicité par Maye Musk, la mère d'Elon et Kimbal, qui lui avait parlé de ses fils et de leurs ambitions. Kouri est décédé en 2012 à l'âge de cinquante-et-un ans mais sa veuve se souvient que son défunt mari lui a raconté l'histoire de son pari sur les frères Musk. « Maye lui a dit : "J'ai deux garçons et voilà leur idée…" », raconte Jean Kouri. Avec le temps, Kouri allait jouer un rôle essentiel dans l'entreprise et dans la vie des frères Musk. Plus âgé de plusieurs années et avec un nez pour les affaires, il a vécu avec Kimbal et Elon pendant ces années d'apprentissage. « Je pense qu'ils l'aimaient comme un grand frère, dit Jean Kouri. Parce qu'à leurs yeux, il en est devenu l'équivalent. » Musk a parlé de Kouri avec affection : « Greg était vraiment l'un de mes plus proches amis », a-t-il rappelé. Il a qualifié Kouri d'« escroc au cœur d'or », quelqu'un qui « utilisait ses pouvoirs pour faire le bien ».

L'équipe a loué un bureau spartiate à Palo Alto, perçant un trou dans le plancher pour accéder à l'Internet de leurs voisins du dessous. Musk dormait au bureau et se douchait au YMCA[26] du coin (en cela, Musk marchait dans les pas de son grand-père maternel, un chiropracteur, le docteur Joshua Haldeman : « [Pendant la Seconde Guerre mondiale], le docteur Haldeman était si occupé par ses recherches politiques et économiques qu'il avait peu de temps pour sa clientèle et vivait au YMCA. »).

Les Musk ont appelé leur nouvelle entreprise Global Link Information Network et l'ont officiellement enregistrée début novembre 1995. Le tout premier communiqué de presse de l'entreprise a démontré l'inexpérience des deux frères : ils n'avaient pas trouvé de nom pour le produit avant de l'annoncer. L'édition du 2 février 1996 du *San Francisco Chronicle* se moquait d'eux : « Le

---

26. Association d'origine chrétienne protestante qui gère notamment des sortes d'auberges de jeunesse

nouveau produit s'appelle soit Virtual City Navigator soit Totalinfo, que l'on a toujours envie de lire Totalfino, le nom d'une nouvelle boisson italienne sans alcool, lisait-on dans la rubrique Datelines. La lettre d'accompagnement dit que c'est le premier communiqué de presse de Global Link, ce qui est évident à bien des égards, à commencer par le fait qu'il est difficile de dire si le produit s'appelle Totalinfo ou Virtual City Navigator. »

Peu importe le nom, le *San Francisco Chronicle* a donné aux deux inconnus l'occasion de faire parler d'eux pour la première fois dans les médias américains : « Les garçons sont originaires d'Afrique du Sud où, selon Kimbal, ils possédaient le troisième PC IBM du pays, un XT avec seulement 8K de mémoire et sans disque dur. Les journalistes de la rubrique Datelines étaient dûment impressionnés. » Tout sarcasme mis à part, les frères Musk avaient raison d'être fiers : en quelques mois, ils avaient gagné une couverture médiatique pour un produit qu'ils avaient construit.

À partir de là, les choses ont évolué rapidement. Après plusieurs échecs pour trouver des capitaux, Global Link a obtenu un tour de table de 3,5 millions de dollars mené par Mohr Davidow Ventures. Encore une fois, la collecte des fonds a mis en évidence le manque d'expérience des deux frères. « À l'origine, ils demandaient un investissement de 10 000 dollars pour 25 % de leur entreprise, a communiqué plus tard l'investisseur Steve Jurvetson à l'auteur Ashlee Vance pour sa biographie de Musk. C'est une aubaine ! Lorsque j'ai entendu parler de l'investissement de 3 millions de dollars, je me suis demandé si Mohr Davidow avait effectivement lu le *business plan.* » Musk aussi était étonné. « Je pensais qu'ils étaient sous crack, dira-t-il deux ans plus tard à un journaliste. Ils ne savent rien de nous et ils vont nous donner 3,5 millions de dollars ? »

Les frères ont abandonné Global Link, Totalinfo et Virtual City Navigator et un spécialiste de la stratégie de marque a conçu un nouveau nom pour la société, Zip2. Ils ont enregistré l'URL www.zip2.com le 24 mars 1996 et ont recruté un PDG expérimenté, Rich Sorkin, pour diriger l'entreprise.

Au départ, ils avaient prévu de créer un site internet grand public – un Yahoo, Lycos ou Excite en devenir – en mettant l'accent sur les boutiques et les magasins du quartier. Mais vendre des publicités sur Internet aux petites entreprises s'est avéré être un défi en 1996, de nombreux parents n'étant pas intéressés. Zip2 a donc pivoté et exploré des partenariats avec de grandes entreprises de télécommunications comme Pacific Bell, US West et GTE pour les aider à élargir leurs offres publicitaires sur Internet. En juillet 1996, Kimbal Musk a déclaré à une revue spécialisée que « les entreprises de télécommunications ont beaucoup d'expérience et de force en marketing, mais peu dans le développement de la technologie Internet ». Zip2 pouvait leur fournir une force de frappe dans le domaine d'Internet, mais lorsque les compagnies ont signalé qu'elles voulaient gérer la publicité sur internet en interne, l'équipe de Zip2 a également abandonné cette approche.

La start-up s'est alors repositionnée comme « plateforme technologique de niveau mondial qui permet aux entreprises de médias d'étendre leur zone d'influence locale et de dominer la publicité locale en ligne ». Dans la pratique, cela signifiait stimuler les ventes de publicités numériques des médias et créer des guides urbains locaux. Le concept s'est révélé prometteur : Zip2 a signé des contrats avec de grands acteurs comme Knight Ridder et Landmark Communications. Une publication professionnelle influente a déclaré que Zip2 était « le nouveau super héros du monde des journaux », écrivant que « l'entreprise de logiciels aux manières douces a joué des coudes pour se positionner au-devant de la meute des annuaires en ligne pour mener la contre-attaque de l'industrie de la presse contre Telcos et Microsoft ».

■ ■ ■

Au début de leur vie en Amérique du Nord, Elon et Kimbal Musk se sont hâtés de rencontrer les protagonistes des récits publiés dans les journaux canadiens. Et, quelques années plus tard seulement, ils étaient considérés comme les chevaliers blancs du monde de la presse américaine. Les années suivantes se confondent : Zip2 s'efforçait de concurrencer Microsoft, Citysearch, AOL et Yahoo pour obtenir une part du gâteau de 60 milliards de dollars de la publicité locale. C'est à cette époque que Musk a eu son premier aperçu de la vie d'une start-up, avec ses hauts et ses bas.

Les innovations de Zip2 (des cartes numériques, un service de messagerie électronique gratuit, et même une fonction permettant de réserver une place dans un restaurant par fax) ont enthousiasmé Musk. Le langage de programmation polyvalent Java a été lancé en janvier 1996 ; en septembre, Musk et son équipe technique avaient mis Java au cœur de Zip2. Le Dr Lew Tucker, directeur principal chez JavaSoft, chantait les louanges de Zip2. « Les cartes et itinéraires révolutionnaires de Zip2 sont parmi les applications concrètes en Java sur Internet aujourd'hui, a déclaré le Dr Tucker dans un communiqué de presse (nettement amélioré) de Zip2. La véritable convergence des technologies de pointe et de l'aspect pratique au quotidien. »

Fin 1996 et 1997, Zip2 était en croissance, puisque Knight Ridder, Soft-Bank, Hearst, Pulitzer Publishing, Morris Communications et la New York Times Company ont investi des millions de dollars. Deux ans après sa création, l'entreprise alimentait des sections de 140 sites Web de journaux différents. « Au milieu de l'année 1997 [...] Zip2 était devenue une entité qui, en fait, fonctionnait comme une sorte de mini-Microsoft », a écrit un observateur du secteur.

Mais la croissance a eu un prix. À l'automne 1996, Musk s'est disputé avec ses investisseurs et ses collègues dirigeants, qui ont remis en question son *leadership*. Impatient et en manque perpétuel de sommeil, il était enclin à fixer des délais déraisonnables, s'en prenant ouvertement à d'autres cadres et collègues et retravaillant le code écrit par d'autres personnes sans leur en parler.

Plus tard, Musk a reconnu ces faiblesses et a expliqué que jusqu'à Zip2, il n'avait jamais dirigé grand-chsoe, n'avait « jamais été un capitaine sportif ou un capitaine de quoi que ce soit, ni dirigé une seule personne ». Il a rappelé à sa biographe Ashlee Vance un moment où il a humilié publiquement un collègue en corrigeant son travail devant les autres, empoisonnant ainsi leur relation. « Finalement, j'ai compris que j'avais peut-être réglé le problème, mais que j'avais rendu cette personne improductive. Ce n'était tout simplement pas une bonne manière de faire les choses », a-t-il ajouté.

Zip2 a gardé Musk comme directeur technique et lui a permis de rester président du conseil d'administration. Mais, tandis que l'entreprise se développait, son influence sur la direction stratégique a diminué. Dans un rôle réduit chez Zip2, Musk s'est senti frustré par ce qu'il considérait comme des ambitions réduites de l'entreprise. Il l'avait imaginée comme le prochain Yahoo, mais elle était maintenant devenue une marionnette pour l'industrie de la presse. « Nous avions développé une technologie impressionnante qui a été essentiellement captée par l'industrie des médias traditionnels et les capital-risqueurs, a indiqué Musk. Je me suis dit : "Attendez, nous avons l'équivalent d'un avion d'attaque interarmées F-35, et la façon dont les entreprises de médias veut utiliser cette technologie, c'est en se la transmettant les unes aux autres." »

Musk a vainement fait pression pour changer de cap. Il a poussé Zip2 à acheter le site City.com et, en 1998, il a porté le combat devant la presse, déclarant ouvertement au *New York Times* : « Nous pensons que la vraie bataille est avec Yahoo et AOL pour devenir un portail local. » Mais le conseil d'administration, les investisseurs et l'équipe de direction de Zip2 n'étaient pas d'accord. À leurs yeux, les sociétés de médias étaient des clients puissants et payants ; devenir le nouveau Yahoo était utopique. « Ce n'était pas une question philosophique, a assuré le PDG de l'entreprise, Rich Sorkin. Nous sommes allés là où était l'argent. »

Zip2 a connu des difficultés tout au long de l'année 1998. Un projet de fusion avec son plus gros concurrent, Citysearch, a mal tourné. Le *Charlotte Observer*, un client précoce et prometteur, a annulé son guide urbain Zip2, se plaignant du ralentissement des ventes d'annonces. Les griefs de l'*Observer* étaient emblématiques d'un problème qui touchait l'ensemble du secteur. « Malgré tout l'intérêt des annonceurs, écrivait le *New York Times* en septembre 1998, aucun guide urbain n'a dégagé de bénéfice régulier. »

■ ■ ■

Tout s'est terminé au début de l'année suivante. En février 1999, Zip2 a été vendue à Compaq Computer pour 307 millions de dollars en espèces. Pour Compaq, l'acquisition réunissait son moteur de recherche AltaVista avec les listes locales et les annonces de Zip2. Pour Musk, l'acquisition représentait un chèque de 21 millions de dollars.

Aujourd'hui encore, ce moment l'étonne ; le montant autant que le moyen de paiement. Les millions sont arrivés par chèque.

« Littéralement, dans ma boîte aux lettres. Je me suis dit : “C'est insensé. Et si quelqu'un… ? Je veux dire, je suppose qu'il aurait eu du mal à l'encaisser ?” Mais cela reste une façon bizarre d'envoyer de l'argent. » L'accord passé lui a permis de quitter Zip2. « Mon compte en banque est passé de, disons, 5 000 dollars à 21 005 000 dollars », dit-il. Il avait vingt-sept ans.

Après son départ, Musk est devenu une figure d'intérêt pour les médias. « Bien qu'il parle vite et s'habille d'une façon aussi décontractée que n'importe quel geek de la Silicon Valley, il a l'apparence soignée et les manières impeccables d'un missionnaire mormon », a observé un journaliste en parlant de Musk. Avec ses nouveaux millions, Musk s'est acheté un appartement à Palo Alto et une voiture de sport F1 McLaren évaluée à 1 million de dollars.

L'argent et la célébrité étaient les bienvenus, mais Musk estimait que la réussite de Zip2 était accompagnée d'un astérisque. L'entreprise avait triomphé financièrement, mais Musk pensait qu'elle était handicapée au niveau technologique. Il était très fier des innovations de Zip2 (pour la création de certaines des premières cartes en ligne fonctionnelles, par exemple). Mais ces bijoux technologiques, pensa-t-il, étaient donnés en pâture aux cochons. Les produits de Zip2 n'avaient pas démontré le formidable potentiel d'Internet ; du moins pas dans la mesure où il l'avait espéré. « Je savais comment développer la technologie, mais je ne l'avais pas vue s'épanouir et elle avait été étouffée. »

Musk admire les capitalistes et les scientifiques, mais tout comme à l'époque où il était à Upenn, sa fascination pour les sciences l'emporte. Les hommes d'affaires considéraient Internet comme la dernière ruée vers l'or du vingtième siècle. Musk voyait cela différemment. « Je pensais que c'était quelque chose qui allait fondamentalement changer le monde, a-t-il déclaré. C'était comme un système nerveux pour le monde qui ferait potentiellement de l'humanité une sorte de superorganisme. »

Pour Musk, ce « système nerveux » alliait science-fiction et science dure – un cocktail d'Adams et de Feynman – et il en parlait avec un étonnement non dissimulé. « Auparavant, nous ne pouvions communiquer que par osmose. Une personne devait physiquement se déplacer vers une autre personne. Dans le cas d'une lettre, quelqu'un devait la porter, a-t-il fait remarquer. Maintenant, vous pouvez vous retrouver au milieu de la forêt amazonienne et si vous avez un seul signal satellite sur Internet, vous avez accès à toutes les informations du monde. C'est irréel. »

Irréel mais pourtant *devenu réalité* tout autour de lui. Musk avait envie de faire plus. Il voulait se charger, comme il le disait, de la construction des « pierres angulaires » d'Internet. Zip2 était maintenant derrière lui. Il avait en revanche plus qu'un peu d'argent devant lui. Il était temps de se lancer dans une nouvelle aventure.

4

« CE QUI COMPTE POUR MOI, C'EST DE GAGNER »

Lorsqu'il était stagiaire en 1990, Musk n'arrivait pas à comprendre la réticence de la Scotiabank à innover. Mais au cours de la décennie qui a suivi, marquée par des progrès technologiques rapides, les grandes banques, dans leur ensemble, semblent n'avoir fait que renforcer leur intransigeance.

Internet était partout, mais les dirigeants des banques le considéraient avec toute la méfiance des patrons de petites entreprises auxquels Musk avait tenté, sans succès, de vendre les annonces publicitaires numériques de Zip2. En 1995, lorsque Musk construisait encore Zip2, « les services bancaires en ligne » sonnaient comme une contradiction. Alors même que de plus en plus de banques entraient dans le monde du numérique, leurs offres en ligne étaient à peine plus que des brochures vissées sur Internet.

Un exemple : le site internet de Wells Fargo, vers la fin de 1994. Un visiteur du site voyait un catalogue d'informations soigneusement triées, le tout sous les images des diligences emblématiques de la banque – si tant est qu'il puisse ouvrir le site. « Malheureusement, l'accès à Internet par ligne commutée étant la norme à l'époque, les images colorées des diligences se téléchargeaient ligne par ligne et il fallait plusieurs minutes pour charger la totalité du site », comme l'a reconnu plus tard un historien de la banque. Les clients de Wells Fargo se sont plaints – et ont posé une question judicieuse à propos du produit : « Quand pourrai-je vérifier le solde de mon compte sur le site internet ? »

Bien sûr, Musk n'était pas le seul à penser que les banques non-connectées étaient trop lentes pour basculer *online*. À la fin des années 1990, l'espace de finance et de la banque en ligne grouillait de start-up. Mais Musk trouvait que ces services manquaient de choses et d'autres ; il n'était pas enthousiaste à l'idée de lancer simplement une *autre* banque dotcom. La vision de Musk pour sa nouvelle société de services financiers était, comme on pouvait s'y attendre, ambitieuse.

Et si, se demandait-il, une seule entité englobait l'ensemble de la vie financière d'une personne ? Dans certaines de ses premières présentations à des investisseurs, il a appelé cette idée « l'Amazon des services financiers » : un guichet unique de la finance, offrant non seulement des comptes d'épargne et des comptes chèques classiques, mais aussi des prêts hypothécaires, des lignes de crédit, des transactions boursières, des prêts et même des assurances. Musk était convaincu que sa nouvelle entreprise devait aller partout où était l'argent.

Sa vision était à la fois éminemment logique et incroyablement grandiose. Musk ne se contentait pas de présenter une nouvelle entreprise : il présentait une demi-douzaine de sociétés en une seule. Selon lui, l'infrastructure fondamentale de gestion de l'argent aurait dû être modernisée depuis longtemps. Il décrivait les banques et les gouvernements comme « un tas d'ordinateurs centraux, d'anciens ordinateurs centraux ; utilisant un vieux code, exécutant un traitement par lots avec une sécurité médiocre, et une série de bases de données hétérogènes, comme cette monstruosité saccadée ».

Traduction : l'infrastructure bancaire des années 1990 était mauvaise. Il voyait ses opérateurs principaux (les banquiers) comme des armées d'intermédiaires prélevant des frais importants et offrant peu de choses en retour. « Pour une raison quelconque, il y avait un désir [chez les banques] de construire de très grands bâtiments. Elles aiment beaucoup mettre des adjectifs accolés à "vice-président", vice-président *principal*, vice-président *exécutif*, *premier* vice-président *exécutif* », plaisante Musk.

Sa critique s'étendait même aux infrastructures financières apparemment vitales, comme les bourses. « J'ai dit : "Pourquoi ne pas simplement permettre aux gens de commercer les uns avec les autres ? Si je veux vous envoyer des actions, pourquoi est-ce que je ne vous enverrais pas simplement une action de n'importe quoi ?" Je n'ai pas besoin de passer par quoi que ce soit. La bourse est inutile. En d'autres termes, le bon code pourrait rendre le Nasdaq obsolète. »

Mais quelqu'un devait écrire ce code ; quelqu'un devait construire, gérer et posséder les bases de données qui remplaceraient les grands immeubles de la haute finance, le personnel aux titres pompeux et les honoraires exorbitants qui financent tout cela. Musk pensait que ce quelqu'un pouvait être lui.

■ ■ ■

L'une des premières personnes à qui Musk a présenté son idée est Harris Fricker, un directeur financier canadien. Ils avaient été présentés par Peter Nicholson lorsque Musk travaillait à la Scotiabank. « Ce sont tous les deux des types très brillants, a déclaré Nicholson à propos de ses protégés. J'ai pensé qu'à eux deux, ils formeraient un groupe de réflexion assez puissant. »

Fricker est originaire de Ingonish, une communauté rurale de Nouvelle-Écosse. Fils d'un ouvrier du bâtiment et d'une infirmière, il a excellé à l'université et obtenu l'une des onze bourses d'études Rhodes accordées à des étudiants canadiens. En Angleterre, il a étudié les sciences économiques et la philosophie, puis a regagné le Canada pour travailler dans le secteur bancaire. Tandis que Musk connaissait le succès dans le monde d'Internet, Fricker s'épanouissait dans la finance et est devenu, alors qu'il approchait de la trentaine, le directeur d'une société de valeurs mobilières.

Comme d'autres, Fricker était intrigué par l'émergence d'Internet. Fin 1998, Musk a présenté à Fricker son idée d'une société de services financiers d'un nouveau genre. « C'est l'un des plus grands vendeurs que j'aie jamais rencontrés, a déclaré Fricker à propos des arguments de Musk. Comme un Steve Jobs. Lorsqu'il exprime quelque chose, il a tendance à trouver le noyau qui plaira intuitivement à une large partie de la population. » Au début de l'année 1999, Fricker était mûr. Il a renoncé à son salaire d'un million de dollars et a déménagé à Palo Alto.

Peu de temps après, Fricker a recruté un troisième cofondateur : Christopher Payne. Payne était diplômé de la Queen's University, dans l'Ontario. Il a ensuite travaillé dans la finance et le capital-investissement, puis a obtenu un MBA à Wharton. Il cultivait par ailleurs un intérêt amateur pour les ordinateurs, bricolant du matériel et écrivant des codes primaires la nuit et les week-ends. Son travail de jour a aussi été rapidement en lien avec la technologie. Chez BMO Nesbitt Burns, la société de capital-investissement privée qu'il a rejointe après Wharton, le bureau de Payne débordait de *business plan* pour des start-up Internet.

Payne a rencontré Fricker lorsqu'ils travaillaient tous deux chez BMO Nesbitt Burns, et, des années plus tard, lorsque Fricker a quitté les sociétés d'investissement pour rejoindre une société internet de la Silicon Valley, Fricker a fait pression sur Payne pour qu'il parte avec lui. Celui-ci se souvient de ce que Fricker lui a dit : « Qu'est-ce que tu veux dire à tes enfants dans vingt ans [quand ils te demanderont] où tu étais à la naissance d'Internet : dans une vieille banque guindée ou en première ligne ? »

En 1999, Payne s'est installé à Palo Alto, où il a rapidement eu sa première impression de Musk. « Une énergie très élevée, précise Payne. *Allons-y, allons-y, faisons quelque chose, construisons quelque chose, réalisons quelque chose*, voilà ce qu'il dégageait. » Un jour, au domicile de Musk, Payne est entré dans sa chambre. « La pièce était littéralement remplie de livres ; des biographies ou des histoires sur des personnalités du monde des affaires et la façon dont elles ont réussi, raconte Payne. En fait, je me rappelle avoir été assis là et, en haut de la pile, il y avait un livre sur Richard Branson.

J'ai compris qu'Elon se préparait et étudiait pour devenir un entrepreneur célèbre. Il était guidé par un objectif supérieur. »

■ ■ ■

Le groupe des cofondateurs était complété par Ed Ho, une recrue de Musk. Ho avait obtenu des diplômes en génie électrique et en informatique à Berkeley et, à sa sortie, avait travaillé chez Oracle. Plus tard, Ho a rejoint Silicon Graphics, un grand centre de talents en ingénierie. Mais, vers le milieu des années 90, les collègues de Ho ont commencé à fuir leur travail en or chez Silicon Graphics pour des postes dans des start-up d'Internet.

L'exode emporte le patron de Ho, Jim Ambras, qui part pour une entreprise appelée Zip2, et emmène Ho avec lui. Celui-ci apprécia les défis d'ingénierie de Zip2, y compris un projet final mémorable : créer des applications pour les téléphones mobiles primitifs de l'époque. « Imaginez pouvoir saisir deux adresses – ce qui est une vraie plaie sur ces portables ! – et ensuite obtenir des instructions sur votre téléphone », explique Ho.

Chez Zip2, Ho a également expérimenté pour la première fois le style de management de Musk. « Chaque fois que j'avançais une idée, se souvient Ho, Elon me disait : "Vas-y, fais-le." » Il appréciait que Musk agisse moins comme un dirigeant que comme un ingénieur de ligne, se souvenant qu'il se lançait dans des sessions nocturnes de jeux vidéo *StarCraft* et *Quake*, où son côté compétitif transparaissait. « C'est "monsieur StarCraft" », assure Ho.

Les deux hommes se sont rapidement liés d'amitié à travers les jeux vidéo. « Vous restez tard, puis vous commencez à jouer à des jeux et vous devenez amis », explique Ho. Avant même que l'encre ne soit sèche sur le contrat d'acquisition de Zip2 par Compaq, Musk avait déjà présenté à Ho sa prochaine idée de start-up. « Avec le recul, on n'est pas censé faire ça », dit Ho. En théorie, Musk était lié par les clauses de non-concurrence de Zip2, mais il contrevenait régulièrement à ces règles – souvent avec délectation. Ho se souvient de la jubilation de Musk lorsque Silicon Graphics a finalement envoyé une plainte officielle concernant le débauchage sauvage de Zip2 qui sévissait dans ses rangs.

Au cours des premiers mois de 1999, la nouvelle entreprise de Musk ne consistait essentiellement qu'en quelques idées dans son esprit, mais Ho l'a rejoint avec enthousiasme en tant qu'employé numéro quatre. « Il y a une vague, hein ? Et tu peux soit attraper la vague, soit rester là à attendre. [Puis] Yahoo passe par là », explique Ho. L'équipe d'origine de quatre personnes s'est réparti les responsabilités : Musk et Ho s'occuperaient de la technologie et des produits, pendant que Fricker et Payne géreraient les éléments financiers, réglementaires et opérationnels de la société.

■ ■ ■

Avant même d'avoir un produit, Musk avait choisi le nom de l'entreprise : X.com. Pour lui, c'était tout simplement « l'URL la plus cool d'Internet ». Il n'avait pas été le seul à le penser. Au début des années 1990, un duo d'ingénieurs, Marcel DePaolis et Dave

Weinstein, avait déjà acheté www.x.com pour sa société Pittsburg Powercomputer. Ils ont vendu l'entreprise – mais ont conservé l'URL X.com et l'ont utilisée pour leurs adresses mail personnelles.

Au fil des ans, DePaolis et Weinstein ont rejeté des offres pour vendre l'URL, déçus par les différentes propositions. Début 1999, ils ont reçu une nouvelle marque d'intérêt. « Dans l'ombre menaçante du bug l'an 2000, nous avons été approchés par Elon Musk », ont-ils raconté. Cette fois, les termes de la transaction se sont révélés plus intéressants. Ils ont donc vendu X.com à Musk en échange de cash et d'un million et demi d'actions *Series A* de la société. La négociation a suscité l'intérêt du *Wall Street Journal*, qui en a parlé dans un article sur les capitaux de démarrage des start-up, article qui, par un heureux hasard, mentionnait un autre jeune entrepreneur, Max Levchin, et expliquait comment il avait utilisé les actions pour obtenir des locaux.

Musk est sorti de l'affaire en arborant, entre autres choses, une adresse mail professionnelle mémorable : e@x.com. Musk croyait beaucoup dans sa nouvelle URL et dans le nom de l'entreprise, même face aux critiques qui lui reprochaient de prêter à confusion ou d'être sinistre. Pour lui, X.com était novateur, intriguant et assez ouvert pour refléter l'esprit de la start-up : un lieu où tous les services bancaires et d'investissement pourraient coexister. Tout comme X « indique l'endroit » sur une carte au trésor, X.com indiquait l'endroit où l'argent serait conservé en ligne. Il aimait aussi souligner la rareté de l'URL, l'une des trois seules URL en .com à ne comporter qu'une seule lettre dans le monde à ce moment-là (les deux autres étant : Q.com et Z.com).

Musk avait également une raison pratique de choisir ce nom. Il était convaincu que le monde serait bientôt envahi par les appareils portatifs ; des ordinateurs de poches avec des claviers de la taille d'une fiche de librairie. Dans ce monde, X.com était l'URL idéale parce qu'un client n'était qu'à quelques coups de pouce de sa vie financière complète.

La conviction de Musk à propos de ce projet découlait également de sa consternation à l'égard du nom de Zip2. « D'abord, qu'est-ce que cela peut bien vouloir dire ? C'est littéralement l'une des pires URL que vous puissiez avoir. Parce que c'est Zip et le chiffre 2 ? Ou c'est Zip t-w-o ? Ou Zip t-o ? Ou Zip t-o-o ? disait Musk. Vous avez juste choisi l'homonyme avec le plus grand nombre de variations. Et les sites Internet ne fonctionnent pas avec des homonymes. Donc, c'est idiot, à tous points de vue. »

Complètement concentré sur l'écriture du code de Zip2, Musk avait sous-traité le changement de nom de Global Link – et il l'a regretté. « J'ai délégué les questions de marque, de marketing et ces choses-là à des personnes que je pensais être des experts du domaine, raconte Musk. J'ai découvert par la suite qu'il suffisait de faire preuve de bon sens. C'est en fait un bien meilleur guide. »

Pour Musk, le nom de X.com était tout ce que Zip2 n'était pas, et il était convaincu que X.com deviendrait tout ce que Zip2 n'avait pas été. « Il était vraiment passionnément inspiré par cette lettre », déclare Payne.

■ ■ ■

Musk a investi une bonne partie de son pactole de Zip2 dans X.com, à raison de 12,5 millions de dollars et en achetant le domaine avec ses fonds personnels. « À l'époque, j'ai pensé : *Il est fou*. Honnêtement, c'était risqué », dit Ho. En effet, miser tellement d'argent de son patrimoine dans une nouvelle start-up, c'était remarquable ; en grande partie parce que Musk n'était pas obligé de le faire. Une sortie réussie comme celle de Musk chez Zip2 l'avait mis dans la lumière, et d'autres personnes étaient volontiers disposées à investir dans le nouveau projet de Musk. « Il pouvait obtenir un rendez-vous sur un simple coup de fil », se souvient Payne.

Des entreprises de capital-risque sérieuses (New Enterprise Associates, Mohr Davidow Ventures, Sequoia Capital, Draper Fisher Jurvetson, entre autres) étaient impatientes d'entendre sa vision d'une société de services financiers en ligne. Fricker, avec son expérience dans la finance traditionnelle, a été étonné de voir à quel point tout cela semblait désinvolte. L'équipe arrivait aux réunions sans même avoir préparé la moindre présentation et elle réussissait à susciter l'intérêt. « L'une des choses pour lesquelles Elon était très habile, et que j'avais franchement sous-estimée [...] c'était l'aspect capital-risque, assure Fricker. Il expliquait ce qui n'allait pas dans l'industrie. Vous savez, les gros monolithes, le manque de démocratie dans la fixation des prix... Tout le monde s'enflammait. »

En dépit de l'enthousiasme des capital-risqueurs, Musk s'en est d'abord tenu à ses propres capitaux. Sa détermination à s'autofinancer avait deux avantages. D'abord, elle donnait à Musk la pleine propriété et le contrôle opérationnel sur X.com. Cette fois (du moins pour l'instant), il n'y aurait pas d'investisseurs pour le mettre sur la touche. Deuxièmement, l'investissement personnel de Musk a offert un argumentaire de recrutement gagnant. « Je passais un coup de fil pour un recrutement ou autre, et je disais : "Oh, il a mis treize millions de sa poche." », se souvient Ho. Avec la compétition pour embaucher des ingénieurs qui atteignait son paroxysme, le moindre petit buzz comptait – y compris celui d'un créateur très en vue misant sa fortune sur l'entreprise.

Les efforts de recrutement de X.com ont porté leurs fruits, tant sur le front de l'ingénierie que sur celui des talents financiers. Steven Dixon, un dirigeant de la Bank of America, a rejoint l'équipe comme directeur financier. Puis ce fut le tour de Julie Anderson, une ancienne analyste de la Deutsche Bank, de rejoindre l'équipe commerciale. Au sein des équipes produits et ingénierie, la start-up a accueilli See Hon Tung, un ami canadien de Fricker et de Payne, Harvey Tang, l'architecte principal de X.com, Doug Mak, un ingénieur logiciel, et Chris Chen, un ancien analyste en assurances originaire d'Hawaï et ami d'Ed Ho.

Musk a également fait appel à un avocat, Craig Johnson, pour un poste de conseiller chez X.com. « Recruter Craig a été un tour de force juridique dans la vallée à l'époque », a déclaré Fricker. L'arrivée de Johnson a envoyé des signaux forts sur le sérieux de l'entreprise. Il était également temps d'avoir une adresse officielle, et l'équipe s'est installée dans des bureaux loués au 394 University Avenue.

Depuis sa nouvelle position, X.com avait en ligne de mire d'autres banques de détail et banques dotcom. « Il y avait quelques autres banques sur le marché d'Internet à l'époque. Et elles se négociaient à environ quatre fois la valeur comptable par action. Les banques ordinaires se négocient autour de deux fois. Il y a donc une énorme prime pour les [banques sur Internet] », raconte un des premiers employés de X.com. « Donc, le plan d'action d'Elon, c'était en gros : "Je suis un gars d'Internet. Je peux le faire. Ce sera la première banque financée par la Silicon Valley, et elle aura donc plus de succès que toutes les autres." »

Parmi les banques en ligne, l'une des cibles de l'équipe était NetBank, fondée en 1996 et qui se présentait comme la banque numérique du futur. Au milieu de l'année 1997, elle est entrée en bourse à 12 dollars par action ; dès 1999, le cours de l'action de NetBank était sept fois plus élevé. En dépit de ce succès, Ho se souvient du ton confiant dans les bureaux de X.com : « Nous allons tout simplement les écraser. »

Mais c'était plus de l'espoir et du battage médiatique qu'un plan. « Fondamentalement, notre processus de pensée – et c'est un peu négatif de le dire –, c'est que ces banquiers ne savaient rien. Ils connaissent peut-être la banque. Mais ils ne connaissent rien à la technologie et au consommateur », a expliqué Ho. Cela répondait en partie aux commentaires du fondateur de NetBank. « Nous sommes une banque et nous sommes encadrés, a-t-il déclaré à un journaliste en 1998. Amazon.com, personne ne regarde ses ratios. » Il voulait que le monde entier sache que son entreprise était une véritable banque et non pas une dotcom frauduleuse. Comme pour prouver cela, NetBank opérait depuis la Géorgie, et non la Silicon Valley.

Pour Musk et X.com, cela prouvait clairement que NetBank et ses concurrents dans les services bancaires numériques n'étaient pas suffisamment « techno ». X.com était, elle, très techno et allait les vaincre en arrivant rapidement sur le marché, en réduisant les frais et les montants minimums, et en acquérant des clients de manière agressive. Pour parvenir à une mise sur le marché rapide, l'équipe a choisi de travailler avec des fournisseurs tiers, en utilisant des logiciels existants qui avaient obtenu une licence et avaient été approuvés par les banques traditionnelles – puis en élaborant des produits à partir de ce code. « Le prix à payer, c'est que vous ne possédez pas le logiciel de base. Mais le bon côté, c'est que toutes les questions de comptabilité et de réglementation sont gérées », analyse Ho.

Même avec ses adaptations de logiciels tiers, X.com s'est vite retrouvée dans un enfer réglementaire. Lignes de crédit, avances de fonds, hypothèques, obligations, transactions boursières, et même le simple stockage de l'argent étaient tous soumis à des règles étatiques et fédérales complexes, régies par des agences bien établies, comme la FDIC[27], qui n'avaient guère l'habitude de traiter avec des cadres de la Silicon Valley portant des jeans.

L'équipe a engagé le cabinet d'avocats Dechert Price & Rhoads pour prendre en charge ces questions réglementaires, mais, même avec ce soutien, elle s'est heurtée à des vents contraires. Le fait que le PDG de X.com se soit engagé à révolutionner la finance (en intégrant tous les types de services financiers dans une même entité) a compliqué les choses.

Révolutions et législations ne faisaient pas bon ménage. Musk voulait par exemple fusionner la banque de détail et celle d'investissement, ce que le Banking Act de 1933 (Glass-Steagall Act) interdisait expressément. Ce n'est qu'en avril 1999 qu'une législation a été introduite pour permettre aux deux entités de se mélanger et il faudrait encore des mois avant que le Président Bill Clinton ne signe le projet de loi.

Pour Musk et d'autres, les lois adoptées pendant la faillite de la Grande Dépression n'étaient pas adaptées au *boom* de l'économie numérique. « Ce qu'il y a de très frustrant, c'est que la réglementation est souvent irrationnelle, dira plus tard Elon Musk. Et vous pouvez essayer de les convaincre que ces règles n'ont aucun sens mais, ils ne vous écouteront pas. » (Bien engagé dans son projet SpaceX, Musk proposera une solution à ce problème pour un futur gouvernement martien, suggérant que toutes les lois martiennes incluent des clauses de suspension automatique.[28])

---

27. La Federal Deposit Insurance Corporation est une agence indépendante du gouvernement des États-Unis dont la principale responsabilité est de garantir les dépôts bancaires faits dans le pays.

28. « Selon toute probabilité, le mode de gouvernement sur Mars serait la démocratie directe, et non la représentativité », a expliqué Musk lors de son discours à la Recode Code Conference de 2016. « Les gens se prononceraient directement sur les problèmes. [À mon sens] c'est sans doute mieux, parce que la possibilité de corruption est considérablement réduite dans une démocratie directe par opposition à une démocratie représentative. Je pense donc que c'est [...] ce qui se produirait. Je recommanderais quelques ajustements pour tenir compte de l'inertie des lois. Ce serait plus sage. Il devrait probablement être plus facile de supprimer une loi que d'en créer une. C'est probablement mieux. Les lois ont une durée de vie infinie à moins d'être supprimées. Donc, je [crois] que je recommanderais que quelque chose comme 60 % des gens [peuvent] voter une loi mais, à tout moment, [les 40 % restants] peuvent la supprimer. Et toute loi devrait être assortie d'une clause d'extinction intégrée [au cas où elle ne serait] pas assez bonne pour être votée à nouveau [...] Ce serait ma recommandation. Une démocratie directe où il est un peu plus difficile de mettre des lois en place que de les retirer et où elles ne sont pas automatiquement éternelles. »

À l'époque, Musk a décidé que X.com devait aller de l'avant. « Nous ne devrions pas avoir peur de casser quelques œufs en cours de route », a-t-il dit à Payne. L'avocat de l'entreprise a soutenu Musk, en disant à l'équipe que, le moment venu, il s'adresserait aux autorités de régulation compétentes.

La clé, selon l'avocat de l'équipe, était d'obtenir l'argent du capital-risque, et de résoudre les problèmes plus tard. « Lorsque la question a été abordée du désir de ne pas donner une fausse image de nous-mêmes aux investisseurs potentiels en capital-risque, [Johnson a répondu] : "Le cerf est presque dans la boîte. N'effrayez pas le cerf. Les *business plans* changent tout le temps" », raconte l'un des premiers employés de X.com.

Les vétérans de la finance au sein de l'équipe s'inquiétaient de cette stratégie. Dans ce secteur, ils le savaient, les réglementations ne pouvaient être ignorées. « Il y a des exigences en matière de capitaux, de suivi, de protection de la vie privée, et ainsi de suite, a déclaré Payne. Nous devons être responsables et conscients du fait qu'il s'agit d'un secteur réglementé. » Certains des premiers employés se sont inquiétés de voir que l'entreprise et ses responsables pourraient avoir des ennuis juridiques s'ils prenaient autant de liberté avec les règles financières.

■ ■ ■

Fricker et Musk, en particulier, ont commencé à se prendre la tête ; une cassure qui a marqué les premiers mois de X.com. En plus de l'approche réglementaire de Musk, Fricker s'est opposé à ce qu'il engage une société de relations publiques pour faire les gros titres de la jeune entreprise et à ce qu'il utilise des fonds propres pour acquérir le domaine de X.com. Pour Fricker, c'étaient là des extravagances coûteuses qui ne faisaient pas avancer le travail fondamental de l'entreprise. Pour Musk, il s'agissait de coûts essentiels pour être compétitif sur un marché saturé.

Fricker a été également déconcerté par la promesse de Musk selon lequel X.com s'occuperait de tout ce qui concerne la finance. « La description de ce que nous faisions était [...] 10 fois ce que nous faisions réellement. Et s'il y avait de la frustration, c'est parce que je voulais que quelque chose soit construit, réglementé et produit, a expliqué Fricker. Plus nous décrivions ce que nous allions construire, plus le projet devenait difficile à réaliser. »

Fricker a essayé de réduire le champ d'action de l'entreprise. Selon lui, elle réussirait en se concentrant sur deux services spécifiques : marier les offres bancaires traditionnelles avec les fonds indiciels et fournir des conseils financiers. Inutile de dire que Musk n'était pas très réceptif. Pour lui, cette stratégie coupait les ailes de X.com sans raison valable. Les conseils financiers ajoutaient par ailleurs un élément humain coûteux à ce que Musk voyait comme une entreprise essentiellement numérique.

Fricker et Payne avaient étudié des modèles sur la croissance et les revenus de X.com mais les chiffres du modèle de supermarché financier ne semblaient pas s'additionner. « Tout cela était un peu bizarre pour moi. Ma formation était du Wall Street très classique. Vraiment basée sur les faits. Très chiffrée. Très axée sur les feuilles de calcul et une sorte de complexité forcée autour de l'évolution du futur que vous imaginiez, a déclaré Payne. C'était rationnel et mécanique, surtout au niveau de la façon dont vous analysiez les risques et les opportunités. »

Pour Musk, les modèles ne tenaient pas la route pas parce que les hypothèses formulées étaient fausses. « Ce qui était plus puissant que l'exercice mathématique, c'était l'histoire », reconnaîtra Payne plus tard. « Et Elon était très doué pour montrer l'avenir (comme il l'est encore aujourd'hui) et dire : "L'objectif est là-bas, je sais qu'il est là-bas, et nous devrions tous aller là-bas." » Même dans une Silicon Valley hyperrationnelle, la vision avait autant d'importance que les données. « Il y a une raison pour laquelle les entrepreneurs qui réussissent dans le monde de la tech sont aussi bien payés : c'est parce que le processus n'est pas un long fleuve tranquille où : *Je construis l'usine et les gadgets sortent et se vendent* », expliquait Payne.

Fricker s'est senti de plus en plus frustré par l'équipe d'ingénieurs dirigée par Musk, et en particulier par sa réticence à fournir des éléments graphiques, même préliminaires. Pour les ingénieurs de X.com, le travail n'était pas tant « inachevé » que « en cours ». La programmation, tout comme l'écriture, était hésitante et incertaine, moins standard que beaucoup le pensaient. « Ce n'est pas linéaire et vous pouvez perdre trois heures en empruntant un chemin, vous

vous dites : "Oh, merde", et vous ne voulez pas admettre que vous êtes dans une impasse », explique Ho.

Mais ces impasses comptaient : chez Zip2, Musk avait appris que le succès des start-up ne se limitait pas à imaginer de bonnes idées, mais aussi à découvrir et à écarter rapidement les mauvaises. « Vous commencez avec une idée, qui est généralement mauvaise. Ensuite, vous adaptez cette idée, vous continuez à la peaufiner et vous écoutez les critiques, dira-t-il des années plus tard en public. Ensuite, vous vous engagez dans une sorte d'amélioration personnelle continue... en continuant à itérer sur une boucle qui dit : "Est-ce que je fais quelque chose d'utile pour les autres ?" Parce que c'est ce qu'une entreprise est supposée faire. » Selon lui, trop de précisions dans les premiers plans brisait prématurément cette boucle itérative.

■ ■ ■

Fricker, de son côté, a grandi dans la finance. La précision imprégnait chaque aspect de sa vie. Il arrivait tôt dans les bureaux de X.com ; les marchés financiers ouvraient à 6 h 30 PST[29] le matin, et Fricker était déjà au travail. À l'inverse, Musk terminait régulièrement sa journée de travail à trois ou quatre heures du matin en faisant une sieste sur le sol de son bureau, quelques heures seulement avant l'arrivée de Fricker.

Pour ce dernier, c'était une preuve de la déconnexion de Musk par rapport à l'entreprise mais, pour Musk, travailler tard la nuit, c'était le mode de fonctionnement des start-up. C'est devenu une source de friction entre eux. Les tensions croissantes se sont manifestées pendant les réunions, alimentées par leur tempérament, intense et impatient.

Certains collaborateurs trouvaient le conflit déroutant. Ed Ho, par exemple, était déconcerté de voir la vitesse à laquelle les choses avaient mal tourné entre Fricker et Musk : « Chaque fois qu'ils se disputaient, je demandais : *pourquoi êtes-vous si hostiles ? N'êtes-vous pas amis ?* » D'autres ont été moins surpris. Musk et Fricker avaient tous deux occupé des postes de direction auparavant ; le partage du pouvoir n'était pas une de leurs qualités. « Ils n'allaient tout

29. Pacific Standard Tim, le fuseau horaire de la côté ouest des États-Unis

simplement jamais réussir à travailler ensemble », a conclu Payne au début de ce partenariat.

Fricker n'appréciait pas ce qu'il considérait comme un engagement insuffisant de Musk dans X.com, mais il a tenté de combler la brèche. Le 9 mai 1999, il a écrit un long mail à Musk, en concluant par : « Elon, rejoins-nous dans les tranchées de X. Quelle que soit ton intelligence, nous sommes assez lucides pour savoir quand l'engagement n'est pas total – c'est l'inconvénient d'avoir des partenaires compétents. » Il a rappelé à Musk que c'est l'opportunité de travailler ensemble qui avait motivé son déménagement en Californie.

Musk a répondu aimablement, mais a rejeté le postulat de Fricker selon lequel il s'était endormi au volant. « Bien dit, même si je pense que tu m'as peut-être mal jugé. Mon esprit est toujours sur X par défaut, même quand je dors ; je suis par nature un obsessionnel compulsif, a répondu Musk. Ce qui compte pour moi, c'est de gagner et largement. » Musk a suggéré qu'ils dînent ensemble ce soir-là et a signé « Ton ami et partenaire à tour de rôle, Elon ».

Au cours des mois de mai et juin 1999, les fissures ont continué à se creuser. « Il y avait des discussions houleuses », raconte Ho. L'équipe de X.com était divisée en deux camps : les vétérans de la Silicon Valley – Musk et Ho – d'un côté, et les vétérans de la finance – Fricker, Payne et Dixon – de l'autre. Tout porte à croire qu'en juillet 1999, le camp des financiers a tenté de modifier la stratégie de la start-up et d'écarter Musk du poste de PDG.

Au cours de cette période, Peter Nicholson a reçu un appel téléphonique de Musk, tard dans la soirée. Son ancien stagiaire, furibond, lui a raconté que Fricker essayait de l'évincer de l'entreprise. Il s'est appuyé sur son mentor pour « remettre les choses en ordre ». Nicholson n'était pas officiellement impliqué dans X.com mais, par souci pour ses protégés qu'il avait présentés des années auparavant, Nicholson a assuré Musk qu'il prendrait contact avec Fricker le lendemain.

Nicholson se souvient de ce qu'a dit Fricker : « L'équipe que nous avons mise sur pied a beaucoup de difficultés à s'adapter au style de management d'Elon. » Fricker craignait qu'ils ne démissionnent en masse. Il a également dit à Nicholson que Musk était brillant, que ses idées étaient clairvoyantes, « mais il faut que nous soyons capables de les mettre en œuvre ».

Avec prudence, Nicholson a choisi de ne pas se mêler du conflit. « J'ai décidé à ce moment-là qu'il n'y avait aucun intérêt à ce que je m'implique dans cette affaire, a raconté Nicholson. Je les aimais vraiment bien tous les deux. J'ai beaucoup de respect pour chacun d'eux. Je n'avais aucune idée des manigances en interne, et encore moins du quotidien dans cette start-up. »

Avec ou sans Nicholson, les choses devaient vite dégénérer. Musk détenait toujours une participation majoritaire dans X.com et, au plus fort du drame, il a planifié une réunion avec Fricker et l'avocat de la société. D'autres employés ont quitté le bureau en avance, anticipant une discussion enflammée. « Nous savions qu'il se passait quelque chose. Nous sommes partis parce que nous ne voulions pas écouter aux porte », a déclaré Payne. Les cris ont commencé dès leur départ.

Musk a fini par licencier Fricker. Dans le cadre d'un renvoi brutal, celui-ci est arrivé un jour au bureau pour découvrir que le contenu de son ordinateur avait été effacé et que son accès aux dossiers de X.com avait été suspendu.

■ ■ ■

Le cofondateur Chris Payne était abasourdi. « [Une fois que] tout s'est écroulé, vous vous grattez la tête et vous vous dites : *Qu'est-ce qu'il vient de se passer, bon sang ?* » Dans le chaos qui a suivi, des rumeurs se sont propagées selon lesquelles Fricker était en train de créer une nouvelle entreprise, et qu'il voulait qu'une grande partie de l'équipe le rejoigne.

Pour désamorcer la situation, Musk a rencontré les employés de X.com encore présents, leur a demandé de rester et leur a promis une part de capital supplémentaire s'ils le faisaient. « Elon a fait asseoir tout le monde dans la salle de conférence [...] et leur a dit, en gros : « Bon, vous êtes partants ou non ? Parce que si vous en êtes, vous en êtes, et nous allons construire ce truc », se rappelle Doug Mak, un ingénieur. Chris Chen s'est souvenu que, lors de son tête-à-tête avec Musk, le PDG avait insisté sur le fait que les actions supplémentaires allaient un jour « valoir beaucoup d'argent ».

Il a fait pression sur Payne pour qu'il reste – un geste que Payne a apprécié. « Il s'est montré très ouvert et il voulait que je reste », a raconté Payne. Il avait toujours eu des interactions positives avec Musk mais il restait fidèle à Fricker ; c'est lui qui l'avait poussé à venir s'installer en Californie. Par respect, il a jugé qu'il valait mieux partir.

Un autre cofondateur, Ed Ho, est parti lui aussi, bien qu'il ait été recruté par Musk. « Cela a un peu secoué Ed », a raconté Musk. De l'aveu même de Ho, il « adorait travailler avec Elon » mais il était las après des mois de querelles intestines. Il était également déçu de la feuille de route des produits de X.com ; l'idée de « prendre le logiciel de quelqu'un d'autre et de mettre une couche de peinture dessus » ne l'emballait pas. Ho a brièvement envisagé de s'associer au nouveau projet de Fricker mais il a finalement décidé de créer sa propre start-up.

Plusieurs autres personnes se sont rangées du côté de Musk, dont Doug Mak, un ingénieur qui avait quitté IBM pour rejoindre l'entreprise quelques semaines seulement avant l'explosion. Maintenant que les trois quarts des cofondateurs de X.com étaient partis, Mak s'est demandé s'il avait fait le bon choix. C'est le discours de Musk qui l'a persuadé de rester et lui a donné de l'espoir pour l'avenir de l'entreprise. « Il y a une chose que je savais à propos d'Elon [...] s'il voulait faire bouger les choses, il était prêt à parier jusqu'à son dernier centime pour que cela se produise, a dit Mak. Il veut révolutionner la façon dont les individus gèrent leurs opérations bancaires. Il va le faire. »

L'employée numéro 5 de X.com, Julie Anderson, est elle aussi restée au sein de l'entreprise. Originaire de l'Iowa, Anderson était arrivée dans la Baie de San Francisco après avoir été rejetée du Peace Corps en raison d'une blessure au dos. Elle a rejoint le groupe technologique de la Deutsche Bank comme analyste junior, sous la direction de Frank Quattrone, au moment où la Deutsche Bank commençait à devenir un souscripteur de premier plan des introductions en bourse de sociétés technologiques, avec Netscape, Amazon, Intuit et beaucoup d'autres.

Anderson et ses collègues ont travaillé *non-stop* pendant les deux années qui ont suivi, pendant qu'Internet prenait son essor. Mais les premiers frissons ont fait place à un *burn-out.* « J'ai regardé autour de moi et j'ai constaté que tout le monde semblait avoir un cancer précoce », a raconté Anderson. Elle a quitté la Deutsche Bank et elle est devenue apprentie chez un maître verrier dans un garage de San Mateo. Lorsque ses économies se sont épuisées, une amie lui a dit qu'elle connaissait quelqu'un qui venait juste de vendre une entreprise et en créait une nouvelle. Anderson a été mise en relation avec Musk par mail, puis elle est allée déjeuner à l'Empire Tap Room, à Palo Alto, avec les quatre membres de sa future équipe : Musk, Fricker, Ho et Payne.

Malgré une équipe réduite à un seul membre, Anderson a décidé de rester avec Musk. À la Deutsche Bank, elle avait été témoin du renouvellement de dirigeants de start-up alors que celles-ci s'apprêtaient à entrer en bourse. « Les gens se font tout le temps jeter, et les chances que vos cadres supérieurs restent jusqu'au bout sont très, très maigres, a expliqué Anderson. Trouver les bonnes personnalités est extrêmement difficile. »

Comme Mak et Chen, elle a également été inspirée par Musk. « J'aime avoir quelque chose en quoi croire. Et Elon a toujours voulu changer le monde ou faire quelque chose de bien pour l'humanité. » Elle appréciait aussi ses excentricités. « Lorsqu'il avait un problème difficile à l'esprit – en tout cas à l'époque, il passait beaucoup de temps à regarder son ordinateur, comme s'il lisait ou faisait quelque chose, mais je ne pense pas vraiment qu'il lisait. Il était simplement en train de réfléchir. Ou plutôt, d'attendre que la réponse vienne à lui », raconte Anderson.

■ ■ ■

Deux décennies plus tard, Musk n'a offert que de brèves réflexions sur le chaos des débuts chez X.com, le qualifiant de « moment chaud » dans l'histoire de PayPal. « Il y a toujours du drame dans les start-up », a-t-il dit.

Harris Fricker a regretté la façon dont les événements se sont terminés. « J'aurais [aimé gérer] les choses de façon très différente. » Il pensait qu'il aurait dû être plus ouvert à la stratégie de Musk consistant à courtiser les investisseurs et la presse avec une vision de ce que pourrait être l'entreprise, plutôt que sur ce qui existait déjà. « Là où j'ai eu tort, c'est que j'aurais dû mettre de côté mon jugement traditionnel sur les affaires et réaliser que ce n'était pas si bizarre à l'époque. »

Mais le regret le plus profond de Fricker était personnel. Musk et lui étaient davantage que des collègues ; ils avaient été amis. « L'une des plus grandes déceptions de ma vie professionnelle a été l'explosion de notre relation. Nous ne l'avons jamais abordé », a expliqué Fricker. À la suite de son divorce avec X.com, il a essayé de lancer une start-up de conseils financiers, Whatifi.com. Après son échec, il est retourné au Canada et a retrouvé le succès en tant que cadre financier, notamment en tant que PDG de GMP Capital.

Rétrospectivement, Peter Nicholson, le mentor commun de Musk et Fricker, réalise avoir senti qu'une rupture était peut-être inévitable. « C'étaient deux talents titanesques. Ou peut-être que l'un d'eux était l'iceberg, et l'autre le navire », a déclaré Nicholson.

5

LES BEAMERS

Start-up spécialisée dans la sécurité des appareils mobiles de Levchin, Fieldlink avait besoin d'un PDG. Son fondateur a brièvement envisagé d'occuper le poste lui-même, mais il a préféré endosser le rôle de directeur technique. Se considérant comme « l'ingénieur des ingénieurs », Levchin estimait que sa force reposait davantage dans l'écriture de code que dans la gestion d'une entreprise et la présentation des idées aux investisseurs.

Mais si ce n'était pas lui, alors qui ? Levchin n'était pas un réseauteur de nature, et sa liste de contacts dans la Valley restait clairsemée. Il avait demandé à Luke Nosek de lui présenter quelques prospects, mais aucun ne se démarqua. John Powers a fait passer des entretiens à deux candidats à la Northwestern's Kellogg School of Management, et les deux étaient prometteurs. L'entreprise leur a fait des offres ; tous les deux ont refusé Fieldlink. « Nous n'avions pas beaucoup d'argent et [les candidats] demandaient des salaires de départ de 100 000 dollars minimum, que nous ne pouvions pas honorer. »

Il ne restait plus à Levchin que Peter Thiel : « Le seul gars que je connaissais qui n'était pas occupé à ce moment-là et qui pouvait être PDG. » Thiel n'avait pas fait pression pour avoir un rôle élargi au sein de l'entreprise en dehors de son investissement, mais Levchin l'avait vu gérer habilement le départ de Powers. Le programmeur a appelé Thiel depuis son « espèce d'énorme brique qu'il appelait téléphone portable » et lui a posé la question : Thiel envisagerait-il de devenir le directeur général de Fieldlink ?

Initialement, Thiel n'était pas intéressé. « Il a soupiré, encore et encore, comme Peter a tendance à le faire, se souvient Levchin. Ce n'était pas de la contrainte, mais j'ai dû travailler pour le persuader. »

Thiel voulait que Fieldlink réussisse, mais les fonctions administratives et la gestion dont se charge un PDG ne l'attiraient pas ; il préférait s'en tenir aux marchés et à l'argent.

Cependant, il voyait également la valeur de cette expérience opérationnelle ; le temps passé au poste de PDG pouvait affiner ses antennes d'investisseur. Il a donc proposé un compromis : il serait « le PDG de la montée en puissance » de Fieldlink, faisant le travail jusqu'à ce que l'entreprise trouve son équilibre. Il quitterait alors le poste, laissant quelqu'un d'autre diriger l'entreprise tout en restant conseiller. Levchin a accepté.

Thiel a appelé Ken Howery, le premier employé de son fonds, pour lui faire savoir qu'il allait rejoindre Fieldlink. Howery s'inquiétait que la nouvelle position de son partenaire ne signe la fin de Thiel Capital Management. Mais Thiel l'a rassuré, lui proposant de le rejoindre chez Fieldlink pendant la journée et de continuer à gérer le fonds le soir et les week-ends ; ce qu'ils ont fait.

■ ■ ■

En tant que nouveau PDG de Fieldlink, Thiel a intensifié la pression pour lancer l'entreprise. En sondant le marché, il a observé une activité débordante ; chaque minute, une nouvelle start-up semblait voir le jour. Thiel a souligné la nécessité de faire preuve de rapidité dans le recrutement, la collecte de fonds et le lancement de produits. Un jour, Thiel a poussé Levchin à recruter davantage d'ingénieurs.

« Eh bien, oui, mais je fais du code, se rappelle lui avoir dit Levchin.

— Mais tu dois embaucher plus d'ingénieurs. Tu es le directeur technique, a protesté Thiel.

— Bien sûr, mais je ne connais personne.

— Tu viens juste d'être diplômé de l'un des meilleurs programmes d'informatique du pays et tu ne connais personne ?, a répondu Thiel.

— Oh, eh bien, je pense connaître quelques noms… »

Levchin a pensé à deux de ses anciens camarades de classe à l'UIUC : Yu Pan et Russel Simmons. Il avait travaillé avec eux auparavant, leur sous-traitant des projets de programmation ponctuels lorsqu'il était débordé.

Après son diplôme, Yu Pan s'est installé à Rochester, dans le Minnesota, pour travailler chez IBM. Mais il a reconsidéré sa décision après avoir survécu à son premier hiver dans l'établissement. Simmons a décrit la morne existence de Pan : « Il allait au travail, rentrait à la maison, mangeait du riz avec de la sauce aux huitres tous les jours au dîner, avant de jouer aux jeux vidéo en ligne [...] C'était totalement triste. »

À l'hiver 1998, Levchin a présenté Fieldlink à Pan – avec la perspective de partir en Californie. Malgré l'attrait d'un climat plus tempéré, Pan était méfiant. Il avait gagné beaucoup d'argent grâce au travail de programmation que lui avait confié Levchin en sous-traitance, mais il voyait son ancien camarade comme un excentrique. Après son diplôme, Levchin était brusquement parti pour la Californie, sans vraiment prévenir Pan et ses autres amis. Plusieurs mails de celui-ci à Levchin étaient restés sans réponse. « Il a juste disparu [...] *Qu'est-ce qui a bien pu lui arriver ?*, se souvient avoir pensé Pan. *Est-ce que je vais être payé ou quoi ?* [...] Dans ma tête, je me disais : "*Max n'est pas fiable.*" »

Levchin l'a rassuré en lui disant que Fieldlink était une vraie entreprise, financée, et que, cette fois, il resterait dans le coin. Au départ, Pan lui a opposé un non résolu : « Je me disais : *Va-te faire f..., je ne viendrai pas. C'est la chose la plus idiote que j'aie jamais entendue. Je ne vais pas te faire confiance.* » Mais Levchin n'a cessé de vanter les bons côtés du travail au sein d'une start-up, ainsi que le climat doux de Palo Alto et son milieu dynamique d'ultimate frisbee.

Pan s'est lentement fait à l'idée mais il y avait un autre obstacle : sa famille. Tout comme Levchin et Thiel, les parents de Pan étaient des immigrants. Ils considéraient son travail chez IBM comme une opportunité solide et stable, idéalement située près de la maison. Pour eux, la start-up de Levchin était tout le contraire : une entreprise dont personne n'avait jamais entendu parler, dirigée par un ami d'université de leur fils, loin de l'Illinois. « Ils avaient besoin d'être convaincus », a dit Pan.

Il a demandé à Levchin de venir à Chicago exactement pour cela. Son ami a sauté dans un avion, est allé chez les parents de Pan et a présenté l'opportunité à la famille. Ses aînés convaincus, Yu Pan a accepté de rejoindre Fieldlink en tant qu'ingénieur en chef.

■ ■ ■

Russel Simmons s'est avéré être une recrue plus facile. Levchin avait rencontré Simmons en travaillant sur les projets de l'ACM. Même à l'université, Levchin se souvient que Simmons se démarquait : « Russ est quelqu'un de brillant. C'est une aberration. Un QI de génie. Il peut apprendre tout ce qu'il veut en deux fois moins de temps que vous ne le pensez. »

Après l'université, Simmons s'est inscrit en troisième cycle à l'UIUC, en sciences informatiques. « Je ne suis pas très stratégique dans la gestion de ma vie, a reconnu Simmons. Et je n'ai même pas songé à trouver un emploi. Je suis du genre : *je suppose que je vais faire des études supérieures*... Ça ne m'intéressait pas de créer une entreprise ou d'aller dans la Silicon Valley ou quoi que ce soit d'autre. »

Lorsque Levchin l'a contacté en septembre 1998, Simmons s'était lassé de son programme de maîtrise. Dans ses mails, il a avoué à Levchin qu'il envisageait d'abandonner pour un job de programmation au Texas. Levchin l'a encouragé à plutôt venir en Californie. « Cet endroit déchire et tu devrais t'y installer pour travailler sur des trucs cool », a-t-il écrit. À la fin de l'année, le « truc cool », c'était Fieldlink.

Comme Yu Pan, Simmons se rappelle avoir eu besoin d'être rassuré. « Je savais que [Levchin] était intelligent, mais je me demandais : *Est-ce que ce mec est sérieux ? Est-ce que je vais avoir un travail en arrivant là-bas ?* » Autre sujet d'inquiétude : Levchin a dit à Simmons qu'il devrait payer une somme symbolique pour acheter une participation dans Fieldlink. Bien que ce soit la norme dans le monde des start-up, Simmons était méfiant et, tout comme Pan, il a consulté sa mère. « Elle était du style : "Ah la la, mon Dieu, tu n'as même pas commencé ou reçu un salaire et ils te demandent de leur envoyer de l'argent ?... Ça ressemble à une arnaque." »

Malgré ses réserves, Simmons a décidé de tenter sa chance. Lui et Pan ont convenu d'un « pacte Levchin » : si celui-ci les laissait tomber, ils veilleraient l'un sur l'autre. De plus, ils voyaient peu de risque : le marché des talents en ingénierie dans la Silicon Valley était en plein essor. Pan et Simmons se sont envolés vers l'ouest depuis Chicago sur le même vol low-cost d'American Trans Air, et Levchin les a accueillis à l'aéroport.

Tout comme Levchin, Thiel s'est démené pour recruter des employés. En plus de Ken Howery, Thiel a demandé à Luke Nosek de rejoindre Fieldlink. Comme Pan et Simmons, Nosek s'est montré réticent. Pour commencer, il était déjà en train de développer une nouvelle start-up dans la foulée de Smart Calendar : une plateforme de paris en ligne sur l'actualité, une sorte de marché à terme pour les idées. Thiel l'a mis en garde contre ce projet lorsque Nosek lui en a parlé, l'avertissant sur la lourde réglementation entourant les jeux de hasard et les marchés des valeurs mobilières. Thiel a dit à Nosek qu'il devrait plutôt rejoindre Fieldlink.

Nosek hésitait. « Je pensais que la sécurité des appareils portables était vraiment ennuyeuse et le genre d'idée commerciale stupide », a indiqué Nosek. Thiel et Levchin ont tous deux dit à Nosek qu'ils allaient itérer jusqu'à ce qu'ils tombent sur un concept qui ferait des étincelles. L'alchimie de l'équipe, comptant maintenant trois personnes – Levchin, Pan et Simmons – qu'il connaissait depuis l'université, est ce qui a convaincu Nosek. « J'ai décidé de travailler sur ce projet à cause de ce sentiment que, ensemble, nous allions faire quelque chose d'incroyable, a-t-il dit. Même s'ils avaient voulu construire tout autre chose, j'aurais voulu travailler avec ce groupe. »

Nosek était de la partie ; mais Levchin a soulevé une question majeure : que *ferait* exactement Nosek ? Son camarade d'Illinois était techniquement compétent, mais ce n'était pas une superstar de la programmation. Lorsque Levchin a posé la question à des amis, un autre ancien élève de l'UIUC, Scott Banister, a fourni la réponse : « C'est évident, il va faire "les trucs de Luke." »

Progressivement, « les trucs de Luke » prendraient une forme plus ou moins ample : Nosek générerait un flux ininterrompu d'idées contre-intuitives, principalement liées au marketing et à l'acquisition de clients. « Luke [...] était l'une de ces personnes qui pouvaient se balader et trouver d'un coup des idées géniales. D'une certaine manière, il n'y que lui qui les voyait, a expliqué Levchin. Il suggérait quelque chose et nous disions : "Non, c'est dingue." Mais il s'avérait que c'était une idée fantastique. Il voit souvent des failles que d'autres personnes ne voient pas ; c'est un peu comme repérer des billets d'un dollar sur le sol qui sont inexplicablement toujours là. »

Nosek a été nommé vice-président en charge du marketing et de la stratégie, et à l'instar de Russ Simmons, Yu Pan et Ken Howery, il est devenu confondateur de l'entreprise.

■ ■ ■

Le travail s'est fait dans les appartements des cofondateurs, au 469 Grant Avenue, jusqu'à ce que Howery (une nouvelle fois chargé de trouver des biens immobiliers) obtienne un bureau au 394 University Avenue. Howery a équipé le bureau avec des meubles de l'ancienne start-up de Nosek et la collection Ikea que Levchin possédait dans l'Illinois. Howery et Nosek ont monté les cabines de travail à la main. « C'est là que j'ai appris que Ken trouvait toujours un moyen d'apprécier le moment. C'était la personne la plus enthousiaste sur l'assemblage des bureaux », raconte Nosek.

Fort de nouveaux locaux, Levchin a décidé qu'il était temps de changer le nom de la société. Il n'avait jamais aimé Fieldlink et a décidé de fusionner les mots *confiance* et *infinité* pour former Confinity. Mais Levchin a rapidement eu des remords. « Tous ceux à qui j'en ai parlé m'ont dit : “Con-… Donc, c'est comme une grande arnaque[30] ? Une entreprise qui va escroquer de l'argent aux gens ?” C'est la dernière fois que j'ai donné un nom à une entreprise », a affirmé Levchin.

Ce changement de nom – judicieux ou non – reflétait une réorientation stratégique. Dans ses précédentes versions, Fieldlink avait mis l'accent sur la connexion sécurisée des travailleurs mobiles, en s'appuyant sur le travail de consultant de Levchin et Powers et sur le produit SecurePilot de Levchin. Mais comme son fondateur et Thiel ont commencé à s'en apercevoir, Fieldlink n'était pas le seul acteur dans le domaine de la sécurité mobile.

Levchin s'efforçait depuis des années de s'attirer les bonnes grâces de 3Com, la maison mère de PalmPilot. Il participait régulièrement aux conférences de l'entreprise et il est devenu le 153e développeur officiel de PalmPilot. Il s'était également lié d'amitié avec Griff Coleman, le responsable produit chez Palm pour les solutions

30. En anglais, « con » veut dire « arnaque, escroquerie » (« a conman » pour « un arnaqueur »)

d'entreprise. L'objectif de Levchin était d'amener Palm à modifier sa base de code pour qu'elle prenne en charge son logiciel de sécurité.

À un certain stade de l'opération, Levchin a fait une audacieuse tentative d'approche. Il a assisté à une conférence de développeurs dans les bureaux de 3Com, et a suivi le PDG de Palm, Jeff Hawkins, à l'extérieur après la fin de son discours. Levchin l'a approché et lui a demandé de le ramener chez lui. Hawkins a accepté, pensant que Levchin était un employé de 3Com en rade. Levchin a donné des indications vagues afin de rallonger le trajet mais, quelques détours plus tard, Hawkins avait atteint les limites de la politesse et a demandé : « Est-ce que je peux vous déposer ici ?

— Eh bien, pouvez-vous me parler quelques minutes supplémentaires de la sécurité dont votre système d'exploitation aura besoin très bientôt ? », a gentiment répondu Levchin.

Le programmeur raconte que Hawkins lui a expliqué que Palm s'était déjà associé avec une entreprise canadienne, Certicom, pour ses besoins en sécurité. « J'ai pensé : *Ah merde, ils ont quelqu'un d'autre qui travaille dessus* », précise Levchin.

Il y avait d'autres signes inquiétants. Levchin et Thiel avaient des difficultés à convaincre les entreprises clientes de la nécessité d'une sécurité mobile. « Nous avons réalisé que, même si la théorie était assez logique, le passage de l'entreprise vers les appareils portables n'était pas vraiment prévu, dira plus tard Levchin. Un peu comme les premiers chrétiens au premier siècle qui étaient tous très occupés à attendre le second avènement du Christ. Ils attendaient toujours… "D'une minute à l'autre, des millions de personnes demanderont que leurs appareils portables soient sécurisés." Mais cela ne venait jamais. » L'entreprise devrait changer de cap.

■ ■ ■

Le plan initial de Confinity avait cependant passé une étape importante : celle du financement. En février 1999, l'équipe a bouclé un tour de table de 500 000 dollars, en grande partie auprès d'amis et de la famille. Le fonds de Thiel a contribué à hauteur de 240 000 dollars et Scott Banister en a fourni 100 000 supplémentaires. Les familles ont également aidé : 35 000 dollars de plus sont venus des parents de Thiel, et 25 000 de ceux de Ken Howery.

Les amis de Thiel en ont mis 50 000 de plus : 25 000 d'Edwards Bogas, un musicien et joueur d'échecs de San Francisco, et 25 000 de Norman Book, un camarade de classe de Thiel à Stanford et cofondateur de la *Stanford Review*.

Enfin, 50 000 dollars provenaient de la société d'investissement Gödel Capital. Gödel, gérée par les Australiens Peter Davison et Graeme Linnett, était nouvelle sur la scène technologique américaine. Ayant peu de relations, Davison et Linnett « se sont mis à la recherche d'affaires un peu piquantes, comme le dit Linnett. « Je ne connaissais rien aux start-up, je n'avais jamais rien fait en matière d'investissement, et nous allions devenir des capital-risqueurs », dit Davison. Confinity a été la première opération de capital-risque de Gödel, qui n'a accepté de la conclure qu'après que Thiel y a inclus une clause de sortie sans pénalité de deux semaines.

Le 26 février 1999, soit le *lendemain* de la clôture de son tour de table, Confinity a envoyé à Davison, Linnett et aux autres investisseurs un document de dix-huit pages décrivant un changement de stratégie. La vente de sécurité mobile en BtoB ne fonctionnait pas ; au lieu de cela, l'entreprise devait pivoter pour s'orienter vers les consommateurs. Confinity allait lancer un « portefeuille mobile » pour les appareils portables, dans le but de rendre obsolètes les portefeuilles physiques. Mobile Wallet sécuriserait les informations financières et permettrait aux utilisateurs d'envoyer de l'argent et de faire du e-commerce – et tout ça depuis un PalmPilot.

Le plan d'activité de Confinity en février 1999 tient étonnamment bien la route en tant que schéma directeur pour l'avenir des portables. L'entreprise prévoyait de tirer parti de la croissance des marchés des ordinateurs de poches et de la finance électronique. « Le marché actuel des ordinateurs de poche partage certaines caractéristiques avec l'Internet de 1995 et le marché des ordinateurs domestiques de 1980 », affirmait le plan. « Les nouvelles applications et la baisse des coûts font passer la demande d'un noyau de fans de technologie vers le grand public. »

En théorie, l'augmentation du nombre d'appareils portatifs accroîtrait l'utilisation du portefeuille mobile et les utilisateurs installeraient Mobile Wallet parce que leurs amis et leur famille en auraient déjà un. Le *business plan* anticipait la question évidente : « Comment le réseau Confinity pourra-t-il voir le jour si sa valeur pour chaque client dépend de l'existence préalable de l'ensemble du réseau ? » L'équipe a élaboré deux approches pour répondre à cette tautologie : descendante et ascendante. Du haut vers le bas, Confinity trouverait et ciblerait les meilleurs entreprises et marchés candidats. L'approche ascendante verrait les utilisateurs inviter des membres de leurs propres réseaux. « Confinity associera ces deux approches, mettant toutefois l'accent sur la seconde, le modèle de base », écrivait ses fondateurs.

Confinity pensait alors qu'elle n'aurait plus qu'à se saisir de ce marché – et le conserver. Il suffisait de passer à l'échelle supérieure, de mettre en relation les vendeurs et les commerçants, de créer des cartes de crédit et de proposer des services bancaires en ligne, *et voilà* : « Au fur et à mesure que le réseau Confinity va croître, le coût de la transition vers d'autres sociétés d'authentification deviendra prohibitif, créant une barrière efficace aux nouveaux entrants. » L'entreprise a cherché 4 millions de dollars de financement pour concrétiser cette vision, constituer l'équipe et créer le produit, dont le lancement était prévu six mois plus tard, en août 1999.

Au moment de la rédaction du plan, Confinity ne comptait guère plus de six personnes, possédait 500 000 dollars, un bureau loué au-dessus d'une boulangerie et quelques meubles Ikea d'occasion. Mais l'équipe visait la lune. Une fois que le portefeuille mobile est devenu omniprésent, « la stratégie de sortie par défaut de Confinity consiste en une acquisition par une institution financière ou une société technologique, qui serait la mieux placée pour tirer profit du réseau de clients de Confinity ».

L'autre alternative : « Une exploitation réussie et agressive de la plateforme de e-finance pourrait transformer Confinity en une institution financière mondiale, offrant une gamme complète de services bancaires à la clientèle. Dans un tel scenario, Confinity irait jusqu'à une introduction en bourse. »

■ ■ ■

Dans le plan, le préambule aux biographies des fondateurs offrait une bonne vision de la façon dont Thiel et Levchin envisageaient à l'époque la constitution des équipes d'une start-up :

> En réunissant les fondateurs de Confinity, nous avons été guidés par deux considérations primordiales. La première est d'identifier des personnes très talentueuses avec des personnalités diverses, afin que chacune d'entre elles soit capable d'assumer plusieurs tâches commerciales et technologiques différentes. La seconde est de former un groupe qui fonctionnera bien en équipe. Chacun des fondateurs de Confinity a travaillé par le passé avec au moins un autre des fondateurs. Par conséquent, nous sommes conscients des forces et des faiblesses de chaque membre de l'équipe centrale. Nous savons qui est le meilleur dans tel domaine et à qui confier les différentes tâches. Cet historique commun permet à Confinity d'avancer avec efficacité et célérité.

Plus tard, en ses qualités d'investisseur et de conseiller, Thiel a mis l'accent sur l'importance de la « préhistoire » d'une équipe, les liens de travail et d'amitié qui existent avant de démarrer une entreprise. Au moins en ce qui concerne Levchin, la préhistoire de Confinity a été longue. Nosek, Pan et Simmons étaient amis à Illinois ; d'autres, parmi les premiers employés, étaient issus de ce réseau et des contacts de Thiel à Stanford. Bien sûr, cette approche avait aussi des inconvénients. L'embauche d'amis risquait de créer une monoculture cloisonnée et exclusive, et il devenait particulièrement difficile de licencier les gens.

Mais pour Thiel, la confiance était difficile à construire au sein d'une équipe. En employant des amis, la confiance était déjà présente. David Wallace, un des premiers employés, se souvient : « Grâce au recrutement par réseau, nous étions particulièrement convaincus que chacun était raisonnablement intelligent et essayait de travailler à la réussite du projet. » Cette confiance a engendré la rapidité. « Nous pouvions être sur un cycle beaucoup plus court que celui de nombreuses entreprises où il faut un mois pour transmettre des messages à l'ensemble des services avant de pouvoir dire ce que l'on veut dire. »

Wallace, une personnalité affable, s'est également senti « assez à l'aise » pour prendre la parole chez Confinity. « Si j'étais arrivé quelque part où je ne connaissais personne, je n'aurais pas parlé comme ça. »

L'ingénieur Santosh Janardhan n'a rejoint l'équipe de PayPal qu'en 2001, mais il a vite appris combien les dirigeants de l'entreprise se fiaient aux nouvelles recrues. Dès les premières heures de sa première journée au sein de l'équipe chargée de la base de données, Janardhan a reçu le mot de passe *root* de la base de données de PayPal. « [Son patron, Paul Tuckfield,] lui a dit : "Joue avec et fais-moi savoir si tu as des questions." »

Peu de temps après, Janardhan a vu arriver Tuckfield et le directeur technique de la société, Levchin. « Paul et Max se sont approchés et m'ont demandé ce que je faisais. [Et j'ai dit :] "Je regarde un peu tout pour essayer de comprendre la structure des bases de données, en examinant les tableaux, et tout ça. Je faisais quelques requêtes [pour les bases]." Ils m'ont dit : "Le site vient d'avoir un problème. C'est toi qui l'a planté ?" J'ai répondu : "Putain, non." Ils se sont regardés et m'ont fait : "Cool." Et ils sont repartis. »

Janardhan était stupéfait. « Si vous y réfléchissez bien [...] Je n'étais pas là depuis cinq minutes qu'ils me donnaient déjà le mot de passe *root* du site. Le niveau de témérité ou de confiance [que ça demande] est incroyable, non ? En revanche, lorsque j'ai dit que je ne l'avais pas fait [planter le site], ils ont juste dit "OK" et ils sont partis. Il n'y a pas eu d'interrogatoire. Pas de : "Montre-moi ce que tu es en train de faire." Étrangement, je me suis senti plus en confiance que s'ils avaient fait n'importe quoi d'autre. »

Janardhan n'était pas un ami d'ami, ni un diplômé de l'université de l'Illinois ou de Stanford, et il a rejoint l'entreprise plus tard dans son cycle de vie. Mais lui aussi a perçu l'intérêt d'une embauche basée sur la confiance. « Ils ont employé des très bonnes personnes, leur ont donné beaucoup de confiance, et ont laissé les gens avancer à leur propre rythme, faisant juste en sorte de vérifier, de temps en temps, qu'ils étaient synchronisés. Nous pouvions alors continuer notre boulot. Ils ont donc tiré le meilleur de personnes très, très intelligentes. »

■ ■ ■

À bien des égards, la sagesse du recrutement de PayPal n'est apparue que plus tard, après que le succès de l'entreprise a validé la conception initiale de l'équipe. À l'époque, la logique des fondateurs était plus pratique que philosophique, et motivée davantage par l'opportunité que par l'expérience. « Nous avons dû recruter nos amis parce que personne d'autre ne voulait travailler pour nous », dira plus tard David Sacks, futur directeur des opérations de PayPal.

Entre 1994 et 1999, le vivier des talents de l'Internet était devenu pro. Des entreprises comme Amazon, Google et Netscape, célèbres pour avoir débuté dans des garages, des caravanes et des dortoirs, opéraient maintenant depuis des bureaux spacieux. Elles offraient des salaires généreux, de nombreux avantages et des options d'achat d'actions qui valaient de l'argent réel, et non plus seulement théorique. Elles pouvaient également se permettre de faire appel à des cabinets de recrutement onéreux pour dénicher les meilleurs talents dans la Silicon Valley et ailleurs.

En revanche, Confinity n'avait pas de réputation, pas de produits et pas d'attrait. « C'était un défi parce que, fondamentalement, il était très difficile de recruter des personnes dans cette entreprise qui n'avait pas encore fait ses preuves », raconte Thiel. Vince Sollitto travaillait comme directeur de la communication pour un sénateur à Washington, DC, lorsque David Sacks lui a proposé de travailler chez Confinity. Sollitto se souvient du scepticisme de sa femme – et de la trêve du couple. « Nous pouvons le faire, lui a-t-elle dit. Nous n'allons pas vendre notre maison [de Washington]. Nous allons la louer [...] et lorsque ce truc s'arrêtera dans un an, ce sera le moment d'y retourner. Voilà le marché. »

Confinity était également en concurrence pour le recrutement de talents avec un certain nombre d'entreprises complètement inexpérimentées, qui ont poussé comme des champignons pendant le *boom* d'Internet – une période de croissance rapide, qui a provoqué une demande sans précédent pour des ingénieurs logiciels. Comme l'explique Janardhan : « Si vous aviez un pouls, vous trouviez un emploi. Ça se passait comme ça en 1999. »

Cet environnement a obligé Levchin et Thiel à recruter des amis et des relations proches. L'un des premiers ingénieurs de Confinity, Tomasz Pytel, était un parfait exemple. Adolescents, Pytel et Levchin se sont rencontrés pour la première fois sous le nom de Delph (pour Levchin) et de Tran (pour Pytel), les pseudonymes qu'ils utilisaient dans une sous-culture de l'art informatique appelée « demoscene ».

Des groupes de codeurs de demoscene rivalisaient pour présenter des graphiques numériques de pointe, et Pytel était devenu une légende dans cette communauté pour ses illustrations époustouflantes. « J'avais beaucoup de temps à consacrer à [demoscene], parce que je séchais toujours les cours. En fait, j'ai abandonné le lycée ; parce que ça ne servait à rien », se souvient Pytel.

Ce dernier était un immigrant polonais aux États-Unis, et son baptême informatique ressemblait à celui de Levchin dans sa rigueur :

> Ma mère m'a acheté un ordinateur lorsque j'étais à l'école primaire. C'était un Commodore 16 avec un dataset – pas un lecteur de disque, un dataset – qui s'est rapidement cassé au bout de quelques mois. Ce qui signifie que chaque fois que j'allumais l'appareil, je devais écrire à peu près de zéro tout ce à quoi je jouais. Donc, en termes de programmation, je suppose que l'on peut comparer cela à Rocky Balboa frappant une côte de bœuf. Et à partir de là, je suis devenu accro.

Au moment de quitter le lycée dans sa deuxième année, Pytel avait déjà déniché plusieurs contrats pour des emplois de programmation afin de payer les factures, notamment l'écriture de code pour l'entreprise de logiciels de jeux vidéo Epic Games.

Des années plus tard, alors qu'il voyageait aux États-Unis, il s'est arrêté à Palo Alto pour voir Levchin, Simmons et Pan. « C'était un vrai vagabond », rapporte Levchin. Lorsqu'il est arrivé dans le bureau de Confinity au cours de son arrêt en Californie, Pytel portait une paire de chaussons d'eau en lambeaux. « Ses orteils dépassaient », raconte Simmons. Plus tard, les employés de PayPal se sont souvenus qu'il portait toujours ses chaussures décrépites alors même que l'entreprise prospérait : « C'étaient les chaussures les plus confortables que j'avais eues depuis longtemps. Et je les aimais tellement que je les portais partout », se souvient Pytel.

Ces chaussures bizarres n'étaient pas un problème ; chez Confinity, les excentricités des personnes talentueuses étaient facilement excusées. Levchin a déployé énormément d'efforts pour que Pytel rejoigne l'équipe, et, lorsqu'il a accepté, cela a donné de l'espoir à Simmons et à Pan. « Le fait qu'il rejoigne l'équipe était super important », a déclaré Simmons. Pour Pytel, la décision revêtait beaucoup moins d'importance. « À ce moment-là de votre vie, lorsque vous êtes jeune, vous ne faites pas vraiment attention aux opportunités, explique-t-il. On se dit, *Bon, ok, ça a l'air chouette. Faisons ça pendant un moment.* »

Le Tom Pytel de Confinity était assez doué pour obtenir un doctorat, mais trop provocateur pour remplacer ses vieilles chaussures. Il avait du temps devant lui. Et il tolérait les notions de l'équipe qui pensait que le succès viendrait des meilleurs portefeuilles PalmPilot du monde. Le génie, le non-conformisme, la disponibilité et la volonté de lutter contre le scepticisme : ces qualités ont défini les premières recrues de Confinity et sont devenues le fondement de sa culture.

■ ■ ■

Presque immédiatement, le projet de portefeuille mobile de Confinity a rencontré le même problème de marché que le logiciel de sécurité de Fieldlink : les gens n'étaient pas prêts à échanger leurs porte-monnaies physiques contre des portefeuilles virtuels. Alors même qu'elle codait avec acharnement, l'équipe se posait des questions sur l'efficacité du portefeuille mobile. Cela a suscité une série de discussions au sein au printemps 1999, au cours desquelles l'équipe a réfléchi à ses créations et envisagé d'autres cas d'usage.

La question était moins technique que logique : quelles sont les informations qu'il est préférable de conserver dans un PalmPilot plutôt que dans un portefeuille classique ? Une idée : les mots de passe. Les mots de passe inscrits sur des feuilles de papier glissées dans un vrai portefeuille étaient exposés au vol. « Si vous les stockiez dans votre PalmPilot, vous pouviez les sécuriser ensuite avec un mot de passe secondaire qui les protégeait », a déclaré Levchin. C'était un concept prometteur et, en fait, un précurseur des gestionnaires de mots de passe d'aujourd'hui. Mais à l'époque, le marché des appareils portables était encore petit et celui des gestionnaires de mots de passe pour PalmPilot l'était encore davantage.

Pour aggraver le défi de Confinity, le marché des mots de passe n'était pas très glamour. Les entreprises dotcom de l'époque étaient occupées à présenter leur révolution technologique – promettant de tout faire, depuis la livraison des courses jusqu'à jouer les Cupidon. Même Levchin a admis que le pitch de Confinity pour un gestionnaire de mots de passe semblait ennuyeux en comparaison.

Le concept de mot de passe, bien qu'infructueux, a soulevé une question vitale : quels étaient les autres bouts de papier que l'on pouvait protéger ? Une réponse possible était les chèques et les billets de banque. « La prochaine itération était un truc qui sécuriserait les reconnaissances de dette par cryptographie. Je dirais : "Je vous dois 10 dollars et je mettrais mon mot de passe" », se souvient Levchin. Les reconnaissances de dette seraient conservées jusqu'à ce que l'utilisateur connecte son PalmPilot à un ordinateur, moment auquel les paiements seraient effectués. Pour l'essentiel, Confinity avait créé des chèques numériques primitifs, associant des appareils portatifs et la finance. Mais, comme dans le cas des idées précédentes, les reconnaissances de dettes sur PalmPilot ne représentaient pas une avancée décisive. Jusqu'à ce que l'équipe peaufine le produit une fois de plus.

Pour sa génération de Palm III, en 1998, Palm a glissé un morceau de plastique rouge d'un demi-pouce dans le coin du logiciel. Palm a présenté ce port infrarouge (IR) comme un moyen pour les utilisateurs du PalmPilot de transmettre des informations, mais même lorsque les PalmPilot dotés d'un port IR ont été livrés, on ne savait pas exactement ce que les utilisateurs pouvaient transmettre. « Toutes les applications ne peuvent pas utiliser cette fonction. Même les programmes intégrés, tels que Palm Mail et Expense, ne peuvent [...] transférer des éléments, faisait remarquer *Palm Pilot pour les Nuls*. Mais, petit à petit, de plus en plus de programmes complémentaires de Palm incluent une fonction de télétransmission. Vous pouvez donc commencer à envisager de transmettre des éléments créés sur votre Palm à un autre. »

Les ports se sont avérés notoirement foireux. « Deux appareils Palm se perdent de vue lorsqu'ils sont éloignés d'environ 1,5 mètre, notait le même guide, et ils présentent aussi quelques difficultés à communiquer à moins de huit centimètres environ. »

Mais ces nouveautés ont été un vrai succès pour les premiers utilisateurs, et les ingénieurs logiciels remplissaient les forums de cas d'utilisation possibles. « Même si le port n'est pas assez puissant pour faire office, disons, de télécommande pour un téléviseur, il l'est suffisamment pour permettre la communication de Palm à Palm de la plupart des types de données », écrivait un développeur. S'ensuivit un guide de plusieurs milliers de mots sur la façon configurer le port IR et jouer à la bataille navale.

Le port à infrarouge préfigurait un avenir où les appareils de poche communiqueraient de manière fluide. Mais en 1999, le port n'était qu'une fonctionnalité astucieuse sans but précis. Cependant, l'équipe de Confinity (les premiers utilisateurs) avait cet objectif en tête : transférer de l'argent.

■ ■ ■

Imaginez la scène : quelques technophiles déjeunent à Palo Alto. L'addition arrive et la lourde tâche de diviser la facture commence. Une des personnes présentes rappelle au groupe qu'ils ont des PalmPilots, équipés d'une calculatrice et du logiciel de transfert d'argent de Confinity. Et hop : note divisée et dettes réglées.

Confinity réorienterait la société, son logiciel et son discours vers le transfert d'argent d'un PalmPilot à un autre. Cette idée possédait deux vertus. D'abord, elle s'appuyait sur les milliers de lignes de code cryptographique qui avaient été écrites pour les appareils portatifs. Deuxièmement, c'était une nouveauté. Jusqu'à présent, personne n'avait fait grand usage des ports IR de PalmPilot, autrement que pour échanger des notes ou couler des navires de guerre. En transmettant de l'argent, Confinity a trouvé un exemple d'utilisation de ces ports.

Avec le recul, Levchin s'est moqué de cette idée « bizarre et stupide ». Des années plus tard, il a plaisanté en disant à Jessica Livingston, autrice et fondatrice du fonds d'amorçage Y Combinator : « Qu'est-ce que vous auriez préféré ? Sortir 5 dollars pour payer sa part de déjeuner ou bien sortir deux PalmPilots et faire les geeks à table ? » Mais à ce moment-là, Levchin se souvient que l'idée avait un air de nouveauté. « C'était tellement étrange et innovant. Les geeks étaient là, à dire : "Ouah, c'est l'avenir." »

Lauri Schultheis était juriste chez Wilson Sonsini Goodrich & Rosati, le cabinet d'avocats auquel Levchin et Thiel ont fait appel pour constituer leur société et gérer leurs documents financiers. Elle aussi était sceptique quant aux ambitions de transfert d'argent de ses clients. « Je me rappelle avoir pensé : *C'est vraiment une idée bizarre. Je ne sais pas si les gens vont adhérer à ça parce que toute cette technologie [PalmPilot] est nouvelle* », raconte Schultheis. Elle a consciencieusement déposé les documents de constitution de la société, même si elle s'interrogeait sur ses perspectives. (Plus tard, Schultheis a quitté le cabinet d'avocats pour rejoindre PayPal en tant que responsable de bureau et elle a gravi les échelons pour devenir vice-présidente de l'entreprise.)

Du point de vue de Thiel, le transfert d'argent a mis des paillettes dans le récit de l'entreprise. En s'appuyant sur la technologie futuriste du moment, la société pouvait établir un argumentaire convaincant pour la collecte de fonds. Le demi-million de dollars que Confinity avait levé auprès des amis et des familles n'irait pas très loin, d'autant plus qu'elle avait embauché. L'équipe a donc préparé une présentation PowerPoint, axée sur cette évolution du produit.

Transférer de l'argent via le PalmPilot, vantait l'argumentaire, était une occasion d'un milliard de dollars – « mieux que l'argent liquide », « mieux que les chèques » et « mieux que les cartes de crédit ». Mieux encore, Confinity « capterait une partie du seigneuriage du Trésor Public américain ». Le seigneuriage, c'est la différence entre la valeur nominale de la monnaie et son coût de production, un concept ancien. Si vous apportez cent livres d'argent à la Monnaie royale et que vous récupérez quatre-vingt-dix-neuf livres en pièces d'argent, la différence d'une livre est le seigneuriage : une taxe que le roi prélève en échange de la transformation de votre argent en monnaie.

Thiel a émis l'hypothèse que les entreprises technologiques, plutôt que le gouvernement, pourraient servir d'intermédiaires – et garder cette taxe pour elles. C'était un peu un concept abscons. « Aujourd'hui encore, je ne comprends pas très bien ce qu'il voulait dire », admet Levchin. Mais les chiffres étaient réels : selon les estimations, le seigneuriage représentait près de 25 milliards de dollars par an aux États-Unis. Si Confinity recueillait ne serait-ce qu'un modeste 4 % de cela, l'entreprise gagnerait 1 milliard de dollars.

Thiel et Levchin imaginaient un monde mobile sans argent liquide, Confinity assurant le lien entre les banques centrales, les sociétés de cartes de crédit et les banques de détail. La société espérait faire du PalmPilot le mode de paiement et de transfert d'argent par défaut, remplaçant ainsi l'argent liquide et les chèques. En 2002, si tout se passait comme prévu, Confinity prévoyait 25 millions de dollars de revenus annuels grâce au succès de son portefeuille mobile et de ses solutions de transfert[31].

■ ■ ■

Aussi convaincant que le concept ait semblé à l'équipe, ils ont eu du mal – encore une fois – à le vendre. En février 1999, Levchin a assisté à la conférence de l'Association internationale de cryptographie financière. Organisée à Anguilla, une petite île des Caraïbes, cette rencontre annuelle attirait les principaux acteurs au niveau de la cryptographie universitaire et des monnaies numériques (à ce jour, Thiel, qui a assisté à la conférence de l'an 2000, entretient une théorie selon laquelle Satoshi Nakamoto, le mystérieux fondateur de la crypto-monnaie Bitcoin, se trouvait parmi les participants).

Lors de la conférence, Levchin a voulu tâter le terrain à propos de son idée de système monétaire sans argent liquide, entièrement numérique et basé sur le PalmPilot. Les universitaires n'ont pas été impressionnés, ils réfléchissaient à ce problème depuis longtemps. « Il est difficile de sousestimer le degré de colère et de ressentiment que les gens éprouvaient », a déclaré Thiel.

Malheureusement, Confinity lançait ses concepts au milieu d'une série d'échecs spectaculaires de monnaies numériques, dont la faillite récente de DigiCash. Pour l'assemblée d'experts en cryptographie financière, Thiel et Levchin sont apparus comme des *outsiders* arrogants et mal informés, inconscients de la décennie d'énergie gaspillée avant leur arrivée sur la scène.

Les universitaires n'étaient pas les seuls à snober Confinity. Mark Richardson était un consultant qui s'était rapproché de Thiel, l'avait aidé à revoir les premiers *business plans* et l'avait présenté à quelques-uns de ses contacts dans les services financiers. Richardson se souvient de la réponse dédaigneuse d'un banquier de JP Morgan Chase au pitch sur le transfert d'argent. « Il a dit : "Nous avons étudié, testé, essayé d'amener les gens à utiliser l'argent autrement que par

31. En fin de compte, leur estimation de revenus était erronée d'un facteur d'environ huit, soit huit fois trop basse.

le biais d'un guichet automatique ou d'une carte de crédit. Et il y a eu toutes sortes de réflexions sur la manière d'y parvenir, des essais et des projets pilotes. Aujourd'hui, nous ne voyons tout simplement pas les gens laisser de côté facilement les espèces, les distributeurs de billets et les cartes de crédit." »

Les investisseurs en capital-risque n'étaient pas non plus enthousiastes. Pendant ce que Thiel a appelé un « processus atroce », l'équipe a fait plus de cent présentations : des pitchs qui tombaient à plat les uns après les autres. Les investisseurs potentiels ont posé des questions sensées : les gens transfèreraient-ils vraiment de l'argent depuis des appareils portables ? Quelles étaient les chances pour que quatre compagnons de déjeuner différents possèdent tous un PalmPilot et aient installés Mobile Wallet ? Par ailleurs, qu'est-ce que le seigneuriage exactement, et Confinity pourrait-elle vraiment gagner de l'argent comme ça, « tombé du camion », comme l'a dit Thiel ?

Alors que les refus s'accumulaient, l'équipe était désespérée. Ils ont commencé à démarcher des sociétés de capital-risque au-delà de la Silicon Valley. Luke Nosek a utilisé ses contacts pour obtenir une réunion avec la division de capital-risque de la société européenne de téléphonie mobile Nokia[32].

Le rendez-vous avec le directeur de Nokia Ventures, John Malloy, a mal commencé. Levchin et Nosek sont tous les deux arrivés en shorts et tongs. « Vous ne faisiez pas un truc aussi con avec les capitaux-risqueurs à cette époque », a dit Malloy à propos de leur tenue. L'équipe, elle aussi, semblait distraite. « Ils étaient tellement enthousiastes à l'idée de pouvoir envoyer des paiements entre appareils par infrarouge qu'ils n'arrêtaient pas de le faire ! J'essayais d'avoir une conversation entre adultes avec eux, mais c'était fou. C'était quelque chose comme : « Les gars, OK [...] ! Je les ai appelés "les Beamers[33]." », explique Malloy.

Malloy travaillait pour Nokia, une entreprise d'appareils mobiles. Mais même pour lui, certaines des prétentions de Confinity semblaient

32. Soit dit en passant, John Powers avait parlé de Fieldlink à John Malloy des mois avant le lien Malloy-Nosek, mais sans succès. « [Nokia] avait un tas de bonnes idées quant à l'adoption du système d'exploitation du Palm », se souvient Powers.

33. Les utilisateurs de la technologie de « beaming », soit le transfert d'informations par infrarouge. « Beamers » signifie aussi projecteurs.

être un pari risqué. « Peter m'a regardé droit dans les yeux et m'a dit : "Nous allons être le système de paiement dominant pour l'économie du Palm" », explique Malloy. Il se souvient avoir pensé : *Vraiment ? Putain mec, qu'est-ce que c'est que cet objectif ?* Pourtant, Malloy et son partenaire chez Nokia Ventures, Peter Buhl, ont quitté la réunion intrigués. Nokia avait pas mal réfléchi aux paiements mobiles et ils croyaient dans l'avenir de la technologie. Confinity était sur une piste.

Pour Buhl et Malloy, l'équipe elle-même était beaucoup plus impressionnante. « Ils dégageaient une énergie unique [...] Ils se démarquaient tellement », raconte Malloy. Buhl est d'accord : « Il y a Peter, un homme d'affaires super intelligent. Max, le soi-disant technicien super intelligent. Et puis Luke, celui qui a les idées. » Malloy prévoyait que les idées de Confinity pour le PalmPilot ne fonctionneraient pas comme prévu, mais que l'équipe possédait la matière première pour trouver quelque chose qui marcherait.

Buhl et Malloy ont manifesté leur intérêt et ils ont fait des recherches approfondies sur l'équipe. Buhl a contacté deux professeurs de Stanford, les Dr Dan Boneh et Martin Hellman, qui avaient été conseillers techniques pour Confinity. Boneh était un jeune professeur à Stanford, connu pour ses travaux sur la cryptographie des appareils portables ; Hellman était réputé pour son invention de la cryptographie à clé publique. Ils déclarèrent à Buhl que Levchin, c'était « du sérieux ». « D'une certaine façon, la vraie police d'assurances, c'était l'incroyable réputation de Max », assure Buhl.

Malloy a organisé une rencontre entre Levchin et le président de Nokia, le Dre Pekka Ala-Pietilä. Malloy n'avait pas besoin de son accord pour investir dans Confinity, mais il voulait donner au président de Nokia l'occasion d'entrer en contact avec ce jeune ingénieur de la Silicon Valley – ce qui avait été l'un des premiers objectifs de Nokia dans le financement d'amorçage des start-up.

Levchin, cependant, n'a pas reçu le mémo. Il a interprété le temps passé avec Ala-Pietilä comme un examen final plutôt qu'une rencontre, l'avenir de Confinity étant en jeu. Pour ajouter à la pression, Ala-Pietilä était le dirigeant de l'une des plus grandes entreprises technologiques du monde – construisant et vendant des technologies mobiles à des millions de personnes. Dans les semaines qui ont précédé la réunion, Levchin a mis l'accent sur la connaissance du mobile.

Lorsqu'ils se sont enfin rencontrés, Ala-Pietilä s'est lancé dans des questions techniques, notamment à propos de la manière que Levchin adopterait pour faire en sorte que des PalmPilot de faible puissance effectuent des calculs très complexes. Bien préparé, Levchin a résumé les différences qui existaient entre les diverses normes cryptographiques (les algorithmes utilisés pour sécuriser les systèmes) et a expliqué comment il pourrait obtenir une sécurité maximale à la vitesse de traitement minimale.

En arrivant à la réunion, Levchin pensait qu'Ala-Pietilä pourrait prendre une décision immédiate sur l'investissement de Nokia. Mais à la fin de la discussion, Ala-Pietilä a simplement remercié Levchin d'être venu. C'était la douche froide. Lorsque Thiel lui a demandé comment il s'en était sorti, Levchin a répondu franchement : « Je ne sais pas. Je pense que je me suis bien débrouillé, mais je ne saurais pas dire si j'ai échoué. »

Peu après la réunion, Malloy a reçu d'Ala-Pietilä un avis positif sur Levchin. Nokia Ventures allait rédiger les termes de son investissement chez Confinity.

■ ■ ■

Dans la hiérarchie des sociétés de capital-risque de la Silicon Valley, les entreprises soutenues par des partenaires comme Nokia se classaient presque au bas de l'échelle. À l'époque, Nokia Ventures avait un autre handicap : la petite structure de Buhl et de Malloy n'avait aucun antécédent en matière d'investissement ; pas de longue liste de sorties et d'introductions en bourse.

C'est la raison pour laquelle Confinity a brièvement flirté avec une offre d'investissement venue d'une entreprise plus connue. Draper Fisher Jurvetson (DFJ) avait rencontré un certain succès avec les investissements dans l'Internet grand public, y compris une participation précoce dans le service de messagerie électronique révolutionnaire Hotmail. Mais malgré la tentation qu'offrait sa réputation supérieure, Thiel a persuadé l'équipe de rester avec Nokia Ventures, qui offrait une somme d'argent plus importante à des conditions plus favorables.

En 1999, Nokia Ventures a réalisé son troisième investissement, avec un tour de table de 4,5 millions de dollars dans Confinity.

Ce financement a donné à Thiel et à Levchin un semblant de gestion professionnelle ; ils pouvaient maintenant se vanter d'avoir un soutien financier, une feuille de route provisoire et un conseil d'administration.

John Malloy, de Nokia, a rejoint le conseil de la société et s'est complétement engagé auprès des employés ainsi que dans les opérations. Il s'est retrouvé au milieu des controverses les plus médiatisées et les plus sensibles de l'entreprise et il a joué le rôle d'investisseur-thérapeute, les cadres et les employés se tournant vers lui pour lui faire part de leurs griefs. « John était une présence importante pour nous », a déclaré Scott Banister. Levchin est allé plus loin et l'a défini comme « le héros méconnu de l'histoire de PayPal ».

L'implication de Malloy a commencé de manière inquiétante. Malloy et Thiel ont élaboré les derniers détails de l'investissement au téléphone, juste au moment où Malloy emmenait Ala-Pietilä, le président de Nokia, faire du bateau. D'après Malloy, le propriétaire du véhicule « s'était acheté un bateau trop grand » et l'embarcation a rencontré des vents violents et une mer agitée. L'hélice fonctionnait mal et ils sont revenus à quai avec précaution. « Cette sortie est devenu un vrai bordel. Ç'a été une journée mouvementée », admet Malloy.

6

FLOUES

Pendant tout le printemps et le début de l'été 1999, Confinity et X.com ont occupé des bureaux attenants au 394 University Avenue, à Palo Alto. Après coup, la cohabitation des deux sociétés a fait couler beaucoup d'encre, mais il s'agissait au départ d'une simple coïncidence. X.com et Confinity n'étaient ni concurrentes ni collaboratrices : Confinity s'intéressait au transfert d'argent mobile et à la cryptographie tandis que X.com se lançait dans la construction de son supermarché de services financiers.

Chacune pensait que l'autre était mal avisée. Musk n'a pas été tendre dans sa critique du transfert d'argent depuis un PalmPilot. « Je me disais : *C'est une idée stupide, ils sont condamnés* », se souvient-il. Pendant ce temps, Confinity s'attendait à ce que X.com sombre dans les sables mouvants de la réglementation.

Malgré des approches divergentes de la technologie financière, les PDG des entreprises partageaient une obsession : se faire remarquer. Tout comme Musk a courtisé l'attention des médias pour X.com, Thiel a faisait des gros titres une priorité absolue. Il venait de conclure l'accord d'investissement de Confinity avec Nokia Ventures, et il voulait un événement sensationnel pour annoncer l'accord – et faire la démonstration de la technologie de transfert révolutionnaire de l'équipe.

Celle-ci a porté son choix sur le restaurant Buck's, à Woodside, pour l'événement. Buck's (dont le décor kitsch comprenait des bottes de cowboy en porcelaine, une authentique combinaison de cosmonaute russe et une statue de la Liberté à échelle réduite) recevait fréquemment la visite du monde de la technologie, et occupait une place importante dans son histoire. Buck's a été l'un des premiers restaurants américains à proposer une connexion WiFi publique, et Hotmail aurait été développé à l'une de ses tables.

Confinity espérait ajouter un autre chapitre à l'histoire de Buck's. En effet, Thiel prévoyait d'utiliser le PalmPilot pour transférer en temps réel l'investissement de 4,5 millions de dollars du compte bancaire de Nokia Ventures à celui de Confinity. Mais le « transfert chez Buck's » serait plus facile à dire qu'à faire. « [La technologie infrarouge] n'a pas été foutue de fonctionner », se désole Levchin. Néanmoins, Levchin a insisté pour que le transfert soit une transaction réelle et cryptée, pas un fax.

En dépit du travail acharné de l'équipe d'ingénieurs, sa base de code était loin d'être terminée. « Le truc fonctionnait à peine », a reconnu Pan. Pour préparer le transfert chez Buck's, Levchin a dû créer à la hâte ses propres protocoles de sécurité et mettre à jour l'interface utilisateur de l'application, y compris ses touches. Il a copié la plupart des commandes à partir d'un autre logiciel de calculatrice PalmPilot et a codé frénétiquement une toute nouvelle touche « Envoyer » pour la démo.

Rapidement, l'équipe s'est trouvée confrontée à un problème plus pénible que celui de concevoir des touches à la hâte. Pour que le code d'un programmeur fonctionne, il fallait le compiler (un processus qui transforme les commandes codées en un langage compréhensible pour les machines). C'est au cours de la compilation que l'on découvre et corrige les erreurs de programmation. Quelques jours à peine avant l'événement prévu chez Buck's, Russ Simmons a découvert que Yu Pan n'avait pas compilé son code depuis des mois. « Et bien sûr, nous essayons mais il y a quelque chose comme un millier d'erreurs », raconte Levchin.

Un sprint mortel a suivi. « À partir de ce moment-là, la course folle pour le transfert de Buck's a commencé. Tous les trois, nous n'avons pas dormi du tout. Yu Pan était proche de la catatonie au bout du troisième jour », se remémore Levchin. Alors que l'événement était prévu pour le matin du vendredi 23 juillet 1999, Levchin et l'équipe ont enchaîné les nuits blanches, vérifiant et revérifiant le code jusqu'à la veille de l'événement.

Ce vendredi-là, au lever du soleil, Levchin s'est rendu compte qu'il avait porté le même pantalon plusieurs jours de suite. *J'ai besoin de changer de pantalon,* s'est-il dit. Alors, il a pris sa voiture, est rentré chez lui, et a changé de pantalon. Avec une nouvelle tenue, il est reparti en vitesse chez Buck's.

■ ■ ■

Lorsque Levchin est arrivé, Thiel était déjà là, trinquant avec Pete Buhl de Nokia Ventures. Thiel avait réussi à attirer plusieurs chaînes de télévisions locales pour couvrir l'événement, et leurs camions satellites tournaient au ralenti à proximité.

Levchin avait préparé deux PalmPilot pour la transaction. Il en a remis un à Buhl et a tendu l'autre à Thiel. Devant les caméras, Buhl a pris son appareil et a utilisé le stylet pour entrer le paiement de Nokia : 4-5-0-0-0-0-0. Il a positionné son port infrarouge à côté de celui de Thiel, et a appuyé sur la touche « Envoyer » fraîchement codée par Levchin. Le programmeur a retenu son souffle : si ça devait échouer, ce serait maintenant.

Mais le PalmPilot de Thiel a bipé et affiché un message indiquant qu'il avait bien reçu le paiement – ce qu'il a fièrement montré aux caméras. Toute l'équipe de Confinity a poussé un soupir de soulagement.

Malgré toute l'anxiété qui a précédé le transfert chez Buck's, Buhl se souvient que ce grand événement était « décevant ». Par la suite, un des membres d'une équipe de télévision est venu demander à Thiel et Levchin s'ils pouvaient répéter la transaction ; sa caméra n'avait pas bien saisi l'opération. « Non ! Nous ne pouvons pas le refaire, s'est écrié Levchin. Ce sont des millions de dollars qui passent d'une banque à l'autre. Nous ne pouvons pas recommencer. » Mais, à la demande du caméraman, Thiel et Buhl ont rejoué l'échange.

Levchin n'avait pas l'énergie pour exprimer sa frustration. Au lieu de ça, il s'est trouvé une table dans un coin, s'est assis et a posé sa tête sur la table. Quelque temps plus tard, il s'est réveillé, ses collègues de Confinity partis et une omelette froide à côté de lui. Le serveur lui a confirmé le départ de ses confrères, mais qu'ils avaient payé pour son petit déjeuner. *Est-ce que je devrais être en colère contre Peter de ne pas m'avoir réveillé ?* s'est demandé Levchin. *Ou est-ce que je devrais lui être reconnaissant d'avoir eu la gentillesse de me laisser dormir ?*

Attentionné ou pas, Thiel était content de l'événement. « C'était une excellente façon de se démarquer », a-t-il déclaré. Confinity a bénéficié d'une précieuse couverture médiatique, ce qui a suscité plusieurs candidatures pour être embauché et un certain intérêt de la part des investisseurs ; deux choses qui n'avaient pas été simples à obtenir par le passé.

Malgré l'attention, l'événement n'a pas permis de gagner des utilisateurs ; personne n'appelait le bureau de Confinity pour savoir comment transférer de l'argent depuis leur PalmPilot. « C'est l'une des premières leçons que nous avons tirées des relations publiques. C'était beaucoup plus important pour le recrutement et la perception des investisseurs que pour l'adoption réelle du produit », explique Nosek.

Sans aucun doute, le signal le plus important du transfert chez Buck's était interne. En quelques mois seulement, Levchin, Thiel et leur petit groupe avaient créé une application qui valait la peine d'être couverte – et même télévisée ! Cela a renforcé la confiance de l'équipe. « Je pense que nous avions besoin de croire en l'évolution des choses », a déclaré Nosek.

■ ■ ■

Au début du *boom* d'Internet, les dépenses superflues des start-up ont inondé la Bay Area : retraites d'équipes coûteuses, fêtes avec alcool à volonté et panneaux d'affichage hors de prix. Thiel et Levchin pensaient que rien de tout cela ne faisait progresser de manière crédible les produits ou la mission d'une entreprise donnée. Ils ne voulaient pas les millions de Nokia Ventures pour de tels excès. Les fonds leur ont cependant permis un luxe : un meilleur nom pour le produit de transfert.

Confinity convenait pour une entreprise, mais pour un produit de consommation, ils craignaient que quatre syllabes commençant par *con* n'inspirent pas confiance. Par ailleurs, « *Confinity the money to me* » n'était pas vraiment facile à prononcer.

Une entreprise de produits de consommation avait besoin d'un nom qui attire le plus grand nombre, et c'est à Nosek qu'est revenue la tâche de trouver ce nom, en se tournant vers Internet pour obtenir des conseils. Il tapa www.naming.com dans son navigateur et a ouvert le site de Master-McNeil, une société de naming. « Nous pensions qu'ils possédaient l'URL naming.com, ce qui était prometteur », explique Nosek.

S. B. Master, la fondatrice de l'entreprise, avait obtenu une triple licence à l'université de Californie à Santa Cruz, en économie, musique et suivi un cours appelé « histoire du livre ». Après un MBA à Harvard, elle avait fondé la division *naming* d'une entreprise de *branding* à l'origine des noms de Touchstone Pictures et Westin Hotels. Puis elle s'est mise à son compte et a créé Master-McNeilp pour conseiller les entreprises sur le choix de leur nom.

Master associait une sensibilité poétique à des compétences commerciales pointues. Selon elle, trop de start-up considéraient le choix du nom comme un simple exercice de jeux de mots, « une sorte de processus purement créatif, quelque peu aléatoire, comme lancer une pièce en l'air ». Elle était convaincue que le choix du nom était une décision commerciale aussi cruciale que toute autre et qu'elle méritait une rigueur analytique.

En juin 1999, Confinity a chargé Master-McNeil de trouver un nom à son produit de transfert. Master et son équipe ont interrogé Thiel, Levchin, Nosek et d'autres employés de Confinity. Ensemble, le groupe s'est fait une idée de ce que le nom devait suggérer :

1. Pratique, facile, simple à mettre en place/utiliser ;
2. Instantané, rapide, immédiat, sans attente, qui fait gagner du temps, bref ;
3. Portable, maniable, toujours avec soi ;
4. Transmettre, « transférer », échanger, envoyer/recevoir, donner/obtenir ;
5. Argent, comptes, transactions financières, chiffres, transférer de l'argent

Les discussions entre Confinity et Master-McNeil ont révélé une question importante concernant la trajectoire du produit. Le transfert d'argent était attrayant pour les technophiles américains, mais comment Confinity pourrait-elle se développer sur d'autres marchés ? L'équipe n'avait pas encore de réponse, mais elle a demandé à Master-McNeil de faire la part des choses et de trouver un nom qui ne soit pas trop « techno » mais qui soit « adapté pour toute personne qui utilise un appareil électronique portable (agenda électronique, téléphone portable), en mettant l'accent sur les premiers utilisateurs ». Le nom devait aussi être « approprié pour une utilisation aux États-Unis, en France, en Allemagne, en Espagne et en Italie ».

Critères et objectifs de dénomination en main, l'équipe de Master-McNeil s'est mise au travail pour proposer des dizaines de noms potentiels, une liste qu'elle a réduite aux quatre-vingts noms les « plus prometteurs » et, après vérification des marques, URL et du droit commun, à une douzaine de recommandations. Parmi elles, il y avait eMoneyBeam, Zapio, MoMo, Cachet et PayPal. Emoney et Momo ont rapidement été écartés. Zapio était ludique et parlait du produit de base (« zapper » de l'argent) mais l'équipe de Confinity n'y a pas cru. Au départ, ils ont pensé que Cachet était la meilleure option, mais Master elle-même n'y croyait pas. Difficile à épeler et à prononcer, Cachet avait aussi un ton « prétentieux », selon Master, et ne se traduirait pas facilement dans d'autres langues. Autre inconvénient : le domaine www.cachet.com était réservé.

Il restait Paypal. La diapositive de présentation de Master-McNeil offrait six arguments en faveur de ce nom :

1. Évoque l'argent, les comptes, transactions financières, la circulation d'argent ;
2. Évoque la convivialité[34], le côté accessible, simple, facile ;
3. Suggère de l'avoir toujours avec soi, portable, pratique ;
4. Une structure où le pa- se répète, facile à retenir, amusante ;
5. Particulièrement court, symétrique (un jambage supérieur à chaque extrémité, deux jambages inférieurs au milieu) ;
6. Une URL disponible.

Master pensait que Paypal était le grand gagnant. Il était plus court d'une syllabe que Zapio et beaucoup moins susceptible d'être mal prononcé que Cachet. « Si les gens ne savent pas comment prononcer quelque chose ou bien s'ils ont peur de le dire incorrectement, ils feront tout pour éviter de le dire. L'embarras est une émotion très forte », soulignait Master.

34. « Pal », ami, copain en anglais.

Master estimait aussi que Paypal suscitait la confiance. Confinity avait été une tentative maladroite de Levchin d'inspirer confiance, mais Master pensait que la qualité désarmante de *pal* dans Paypal atteignait cet objectif avec plus de grâce : « Un pote est plus qu'un ami. Un pote a son bras autour de vous. Vous êtes ensemble. Vous vous faites vraiment confiance », a-t-elle expliqué.

Pour couronner le tout, Paypal contenait deux *p*. « Nous adorons ces sons, ce sont des consonnes occlusives. Pour les produire, vous bloquez l'air puis vous le relâchez. » Les consonnes occlusives demeurent dans l'oreille pendant une fraction de seconde supplémentaire, ce qui laissait plus de temps pour se souvenir de la marque. « Créer un nom qui comporte deux consonnes occlusives permet de tirer le maximum d'avantages de ce phénomène », disait Master.

Master était convaincu par le nom Paypal, mais de nombreux membres de l'équipe de Confinity, dont Thiel, ne l'étaient pas. « Je nous revois tous en train de parler [...] et de se dire : *Paypal ? C'est le nom le plus stupide jamais entendu*, rapporte l'ingénieur Russ Simmons. Ce n'était certainement pas une décision unanime », a déclaré Jack Selby, le onzième employé de la société. Pete Buhl, membre du conseil d'administration, trouvait que le nom était trop ludique pour un produit financier. « Les gens ne vont pas faire confiance à "Paypal". Je pensais que c'était l'idée la plus absurde qui soit, a-t-il dit. Les gars, Paypal ? Vous allez confier votre argent à Paypal ? »

Mais en prenant le temps de réfléchir à cette proposition, l'équipe a fini par être convaincue de ses vertus. « Au départ, nous envisagions [le produit] pour se rembourser les uns les autres au déjeuner, et ce genre d'utilisation. Paypal correspondait tout naturellement à ce cas d'usage, plus que les autres noms », se souvient David Wallace, qui avait rejoint l'entreprise pour gérer le service client et les opérations.

La forme verbale « *Just Paypal it to me* [35]» les a séduits, tout comme la simplicité de son orthographe. Certains des premiers membres du conseil d'administration ont plaidé en sa faveur, dont Scott Banister. « J'ai dit : "Je pense que c'est un super nom. C'est une allitération, très facile à mémoriser." » Comme le nom de domaine www.paypal.com n'était pas enregistré, l'équipe n'a pas eu

35. Fais-moi un Paypal

à mener de longues et coûteuses négociations pour en faire l'acquisition, laquelle a été réalisée le 15 juillet 1999.

Bien que Thiel ait initialement préféré Cachet, lui aussi s'est ralié à Paypal. En fait, il s'y réfèrera plus tard pour illustrer la valeur des noms d'entreprise conviviaux et généreux, l'utilisant pour plaider en faveur de « Lyft » plutôt que « Uber » et de « Facebook » plutôt que « MySpace ». À court terme, Thiel et beaucoup d'autres diront que, à côté de Paypal, X.com avait l'air sinistre.

Confinity a choisi PayPal, avec une stylisation, en mettant une majuscule au *p* du milieu. Ce *P* intermédiaire est donc resté ; pour toujours, Paypal s'écrirait PayPal. Une note dans les dossiers de Master enregistre l'adoption du *P* intermédiaire – une entrée rapide avec la phrase : « Ont choisi PayPal », mais Master ne se souvient pas de l'origine de la modification, ni si elle, un graphiste ou l'équipe de Confinity en était la source.

■ ■ ■

Le nom en main, l'entreprise devait maintenant se développer afin de donner vie à son produit de transfert. Tout comme X.com, Confinity devait être compétitive dans un marché brûlant pour les ingénieurs, et même avec des fonds suffisants et une certaine attention de la presse, le recrutement restait difficile.

Les relations universitaires de l'équipe ont porté leurs fruits, tout comme les liens de plusieurs des premiers ingénieurs avec l'Académie des mathématiques et des sciences de l'Illinois (IMSA)[36], un prestigieux lycée public d'Aurora, dans l'État du même nom. Au fur et à mesure que d'autres ingénieurs montaient à bord via les réseaux de l'université de l'Illinois et de l'IMSA, de nouveaux membres des équipes produit et commerciale sont arrivés en passant par Stanford.

Pour accélérer les choses, l'équipe a mis en place une prime de recommandation de plusieurs milliers de dollars pour recruter des ingénieurs. L'une des personnes embauchées, James Hogan, se souvient que son ami à l'IMSA-UIUC et ingénieur chez Confinity, Steve Chen, l'avait contacté. « Il était très enthousiaste [à propos de la prime de parrainage], raconte Hogan en riant. Il a contacté tous

36. Illinois Mathematics and Science Academy

ceux qu'il avait connus dans sa vie et qui avaient une certaine expérience du développement de logiciels. J'étais plus un symbole de dollars via la prime de parrainage qu'autre chose. »

Pour séduire les recrues, l'équipe a conçu un argumentaire de vente audacieux. Des années plus tard, Levchin a décrit l'approche à une classe d'informatique de Stanford :

> Les ingénieurs sont des gens très cyniques. Ils sont formés pour l'être. Et ils peuvent se le permettre, étant donné le grand nombre d'entreprises qui tentent de les recruter dans la Silicon Valley en ce moment. Comme les ingénieurs pensent que toute nouvelle idée est stupide, ils auront tendance à penser que votre nouvelle idée est stupide. Ils sont très bien payés chez Google pour faire des trucs plutôt cool. Pourquoi arrêter d'indexer le monde pour faire votre truc débile ? Donc, le moyen de rivaliser avec les géants n'est pas l'argent. Google va surenchérir. Ils ont [un] derrick de pétrole qui crache 30 milliards de dollars en revenus de recherche chaque année.
>
> Pour gagner, vous devez raconter une histoire sur les rouages. Chez Google, vous êtes un rouage. Alors qu'avec moi, vous êtes un élément essentiel de cette grande chose que nous allons construire ensemble. Articulez cette vision. N'essayez même pas de bien payer. Répondez aux besoins de trésorerie des gens. Rémunérez-les pour qu'ils puissent payer leur loyer et sortir de temps en temps. Ce n'est pas une question d'argent. Il s'agit de briser le mur du cynisme. Il s'agit de rendre 1 % de cette nouvelle chose bien plus excitante que quelques centaines de dollars et un box chez Google.

Pour Hogan, cet argument a fait mouche. Il vivait à Dallas et travaillait « comme un rouage au sein d'une très grosse machine », chez Nortel Networks. « J'étais assez malheureux et assez inefficace », a-t-il admis. Le pitch de Confinity a eu l'effet escompté.

Malgré leur baratin de recrutement bien rodé, les embauches avançaient lentement. C'était en partie à dessein. « Il y avait une énorme, énorme inquiétude dans l'ingénierie de voir une seule mauvaise embauche détruire la base du code, a relevé l'ingénieur Erik Klein. C'est en partie de notre fait, parce que ce n'est pas bon qu'une telle complication puisse arriver aussi facilement. Mais si vous codez vite et de manière détendue, la base de code, vous la construisez. Puis vous générez le problème, et alors vous devez embaucher des gens pour s'adapter à ce problème. »

« Levchin a maintenu la barre très haut en termes de talent, souligne l'ingénieur Santosh Janardhan, même si cela s'est fait au détriment de la rapidité du recrutement. Max répétait sans cesse : “Les A embauchent les A. Les B embauchent les C. Donc, le premier B que vous embauchez fait tomber toute l'entreprise.” »

En outre, les dirigeants de Confinity ont exigé que tous les prospects rencontrent chaque membre de l'équipe. Une fois terminée la longue liste des entretiens, l'équipe examinait la candidature en groupe, en se demandant si la personne avait réussi le prétendu « test d'aura ».

Les entreprises technologiques recrutant à gauche et à droite, les futures recrues ont effectué leurs propres « tests d'aura ». Plus d'un employé a cité l'équipe comme le principal attrait, plus que la vision du produit ou la promesse du succès. Skye Lee s'était fait les dents chez Netscape et Adobe, et elle travaillait dans une autre start-up lorsqu'un ancien collègue qui avait rejoint Confinity lui a suggéré de rencontrer David Sacks. Elle accepta, malgré des réserves : sa start-up actuelle ne se portait pas bien et elle ne voulait pas revivre cette expérience.

Sacks invita Lee à visiter les bureaux de Confinity à 22 heures, et, étant donné l'heure, elle s'attendait à un « faire un tour en passant et à repartir ». Mais ce ne fut pas une simple visite de courtoisie. « C'était un entretien *complet,* auquel je n'étais pas préparée », admet-elle. Lorsqu'elle est partie, à 2 heures du matin, elle avait parlé à presque tous les employés de Confinity.

Elle a également découvert le produit de transfert d'argent *via* le PalmPilot. Lorsque Sacks a présenté le concept, Lee a remarqué un problème. « Je demande : “Mais il ne s'agit pas de transférer de l'argent *réel.* Parce que vous êtes juste en train de synchroniser les postes de travail, non ?” » Elle avait raison, bien sûr, car sur le plan technique, une transaction n'avait lieu qu'une fois que le PalmPilot était installé sur son support de bureau. « Je pensais que j'avais raté quelque chose », se rappelle Lee. Sacks a admis que Lee n'avait rien manqué et que ses questions étaient justifiées.

Malgré la longueur de l'entretien, qui s'est prolongé tard dans la nuit, et les limites du transfert d'argent par infrarouge, Lee est repartie intriguée par l'équipe. « C'est vraiment difficile de mettre des mots là-dessus, parce que je me fie à mon instinct. Mais cette *énergie*, je n'avais pas ressenti ça avant. Et je me suis dit : “Il y a *quelque chose* ici.” » Après un entretien complémentaire, elle a rejoint Confinity, où elle jouerait un rôle clé dans la conception des produits phares de l'entreprise.

Denise Aptekar, membre de l'équipe produit, travaillait depuis plusieurs mois dans une autre start-up lorsqu'elle a rencontré Luke Nosek lors d'une fête – c'est là qu'il a dessiné sur une serviette de table le schéma directeur de Confinity. Aptekar a été séduite, non pas tant par l'idée que par la manière dont Nosek en parlait.

Elle est venue rencontrer l'équipe. « J'ai quitté l'entretien en étant incapable de dire quoi que ce soit sur le produit ou quoi que ce soit d'autre, si ce n'est que c'étaient les personnes avec lesquelles je voulais travailler », précise Aptekar. Ils étaient *manifestement* hypercompétitifs, *manifestement* des bourreaux de travail, et ils voulaient *manifestement* changer le monde. C'est comme si *j'avais trouvé ma place.* »

Benjamin Listwon, un concepteur technique, était heureux dans son travail et il ne cherchait pas « sa place » lorsqu'il a rencontré David Sacks et Max Levchin. Après leur rencontre, Sacks a invité Listwon à déjeuner chez Confinity. « Le déjeuner a finalement duré sept heures », indique Listwon.

La réunion improvisée de plusieurs heures sur les méthodes de conception l'a accroché. « C'est comme si j'étais dans une salle en train d'écrire sur un tableau blanc. Si *c'est ça* leur entretien, imaginez ce que ce doit être de travailler ici ! »

■ ■ ■

Très tôt, Thiel a instauré une règle informelle de non-licenciement. « Licencier les gens, c'est comme la guerre. Et la guerre, c'est mauvais, alors vous devriez essayer de ne pas le faire. » La règle de non-licenciement plaçait la barre très haut dans la recherche des talents, mais cela a également entraîné le fait que des employés aux performances médiocres ont été déplacés dans l'entreprise plutôt que d'être, plus efficacement, renvoyés. « Nous aurions probablement dû licencier davantage de personnes », a admis un des premiers employés.

Le test d'aura et la règle de non-licenciement étaient vagues et inefficaces, mais le processus délibéré de recrutement était conçu pour accélérer l'entreprise. Aux premiers jours de Confinity, Levchin a remarqué que le nombre de personnes dans une pièce était en corrélation avec les frictions dans la communication de base. « Si vous êtes seul, vous travaillez très dur en espérant que ça suffira. Puisque ce n'est pas souvent le cas, les gens forment des équipes. Mais dans une équipe de *n* personnes, des problèmes de communications apparaissent en nombre égal à *n* au carré. Dans une équipe de cinq personnes, il y a quelque chose comme vingt-cinq relations par paire à gérer et les communications à préserver.

Pour atténuer ces problèmes, Levchin voulait des ingénieurs qui voient le monde comme lui. Par exemple, lorsque Levchin a très tôt choisi C++ (qu'il a lui-même qualifié de « langage de merde ») comme langage de programmation pour PayPal, il s'attendait à ce que les ingénieurs fondateurs ne se plaignent pas. « Ceux qui voulaient se disputer à ce sujet n'auraient pas pu s'intégrer. Les disputes auraient nui au progrès. »

Néanmoins, Thiel et lui ont pris soin d'éviter toute pensée de groupe. « Débattre d'actions marketing intelligentes ou d'approches différentes pour résoudre des problèmes tactiques ou stratégiques est essentiel. Ce sont les décisions qui comptent vraiment, a déclaré Levchin. La diversité d'opinion est une bonne règle de base, c'est essentiel à chaque fois que vous ne savez rien de quelque chose d'important. Mais s'il existe déjà un fort sentiment de justice, ne vous disputez pas à ce sujet. »

Trouver cet équilibre n'a pas été facile, et l'équipe a dû faire face à son lot de frustrations ; ainsi qu'à quelques violations de la règle de non-licenciement. Mais elle a également décroché plusieurs victoires en matière de recrutement. Au cours de cette période, Confinity a embauché son premier employé « hors réseau » : Chad Hurley. Il allait devenir l'un des cofondateurs de YouTube mais, en 1999, Hurley était un tout jeune diplômé de l'université, titulaire d'un diplôme en beaux-arts et sans aucun lien préalable avec l'équipe de Confinity. Il avait vu une mention, dans la presse, du transfert chez Buck's et il a envoyé un mail froid pour exprimer son intérêt, ce qui lui a valu un rendez-vous. Après un retard de vol, une arrivée tardive et une nuit d'entretien, Hurley s'est vu proposer de rejoindre Confinity et d'être son premier graphiste.

Sa première mission : concevoir le logo pour le produit PayPal de Confinity. Il a abouti à une image en bleu et blanc, avec une lettre *P* stylisée prise dans un tourbillon. Levchin a également demandé à Hurley de concevoir un tee-shirt pour l'équipe, et il lui a donné le début d'une d'idée : et si le tee-shirt reprenait le plafond de la chapelle Sixtine ? Au lieu de transmettre l'étincelle de vie à Adam à travers le bout de ses doigts, le Tout-puissant pourrait lui envoyer de l'argent par l'intermédiaire d'un PalmPilot. Au fil des années, ce tee-shirt avec le remix Michel-Ange par Hurley est devenu un précieux souvenir pour l'équipe.

Avec l'arrivée de Hurley et de plusieurs autres personnes, Confinity est devenu trop importante pour son siège exigu du 394 University Avenue. L'équipe a trouvé un espace disponible à cinq minutes de là, au 165 University Avenue. Le bâtiment revêtait une importance particulière, puisque son dernier locataire était l'entreprise la plus médiatisée en ville : Google. Confinity a hérité de la table de ping-pong du géant de la recherche, qui, pendant un certain temps, a servi de table de réunion.

Le changement de bureaux a également éliminé un important rite de passage. Au 394 University, chaque nouveau collaborateur devait assembler son propre bureau Ikea. Un rituel fédérateur et démocratique, qui rendait également hommage aux premiers meubles Ikea de Levchin. Comme un coup fatal porté à la tradition, les nouveaux bureaux de Confinity au 165 University Avenue étaient en grande partie meublés.

■ ■ ■

Un nouveau nom, de nouveaux bureaux et des nouveaux collaborateurs ; tout semblait progresser. Mais une vieille question centrale continuait de tourmenter l'équipe : comment les gens allaient-ils découvrir le produit de transfert via PalmPilot ? Et, plus important encore, allaient-ils l'utiliser ?

En quelque sorte, l'équipe supposait que la demande existerait ; si elle mettait au point son produit, les « beamers » viendraient. C'était une erreur facile à commettre, compte tenu de leur environnement. Les appareils portables comme le PalmPilot et son cousin technologique, le téléphone, faisaient fureur dans la Silicon Valley. « J'étais très optimiste quant à la plateforme [PalmPilot], admet Scott Banister. Beaucoup, beaucoup de gens l'étaient ici. » En 1999, plus de cinq millions de personnes possédaient des appareils Palm, et 3Com, la société-mère de Palm, envisageait même une introduction en bourse.

L'équipe de Confinity était convaincue de pouvoir surfer sur cette vague de croissance des appareils mobiles. Elle a acheté de la publicité dans des magazines consacrés au marché des appareils mobiles, et ses membres ont participé à divers forums technologiques sur Internet pour vanter les mérites du produit PayPal. Pendant cette période, Nosek a également proposé une idée de marketing peu orthodoxe : voyant l'état minable de l'auvent du bureau, il a suggéré que Confinity le remplace par une lumière infrarouge stroboscopique intégrée pour diffuser des messages sur PayPal.

L'annonce à projeter sur l'auvent ne s'est jamais concrétisée, mais cela illustrait jusqu'où l'équipe était prête à aller pour gagner des utilisateurs. En fait, elle a montré jusqu'où elle *devrait* aller. Parce que, malgré tous les efforts consentis, les utilisateurs n'étaient pas au rendez-vous, et dès l'été 1999, des conseillers et des amis de l'entreprise s'interrogeaient sur la viabilité du produit.

« Nous vivons au paradis du PalmPilot », a souligné Reid Hoffman, un ami de Thiel de Stanford et un des premiers membres du conseil d'administration de Confinity. « Et nous pourrions entrer dans chaque restaurant, aller à chaque table et demander combien de personnes ont un PalmPilot. » Selon lui, la réponse se situait entre zéro et un par restaurant. « Et cela signifie que votre cas d'usage n'est valide qu'entre zéro et une fois, par restaurant, par repas ! Vous êtes foutus ! C'en est fini de cette idée. »

Lors d'un des nombreux débats de fin de soirée sur les produits cet été-là, Reid Hoffman a soulevé une autre pierre d'achoppement critique : que se passerait-il si l'un de ces hypothétiques utilisateurs de PayPal oubliait son PalmPilot et avait besoin d'exécuter une transaction ? Levchin a proposé une solution de contournement, suggérant que le site Web PayPal.com soit configuré pour envoyer de l'argent via l'adresse mail de l'utilisateur. Il fallait de toute façon utiliser le site Web pour télécharger le logiciel de PayPal permettant de synchroniser leur appareil portable avec leur ordinateur. Le site pourrait disposer d'un système de messagerie électronique comme solution de recours à l'option de transfert d'argent via le PalmPilot.

Lorsque l'idée d'envoyer de l'argent par e-mail a été suggérée pour la première fois, peu de personnes l'ont considéré comme un instant de génie. Bien au contraire : Levchin l'envisageait comme une démo jetable, enterrée dans un coin du site principal pour les malchanceux qui avaient oublié leur PalmPilot. Pour lui, envoyer de l'argent par mail était bien éloigné de la principale application de PayPal. Cette fonctionnalité, si on pouvait même l'appeler comme ça, était une concession à la critique d'Hoffman, pas un produit phare.

Cette « concession » s'est rapidement avérée utile d'une manière que Levchin n'avait pas anticipée. Avant la démo de l'argent envoyé par mail, il a accompli un rituel élaboré pour tester les réseaux de PayPal : il a transféré de l'argent d'un PalmPilot vers un autre, synchronisé les deux appareils sur leur support et vérifié deux comptes fictifs pour confirmer le transfert de fonds. La démo d'envoi d'argent par e-mail a considérablement simplifié cette séquence ; Levchin pouvait maintenant tester les transferts en quelques clics de souris. En l'espace de quelques semaines, Levchin était devenu un utilisateur avide de ce produit secondaire, même s'il demeurait attaché à la vision originale. « Cela aurait dû être un indice », a-t-il reconnu.

Erik Klein a fait remarquer que l'équipe était arrivée au bon moment. « Sur Internet, il y a comme un effet boule de neige. Ça va vite. En l'espace d'un an, on est passé d'une situation où personne ne connaissait vraiment les sites Web à l'extrême inverse, a-t-il déclaré. L'idée de base était que les professionnels utiliseraient leur PalmPilot pour payer, et que nous allions surfer sur cette vague. Mais la vague du Web a tout simplement déferlé sur ce concept. Et nous avons eu de la chance d'avoir les deux. »

■ ■ ■

Une autre personne doutant sérieusement de la viabilité du transfert d'argent par infrarouge était un jeune homme récemment embauché, et qui allait jouer un rôle central dans la réussite de l'entreprise : David Sacks. Thiel et Sacks avaient tous les deux étudié à Stanford, et, après avoir obtenu son diplôme, le second a étudié le droit à l'université de Chicago avant de rejoindre le cabinet de conseil en gestion McKinsey & Company.

Au milieu de l'année 1999, Sacks et Thiel discutaient régulièrement de Confinity et de ses produits. Thiel a exhorté Sacks à quitter le conseil et à rejoindre Confinity. Sacks était intéressé, et l'esprit d'entreprise était bien présent dans la famille. Le grand-père de Sacks avait quitté la Lituanie pour l'Afrique du Sud dans les années 1920 afin de lancer une fabrique de bonbons. Mais son petit-fils, bien qu'intrigué par l'entreprise de son ami Thiel, pensait que l'idée du PalmPilot était nulle.

Il est tout de même venu dans l'Ouest pour un entretien, qui n'a pas été une réussite. « Sacks n'a définitivement pas réussi le test d'aura », a raconté un des premiers membres de Confinity. L'équipe s'opposait, en partie, au fait que Sacks rejette totalement le produit PalmPilot. « C'était une idée stupide, signale Sacks. Il y avait deux problèmes : le premier est qu'il n'y a que cinq millions d'utilisateurs du Palm, et à moins que vous soyez en affaire avec l'un d'eux, l'application n'a aucune utilité. Et puis vient l'autre problème : même si vous êtes avec quelqu'un qui a un PalmPilot, à quoi vous servirait-il ? Personne n'avait vraiment trouvé de meilleure utilisation que de partager l'addition. »

Sacks a annoncé à Thiel qu'il rejoindrait l'entreprise – si le produit e-mail avait la priorité. « J'ai dit : "Si c'est ce que la société va faire, je quitte mon emploi chez McKinsey demain", parce que cela me semblait être une idée géniale. »

Thiel lui a assuré que le transfert d'argent par courrier électronique prendrait le pas sur l'infrarouge, et Sacks a accepté de rejoindre l'entreprise. Mais cette assurance était inconnue de la plupart des autres membres de l'équipe, qui continuaient de penser que le mode actuel de transfert demeurait prioritaire. Lorsque Sacks est arrivé et a commencé à reléguer au deuxième plan le produit PalmPilot, les ingénieurs ont été surpris – et furieux. « [Levchin] était au courant, mais personne d'autre ne le savait dans l'équipe. Alors je pense qu'ils me percevaient comme le gars qui venait leur dire que tout ce qu'ils faisaient était mauvais », a dit Sacks. Thiel a négocié un compromis : les deux produits seraient élaborés en parallèle.

En embauchant David Sacks, Thiel a fait fi des objections de l'équipe. C'était une démarche peu commune pour Thiel, qui voyait Sacks comme un candidat rare. Après tout, peu de personnes se présentent en tirant à tout va sur *le* produit phare de leur futur employeur. Thiel appréciait l'honnêteté revigorante, et il était convaincu que Sacks parlerait franchement. « Peter a dit : “J'ai besoin ici de gens sur lesquels je peux crier”, se souvient Sacks.

Au sein de l'entreprise, il s'est forgé une réputation de dur à cuire déterminé, et nombreux sont ceux qui lui attribuent le mérite d'avoir recentré l'équipe et amélioré le produit. « Même si les gens reprochaient [à David Sacks] de se disputer régulièrement, c'étaient toujours de *bonnes* disputes. [Il soulevait] de vrais problèmes, explique Giacomo DiGrigoli. Ce n'était jamais une attaque *ad hominem*, merdique ou infondée. C'était toujours à propos du concept « Écoutez, qu'est-ce qu'on essaie de faire ? De quoi le client a-t-il besoin ? Pourquoi on est là ? »

■ ■ ■

La plupart des discussions de cet été-là ont été hypothétiques. Confinity ne savait pas encore comment le public allait recevoir ses produits, car ceux-ci n'étaient pas encore sortis. Le transfert chez Buck's était une vitrine, pas un lancement. Thiel voulait une autre occasion de parler de l'entreprise, non seulement pour prouver la valeur de ses créations aux investisseurs, mais également pour lui donner une seconde chance d'attirer l'attention de la presse.

C'est pourquoi il a poussé Levchin à accélérer le lancement. « Nous avons travaillé sept jours sur sept, vingt heures par jour, simplement à écrire du code, en essayant de faire fonctionner ce truc », raconte Levchin à propos de cet été-là. Pendant cette période, l'équipe a dû se former rapidement sur les services financiers, entre autres sujets. « Aucun d'entre nous n'avait jamais échangé avec une banque auparavant et n'avais jamais fait ce type de code, dit l'ingénieur Erik Klein. Notre pauvre directeur financier, David Jaques, a dû nous faire asseoir pour nous expliquer comment fonctionnaient les banques. Et puis nous avons dû concevoir le logiciel quatre semaines avant la mise en service. »

C'était une chose de transférer de l'argent entre deux PalmPilot appartenant à Confinity pour les caméras de télévision ; ç'en serait une autre lorsque les vrais utilisateurs commenceraient à encombrer les ondes avec de vrais dollars. « C'est assez drôle avec le recul, parce qu'on n'y connaissait rien en matière de paiements [...] Nous n'avions jamais écrit de code qui interagissait avec une base de données. Nous n'en savions pas suffisamment pour comprendre que nous devrions être plus intimidés par le problème », raconte Simmons.

Lorsque la nouvelle du transfert d'argent par infrarouge du PalmPilot s'est frayé un chemin jusqu'aux forums technologiques, comme Slashdot, la société a dû faire face à ses premières critiques. Un membre de Slashdot a écrit un post sur cet outil, intitulé simplement « Quelle idée incroyablement mauvaise ».

> Mauvaise idée car il y a au moins trois points où l'on peut s'introduire et subvertir le système :
>
> – au niveau de l'infrarouge, en copiant à distance la transaction de quelqu'un ;
> – au niveau du logiciel, en obtenant un paiement légitime, puis en piratant le logiciel sur le Palm pour augmenter largement le montant ;
> – au niveau du retour des données à Confinity, en leur envoyant par exemple des relevés d'opérations qui n'ont jamais réellement eu lieu.
>
> Et probablement davantage. Certes, ces trois points peuvent être réglés avec les bons types de cryptage, mais je doute qu'ils se soient beaucoup inquiétés de cela en écrivant le logiciel. Donc, n'utilisez pas ce système pour quoi que ce soit d'important avant un an ou deux, le temps pour eux de résoudre ces problèmes. Ce sera probablement un fumiciel[37] de toute façon.

37. Un *vaporware* ou «fumiciel» qualifie un logiciel annoncé depuis longtemps et dont la sortie a toujours été retardée

Les utilisateurs de Slashdot, férus de technologie, étaient très critiques ; souvent de manière comique. L'un d'eux a écrit un « Extrait de l'Encyclopédie galactique, mai 2010 », décrivant les vols du futur : « Et à partir de ce moment-là, les voleurs étaient équipés de PalmPilot, en plus de couteaux et de fusils. Lorsqu'ils volaient quelqu'un, ils disaient généralement : "Pointe ton Pilot vers le mien et transfère tout ton argent, et personne ne sera blessé." »

L'équipe s'est empressée de rédiger une FAQ, dans laquelle elle reconnaissait la critique : « Cette FAQ a-t-elle été créée en réponse aux publications sur Slashdot ? » Leur réponse : « Oui. Elle a été réalisée en urgence pour répondre aux préoccupations des membres du forum le plus vite possible. Veuillez nous excuser pour le manque d'organisation, de formatage et d'indexation. »

En réponse à « Quel est le type ou la puissance de votre crypto ? », la réponse de l'équipe a été à la fois technique et franche :

> Actuellement, nous utilisons un ECDSA[38] 163-bit pour les signatures sur les paiements, DESX pour le cryptage des données sur les appareils portables, l'algorithme d'échange de clés Diffie-Hellman pour l'échange (*sic*) de clés pour les transmissions IR, DESX pour crypter les transmissions IR, et un TLS basé sur l'ECC[39] pour sécuriser les connexions depuis le bureau au serveur pendant la synchronisation. Nous tapons sur le clavier pendant environ une demi-heure afin d'obtenir suffisamment d'entropie pour alimenter notre générateur de nombres aléatoires.

L'inexpérience de l'équipe s'est également manifestée d'autres manières. À un moment donné, Levchin et son équipe ont appris qu'ils avaient négligé d'utiliser la comptabilité en partie double dans le système PayPal. Ce concept est une pierre angulaire de la comptabilité, vieille de plusieurs siècles, selon laquelle tout crédit ou débit a un enregistrement égal et opposé. « Si vous êtes ingénieur et que vous n'avez jamais fait de comptabilité, vous ne comprenez pas

38. Elliptic Curve Digital Signature Algorithm (ECDSA) est un algorithme de signature numérique à clé publique
39. Elliptic-Curve Cryptography, cryptographie à courbe elliptique. Voir plus loin dans ce chapitre

vraiment en quoi il pourrait être utile d'avoir deux exemplaires [...] Je pensais que la comptabilité en partie double était une étrange histoire de comptable », explique Levchin. Il a demandé au directeur financier de Confinity un cours accéléré de comptabilité, puis l'équipe a reconstruit la base de données en conséquence.

Le produit lui-même a rapidement pivoté avant le lancement. Thiel avait, au préalable, parlé un peu à la presse à New York. « Après que Peter a passé ses premières interviews, il nous appelle [...] et nous dit, en gros : "Eh les gars, j'ai [expliqué] à tout le monde que ça allait être totalement gratuit. Enlevez tous les frais" », raconte David Wallace. L'équipe a dû mettre à jour tout le langage du site Web pour supprimer les frais, bien que Wallace ait brièvement remis en question la sagesse de promettre un produit gratuit à perpétuité.

Abordant les problèmes avec un œil nouveau et subissant la pression du lancement, l'équipe devait concevoir des solutions rapidement, mais cette approche a donné aux ingénieurs un mode de fonctionnement qui leur a bien servi dans l'avenir immédiat de PayPal et dans leur travail ultérieur. « Même dans mon travail actuel, nous nous réunissons pour évoquer la situation dans laquelle nous nous trouvons, et votre esprit se met en branle : *Comment je peux résoudre cette situation ? Qu'est-ce qu'une invention ?* Vous apprenez à "inventer" au lieu de "chercher et mettre en œuvre" », fait remarquer Erik Klein.

Au cours cette période, l'entreprise l'a vraiment échappé belle. En déplaçant les disques durs d'un serveur à un autre, l'administrateur système de Confinity a effacé par inadvertance la base du code. *Pas de problème, il suffit de lancer la sauvegarde*, a pensé Levchin. C'est là que l'équipe a découvert, épouvantée, que ce même administrateur système avait omis de converser une sauvegarde. Des milliers de lignes de code et huit mois de travail avaient disparu. « Pendant un moment, on a cru que PayPal était foutu », a déclaré Thiel.

Puis un autre ingénieur, David Gausebeck, a pris la parole. Il avait reproduit l'intégralité du code source de l'entreprise. « Nous développions tous sur un serveur partagé et nous manquions d'espace, a expliqué Gausebeck. Or nous en avions créé un nouveau où les gens pouvaient tout transférer. J'ai l'ai fait – et j'étais apparemment le seul au moment où le serveur original a lâché. » La sauvegarde de Gausebeck a permis à l'équipe de ne pas avoir à reconstruire péniblement son code ligne par ligne. « C'a été notre plus gros coup de chaud », indique Levchin. L'administrateur système est devenu l'une des rares exceptions à la règle du non-licenciement.

■ ■ ■

L'été a laissé la place à l'automne, et les préparatifs de l'équipe pour les débuts de PayPal ont traîné en longueur. Thiel s'est vu contraint de demander des reports répétés de la date du lancement, ce qui l'a exaspéré. « Ç'a été un chemin semé d'embuches jusqu'au lancement », se souvient Levchin.

Au cours de cette période, Levchin a demandé un contrôle de sécurité sur le produit. Le code du PalmPilot en était à ses débuts et son code cryptographique encore plus. Pour accélérer l'application de PayPal, Levchin avait utilisé une méthode de cryptographie à clé publique connue sous le nom de « cryptographie à courbe elliptique », mais là encore, il se trouvait en terrain inconnu. « Palm souffrait d'une telle pénurie de code cryptographique, en particulier à courbe elliptique, que nous avons dû en construire une partie nous-même », raconte Levchin.

En créant ces éléments à partir de rien, Levchin s'exposait à des vulnérabilités. « Il ne faut jamais construire vos propres primitives [...] Vous voulez que ce soit fait par quelqu'un qui n'a rien d'autre à faire que de construire les primitives cryptographiques », a partagé Levchin.

Il avait échangé des réflexions sur la sécurité cryptographique avec, entre autres, le conseiller technique de Confinity et professeur à Stanford, le Dr Dan Boneh. Boneh et Levchin étaient tous deux passionnés par la technologie mobile et la cryptographie et aimaient jouer ensemble à l'ultimate frisbee. Plus important encore, Boneh était aussi passionné que Levchin par les PalmPilot. « Je dois dire que pendant des années, même après la sortie de l'iPhone, j'aimais tellement mon PalmPilot que j'y ai résisté », plaisante Boneh. Lui et ses collègues de Stanford ont même copié une démarche de Nosek et de l'UIUC ACM : ils ont connecté un portefeuille PalmPilot à un distributeur automatique à Stanford. « Ils étaient reliés par un protocole cryptographique, et l'argent était transféré entre les deux », dit Boneh.

Expert dans l'extension sécurisée des PalmPilot au monde des distributeurs automatiques et autres, Boneh est la personne vers laquelle Levchin s'est tourné lorsqu'il a voulu une vérification rapide du code, cet automne-là. « Je me suis demandé : *Bon, qu'est-ce que je peux faire en douze heures qui ressemble le plus à un audit de sécurité ?* Et puis j'ai [lancé] : "Eh, Dan, ça te dirait de passer lire mon code ?" Et il m'a répondu : "Bien sûr, tout ce que tu veux, mec. J'en serais ravi" », se souvient Levchin.

Boneh et Levchin partaient tous deux du principe qu'ils feraient une analyse rapide, après quoi Boneh avait prévu de fêter son trentième anniversaire. Mais très vite, ce dernier a détecté un problème. « Il a lu le code et m'a fait : "Mec, c'est quoi ça ?" », narre Levchin. Le souci résidait dans la façon dont Levchin et l'équipe mettaient en paquets certains bits. Selon Levchin, Boneh a dit : « "Non, non, non, regarde comment vous les mettez en paquets." J'ai fait : "Oh mon Dieu !" Et il s'est exclamé : "Ce n'est pas aléatoire. C'est même tout le contraire. Je pourrais le casser avec un crayon. Je n'ai pas besoin d'un super ordinateur pour le faire." »

Il s'en est suivi une course folle qui a duré toute la nuit, au cours de laquelle les deux hommes ont dû passer en revue chaque ligne de code et corriger l'erreur. À un moment donné, Boneh se rappelle être rentré chez lui pour fêter brièvement son anniversaire, puis être retourné au bureau où il est resté avec Levchin jusqu'à 5 heures du matin.

Au prix d'anniversaires raccourcis et de nuits blanches frénétiques, l'équipe de Confinity a mis la touche finale à sa première version. Fin octobre et début novembre, son petit groupe d'employés a commencé à envoyer des mails à ses amis et à sa famille. Ils annonçaient que le premier produit de leur entreprise était maintenant disponible au téléchargement et à l'utilisation. PayPal était en ligne.

7

L'ARGENT EST ROI

À la fin de l'été 1999, le X.com d'Elon Musk n'était que l'ombre du monstre de la finance numérique qu'il envisageait de devenir – et que PayPal serait plus tard. À l'époque, elle n'avait pas de produits finis et son équipe était réduite à néant. Après le départ du financier canadien Harris Fricker et compagnie, l'annuaire des employés de X.com ne contenait plus que cinq noms. Il manquait le président fondateur et directeur des opérations de l'entreprise, le directeur technique et le vice-président du développement produit, le directeur financier, architecte principal et vice-président du développement de l'entreprise.

Un jeune ingénieur du nom de Scott Alexander était aux premières loges de la tourmente. Fraîchement diplômé de Berkeley, avec une spécialisation en informatique et une mineure en gestion d'entreprise, Alexander avait vu ses camarades de classe se jeter tête baissée dans tout ce qui comportait un suffixe dotcom. Alexander a décidé de prendre son temps, en examinant attentivement les *business plans* des start-up. « Même s'il y avait cette fièvre en 1999, je ne croyais pas qu'une entreprise vendant des aliments pour chiens par correspondance allait vraiment maintenir sa valeur d'un milliard de dollars », admet-il.

Alexander a trouvé X.com par le biais d'un site de recrutement. Il a postulé et obtenu un entretien avec Musk, dont il se souvient clairement : « Vers la fin de l'entretien, [Musk] a dit : "Je veux que tu comprennes que c'est une start-up et qu'on attendra beaucoup de toi. Tu ne peux pas, par exemple, venir travailler seulement quarante heures par semaine. J'attends de très longues heures de travail jusqu'à ce que nous réussissions, et on va te demander de faire l'impossible." »

Un jour après son entretien, Alexander a reçu un mail urgent d'Ed Ho, le cofondateur de X.com. Ho lui annonçait que l'équipe de se séparait et que lui et d'autres cadres supérieurs partaient pour créer de nouvelles entreprises. Il terminait en souhaitant à Alexander bonne chance chez X.com. Peu de temps après, Alexander a reçu un autre mail de Ho, cette fois envoyé d'une adresse personnelle, lui demandant de venir travailler pour sa nouvelle société.

Alexander a trouvé cette guerre du recrutement « bizarre » et il est parti pour des vacances prévues de longue date à Cabo San Lucas, espérant laisser cela derrière lui. Musk, cependant, avait d'autres plans. « À mon retour, [il y avait] quelque chose comme six messages sur mon répondeur », raconte Alexander. « [Musk] disait : "Appelle-moi, s'il te plaît. Tu as entendu les mauvaises nouvelles, mais j'en ai de bonnes." » Musk a expliqué à Alexander qu'il avait obtenu un financement en capital-risque et qu'il injectait lui-même des millions de dollars dans l'entreprise.

Alexander a trouvé l'engagement personnel de Musk convaincant. « Elon m'a vraiment impressionné, dit-il. L'argent est roi. » Il a rejoint X.com en août 1999.

■ ■ ■

Jusque-là, Musk n'avait pas accepté d'investissement extérieur, malgré l'intérêt que suscitait l'entreprise. Échaudé par l'expérience avec les investisseurs de Zip2, il voulait être réfléchi cette fois.

Musk a tout de même discuté avec des investisseurs en capital-risque intéressés par X.com. Deux facteurs l'ont influencé. D'abord, les sommes faramineuses qui se déversaient sur les jeunes pousses de l'Internet, une manie qu'il appelait « *happy gas*[40] ». Rien que pour la période 1998-1999, le montant du capital-risque investi dans les start-up internet a considérablement augmenté, l'engouement pour tout ce qui touche au Web ayant atteint son apogée. Même si X.com était bien financée par Musk, sa position était risquée. Si les concurrents captaient une bouffée de gaz hilarant, ils pourraient se développer rapidement et laisser X.com sur le carreau.

40. Gaz hilarant

Et puis il y a eu l'histoire. Même si Musk continuait à se vanter de son énorme participation personnelle dans l'entreprise, lui, comme Thiel, était également conscient de l'importance du signal envoyé par un investissement extérieur. « Nous n'avions pas besoin d'argent, c'était plutôt l'*imprimatur* d'un capital-risqueur de premier plan », a reconnu Musk. Pour ce faire, il a courtisé un associé général très en vue dans la société phare de la Valley, Michael Moritz de Sequoia Capital.

Moritz était un personnage peu conventionnel dans la région ; diplômé d'Oxford avec un accent gallois, c'était un ancien journaliste du magazine *Time* avec un bagage technique limité. Mais ses années de reportages avaient aiguisé son instinct pour détecter le talent et l'ambition. Il a repéré ce qui allait devenir les plus grandes entreprises internet de l'époque alors qu'elles n'étaient que des jeunes pousses. Dans le cadre d'un accord resté célèbre, il a obtenu une participation de 25 % dans Yahoo.com pour un million de dollars, alors que ses fondateurs travaillaient encore dans une remorque.

Moritz ne se souvient pas exactement de la façon dont il a été mis en contact avec Musk, en partie parce que 1999, se rappelle-t-il, était « l'équivalent d'un ouragan pour les entreprises. Nous étions passés du concept des trente-cinq heures par semaine à des entreprises où il y avait plus d'opportunités qu'on ne pouvait imaginer, à un monde où tout le monde voulait créer sa propre boîte, où personne ne pouvait se tromper. »

Pourtant, X.com se démarquait de la masse des concurrents. Moritz a trouvé son histoire intéressante et son principal vendeur, Musk, convaincant. « Elon, comme tout le monde le sait aujourd'hui, est un conteur très doué. Et certaines de ses histoires deviennent même réalité », affirme Moritz en souriant. Moritz se souvenait aussi d'avoir rencontré un dirigeant de grande banque de l'époque, John Reed, de Citicorp, et d'avoir vu la vérité dans la critique du secteur par X.com : « Je me rappelle m'être dit : *On peut l'avoir. Absolument.* »

Point important pour Musk, Moritz était également convaincu par le nom de X.com. « C'était comme Yahoo. Ou... Apple, a-t-il dit. Je pense qu'il y a un avantage à avoir un nom qui, une fois que vous l'avez entendu, est facile à retenir, et ne semble pas sortir du robot de cuisine, ou des entreprises de création de nom de marques que quelqu'un comme Toyota pourrait engager. »

En août 1999, Sequoia Capital est devenu l'un des bailleurs de fonds de X.com, achetant 5 millions de dollars d'actions auprès de Musk et installant Mike Moritz au conseil d'administration de la société. Sequoia avait insisté pour que Musk retire son investissement personnel initial. « [Moritz] lui a dit : « Mec, tu ne devrais pas avoir investi pratiquement tout ce que tu possèdes, sauf ta maison et ta voiture, dans une entreprise », explique Musk (lequel a réinvesti ses fonds personnels plus tard – mais avec une valorisation plus élevée).

Si Moritz et Sequoia avaient su précisément dans quoi ils s'engageaient (les années de difficultés à venir, tant pour l'entreprise que pour l'écosystème technologique en général), l'actionnaire se demande s'ils l'auraient fait. « Je pense que nous nous sommes lancés dans l'aventure de la même manière qu'Elon, puis Peter et Max, avec un certain degré d'ignorance, précise Moritz. Il y avait certainement une dose d'aventurisme gratuit associée à cette décision. »

Steve Armstrong, qui a passé un entretien pour un poste de contrôleur financier à cette époque, s'est souvenu de l'aventurisme de Musk. « Il disait : "On va faire cette banque en ligne ! Et nous aurons des services d'assurance ! Et nous aurons le courtier pour la mettre en place ! Et on vient d'acheter une banque ! [...] Et on va mettre la Bank of America hors circuit ! Et j'ai 5 millions de dollars de Sequoia Capital à la banque !" Il m'a montré le chéquier, me l'a tendu et m'a dit : "Ton travail est de t'assurer que je ne perde pas tout." Et j'ai répondu : "D'accord, je suis partant." »

■ ■ ■

Le financement était assuré – mais il restait une question cruciale : de quoi exactement Moritz et Sequoia Capital avaient-ils acheté une part ? « Il n'y avait presque pas de produit. Il y avait beaucoup d'idées proposées et un peu de code », se souvient Alexander en parlant de l'avancement de l'entreprise lorsqu'il a commencé, en août 1999. X.com était une banque sans dépôts ; une entreprise d'investissement sans actifs sous gestion ; un pays des merveilles de la finance numérique avec un site Web minimaliste.

À ce stade, elle n'avait pas grand-chose à montrer pour illustrer les promesses gargantuesques de Musk. Cela venait en partie de la querelle entre Musk et Fricker, au milieu de l'année 1999, qui avait ralenti de plusieurs semaines le développement des produits de la société. Pourtant, Musk n'a pas hésité à faire part de ses plus grandes ambitions pour X.com. Il a déclaré à la *Computer Business Review* que X.com serait « une combinaison de la Bank of America, Schwab, Vanguard et Quicken ». Interrogé sur son *business plan* par *Mutual Fund Market News*, il a mis l'accent sur l'approche « non-linéaire » de la start-up par rapport aux sociétés de services financiers existantes : « Avoir l'ensemble du patrimoine financier de quelqu'un sur un unique relevé (prêts, hypothèques, assurance, comptes bancaires, fonds communs de placement, avoirs en actions) est révolutionnaire. Musk a déclaré que, d'ici à la fin de l'année, X.com disposerait d'un fonds commun de placement S&P 500, d'un fonds obligataire cumulé américain et d'un fonds de marché monétaire opérationnels.

Musk était convaincu qu'avec l'alchimie d'Internet et son initiative sans limite, sa fondation serait en mesure d'offrir ses services pour moins cher, plus rapidement et de meilleure qualité que les acteurs en place. « X.com avait de très grandes ambitions, fait remarquer Chris Chen, un des premiers employés. Je pense que la banque en ligne n'était qu'un élément central du produit, mais nous voulions être un supersite financier. Nous voulions donc proposer des produits d'assurance. Nous cherchions donc à proposer des placements. »

Ces idées n'étaient évidemment pas entièrement nouvelles, et les analystes du secteur ont fait valoir que les opérateurs historiques seraient en mesure de couler X.com en copiant simplement des produits. Mais Musk avait vu la réticence des grandes banques à innover de l'intérieur : il n'allait pas perdre le sommeil à cause de la concurrence éventuelle des JP Morgans et Goldman Sachs du monde entier.

Il existait également un précédent récent et puissant pour l'approche centralisée de Musk en matière de commerce sur Internet. La stratégie similaire de Jeff Bezos, qui consistait à tout regrouper en un seul endroit, était à l'origine de l'expansion fulgurante d'Amazon.com, et attirait l'attention. Bezos avait poussé l'entreprise à vendre des CDs alors qu'il avait encore du mal à honorer les commandes de livres de ses clients.

Bezos et Musk savaient tous deux qu'un site offrant tout l'emportait sur cinq sites offrant chacun un produit. Ce n'était pas une vision particulièrement révolutionnaire, le concept de bazar étant vieux de plusieurs siècles. Mais il fallait de la clairvoyance pour donner vie un tel concept à l'échelle d'Internet, alors que les clients faisaient encore leurs premiers pas timides vers les achats et les opérations bancaires en ligne.

Dans un sens, Musk tentait un plus grand plongeon avec X.com que Bezos ne l'avait fait avec Amazon.com. La loi n'interdisait pas à cette dernière de vendre des livres et des CDs en parallèle. En revanche, le gouvernement a empêché X.com de vendre simultanément des produits bancaires et des produits de courtage, au moins jusqu'à fin 1999, lorsque le Congrès a abrogé une grande partie du Glass-Steagall Act de 1933. En dehors de ces règles spécifiques, chacune des offres financières de X.com était fortement réglementée ; et pour un régulateur, le supermarché financier de Musk ressemblait à un cauchemar.

Pour Musk, l'argent représentait simplement « [des entrées] dans une base de données ». Son entreprise ne faisait que centraliser les « entrées » du monde dans une seule base de données, et supprimer les intermédiaires à la recherche de profits. « Ma vision de X.com était essentiellement d'être le centre mondial pour l'argent sous toutes ses formes », proclamait Musk.

■ ■ ■

Sur la base de cette vision, l'entrepreneur a rapidement élargi l'équipe. Tim Wenzel, un recruteur indépendant, a été consultant pour X.com à ses débuts. « À ce moment-là, c'était la folie dans la Valley. Il était vraiment difficile d'embaucher des gens. S'ils étaient bons, tous les candidats avaient plusieurs offres », souligne-t-il. « Mais j'ai su très vite qu'il y avait quelque chose de spécial chez X.com parce que presque tous les candidats voulaient y travailler. Presque tout le monde était prêt à laisser passer ses autres opportunités pour venir ici. »

Finalement, Wenzel a dû faire ce choix lui aussi. Il était payé à l'acte, mais X.com lui a fait savoir que les factures devenaient trop lourdes. Il devait rejoindre l'entreprise à plein temps et recruter exclusivement pour elle ou arrêter ses missions pour eux. « Je n'ai pas du tout hésité. Je leur ai dit : "J'en suis" », raconte Wenzel.

Plusieurs des premiers employés de X.com ont observé le contraste marqué entre les premières recrues de Confinity, essentiellement masculines et âgées d'une vingtaine d'années, et l'équipe beaucoup plus variée de leur lieu de travail, qui comprenait des parents, des femmes et des personnes expérimentées ayant passé dans les tranchées de services financiers. Deborah Bezona avait connu sa part d'entreprise en tant que consultante en avantages sociaux, et lorsqu'elle a eu X.com comme client, elle a remarqué que « c'était l'entreprise la plus diversifiée avec laquelle j'avais jamais travaillé. Pour moi, c'était important. »

Au plus fort du *boom* des dotcoms, Bezona a conseillé de nombreuses start-up sur la gestion de leurs soins de santé et de leur retraite, et, même au sein de ce groupe en mouvement constant, X.com et son PDG se démarquaient. Musk donnait une grande liberté à ses employés (« la possibilité d'être tout ce qu'ils pouvaient être ») mais fixait des attentes très élevées en matière de résultats. « Je n'ai jamais travaillé aussi dur ni aussi vite de toute ma vie », a-t-elle déclaré.

Bezona a pris connaissance des préférences de Musk en matière de salaires, d'avantages sociaux, de visas HIB et d'indemnités de départ et elle a trouvé X.com « très généreux en matière d'avantages sociaux ». Elle a également jugé bienveillant son PDG, même lorsque des personnes quittaient la société. « Si quelqu'un n'était pas à la hauteur (si quelqu'un ne faisait pas son travail), Elon le laissait toujours partir avec dignité et élégance. » Bezona se souvient que des indemnités de départ étaient versées aux employés qui partaient, quelle que soit leur position.

X.com a aussi fait appel à des sociétés de recrutement et de placement de personnel. L'une d'entre elles, Kelly Services, a contribué à l'embauche d'intérimaires, dont Elizabeth Alejo, embauchée comme nouvelle gestionnaire des comptes. Pour elle, les offres en ligne de X.com représentaient un tournant dans une carrière qui l'a amenée à travailler comme guichetière dans une banque et comme directrice dans une autre. Son expérience dans une banque de détail s'est avérée un atout. Elle examinait les nouveaux comptes de la start-up et comparait les informations fournies aux factures et autres pièces justificatives, qu'elle avait vues en grand nombre pendant ses années de banque de détail.

Alejo a également été parmi les premières à voir toute la gamme des fraudes, y compris les personnes qui falsifiaient des factures de services publics pour ouvrir des comptes X.com. En appelant les clients frauduleux, elle se souvenait de la patience nécessaire pour flairer les malversations. « Nous les laissions parler, pour qu'ils puissent débiter leur *blah blah blah*, et après nous portions le coup fatal... puis il y avait un silence, ou ils raccrochaient », explique Alejo.

Alejo a été embauchée à temps plein peu après avoir rejoint l'entreprise comme intérimaire. Pendant cette période, Musk a également recruté John Story en tant que vice-président exécutif. Story avait une carrière longue de plusieurs dizaines d'années, avec notamment des postes de direction chez Alliance Capital et Montgomery Asset Management et son arrivée a fait naître quelques histoires dans les milieux financiers, renforçant le récit selon lequel X.com associait la vieille garde et la nouvelle. « Une entreprise qui n'a aucun actif sous gestion et aucune succursale prévoit d'avaler votre déjeuner. Ce qui donne de la crédibilité à sa revendication, ce sont ses dirigeants », écrivait Ignites.com.

Un autre ancien de la finance les a rejoints peu après. Mark Sullivan a quitté son travail de vice-président chez First Data Investor Services Group, à Boston, pour rejoindre l'équipe de Musk en tant que vice-président en charge des opérations. « Mon parcours professionnel s'était fait dans la finance traditionnelle, et je n'avais jamais touché à l'univers dotcom », explique-t-il. Sullivan a accepté de prendre l'avion pour Palo Alto et de déjeuner avec Musk et Story. Elon a rapidement avancé ses pions. « Nous avons terminé le déjeuner et [Musk] a dit : "Alors quand pouvez-vous venir ici ?", raconte Sullivan. Bon sang, je n'étais pas préparé à ça ! » Sullivan a donné son préavis et s'est installé à Palo Alto en quelques semaines. Alors qu'il approchait la quarantaine, Sullivan est devenu l'un des « adultes » de X.com. « J'étais l'homme aux cheveux gris », plaisante Sullivan.

Un autre « cheveux gris », Sandeep Lal, a rejoint l'entreprise peu après. Il était passé par Singapour et la Citibank, où il avait acquis une expertise dans le domaine des services financiers. Son entretien avec Musk a été inoubliable. « Je me souviens que j'ai utilisé les mots "gestion du changement". Et il a dit : "Arrêtez d'employer des mots à la con." » Pour vérifier les compétences de Lal, Musk lui a proposé un test. « Il a dit : "Bon, si je devais faire un transfert de fonds de Singapour vers les États-Unis, comment cela fonctionnerait-il ?" » Lal a soigneusement décrit chaque étape, et Musk lui a fait une offre sur-le-champ.

■ ■ ■

L'un des recrutements les plus importants de l'équipe au cours de cette période est celui d'Amy Rowe Klement en tant que directrice du développement commercial. Klement avait débuté sa carrière chez JP Morgan, où elle a trouvé que son travail n'était pas aussi épanouissant qu'elle l'avait espéré. « J'ai toujours voulu avoir un impact plus important sur le monde », a-t-elle expliqué. Après avoir quitté la banque, elle s'est installée sur la côte Ouest et a travaillé dans la stratégie d'entreprise et le développement commercial chez Gap, mais elle aspirait toujours à quelque chose de plus.

Tout en postulant à des écoles de commerce, Klement a discuté avec un contact dans le secteur bancaire, John Story, qui lui a parlé de la prometteuse start-up de services financiers qu'il venait de rejoindre. Au départ, Klement était hésitante mais Story a insisté pour qu'elle vienne rencontrer Musk. Elle a trouvé l'entretien – et le discours de Musk – « vraiment intéressants ». « Pourquoi cela coûte-t-il *si* cher de déplacer des bits et des octets dans le système financier ? », s'est-elle demandé après avoir entendu la critique de Musk sur le secteur.

Klement a rejoint X.com en tant que directrice du développement commercial, mais elle s'est vite retrouvée à travailler sur les cas d'utilisation du produit. « Mon travail consistait à être [...] l'intermédiaire entre les développeurs et l'humanité », dit-elle en plaisantant. Chez X.com, Klement a compris ce que David Sacks avait vécu à quelques pas de là : il fallait de la discipline et de la stratégie pour tirer des produits du code. Selon de nombreux témoignages, Klement s'est tranformée en « liant entre les développeurs et l'humanité » avec aplomb, et pas seulement dans la gestion des produits naissants de X.com. Plus d'un employé a cité Klement comme la personne vers laquelle il se tournait en cas de crise, qu'il s'agisse de soucis avec les produits ou avec les collègues. Plusieurs personnes disaient d'elle qu'elle était un « tampon » essentiel, une excellente diplomate qui désamorçait les conflits de personnalités et maintenait l'équilibre d'une organisation en pleine ébullition.

Klement avait passé un entretien avec X.com sur un coup de tête, au milieu d'une demande d'admission dans une école supérieure. Mais rejoindre l'entreprise a changé sa vie. Elle plaisante en disant que son rôle dans le développement du produit a évolué pour devenir un mélange de « thérapeute, historienne et opératrice ». « La thérapeute, c'est simplement que les choses étaient difficiles, vous savez, et qu'il fallait faire un peu tampon, se souvient-elle. Le rôle d'historienne vient du fait qu'il était vraiment très dur d'arriver là et d'élaborer un produit si vous ne compreniez pas la base du code ou la façon dont il générait un certain défi de localisation. »

Et enfin, il y avait Klement l'opératrice. « Je me soucie vraiment beaucoup du *comment* », dit-elle. « Je me suis beaucoup posée pour réfléchir : *OK, comment allons-nous travailler ensemble au niveau de la conception, de la gestion du contenu, de l'ingénierie, du contrôle qualité et du service client ?* Je considérais cela comme une partie essentielle de mon travail, qui consistait à m'assurer que les choses étaient fluides pour tout le monde. »

Klement est restée sept ans dans l'entreprise, de fin 1999 jusqu'à son introduction en bourse et son acquisition finale par eBay. À ce moment-là, elle supervisait le produit et la conception, et elle est devenue l'une des plus jeunes cadres d'eBay. Pour de nombreux anciens de PayPal, Klement est devenue une sorte de guide. Musk lui-même a qualifié Klement d'« héroïne méconnue ». Une autre collègue a expliqué qu'elle considérait le style de fonctionnement de Klement comme un modèle. « J'ai toujours voulu être comme Amy. C'était mon idole. »

■ ■ ■

Le recrutement d'ingénieurs chez X.com a également été rapide. Colin Catlan a reçu un appel d'un chasseur de têtes en septembre. Catlan avait quitté une start-up spécialisée dans les paiements, Billpoint, qui avait été rachetée par eBay début 1999. C'était son premier emploi dans la Silicon Valley, et avec une équipe suffisamment petite pour tenir dans un garage, chaque membre jouait un rôle essentiel.

Mais Billpoint a été vendue à eBay quelques mois seulement après son lancement, et Catlan s'est rapidement senti mis à l'écart en raison de la bureaucratie d'entreprise. Ses idées (y compris la suggestion que Billpoint construise un système universel de traitement des paiements) ont reçu un accueil glacial. « J'avais le sentiment du travail inachevé, dit Catlan. J'avais déployé tant d'efforts pour faire fonctionner [les paiements] [...] Si je ne pouvais pas le faire [chez Billpoint], j'allais le faire ailleurs. » Lors de son entretien avec Musk, il a évoqué la construction d'un réseau de paiements. D'après Catlan, Musk était ouvert à l'idée, il a donc rejoint X.com début septembre en tant que directeur technique.

Un diplômé du Harvey Mudd College, Nick Carroll, est arrivé à peu près au même moment – juste après l'exode des cadres de X.com. Deux ans seulement après sa sortie de l'université, il a été promu au rang d'ingénieur principal. Carroll a recruté deux autres ingénieurs de son époque à Harvey Mudd, Jeff Gates et Tod Semple.

Un autre membre de l'équipe d'ingénieurs, Branden Spikes, est venu du réseau de Musk. Spikes avait travaillé chez Zip2, où il avait connu tous les hauts et les bas de la vie d'une start-up. De son propre aveu, il a parié sur les hauts (et en particulier sur Musk lui-même, plutôt que sur X.com). « J'étais un peu inquiet, en fait, à l'idée que construire une banque en ligne devienne ennuyeux », dit Spikes en riant. Branden Spikes a reçu un titre de directeur et une adresse mail prestigieuse : b@x.com.

■ ■ ■

L'équipe grandissante a commencé à façonner le produit. Ils ont créé un site Web de substitution. Les visiteurs étaient invités à « enregistrer [leur] adresse mail ici afin d'être informés de notre lancement ! ». Le site affichait également un communiqué indiquant ce qu'il était sur le point de devenir :

> Internet a rendu presque obsolètes les méthodes traditionnelles de gestion de l'argent. Des milliers de personnes profitent déjà des avantages du *trading* en ligne à bas coûts, des

> milliers d'autres épargnent grâce à la recherche de tarifs d'assurance et à la planification financière en ligne, mais des millions de personnes continuent de payer des banques traditionnelles pour des agences et des guichets coûteux, alors qu'ils sont plus intimes avec le guichet automatique du coin. La mission de X.com, en tant que société strictement basée sur Internet, sans succursale ni aucune infrastructure informatique ancienne et coûteuse à entretenir, est de remettre les frais bancaires et les frais cachés dans les poches de nos clients, tout en fournissant des solutions à faible coût pour les placements personnels, les assurances et la planification financière. X.com sera la solution transparente pour la gestion des finances personnelles.

En guise de clin d'œil à la première entreprise de Musk, le site indiquait l'adresse du bureau « gracieusement offert par Zip2 Corp ».

X.com a également continué à faire appel à des fournisseurs tiers afin d'accélérer ses efforts de développement. L'un de ces fournisseurs, Envision Financial Systems, concevait des logiciels pour les gestionnaires d'actifs et les établissements financiers. Satnam Gambhir, cofondateur d'Envision, avait l'habitude de traiter avec les grandes banques et les institutions financières, généralement pas des rapides. « Notre cycle de vente est habituellement de 6 mois à 2 ans, entre le moment où nous rencontrons un client pour la première fois et celui où nous concluons un accord et mettons en œuvre la solution », expliquait Gambhir. En revanche, Envision et X.com ont signé les documents dans les deux semaines suivant une première visite, puis Envision a donné à sa cliente l'accès à son code peu après. « En l'espace de dix semaines, [l'équipe de X.com] avait réalisé l'intégration et le produit était en ligne », racontait Gambhir, émerveillé par le délai.

En septembre, X.com a annoncé un accord avec Barclays qui permettrait à ses clients d'investir dans ses fonds communs de placement. Un accord avec une banque locale, la First Western National Bank à La Jara, dans le Colorado, a rapidement suivi. Cet accord permettrait à la start-up d'acheter First Western National Bank si les régulateurs l'approuvaient et elle pourrait se dire

« banque agréée » et « assurée auprès de la FDIC ». Plus important encore, X.com pouvait maintenant créer ses propres cartes de débit et distribuer des chèques.

Ces évolutions lui ont valu la couverture de CNBC, du *Wall Street Journal* et du magazine *Fortune*, entre autres. Musk a utilisé ces coups de projecteur pour diffuser ses déclarations audacieuses. Même quand X.com était en phase de construction, il prévoyait un ensemble de fonctionnalités à venir éblouissant. « Le processus d'inscription des utilisateurs prendrait à peine deux minutes », a-t-il affirmé. Il a promis qu'il n'y aurait aucun frais ni pénalités de rachat anticipé. Il a mis en avant le fait d'avoir non pas une, mais deux sociétés de sécurité qui surveillaient attentivement le site et a déclaré que l'objectif de l'entreprise était « la défense des intérêts du client ».

Musk a également profité de l'occasion pour comparer X.com à ses concurrents. Il a dénigré deux d'entre eux sur le segment des banques en ligne (Wingspan Bank et Telebanc Financial Corp) en assurant qu'ils étaient médiocres sur le plan technologique. Puis il a jeté son dévolu sur un acteur historique du secteur : Vanguard Group. Lorsqu'on lui a demandé comment les prix des investissements de X.com allaient concurrencer les fonds Vanguard, réputés pour leur rapport qualité-prix, Musk a répondu : « Personne ne sera moins cher, point. »

Les récits comme ceux de Musk ont été bien accueillis dans les médias, tirant profit de l'intérêt permanent du public pour les histoires d'*outsiders*. Mais Musk avait aussi d'un don particulier pour capter l'attention de la presse. Il a découvert que sa volonté de verser dans l'exagération suffisait ; X.com n'existait pas encore et elle faisait déjà l'objet de multiples mentions dans la presse. Tout comme Musk lui-même. En août 1999, quelques semaines après que sa société a perdu la moitié de son équipe, Salon.com a écrit que Musk était « sur le point de devenir la prochaine merveille de la Silicon Valley ».

■ ■ ■

Alors qu'on approchait du mois d'octobre, l'entreprise s'est appuyée sur l'équipe d'X.com pour lancer le site. Comme chez Confinity, l'équipe d'ingénieurs a dû supporter l'inconfort de demander davantage de temps à un PDG exigeant. « Elon était prêt à y aller, dès que nous avons eu l'architecture disponible en septembre, raconte Catlan. Le retenir jusqu'en octobre a donc été difficile. » L'équipe était préoccupée par le fait qu'il fallait mettre les points sur les *i* et les barres sur les *t* en tant que potentielle société financière ; Musk était préoccupé par l'idée que si rien n'était lancé rapidement, X.com ne soit plus pertinente.

La concentration de Musk s'est intensifiée à l'approche du lancement. « Il se comportait de façon presque frénétique au bureau. Il courait d'une personne à l'autre – d'un développeur au service finances en passant par les opérations. Il voulait des réponses. Il voulait des réponses maintenant. Vous deviez être sur le qui-vive lorsqu'il arrivait. Il ne fallait pas se contenter de lui dire : *Je reviendrai vers vous* », indique Sullivan. Aucun détail n'échappait à Musk et plus d'un employé a raconté le stress de travailler sous son œil vigilant.

Cela dit, Musk était aussi exigeant envers lui-même qu'envers ses employés. « Nous dormions sous les bureaux. Même Elon dormait sous le sien. Il ne se tenait pas à l'écart de ce genre de chose », raconte Catlan. Les ingénieurs se souviennent de leur PDG travaillant coude à coude avec eux sur des défis techniques épineux. « La plupart des PDG ne sont pas très transparents avec leur personnel, dit Spikes. Elon était du genre : "Nous sommes ensemble dans les tranchées. Faisons-le" [...] C'était formidable de travailler avec lui pour cette raison. »

Pour les vétérans de l'entreprise, X.com était un aperçu du côté décousu de la culture start-up. « Je n'avais pas vraiment de bureau ou d'espace de travail. J'avais une chaise et une caisse de lait en plastique », a déclaré Mark Sullivan, l'important transfuge de la finance. Wensday Donahoo, qui a rejoint l'entreprise à un poste administratif, se rappelle les boxes décorés du bureau, de la main-d'œuvre jeune et des vêtements décontractés, notamment du PDG de l'entreprise qui arrivait au bureau en tee-shirt et en short.

Un jour, des investisseurs devaient rencontrer Musk et d'autres dirigeants de X.com, et Donahoo a entendu quelqu'un exhorter Musk de mettre un costume et une cravate. « Je me souviens qu'il a dit : "S'ils n'aiment pas ma façon de m'habiller [...] ils n'aimeront pas mon produit. [Et puis] c'est le produit qui va les inciter à investir, pas mon apparence." » Elle n'a pas oublié ce moment-là. « Si vous proposez quelque chose d'important, les gens vont le vouloir, peu importe votre tenue. »

Nick Carroll, qui a rejoint l'entreprise après un passage chez le géant de l'aérospatiale Lockheed Martin, a vite compris qu'il n'était plus chez Lockheed. À un moment donné, Carroll recommanda d'embaucher un développeur de base de données pour créer celle de la start-up. « Elon a répondu : "Nous n'avons pas besoin d'un spécialiste des bases de données. Il est facile d'en créer une avec SQL Server. Laissez-moi vous montrer." » « Dans une start-up, dit Carroll, vous devez porter toutes les casquettes. Le fait de ne pas avoir de filet de sécurité, de ne pas faire appel à quelqu'un d'autre était une expérience nouvelle pour moi. »

Musk n'épargnait aucune dépense si quelque chose aidait à mettre X.com sur le marché rapidement. Si les bureaux, par exemple, n'accélèreraient pas la mise en ligne d'un site Web, un meilleur serveur pouvait aider. Carroll se souvient que Musk a demandé à l'équipe de spécifier un serveur Dell capable de faire face à un gros flux de trafic Web entrant. « Nous avons configuré le serveur le plus cher et le plus puissant que nous pouvions acheter », raconte Carroll. Le prix était de plusieurs dizaines de milliers de dollars, mais Musk a validé l'achat. (Plus tard, Branden Spikes a encastré le serveur dans du verre pare-balles : « C'était une banque, alors j'ai pensé que je devais prendre la sécurité au sérieux », a-t-il précisé.)

La rapidité a forcé l'équipe à improviser. Même des décisions aussi importantes que l'aspect et la convivialité du site de X.com ont été prises à la volée. Carroll se rappelle s'être demandé : À quoi va ressembler notre design frontal *? Allons-nous engager un designer ?* Et Elon de dire : "Je veux que ça ressemble à Schwab." J'imagine que c'est parce que qu'il l'utilisait à l'époque ? Alors nous avons pris exemple sur Schwab. Et la couleur originale de X.com a été le bleu. Pourquoi ? Parce que la palette de couleurs de Schwab était bleue. »

L'équipe tout entière ressentait le poids du travail. « Pour moi, qui n'avait que six ans d'expérience en tant qu'ingénieur informatique, c'était une énorme responsabilité d'être chargé de trouver, à partir d'une page blanche, comment rendre opérationnel le système de fonds communs de placement », a souligné Alexander. Comme il s'agissait de l'argent et des finances des clients, les ingénieurs se sont challengés pour écrire un code hermétique. « Nous croyions en l'écriture d'un code propre, très bien écrit. » Mais il fallait assurer un équilibre précaire entre la vitesse et la qualité du code. « Je me souviens avoir pensé : *Je suis tellement heureux de ne pas être un cadre dirigeant en ce moment – parce que j'ai écrit ce code, et qu'il ne survivra pas* », a déclaré Carroll.

Malgré tout le chaos de cette période, l'équipe a été ravie de voir le site Web et la suite de produits prendre vie. « Il y avait tellement à faire, narre Mark Sullivan. Et on était si épuisés. Mais ça ne vous dérangeait pas de le faire parce que vous saviez que vous étiez en train de construire cette chose incroyable et que, chaque jour, quelque chose de nouveau était développé ou construit, ou une nouvelle idée était générée. »

■ ■ ■

À bien des égards, X.com était une start-up typique de Palo Alto, mais elle a rompu avec l'orthodoxie de la Silicon Valley sur un point essentiel : elle utilisait les produits Microsoft comme colonne vertébrale de son architecture technique plutôt que de s'appuyer sur un système d'exploitation open-source, comme Linux.

Pour ses partisans, Microsoft offrait une plateforme stable et professionnelle soutenue par une entreprise de plusieurs milliards de dollars. Pour ses détracteurs, il s'agissait d'un système fermé, vaguement amateur, qui privait la programmation de son côté artistique. Linux, en revanche, était souvent considérée comme l'architecture technique « du peuple ». Capable d'être réécrite à partir de zéro, elle était aussi ouverte et flexible que l'Internet des débuts aspirait à l'être. Sur les forums, ce débat Microsoft contre Linux a parfois pris le caractère d'un conflit religieux.

L'utilisation de la technologie Microsoft par X.com allait plus tard devenir un point sensible, mais dès le départ, ses ingénieurs pensaient que c'était là le choix évident. « Nous avions fait des recherches et conclu que le seul *framework* qui était vraiment viable commercialement (qui pouvait gérer un système d'entreprise) était celui de Microsoft », a déclaré l'ingénieur Scott Alexander. « Et c'était un blasphème dans la Silicon Valley. »

La vitesse était importante pour l'équipe et, contrairement à Linux, Microsoft offrait un ensemble de *frameworks* prêts à l'emploi pour simplifier la charge de travail des ingénieurs. « Chez X.com, nous avions cette philosophie : les *framework*, c'est bien, se souvient Alexander. Aujourd'hui, tout le monde en utilise. Mais à l'époque, X.com disait qu'au lieu de tout écrire soi-même, nous devrions utiliser cette méthode. Vous pouvez faire beaucoup plus de choses en peu de temps. » Musk soutenait la décision parce qu'elle échangeait la flexibilité contre l'efficacité. « Si vous avancez rapidement, disons de dix ou douze ans, Linux dispose désormais d'un grand nombre d'outils », a dit Musk. « Mais pas à ce moment-là. » Avec les bibliothèques de logiciels pré-écrits de Microsoft, trois ingénieurs X.com pouvaient effectuer le travail de dizaines de personnes », notait-il.

Musk a annoncé que le site serait lancé fin novembre 1999, et comme les vacances de Thanksgiving approchaient, l'équipe a travaillé plus fort que jamais. « À l'époque, les feux de circulation étaient éteints à minuit dans le centre-ville de Palo Alto. Ils passaient tous au rouge clignotant, indique Carroll. Et je le sais parce que nous marchions jusqu'à nos voitures à une ou deux heures du matin pour rentrer chez nous. »

Le lancement était prévu pour le week-end de Thanksgiving, ce qui a dérangé certains membres de l'équipe. « J'avais travaillé chez JP Morgan et Gap, et c'était ma première expérience au sein d'une start-up », rapporte Amy Rowe Klement, qui était en poste chez X.com depuis quelques semaines seulement. « Et on me faisait : "Tu es en congé pour Thanksgiving, n'est-ce pas ? C'est le jour férié le plus important du pays." » La nuit précédant Thanksgiving, une poignée d'ingénieurs, dont Nhon Tran et Musk, ont travaillé toute la nuit. Musk a appelé Scott Alexander le lendemain (le matin de Thanksgiving) vers 11 heures. « Je me souviens encore des mots exacts qu'il a prononcés. Il a dit : "Nhon vient de passer la nuit ici, et il ne tourne plus à plein régime. Alors est-ce que tu peux venir et t'assurer que tout est en ordre ?" » D'autres se rappellent un mail furieux de Musk, envoyé à l'ensemble de l'entreprise, dénonçant ceux qui n'étaient pas au bureau pendant les vacances.

Les services de X.com ont été mis en ligne dans le monde entier à l'occasion de Thanksgiving 1999. Peu de temps après le lancement, l'équipe a quitté les bureaux et s'est arrêtée à un distributeur de billet à proximité. Musk a inséré une carte de débit X.com, a tapé son code PIN et a fait un retrait d'espèces. Lorsque la machine a ronronné et émis des billets, toute l'équipe a fêté ça. « Elon était très, très heureux de cela », précise Sullivan.

■ ■ ■

Au cours de l'été 1999, les poids lourds du secteur bancaire de la start-up ont essayé d'évincer Musk en tant que PDG, puis ils ont pris la fuite. Après leur départ, l'entreprise ne comptait plus qu'un petit nombre de salariés. À ce moment-là, le 394 University Avenue était davantage connu pour sa boulangerie du premier étage que pour sa banque au deuxième. « L'entreprise » se résumait à un mystérieux URL, quelques fidèles irréductibles, au capital en baisse de Musk et à une idée.

Quatre mois plus tard, cet épisode était de l'histoire ancienne. Dans l'intervalle, X.com a obtenu un financement d'une société de capital-risque de premier plan, a mis au point un produit fonctionnel, développé ses bancs d'ingénierie et de gestion, et signé des accords avec des banques dans le pays et à l'étranger. Comme toujours, Musk voulait des résultats plus rapides et plus spectaculaires, mais au moins lui et son équipe pouvaient regarder le passé avec soulagement et l'avenir avec détermination. X.com était bien réel.

2e PARTIE

LE MAUVAIS FOU

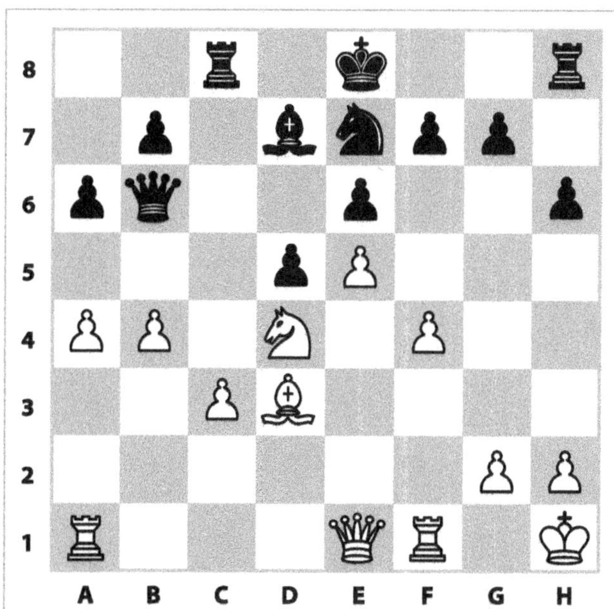

8

AU BOUT DU RÊVE

Malgré les ambitions démesurées de chaque équipe, ni X.com ni Confinity n'étaient vraiment préparés pour la croissance de la clientèle qu'ils allaient bientôt connaître. Elon avait prévu une expansion rapide mais son équipe n'y voyait qu'une exagération à la mode Musk. Néanmoins, aujourd'hui, ses prédictions se réalisaient. Dans les premiers jours qui ont suivi le lancement, les utilisateurs sont arrivés au compte-gouttes, puis sous forme de déluge. « Le premier jour, nous avions dix personnes. Le lendemain, nous en avions vingt. Et le jour suivant, cinquante », raconte Colin Catlan. Cinq semaines plus tard, la base des utilisateurs de X.com se comptait en milliers de personnes.

Une fois que cela a commencé, Julie Anderson, employée de X.com, se souvient d'une croissance sauvage. Après son lancement frénétique, l'équipe de la banque n'a connu aucun répit. « À un moment donné, nous espérions que les choses allaient se calmer », a déclaré Mme Catlan, se souvenant de l'inquiétude suscitée par la capacité limitée des serveurs de l'entreprise. « Nous avions peur que les serveurs soient surchargés et s'arrêtent. » L'équipe, épuisée, à continuer à développer le site, en proposant des mises à jour avec peu de temps pour des tests rigoureux.

Ken Miller venait de rejoindre X.com pendant cette période de croissance rapide. Engagé pour aider à lutter contre les problèmes de fraude, il a été choqué par les rapports quotidiens sur les nouveaux comptes. « C'était quelque chose du genre : "Oh cool. Prénom : Mick. Initiale du second prénom : E. Nom de famille : Mouse. Parfait. Oh, et ils ont fait une transaction de 2 700 dollars. Parfait. *Et* nous leur avons accordé une ligne de crédit" », raconte

Miller. Celui-ci s'est rapidement attiré les foudres de la banque partenaire de X.com, First Western, qui était consternée par les clients avec des noms de personnages de Disney.

Musk avait promis à chaque nouvel utilisateur un chéquier physique et une carte de débit, qui devaient tous être envoyés à la main. « Je ne peux pas vous dire combien de chéquiers nous avons imprimés avec "asdf" comme prénom, nom de famille "jkl" [...] et ils ont tous été imprimés[41] », se souvient Steve Armstrong. Pour couronner le tout, la ligne téléphonique de X.com était saturée de plaintes de clients. Un article de presse a souligné que le volume d'appels de X.com était la preuve de son succès précoce mais, pour les membres de l'équipe qui répondaient dans un centre d'appels de fortune (surnommé « la grotte »), les clients en colère étaient une source perpétuelle d'angoisse.

Tout le monde, semble-t-il, était critique. Fin janvier 2000, la mère du PDG de la banque, Maye Musk, a écrit à son fils pour lui donner des conseils sur le produit. « Un ami et moi n'utilisons pas beaucoup notre carte de crédit *titanium* car nous ne pouvons pas obtenir des *miles* de fidélité. Nous ne pouvons pas non plus payer les comptes de X.com. Quand vas-tu rendre l'utilisation plus attrayante ? Je t'embrasse, M. »

Des problèmes de sécurité ont également entravé l'expansion de X.com. « Il y avait une tonne de bugs que nous essayions de corriger et une foule de gens qui tentaient de pirater le système et d'injecter du code SQL et toutes sortes d'autres choses », a déclaré Musk, qui avait pratiquement emménagé dans le bureau pendant cette période.

Bien qu'ayant maintenant de vrais utilisateurs, X.com fonctionnait toujours comme une start-up désordonnée ; peut-être plus que ce que ses clients, qui confiaient leur argent à l'équipe, ne l'auraient apprécié. Un matin, Branden Spikes a découvert un sans-abri endormi sur le canapé du bureau. « C'était un chic type. Il cherchait simplement un endroit où dormir », raconte Spikes.

■ ■ ■

41. Dans un clavier QWERTY, on distingue des touches qu'on appelle « *Home row* », il s'agit des caractères : « A, S, D, F, J, K, L et point-virgule ». Ces lettres sont placées au centre du clavier. Ces touches sont les bases qui permettent d'accéder facilement aux autres touches du clavier.

Certains problèmes de croissance ont été brutalement rendus publics. Le matin du 28 janvier 2000, X.com s'est réveillé avec un gros titre dévastateur du *New York Times* : « Une faille de sécurité découverte dans une banque en ligne ». L'article décrivait en détail une faille dans le processus de paiement de la banque qui permettait aux clients de transférer des fonds en utilisant uniquement un code bancaire et un numéro de compte courant, tous deux facilement accessibles à partir de n'importe quel chèque annulé. « Dans ce qui pourrait s'avérer être un récit édifiant sur la fuite en avant dans le commerce électronique, une nouvelle banque en ligne a permis à ses clients, pendant près d'un mois, de transférer des fonds depuis n'importe quel autre compte du système bancaire du pays », écrivait le *Times*.

L'histoire a pris de l'ampleur, et a été relayée par le *Washington Post* et *American Banker*. X.com s'est bientôt retrouvé au milieu d'une tempête médiatique destructrice. « Ils devraient mettre la clé sous la porte. Franchement, je ne sais pas combien de temps ils seront en mesure de survivre en tant qu'entreprise, de toute façon », disait un analyste en sécurité au *Washington Post*. Un autre détracteur disait au *U.S. Banker Magazine* : « Le nom X.com est empoisonné à jamais. Ils doivent… repartir avec Y.com ou autre chose. »

Les membres de l'équipe dirigeante ont tenté de limiter les dégâts. Ils ont expliqué qu'il n'y avait eu qu'une poignée de transactions non autorisées, pour un montant de moins de 25 000 dollars, et que l'entreprise avait déjà pris des mesures pour combler la faille. Les utilisateurs devraient maintenant présenter un chèque annulé, une carte de signature et une copie de leur permis de conduire avant de transférer de l'argent d'un compte externe.

La défense de l'équipe (à savoir qu'il ne s'agissait pas d'une « faille de sécurité » mais d'un « problème politique » lié à la réglementation laxiste sur les transferts) était techniquement correcte. Mais les mauvais échos de la presse correspondaient à l'inquiétude des gens concernant les services bancaires en ligne, et l'ambiance au sein de l'entreprise était de la panique pure. Anderson, dont le poste comprenait toujours les relations publiques, craignait pour son travail. « Tout cela était mortifiant. Ce drame pouvait avoir d'énormes conséquences », dit-elle à propos de la crise. Anderson se souvient de l'inquiétude de Musk, qui craignait que la couverture médiatique n'agisse comme un ciment à prise rapide, nuisant irrémédiablement à la réputation de l'entreprise et dissuadant les nouveaux clients.

Finalement, Anderson a conservé son emploi. Et mi-février, la croissance rapide du nombre d'utilisateurs de X.com a détourné l'attention des médias de la réalité embarrassante selon laquelle, pendant un moment, l'entreprise avait réalisé les rêves d'un braqueur de banque numérique. Un employé de l'époque a également souligné une leçon que l'équipe a tirée de la crise, qui n'avait rien à voir avec les violations et la sécurité bancaire : la large couverture médiatique a entraîné plus de souscriptions à X.com qu'avant les gros titres négatifs.

■ ■ ■

Un peu plus bas sur University Avenue, le PayPal de Confinity connaissait ses propres difficultés de croissance. Après un lancement auprès des amis et des familles fin octobre, PayPal s'est développé plus lentement que son homologue, mais, à la mi-novembre, elle comptait déjà plus d'un millier d'utilisateurs. À la fin de l'hiver, des milliers d'autres s'inscrivaient, et l'entreprise était dévorée par le travail.

« Les gens planchaient vingt heures et dormaient quatre heures », d'après David Gausebeck, ingénieur chez Confinity. Levchin avait amené un sac de couchage au bureau et dormait dedans toutes les nuits. Les autres préoccupations de la vie devaient être mises de côté. Pendant cette période, Gausebeck avait roulé sur un gros morceau de bois laissé au milieu de la route, abîmant deux pneus et endommageant une roue. « J'ai mis la roue de secours, mais l'autre se dégonflait lentement », raconte-t-il. N'ayant pas le temps de le réparer, il a roulé avec la roue de secours pendant les trois jours suivants.

Le produit PayPal avait été lancé malgré des questions fondamentales non-résolues. Par exemple, que se passait-il si quelqu'un orthographiait mal une adresse mail, envoyant de l'argent à Macks@Confinity.com au lieu de Max@Confinity.com ? Confinity transférerait-il le montant sur un compte fantôme ? Ou le bloquerait-il pour vérifier si un compte était ouvert ? La solution trouvée à la volée par l'équipe (débiter les comptes des expéditeurs et conserver l'argent sur un compte bloqué) a permis de résoudre un problème mais en a causé un autre. Des années plus tard, l'équipe a découvert des centaines de milliers de dollars placés en dépôt, tous non réclamés.

À mesure que le site s'est développé, Confinity a dû faire face à des bugs, des erreurs et des pannes fréquentes. Une crise révélatrice s'est produite début 2000. L'équipe a quitté le bureau pour réunion à l'extérieur – une occasion d'esquiver le quotidien épuisant et de discuter de stratégie. « Chaque personne de notre équipe, constituée d'une vingtaine de personnes, est allée dans cet endroit, où les téléphones portables ou les beepers ne passaient pas. Le site en tombé en panne et il est resté inactif pendant une heure », se souvient Levchin.

Des idées qui semblaient prometteuses au lancement sont devenues problématiques en réalité. Les utilisateurs de Confinity pouvaient, par exemple, récupérer de l'argent par chèque. Mais comme les clients se sont multipliés, les demandes de paiements par courrier ont fait de même – un processus fastidieux. L'équipe devait télécharger les transactions du jour par le biais d'un modem commuté, et le PDG de l'entreprise, David Jaques, chargeait l'unique imprimante du bureau de chèques en blanc, les signait à la main et remplissait les enveloppes par centaines avec ses collègues.

David Wallace supervisait le service client, et il a éprouvé un « sentiment d'effroi » tout au long de cette période. Les utilisateurs bloquaient les lignes téléphoniques de Confinity au point que « les gens ne pouvaient pas appeler depuis leur téléphone de bureau ». Les utilisateurs existants pouvaient à peine être aidés, se rappelle-t-il avec d'autres, que les nouveaux arrivants déposaient des réclamations. « C'est le moment que l'entreprise attendait, mais le service client n'y était pas préparé », raconte Wallace.

Pour les deux entreprises, l'explosion de l'intérêt a été épuisante et, pourtant, énergisante. « Chaque jour, nous arrivions et nous nous regroupions comme des petits écureuils, juste pour voir combien de personnes s'étaient inscrites », dit Colin Catlan, de X.com. Chez Confinity, le prétendu *World Domination Index* permettait de suivre la croissance des utilisateurs. Le programme fournissait des shoots de dopamine réguliers à l'équipe – jusqu'à ce qu'ils réalisent qu'il dominait également la capacité limitée des serveurs de l'entreprise. L'Indice de domination mondiale a dû être désactivé jusqu'à nouvel ordre.

Confinity a fêté sa croissance avec des friandises : lorsque le service PayPal a atteint 10 000 utilisateurs, l'entreprise a organisé une fête avec cinq gâteaux : un en forme de « 1 » et quatre autres en forme de « 0 ». Lorsque le site a atteint 100 000 utilisateurs, ils ont refait une fête, avec un sixième gâteau en forme de « 0 ».

■ ■ ■

Mais comment expliquer cet intérêt soudain ? Ni X.com ni Confinity ne pouvaient prétendre avoir inventé la banque en ligne ou les paiements par e-mails. À la même époque, les utilisateurs pouvaient réaliser des paiements numériques en passant par CyberCoin, ClickShare ou Millicent, parmi tant d'autres. Besoin d'un portefeuille mobile ? Essayez le portefeuille « ultrafin » 1ClickCharge ou bien le système de micropaiement de Qpass ou le Net Wallet de Trintech. Vous vouliez réaliser des opérations bancaires en ligne ? Adhérez à Security First Network Bank, NetBank, Wingspan ou CompuBank.

Même les entreprises qui n'évoluaient pas dans le secteur des paiements ont eu du mal à ignorer l'attrait du secteur. Ryan Donahue, qui est devenu le deuxième graphiste de Confinity, travaillait pour un site Web d'invitation numérique en difficulté appelé Mambo.com. Fin 1999, les dirigeants de Mambo ont annoncé à Donahue et aux autres que la société allait se lancer dans les paiements et tenter de concurrencer, entre autres, PayPal. C'était suffisant pour que Donahue prenne contacte avec David Sacks, qu'il avait rencontré dans un bar. « J'ai simplement écrit à David [Sacks] et je lui ai dit : "Tu sais, je pense que j'aimerais venir travailler avec vous plutôt que d'essayer de vous battre" », a reconnu Donahue.

Même Musk, malgré toutes ces vantardises, a été clair sur le fait que X.com et Confinity représentaient des évolutions, plutôt que des révolutions, sur la technologie de paiement de l'époque. « Ce n'était même pas que nous ayons inventé le transfert d'argent. Nous l'avons simplement rendu utile, a dit Musk. D'autres entreprises ont eu l'idée de faire des paiements avant Confinity ou X.com, elles ne l'ont simplement pas fait correctement. » Il a cité Accept.com et Billpoint comme deux sites offrant des services similaires.

S'il y a une chose que X.com et Confinity ont bien faite, c'est de choisir le courrier électronique comme colonne vertébrale de leur plateforme, surfant sur une vague d'adoptions fulgurante. En 1999, les Américains ont envoyé plus de messages électroniques que les services postaux n'ont livré de colis. L'e-mail a même fait son entrée à Hollywood. En 1998, Tom Hanks et Meg Ryan jouaient dans la comédie romantique *You've Got Mail42* (du nom de la célèbre notification par courrier électronique du fournisseur d'accès Internet AOL), dont l'intrigue tournait autour d'une romance par e-mail. Confinity a pris le train en marche, s'inspirant du titre du film dans les courriels de recommandation de PayPal. « *You've Got Cash* », pouvait-on lire dans l'objet.[43]

À terme, PayPal a déposé une demande de marque sur « Vous avez reçu des espèces » et « Vous avez reçu de l'argent ». AOL a contesté la demande de PayPal.

Bien entendu, aucune des deux équipes n'avait pour objectif de créer le premier système de paiement par mail au monde. Pour X.com, comme pour Confinity, la fonctionnalité est apparue après coup. À l'automne 1999, Musk et un autre ingénieur de X.com ont discuté du concept d'envoi d'argent par courrier électronique d'un utilisateur à un autre, et ils ont décidé qu'une adresse électronique pouvait servir d'identifiant unique, un peu comme les chiffres d'un numéro de compte courant. Nick Carroll, l'ingénieur, se souvient que le programme n'avait nécessité que quelques jours pour être construit, « et encore ». Musk en convient : « C'est simple de faire du transfert d'argent. Il suffit littéralement d'avoir une base de données SQL avec un numéro, de le décrémenter et de le déplacer vers une autre ligne de la base de données. C'est *tout bête.* Mon fils en a fait un. Et il a douze ans. »

Carroll et Musk ont tous deux trouvé le succès de cette fonctionnalité surprenant. « C'était une fonctionnalité complètement facultative », a admis Carroll. Amy Rowe Klement se souvient que l'équipe de X.com considérait le produit du paiement de personne à personne comme un simple « moteur d'acquisition d'utilisateurs [...] Ce n'était pas le cœur de l'activité, qui était le supermarché financier en ligne. » En fait, Musk était frustré de voir que les autres

42. *Vous avez un message*, film sorti en France en 1998

43. En temps voulu, PayPal a déposé une demande de marque sur « *You've Got Cash* » et « *You've Got Money* ». AOL a saisi la justice face à la revendication de PayPal.

produits de X.com ne généraient pas le même enthousiasme. « Nous montrions aux gens la partie compliquée du travail (la concentration des services financiers) et personne n'était intéressé. Puis nous avons montré les paiements par mail, qui était la partie facile, et tout le mondea adoré », a expliqué Musk dans un discours de remise des diplômes à CalTech en 2012. « Donc je pense que c'est important de recueillir le feedback de votre entourage. Pour être le plus possible en circuit fermé. »

Malgré la frustration, l'équipe a réagi au puissant retour du marché par rapport au produit et s'est concentré sur celui, naissant, de messagerie électronique. Musk a insisté, par exemple, pour que le premier courriel d'inscription à X.com ait l'air d'avoir été envoyé par un être humain. « Il était très important que le mail vienne de la personne et non pas de X, a déclaré Musk. Un e-mail marketing d'une entreprise n'a aucun poids. Tandis que celui d'un ami en a beaucoup. »

Compte tenu de son succès précoce, le PDG voulait communiquer la réussite de son produit de messagerie électronique au monde entier. Mais Mike Moritz, son investisseur principal, lui a conseillé autre chose. « Il voulait que je continue à parler de nous comme d'une banque, pour faire diversion », a expliqué Musk.

■ ■ ■

Dans la bataille du transfert d'argent par mail, Confinity a pris de l'avance grâce, en partie, à l'insistance d'un seul membre de l'équipe : David Sacks. Alors que beaucoup considéraient le programme de courrier électronique de Confinity comme un accessoire de son produit principal PalmPilot, Sacks, ami d'université de Thiel et ancien consultant chez McKinsey, pensait différemment. « Je voulais mettre une balle au truc du PalmPilot », confesse-t-il.

Pendant ce temps-là, Sacks a favorisé le produit de transfert d'argent par mail et a incité Levchin à lui donner une place de choix sur le site Web inaugural de Confinity. En se concentrant sur le produit de l'entreprise, Sacks s'est vu confier un rôle qui ne figurait pas dans l'organigramme initial de Confinity : celui de premier chef de produit.

Il a rapidement découvert que la gestion de produit consistait autant à éviter les distractions qu'à réaliser des avancées. « Lorsque j'ai pris en charge la gestion des produits dans l'entreprise, je suis devenu une sorte de "Dr No" parce que je devais toujours dire non aux idées idiotes de tout le monde [...] Il était vraiment important de ne pas gaspiller notre précieuse bande passante avec des idées qui n'avaient aucun sens pour la stratégie à long terme de l'entreprise. »

Sacks est devenu un fanatique de l'efficacité au sein de Confinity – et de la simplicité en dehors. Lorsqu'il a vu, par exemple, qu'une première itération du processus d'inscription à PayPal obligeait les nouveaux utilisateurs à passer par sept pages Internet et deux synchronisations de PalmPilot, il a été horrifié. Sur le tableau blanc du bureau, il a dessiné les grandes lignes d'un nouveau formulaire d'inscription d'une seule page et, après avoir obtenu l'approbation de Thiel et Levchin, Sacks « a fait venir tous les ingénieurs en leur disant de "construire ça" ».

La quête de simplicité de Sacks est devenue un cri de ralliement pour l'équipe produit. « Vous comptiez le nombre de champs et le nombre de caractères et, visuellement, vous ne faisiez que ce que vous deviez faire sur cette page, explique Denise Aptekar. C'est de là que vient la base d'une grande partie de mes instincts fondamentaux en matière de produits. »

Giacomo DiGrigoli, un autre membre de l'équipe produit, se souvient de la frustration de son directeur à propos d'un design particulier. « [Sacks] disait : "Je ne comprends pas pourquoi c'est si compliqué ! Ce devrait être aussi facile qu'un mail !" » Bientôt, une photo de David Sacks avec les mots « Aussi facile qu'un mail » a orné les murs du bureau.

La position intransigeante de Sacks l'a souvent mis en désaccord avec l'équipe d'ingénieurs de Confinity. Il repoussait avec force ce qu'il voyait comme des créations technologiques superflues, sans application pratique pour les utilisateurs. Il ne suffisait pas de construire une technologie de pointe, ce qui était l'objectif de l'équipe d'ingénierie ; Sacks voulait s'assurer que les utilisateurs pourraient en tirer profit.

Cette tension a poussé l'équipe vers des directions productives. La décision de se concentrer sur l'envoi d'argent par courriel plutôt que sur son transfert par infrarouge, par exemple, s'est avérée visionnaire. « Nous avons toujours eu une application mortelle. Elle était juste enterrée sur notre site », a ironisé Sacks dans le *Wall Street Journal* des années plus tard.

Fin 1999, quelques semaines seulement après son lancement, le produit PalmPilot de PayPal comptait environ 13 000 utilisateurs. Au moment où il a été officiellement abandonné, fin 2000 (après une année complète sur le marché) le nombre d'utilisateurs était resté à peu près au même niveau. « Lorsqu'on nous a dit pour la première fois que nous allions [stopper le produit PalmPilot], je me souviens simplement avoir pensé : *C'est un peu triste – pour un très petit nombre de personnes* », a déclaré David Wallace en riant.

■ ■ ■

Si X.com et Confinity ont décollé grâce au mail, une autre stratégie les a aidées à atteindre la vitesse de libération : toutes deux ont versé des bonus en espèces aux nouveaux utilisateurs pour leur inscription.

Avec le temps, cette technique du bonus a été saluée comme l'un des plus grands coups de « marketing viral » de tous les temps, mais au départ, il y avait quelque chose de vaguement douteux à son sujet. Si une entreprise devait payer les utilisateurs, cela supposait-il qu'elle était incapable de les gagner manière organique ? Les utilisateurs n'étaient-ils pas censés payer une entreprise pour ses services, et non l'inverse ?

Luke Nosek, le directeur marketing de Confinity, a examiné les efforts déployés par d'autres acteurs de la finance numérique pour séduire les clients. Chaque nouvel utilisateur de Beenz, Flooz ou DigiCash recevait une somme nominale gratuite en monnaie numérique. En suivant la même logique, Confinity a décidé d'accorder 10 dollars à chaque nouvel utilisateur de PayPal. Mais Nosek voulait aller plus loin que la concurrence, et il a commencé à réfléchir à la manière dont l'argent gratuit pourrait développer le réseau des paiements, et pas simplement attirer les particuliers.

La graine avait été plantée au cours des années universitaires de Nosek. En 1996, Hotmail avait ajouté la mention « *Get your FREE Web-based e-mail…* »[44] avec un lien d'inscription sur la ligne de

44. Créez votre messagerie Web GRATUITE.

signature de chaque courriel. Ce lien a attiré des centaines de milliers de nouveaux utilisateurs en un temps record. Deux investisseurs de Hotmail, Tim Draper et Steve Jurvetson, ont parlé de l'idée dans un article publié le 1er janvier 1997 dans une newsletter populaire auprès des premiers passionnés de technologie – dont Nosek, qui était alors étudiant.

« L'attention est limitée », écrivaient Draper et Jurvetson. S'élever au-dessus du bruit de milliers de voix nécessite de la créativité. Crier n'est pas très créatif. Se contenter d'une banderole sur le Web et espérer des visiteurs n'est pas très créatif. Au contraire, les nouvelles entreprises peuvent structurer leurs activités de manière à ce qu'elles puissent se développer comme un virus et bloquer les concurrents traditionnels en innovant au niveau des prix et de l'exploitation du conflit entre les canaux de distribution traditionnels de ces concurrents.

Nosek avait toujours en tête le néologisme « marketing viral » utilisé dans l'article quand il travaillait chez PayPal. Il y a vu une opportunité d'exploiter l'argent gratuit plus efficacement que Beenz, Flooz et d'autres. Et si Confinity n'offrait pas simplement de l'argent aux utilisateurs pour s'inscrire, mais aussi 10 dollars supplémentaires à donner à leurs amis ? Et si ces amis s'inscrivaient au service, que se passerait-il si le donateur intial recevait 10 dollars supplémentaires ? D'un seul coup, Confinity encouragerait la transmission de personne à personne, faisant passer la méthode marketing standard du secteur de transmissible à véritablement contagieuse.

D'un point de vue financier, cependant, l'idée semblait ridicule. Non seulement payer les clients pour qu'ils donnent l'argent de l'entreprise, mais aussi les *récompenser* pour l'avoir fait ? Cela semblait mener tout droit à la faillite. Le responsable des livres comptables de Confinity, le directeur financier David Jaques, n'était pas vraiment enthousiasmé par cette proposition de bonus. *Vous vous foutez de moi*, pensait-il. Mais en réfléchissant au concept, l'équipe de Confinity a commencé à identifier sa pusissance. Trop de programmes de parrainage avaient échoué à cause de structures d'incitation unilatérales. Ils ont vu là une opportunité de mettre en place un programme bilatéral avec le pouvoir de transformer les clients en promoteurs.

Le programme a touché une corde sensible chez les prospects, qui considéraient les 10 dollars comme une somme importante. Jaques se souvenait de la réaction timide de sa femme lorsqu'elle a reçu son courriel de parrainage de PayPal. Puis Jaques en avait envoyé un à sa nièce en âge d'aller à l'université. « *J'adore ! C'est fantastique ! C'est magnifique !* », lui a-t-elle dit. D'autres employés de Confinity ont plaisanté en disant que le programme de primes représentait « le plus important transfert de capital-risque aux étudiants de l'histoire ».

À titre de justification, l'équipe a comparé ses incitations aux coûts d'acquisition des clients des banques traditionnelles, qu'elle a estimés se situer entre 100 et 200 dollars par client. Les cadeaux proposés par Confinity ne lui coûteraient que 20 à 30 dollars par client. « Donc, chaque fois que nous gagnions un utilisateur, nous ne dépensions pas 20 dollars. Nous en empochions 180 ! », explique David Sacks en riant. « C'était la pensée dotcom avant le crash. » Erik Klein se souvient avoir vu des « cercles de recommandations » émerger en temps réel, alors que le graphique du réseau PayPal commençait à fleurir et à s'étendre.

X.com était arrivé, de son côté, à la même conclusion à propos des recommandations et des incitations. « Elon racontait l'histoire de la banque qui distribuait des grille-pain aux nouveaux clients, se remémore Nick Carroll. Et il s'est dit : "Bon, si on leur donne de l'argent, c'est suffisant." » Dans un premier temps, Musk a suggéré 5 dollars, chiffre qui a finalement atteint 20. Mais l'équipe a rapidement réalisé qu'un bonus unique n'était tout simplement pas suffisant. « Il était important d'inciter le parrain et le filleul, a souligné Musk. Pas seulement l'un ou l'autre. Vous devez récompenser l'initiative. Et vous devez récompenser sa réalisation. » En plus de son bonus de 20 dollars, l'équipe de X.com décida de donner un bonus de 10 dollars à toute personne qui parrainait un nouvel utilisateur.

Ce cadeau a choqué certains de ses employés. « Il faut tirer son chapeau à Elon d'avoir accepté, fondamentalement, de donner son propre argent pour construire ce nouveau truc, alors qu'il n'y avait aucun moyen de savoir si cela allait fonctionner, a déclaré Catlan. Il était prêt à mettre en jeu tout ce qui lui restait. » Musk a également doublé son engagement financier dans l'entreprise en transférant tous ses comptes bancaires personnels de Schwab à X.com. Le compte de Musk n'était pas seulement l'un des premiers comptes de la banque : c'était de loin le plus important.

■ ■ ■

X.com et Confinity ont tous deux profité de l'engouement récent du public pour le courrier électronique et du frisson vieux comme le monde de l'argent gratuit ; mais ces deux éléments ne suffisent pas pour expliquer leur croissance rapide. L'ingrédient final est arrivé par le biais de ventes aux enchères sur Internet.

Pierre Omidyar, ingénieur irano-américain d'origine française, n'avait pas l'intention de créer un mastodonte de la vente aux enchères en ligne lorsqu'il a codé AuctionWeb et l'a mis en ligne sur son site personnel, www.ebay.com, du nom de sa société de conseil en ligne, Echo Bay Technology Group. Au départ, AuctionWeb ne présentait que les objets dont voulait se débarrasser Omidyar, y compris un pointeur laser cassé qu'il mettait en vente pour 14,83 dollars. Lorsque quelqu'un l'a réellement acheté, Omidyar a été stupéfait ; et il a compris que son activité secondaire avait peut-être un avenir radieux[45]. Quatre ans plus tard, AuctionWeb est devenu eBay ; une société cotée en bourse qui pèse un milliard de dollars et une marque internet déterminante.

Le premier compte-rendu d'un lien entre Confinity et eBay date d'avril 1999. Le 8 avril, Thiel et son équipe ont rencontré Peter Davison et Graeme Linnett, deux des investisseurs de Confinity. Dans un mail envoyé à Davison et Linnett, Thiel a souligné les principaux points à retenir de leur discussion, à savoir : « Nous étudierons plus avant si (et de quel type) une collaboration avec eBay pourrait être possible ; surtout compte-tenu du modèle de désintermédiation de consommateur à consommateur que partagent nos deux sociétés. »

---

45. Ce quelqu'un, c'est Mark Fraser. Alors qu'il était en déplacement pour faire des présentations, il voulait un pointeur laser mais il n'avait pas les moyens d'en acheter un nouveau et se doutait que son patron rechignerait à le faire pour lui. En tant que « geek de l'électronique » assumé, Fraser a d'abord essayé de construire le sien, mais ça n'a pas fonctionné comme il l'avait espéré. « Quelqu'un m'a indiqué un tout nouveau site Web, qui s'est avéré être eBay, et j'ai été émerveillé de voir le pointeur laser cassé répertorié », a plus tard partagé Fraser dans un témoignage vidéo pour le vingtième anniversaire d'eBay. « Et je me suis dit : "Hé, je pourrais probablement le faire fonctionner." »

Cependant, l'équipe a mis l'idée de côté pour le reste de l'année 1999. « eBay était une entreprise tellement incomplète, a plus tard déclaré Thiel devant un auditoire de Stanford. Des gens qui faisaient du multi-level marketing et vendaient de la camelote sur Internet ». Confinity, en revanche, avait conçu une technologie de paiement mobile d'avant-garde. Les deux étaient inconciliables.

Quand eBay a racheté la start-up de paiements Billpoint en mai 1999, Confinity est parti du principe que cette acquisition ferait de Billpoint le système de paiement par défaut d'eBay.[46] *Ouf, OK, nous n'avons pas besoin d'être sur eBay*, dit Nosek.

Mais eBay a rapidement connu des retards dans l'intégration de Billpoint à son processus de paiement et, à la fin de l'année, les acheteurs et les vendeurs du site continuaient à régler les enchères par leurs propres moyens. Les utilisateurs payaient alternativement en espèces, par chèques, mandats, virements et via un groupe émergent de services de paiement en ligne, dont PayPal.

■ ■ ■

Sacks se souvient du moment précis où l'équipe a découvert l'utilisation de PayPal sur eBay. Une utilisatrice d'eBay avait envoyé un mail au service client de Confinity pour demander la permission d'utiliser le logo PayPal sur sa page d'enchères. Elle souhaitait également que l'équipe l'aide à le redimensionner. David Wallace a transmis le courriel à l'équipe, sans y prêter plus attention, au milieu de milliers de plaintes plus urgentes.

L'équipe s'est demandée si cette demande de redimensionnement de logo était ponctuelle, ou s'il pourrait y en avoir d'autres. Luke Nosek, Chad Hurley et David Sacks se sont réunis et ont cherché le terme « PayPal » sur www.ebay.com. Des milliers d'annonces de

---

46. eBay avait répondu, en partie, à l'acquisition d'Accept.com par Amazon. eBay était en pourparlers avec Accept.com lorsque Jeff Bezos d'Amazon est arrivé avec une offre très alléchante. Ayant perdu sa chance d'acquérir accept.com, eBay a rapidement acheté Billpoint, qui venait de boucler son financement de série A ; avec Sequoia Capital en tant que principal bailleur de fonds. Paradoxalement, les premières ambitions de Billpoint reflétaient certaines des velléités de Confinity. Jason May, le directeur technique de Billpoint, s'était penché sur la littérature concernant les micropaiements et exploré les trajectoires de monnaies numériques comme Millicent et Flooz.

vente aux enchères sont apparues. « Ç'a été un de ces moments où crier : "Putain de merde !". Luke a commencé à péter les plombs », raconte Sacks.

Comment cela était-il arrivé ? L'équipe de Confinity n'en était pas tout à fait sûre. David Sacks pensait qu'un utilisateur d'eBay avait vu PayPal dans la presse, l'avait introduit sur la plateforme d'enchères et que cela s'était propagé à partir de là. Les utilisateurs d'eBay étaient réceptifs des nouveaux développements d'Internet et comparaient constamment leurs notes sur les logiciels et les services qui amélioraient le processus d'enchères. « Il faut se souvenir qu'à l'époque, quiconque était un *PowerSeller* sur eBay était un peu bizarre », explique Sacks.

Des recherches complémentaires menées par l'équipe ont révélé que PayPal était devenu un sujet brûlant sur les forums de discussion d'eBay (la colonne vertébrale de sa communauté, où les limiers du site partageaient leurs renseignements). « eBay était une communauté très virale, car tout le monde regardait ce que faisaient les autres. Cela a donc commencé à se propager de manière organique », développe Sacks.

Quoi qu'il en soit, la vue de milliers d'enchères eBay faisant la publicité du service PayPal de Confinity a été une bonne surprise pour Sacks ; la preuve que PayPal résolvait un vrai problème. Compte tenu du dégoût de l'équipe pour eBay, son point de vue n'était cependant pas dominant. Levchin, pour sa part, était horrifié. « J'avais une idée assez vague de ce qu'était eBay, déclare Levchin. Oh, ce n'est pas ce truc d'*Echo Bay* que ce type, Pierre Omidyar a lancé ? Ça a l'air d'être une idée farfelue. »

Levchin a même refusé d'aider l'utilisatrice d'eBay qui avait demandé de l'aide pour le logo PayPal. « J'ai assurément eu quelques actions pour empêcher la croissance d'eBay », dit-il. Il a même envisagé un temps le blocage pur et simple de l'URL d'eBay sur les serveurs de Confinity.

Une partie de la réticence de Levchin provenait de son attachement à la technologie PalmPilot, qui, selon lui, devait rester au centre de l'attention. Or, au lieu de cela, le produit de messagerie électronique, développé après coup, progressait rapidement, soulevant des questions auxquelles il n'avait guère envie de répondre.

Attendez, quoi ? Ils utilisent la démo ? Est-ce que ça va marcher ? Et si cela fait planter notre site ?

Les utilisateurs d'eBay avaient également adopté les services de paiement de X.com, même si l'équipe a découvert son utilisation plus tard – une découverte qui a suscité la même surprise. À l'instar de Confinity, X.com n'avait pas pour objectif de faciliter le paiement par courrier électronique d'enchères de faible montant, de personne à personne. « Nous pensions que nous allions concurrencer Western Union (si vous deviez envoyer de l'argent à votre fils à l'université ou bien payer le loyer au propriétaire, etc., cela allait remplacer les transactions massives que vous auriez dû effectuer dans une banque) », se souvient Doug Mak, ingénieur chez X.com. « Il s'avère que les gens envoient dix ou vingt dollars pour des petits Beanie Babies[47]. » Les dirigeants craignaient que les petits acheteurs et les vendeurs d'eBay ne soient pas prêts à adopter les services de vérification et de courtage de X.com, où les véritables profits seraient réalisés.

Malgré les doutes, la croissance induite par eBay était impossible à ignorer. Les questions sur sa barre de recherche pour X.com ou PayPal indiquaient que ses utilisateurs adoptaient et faisaient la promotion de PayPal et X.com avec enthousiasme – et pour de bonnes raisons. Si un vendeur eBay vendait un article et inscrivait l'acheteur à PayPal par le biais de son lien de parrainage, le vendeur gagnait 10 dollars supplémentaires. De ce fait, les ventes bon marché sont devenues rentables : les marges sur les Beanie Babies étaient soudainement 100 % ou 200 % plus importantes qu'auparavant. Et le plus souvent, les 10 dollars de prime PayPal de l'acheteur couvraient le coût de ce qu'il achetait.

Ce coin d'Internet (un site de vente aux enchères de peluches et de pointeurs laser cassés) était devenu, contre toute attente, un terrain fertile pour les produits des entreprises. Au niveau du produit, les utilisateurs d'eBay ont défini notre existence, note Skye Lee. Ce n'est pas nous qui avons dit : "Oh mon Dieu, eBay ! C'est une idée de génie !" ». Les théoriciens de la technologie exhortaient fréquemment les fondateurs à créer des entreprises qui

47. Marque de peluches américaine créée en 1986 par H. Ty Warner.

résolvaient des problèmes dans leur propre vie, mais le succès de X.com et de Confinity sur eBay a offert un contrepoint efficace : résoudre *un* problème pouvait être tout aussi profitable que de résoudre *votre* problème.

« Je pense qu'il n'y aurait pas de PayPal aujourd'hui s'il n'y avait pas eu la plateforme eBay pour constuire son réseau », a conclu Vivien Go.

■ ■ ■

Début 2000, Peter Thiel a annoncé que l'un des premiers membres du conseil d'administration de l'entreprise, Reid Hoffman, allait rejoindre Confinity comme directeur des opérations. Hoffman et Thiel avaient été amis depuis près de dix ans, après s'être rencontrés pour la première fois à Stanford.

Avant même de se rencontrer, chacun d'eux avait entendu des rumeurs concernant une autre personne sur le campus qui leur ressemblait beaucoup, mais dont les opinions politiques étaient diamétralement opposées. Puis ils se sont inscrits au même cours de philosophie lors du trimestre de l'hiver 1986. Les lundis, mercredis et vendredis à 13 h 15, ils assistaient au cours Philosophie 80 : Esprit, Matière et Sens, du Dr Michael Bratman. « L'un des objectifs du cours, expliquait le *syllabus*, est d'explorer certaines des questions et des arguments actuellement débattus dans la littérature philosophique. »

Avec des livres comme *Free Will* de Gary Watson et *Personal Identity* de John Perry en toile de fond, Hoffman et Thiel se sont affrontés sur le déterminisme, la liberté et le problème corps-esprit. Ils ont découvert des visions du monde divergentes, mais ont bâti une amitié durable. « Peter et moi avons toujours des objectifs très différents aujourd'hui sur ce que devrait être l'humanité, explique Hoffman. Mais pas sur la valeur et les principes fondamentaux d'un intellectuel public, sur le fait de dire et découvrir la vérité, d'avoir un discours intense [...] Pour moi, une partie du cadeau de l'amitié de Peter est que ma pensée est devenue plus claire. »

En 1987, les deux étudiants de premier cycle ont brigué des sièges au gouvernement étudiant de Stanford, l'Associated Students of Stanford University (ASSU). Les programmes respectifs d'Hoffman et de Thiel illustrent des valeurs communes et des styles radicalement opposés :

> *Hoffman* : L'ASSU a un potentiel énorme pour opérer des changements positifs au sein de cette université. C'est une association très riche dotée d'environ 500 000 dollars de réserves. Récemment, le conseil de l'ASSU a approuvé des plans de rénovation de ses propres bureaux pour 80 000 dollars. Même si les bureaux ont besoin de réparations, d'autres installations étudiantes, comme la Old Firehouse, semblent avoir davantage besoin de cet argent. Je crois que l'ASSU souffre d'un égocentrisme inhérent à de nombreuses organisations bureaucratiques. Elle a tendance à servir ses propres besoins avant ceux des étudiants. En tant que membre du conseil, je vais tenter d'augmenter l'engagement financier dans les activités étudiantes. Pour l'instant, l'argent ne fait que dormir à la banque.

> *Thiel* : Je n'ai aucune expérience au niveau de l'ASSU. Je n'ai aucune expérience au niveau de ce gaspillage de 86 000 dollars de l'argent des étudiants pour rénover les bureaux de l'ASSU, ni sur le fait d'aider des amis à remplir leurs CV de postes dans la bureaucratie de l'ASSU, et leur donner des salaires disproportionnés en plus. En tant qu'observateur extérieur du gouvernement étudiant actuel, je suis dégoûté. En tant que membre de plusieurs organisations étudiantes qui n'ont pas pu recevoir de financement (soi-disant à cause d'un « manque de fonds »), je suis furieux de ce gaspillage de notre argent ; si je suis élu, je travaillerais pour que l'ASSU serve la communauté de Stanford plutôt qu'elle-même.

Tous les deux ont remporté un siège. Soit dit en passant, leur futur concurrent, Elon Musk, s'est également présenté au gouvernement étudiant de l'université de Pennsylvanie. Son programme mélangeait idéalisme et insouciance. « Si je suis élu, je promets : 1. De faire tout mon possible pour rendre l'assemblée responsable des besoins des étudiants ; 2. De faire tout mon possible pour veiller à ce que l'assemblée soit efficace dans sa réponse ; 3. Que si jamais ce poste apparaît un jour sur mon CV, de me tenir debout sur la tête et de manger 50 copies du document incriminé sur la place publique. Je me présente parce que je crois qu'il y a du bon et une certaine valeur à s'impliquer. » Musk n'a pas été élu.

■ ■ ■

Après Stanford, Hoffman est parti pour Oxford grâce à une bourse d'études Marshall, avec l'intention de devenir professeur et intellectuel public. Mais il a changé d'avis et a opté plutôt pour une carrière dans le développement de logiciels. Il est retourné en Californie, a travaillé chez Fujitsu et Apple, puis il a lancé sa propre start-up, SocialNet.

Réseau social précoce, SocialNet a eu du mal à décoller. Hoffman partageait les épreuves de la vie d'une start-up avec Thiel lors de fréquentes promenades autour du Stanford Dish Loop Trail. « Je balançais littéralement : “Et voilà les choses que je ne savais pas lors de la dernière balade, a déclaré Hoffman. La cadence d'apprentissage dans une start-up [...] c'est peu dire qu'elle est *fucking intense*. Il y a tout : comment embaucher les gens ? Comment assembler tout ça ? La question du capital ? La stratégie de la mise sur le marché ? La réflexion sur l'innovation ? »

Au moment où Thiel l'a approché pour être directeur des opérations en janvier 2000, Hoffman avait siégé au conseil d'administration de Confinity et avait vu le produit évoluer, passant du transfert d'argent par PalmPilot (sur lequel il se montrait sceptique) à une plateforme de paiement par courrier électronique en plein expansion. SocialNet, en revanche, était en perte de vitesse et le conseil d'administration d'Hoffman s'engageait dans une direction stratégique qu'il jugeait peu judicieuse pour l'entreprise. « C'est ce qui arrive lorsque des investisseurs en capital-risque, qui pensent savoir ce qu'ils font, mais ne le savent pas, prennent le contrôle », a-t-il dit à propos du conflit.

Lorsque Hoffman a confié à Thiel qu'il quittait SocialNet pour commencer une nouvelle entreprise, Thiel l'a encouragé à rejoindre Confinity à la place. Hoffman se souvient du discours de Thiel : « Écoute, c'est vraiment le bordel en interne. Nous n'avons pas de modèle économique. Nous devons emballer ce truc pour le vendre. » Hoffman n'a pas été immédiatement séduit à l'idée de professionnaliser un « vrai bordel », mais Thiel lui a assuré qu'il ferait un bref passage chez Confinity – et que sa sortie enrichirait son CV technologique.

Pour les investisseurs de l'entreprise, Hoffman était un choix inattendu pour le poste de directeur des opérations. « Cela semblait étrange. Il n'était pas du genre à occuper le poste de directeur de l'exploitation, a pensé Pete Buhl, de Nokia Ventures. C'était un gars sympathique. On se disait : *Et c'est lui qui doit être le casse-couilles ? Ce n'est pas possible.* »

Mais Thiel s'est montré insistant. Il se rendait compte que Confinity avait besoin de plus de diplomates naturels, et Hoffman, il le savait, *adorait* vraiment interagir avec les autres membres de son espèce. Vivien Go a passé un entretien avec Hoffman au cours de l'hiver 1999 (après un stage d'été chez eBay). Elle a été surprise de voir qu'Hoffman ne lui a pas soutiré la moindre information, mais qu'il voulait plutôt savoir qui elle était et pourquoi elle voulait travailler chez Confinity. « [Hoffman] voit les gens de manière tridimensionnelle. Certaines personnes mettent une formule ou une étiquette sur quelqu'un ; Reid n'est pas comme cela. [Reid] est vraiment *doté* d'une intelligence émotionnelle. »

Au fur et à mesure que l'entreprise s'est développée, ses interactions avec des parties externes se sont accrues : utilisateurs, cadres d'autres entreprises, concurrents et, surtout, gouvernements. Thiel considérait qu'Hoffman avait le profil idéal pour ce genre de travail. « Si vous ne croyez pas au gouvernement, ça devient un peu difficile de travailler avec lui, plaisante Nosek. Et puis vous avez Reid, qui est un socialiste. »

Hoffman pouvait être agréable avec les autres mais ne se laissait pas faire non plus. De son propre aveu, ses obsessions lorsqu'il était enfant comprenaient des jeux de stratégie comme *RuneQuest*, *Donjons & Dragons* et *Tactics II* de l'éditeur Avalon Hill. Ces jeux ont aiguisé son sens de la stratégie, comme ses collègues de PayPal ont pu le constater. Dan Madden travaillait dans le développement commercial et a participé aux appels téléphoniques aux côtés d'Hoffman. « Il s'asseyait et je m'asseyais sur la seconde chaise pour prendre des notes. Il commençait les échanges et désactivait constamment le micro du téléphone. Et puis il disait : “Il va dire ça.

Je vais dire ça. Et puis il va dire ceci. Et je vais dire cela." Hoffman réactivait le téléphone et les négociations se déroulaient exactement comme il l'avait prédit », se souvient Madden.

Ce qui était censé être une mission de quelques mois pour Hoffman s'est étalée sur plusieurs années. Il a accompagné PayPal jusqu'à son introduction en bourse, jouant souvent le rôle d'émissaire dont Thiel avait imaginé que l'entreprise aurait besoin.

■ ■ ■

En décembre 1999, Confinity a reçu une offre d'acquisition. L'entreprise distribuait gratuitement des milliers de dollars chaque jour à des étrangers sur Internet : telles étaient les cibles d'acquisition à l'ère du « gaz hilarant ». Confinity avait toutefois résolu un vrai problème, un problème auquel son acheteur potentiel était également confronté.

BeFree Inc. était une société de marketing d'affiliation basée à Boston, fondée par les frères Tom et Sam Gerace. BeFree travaillait avec des détaillants traditionnels pour faire la publicité de produits en ligne. « Nous travaillions avec environ 400 marchands et 400 000 affiliés [...] Et nous étions la plateforme qui permettait aux détaillants de mettre en place des programmes d'affiliation », explique Tom Gerace. BeFree est entré en bourse en novembre 1999, et son action a grimpé de 700 % au cours des cinq mois suivants.

Avec la croissance rapide de BeFree, un problème est apparu : le paiement des affiliés. « Nous leur envoyions des chèques physiques [...] et nous recevions d'énormes lots de chèques en retour, pour lesquels nous devions payer des frais de retour... » Au fur et à mesure que le site s'est développé, les frais se sont multipliés, tout comme les maux de tête administratifs associés. En découvrant PayPal, Pat George, le directeur du développement commercial de BeFree, et Tom Gerace ont tous deux été immédiatement frappés par le potentiel du produit.

« La viralité [...] [était] juste incroyable, a déclaré George. Hors de question de ne pas se connecter et de ne pas ouvrir un compte alors que j'ai 10 dollars à portée de main. » George y a également entrevu une solution au problème de paiement de BeFree. Au lieu d'un chèque, l'entreprise pourrait envoyer un courriel à ses affiliés.

BeFree a demandé à rencontrer Levchin et Thiel. Au cours de la réunion, Thiel a utilisé une astuce de base dans le discours de Confinity : il sortirait 1 dollar de son portefeuille et déclarerait qu'il s'agit de l'un des plus puissants propulseurs viraux existants. Confinity avait relié ce combustible à une plateforme imparable : le courrier électronique. « C'était logique. Ça a fait tilt, se souvient George à propos de la présentation. Pourquoi je n'y ai pas pensé ? »

George et Gerace étaient convaincus, mais ils devaient encore convaincre leur conseil d'administration. BeFree venait juste d'entrer en bourse ; ce serait donc leur première transaction. Le conseil d'administration était méfiant. « Que sommes-nous supposés dire à la communauté d'investisseurs ? [...] Qu'est-ce qu'ils ont ? Que vendons-nous ? Cela n'ajoute pas de revenus réels », ont-ils dit de Confinity, se souvient George.

Le plus gros point de friction, cependant, c'était le prix. Thiel avait fixé un rachat de 100 millions de dollars pour Confinity, que le conseil d'administration de BeFree jugeait inacceptable. « Il nous a été très difficile de convaincre notre conseil d'administration d'aller jusqu'au prix de compensation de Peter », a déclaré Gerace. À la place, le conseil a donné son accord pour un prix inférieur à la moitié de l'objectif de Thiel.

George et Gerace ont planifié un dîner avec Thiel et Levchin pour présenter l'offre décevante. Ils se sont retrouvés dans un restaurant chinois indescriptible, à la périphérie de Boston. La pluie battait les fenêtres. George et Gerace ont commencé par souligner leur enthousiasme à l'égard de Confinity et la perspective de travailler ensemble, puis ont donné leur offre. « Il était clair, en voyant l'expression de Peter, que nous n'allions pas conclure un accord, a déclaré Gerace. [Thiel et Levchin] me regardaient tous les deux, et tout ce dont je me souviens, c'est que lorsque j'ai dit le chiffre, Max a simplement fermé les yeux et baissé la tête », a ajouté George.

Avec le recul, Tom Gerace se souvient de l'échec de l'acquisition de PayPal comme de « l'une des plus grandes erreurs commerciales de ma vie ». Alors que PayPal prenait de l'ampleur et de la valeur, Pat George se moquait gentiment de ses anciens dirigeants et collègues de BeFree au sujet de l'acquisition qui aurait pu avoir lieu.

Rétrospectivement, Thiel et Levchin ont été moins nostalgiques. À la suite d'une chute brutale du cours des actions, BeFree a été l'une des nombreuses victimes de l'éclatement de la bulle Internet. Après une chute vertigineuse du cours de l'action, BeFree a été vendu pour 128 millions de dollars à un concurrent en 2002, soit un peu plus de trois semaines après l'introduction en bourse de PayPal, dont la capitalisation boursière avoisinait le milliard de dollars.

■ ■ ■

L'échec de l'opération a révélé quelque chose sur la position de Thiel. Tout au long de la négociation, George a observé que celui-ci avait semblé désireux de se débarrasser de l'entreprise : « Il semblait vraiment vouloir sortir de là où il était. »

Thiel avait horreur de la bureaucratie, et maintenant que Confinity se développait, il risquait d'être piégé par les choses mêmes qu'il avait abandonnées en quittant la vie d'un cabinet d'avocats – la gestion, la paperasse, les réunions. « Peter est encore moins tolérant que moi à l'égard des conneries », a fait remarquer Musk, qui est réputé pour son aversion à l'égard de l'administration. « Ma tolérance à la connerie est faible, mais celle de Peter est plutôt de zéro. »

Là où Thiel n'avait pas réussi à renoncer à son rôle de PDG, Musk y était parvenu : dès la première semaine de décembre 1999, il avait quitté son poste au sein de X.com. « Lorsque Moritz a investi, il m'a dit : "Nous devrions embaucher un PDG." Et j'ai répondu : "Parfait, je ne veux pas [de cette tâche]", a déclaré Musk. Je n'avais aucune envie de l'être. C'est vraiment beaucoup de corvées… Être PDG, ça craint. » (Musk a ajouté qu'il avait « essayé de toutes ses forces de ne pas être PDG de Tesla ».) Avec son assentiment, l'entreprise a recruté Bill Harris, ancien PDG d'Intuit, à titre de nouveau président. Originaire d'une famille aisée de Boston, Harris a connu une carrière florissante dans l'édition de magazines, notamment chez *Time* et *US News & World Report.* Mais il voulait du changement. En 1990, alors qu'il vivait toujours à New York, Harris a été invité à rejoindre le conseil d'administration de ChipSoft, basée à San Diego, le fabricant de TurboTax, et a finalement été invité à devenir le PDG. Lorsqu'il a accepté, ses patrons de presse de Madison Avenue étaient déconcertés. Harris se souvenait les avoir entendus dire : « San Diego ? Est-ce que c'est aux États-Unis ? »

En 1993, ChipSoft a fusionné avec Intuit, où Harris passa les six années suivantes, jusqu'à en devenir le président. Depuis 1995, il avait « essayé de pousser l'entreprise vers Internet », faisant valoir que ses produits (Quicken, TurboTax et QuickBooks) devaient être présents en ligne aussi bien qu'en dehors. Son mandat était difficile, et de son propre aveu, le travail de direction d'une grande entreprise ne jouait pas sur ses points forts.

« J'étais un piètre PDG d'une entreprise publique. Ce n'était pas ce qui m'intéressait ni, surtout, ce dans quoi j'étais bon. » Mais l'expérience lui a appris les tenants et les aboutissants d'Internet.

Malgré son palmarès mouvementé, lorsque Harris a quitté Intuit en septembre 1999, il s'est retrouvé en position de force. « Ils ne demandaient pas : "Est-ce que vous voudriez passer un entretien pour ce travail ?" Ils disaient : "Nous aimerions vous donner ce poste", se souvient Harris. C'était l'apogée et tout le monde créait des entreprises. Et toutes les sociétés de capital-risque avaient besoin de quelqu'un avec un nom ou de la crédibilité ou autre. »

Au milieu de la frénésie, X.com a retenu l'attention Harris. « J'aimais l'idée. J'appréciais Elon. Et j'appréciais Mike [Moritz], a déclaré Harris. Cela semblait être une association puissante. » Musk a exposé sa vision d'un système complet de services financiers sur Internet et Harris a été convaincu. « La chose la plus étonnante chez Elon, c'est son audace », disait Harris, en réfléchissant à son plan courageux pour X.com, à une époque où son équipe ne comptait encore que quelques personnes.

Mike Moritz a fait pression sur Musk pour que Harris devienne PDG, mais il n'était pas le seul. Plusieurs des ingénieurs de X.com se souviennent aussi avoir préché pour Harris dans un mail envoyé tard dans la nuit. « Les choses que vous faites à trois heures du matin lorsque vous avez trop consommé de caféine », a admis Colin Catlan.

Musk avait des réserves. *Tout semble parfait, mais mon intuition me met mal à l'aise*, se souvient-il avoir pensé. Musk a posé une question à Moritz dans sa cuisine : Moritz avait vu des PDG de la start-up aller et venir, alors quelle note donnerait-il à Harris sur une échelle de 1 à 10 ? Il avait répondu : « Un 10. » Musk était surpris.

« J'étais en mode : *Ouah, d'accord, je vais passer outre mon sentiment d'inquiétude et aller de l'avant, parce que vous savez comment embaucher des PDG.* »

L'annonce du nouveau PDG de X.com a eu lieu la même semaine que le lancement officiel de ses produits. Il s'en est suivi une véritable explosion de relations publiques. Avec l'ancien président d'Intuit à bord, Musk pouvait plausiblement affirmer que la start-up avait recruté la personne idéale pour faire le lien entre les logiciels de finances personnelles et Internet. « X.com ressemble à l'entreprise que serait Intuit si elle était créée aujourd'hui », a écrit un analyste du secteur peu de temps après l'annonce de Harris.

■ ■ ■

Au fil du temps, Bill Harris a été largement rayé de l'histoire de PayPal, en partie à cause de sa ténacité. Plusieurs employés de longue date m'ont dit qu'ils avaient rejoint l'entreprise à cause de Harris ; un cadre a au contraire cité Harris comme la raison de son départ. Sa *damnatio memoriae* peut également être attribuée à son règne de cinq mois en tant que PDG.

Mais d'un certain point de vue, l'avenir de PayPal doit beaucoup à cette période, et sans doute à Harris lui-même. En effet, malgré sa brièveté et ses difficultés, la direction de Bill Harris a laissé une empreinte durable sur X.com et Confinity, en tant que cheville ouvrière d'un accord âprement négocié pour fusionner les deux entreprises.

9

LA GUERRE DES WIDGETS[48]

X.com et Confinity ont passé le tournant du XXIe siècle engagées dans une bataille tendue pour la croissance de leur clientèle. Cette compétition a absorbé les deux entreprises de la fin de 1999 jusqu'à début 2000, conduisant les employés et les dirigeants au bord du gouffre, et laissant des cicatrices durables.

Personne ne s'y attendait. Les entreprises rivales, après tout, avaient été des voisines assez amicales, quelques mois auparavant. Tout en occupant les suites A et B adjacentes au 394 University Avenue, les membres des deux équipes se mêlaient les uns aux autres : ils prenaient des pauses cigarette ensemble, ils achetaient leur café au même magasin en bas et allaient jusqu'à partager les mêmes toilettes. Les équipes s'entendaient bien, et même si chacun avait une vague idée du travail de l'autre, ils ne savaient pas quoi en penser. Tous étaient convaincus que leur concurrent poursuivait la mauvaise stratégie.

Cela a changé à mesure que les deux équipes se rapprochaient d'une stratégie de paiement par mail. À la fin de l'été 1999, Luke Nosek a fait irruption dans le bureau de Confinity avec un renseignement inquiétant : il avait entendu un employé de X.com parler des de ce mode de paiement au téléphone. L'inquiétude de l'équipe à l'égard de la banque en ligne s'est intensifiée quelques semaines plus tard. Cette dernière a annoncé qu'elle allait entrer dans le secteur des paiements mais qu'elle emploierait aussi les concepts d'argent gratuit et du parrainage. De manière déconcertante, X.com promettait 20 dollars par utilisateur (le double du montant de Confinity)

48. En informatique, un widget est un programme ou une application dont le rôle est d'afficher des informations sur une interface graphique. Il peut s'agir, par exemple, d'un texte, d'une image, d'un cadre ou d'un bouton.

et Internet l'avait remarqué. Les sites Web couvrant les nouveaux développements sur le Net ont commencé à mentionner en même temps les deux entreprises – et à souligner l'écart embarrassant entre les mesures incitatives.

Les théories du complot ont fleuri. X.com avait-elle volé la stratégie virale de Confinity ? « Ils étaient paranoïaques, se souvenait John Malloy, un membre du conseil. Ça les a rendus fous. » Levchin se souvient avoir donné des instructions aux employés de Confinity : « Bon, si vous vous approchez du vieux bureau, faites attention à ce que vous dites. Les murs pourraient avoir des oreilles. » X.com partagea plus tard des rumeurs selon lesquelles le personnel de Confinity faisait les poubelles à la recherche de ce qui restait du plan d'activité de X.com.

Mais la paranoïa de l'équipe n'était pas complètement sans fondement. David Wallace avait une vision particulière de la concurrence en tant que chef du service client de Confinity. À ce titre, il s'est souvenu d'un signe troublant fin 1999. « Nous avions beaucoup de gens de X.com qui s'inscrivaient [...] "Eh, dites-donc, cela va peut-être vous intéresser de savoir qu'il se passe quelque chose." », rapporte Wallace. Inquiet, il incita l'équipe à se pencher sur ces inscriptions suspectes.

Pendant ce temps, chez X.com, Musk prêtait également une attention particulière aux inscriptions individuelles, et plusieurs d'entre elles, récentes, avaient attiré son attention. « J'avais une petite fenêtre sur mon écran et à mesure que les gens s'inscrivaient quim'indiquait leur nom », raconte Musk, la qualifiant de « petite analyse de fraude dynamique » – un moyen de séparer les réels utilisateurs des faux. Mais peu après le lancement du site, le nom d'un nouveau client « Peter Thiel » est apparu sur son écran. Il s'est souvenu que Thiel dirigeait l'entreprise qui faisait les transferts d'argent et qui avait autrefois loué le bureau d'à côté. Cette inscription valait la peine d'être examinée. Il a décroché son téléphone et appelé Thiel.

■ ■ ■

En décembre, Confinity traitait un nombre croissant de transactions eBay. « Nous avions une certaine avance », se souvient Ken Howery, cofondateur de Confinity. En se lançant la première et en récoltant les fruits de ce choix, l'entreprise a prouvé que l'intuition de Musk était correcte : dans l'environnement surchauffé des start-up de l'époque, le délai de mise sur le marché était critique. Et encore plus pour les entreprises de paiement.

« Les effets de réseau l'emportent sur tout le reste », explique Howery, faisant allusion au principe économique développé pour expliquer la croissance du téléphone au début des années 1900. Chaque nouveau téléphone ajouté au réseau augmentait la valeur de tous les autres sur ce même réseau et incitait encore davantage les gens qui ne possédaient pas de téléphone à en acheter un. Vers la fin du XXe siècle, Confinity a bénéficié du même effet d'échelle que ceux de la compagnie américaine de téléphone Bell à l'aube du siècle. Chaque vendeur d'enchères eBay acceptant PayPal incitait davantage d'acheteurs à s'inscrire, et chaque nouvel acheteur payant avec PayPal poussait les vendeurs à l'adopter.

Confinity a adopté des mesures stratégiques pour exploiter et développer son réseau eBay. L'équipe a décortiqué les pages Web de ce dernier et élaboré des outils spécialement conçus pour les acheteurs et les vendeurs aux enchères. L'ensemble des fonctionnalités de Confinity comprenait désormais un outil de redimensionnement de logo ainsi qu'une fonctionnalité qui remplissait automatiquement la page de paiement eBay (avec PayPal présélectionné comme option de paiement). Une fonctionnalité appelée « lien automatique » faisait de PayPal l'option de paiement par défaut pour tout vendeur eBay qui avait effectué des transactions avec PayPal ne serait-ce qu'une seule fois. « Cela a augmenté le delta dans des proportions insensées », raconte Yu Pan, faisant référence à l'adoption de PayPal sur eBay.

Pan était affecté exclusivement aux outils du site d'enchères, devenant l'un des nombreux anthropologistes eBay de Confinity. En suivant l'exemple de Pan, l'équipe est allée sur les forums d'eBay et autres forums d'enchères, et a étudié sa communauté *PowerSeller*. David Sacks a également demandé aux membres de l'équipe produit d'acheter des articles sur le site d'eBay. Les nouveaux acheteurs de Confinity se sont réunis pour disséquer chaque étape de l'expérience d'achat, et, plus précisément, le paiement. « Nous devions devenir les utilisateurs », se souvient Denise Aptekar, laquelle a acheté un téléphone fixe qui, malheureusement, s'est retrouvé « couvert de fumée de cigarette ».

L'équipe est elle-même devenue vendeuse. « Nous avions probablement environ un millier d'œillets de bureau et nous arrivions à les vendre, se souvient Oxana Wootton. De temps en temps, quelqu'un en achetait. » Les employés de l'entreprise se rendaient occasionnellement au bureau de poste pour s'occuper des commandes eBay.

Même si les utilisateurs trouvaient le produit PayPal utile, les dirigeants d'eBay voyaient les choses différemment, assimilant le service naissant à un concurrent de Billpoint, l'entreprise de paiement qu'ils avaient récemment acquise. Dès le départ, eBay a pris des mesures pour entraver les efforts de Confinity, notamment en bloquant les scripts que ses ingénieurs exécutaient pour récupérer les pages d'eBay – des blocages qu'elle s'est efforcée de surmonter. « La situation était assez conflictuelle », se souvient David Gausebeck, ingénieur chez Confinity.

Du côté des utilisateurs d'eBay, les mêmes premiers adeptes qui avaient repéré PayPal avaient également remarqué X.com. Et parce qu'elle distribuait aussi de l'argent gratuit (et même plus) les acheteurs et les vendeurs l'ont adopté avec la même ferveur.

Tout comme Levchin, Musk ne voulait pas que son entreprise devienne un fournisseur de paiements par mail comme eBay. Mais il ne pouvait pas ignorer l'explosion de l'utilisation de X.com sur la plateforme (tout comme il ne pouvait pas ignorer non plus le fait qu'elle était à la traîne sur eBay). Alors que Musk suivait les machinations de l'équipe de Confinity, il a commencé à respecter son ingéniosité. « J'ai pensé : *Bon, ces gars-là sont plutôt intelligents* », se souvient Musk.

Il en a conclu que son entreprise devait faire tout son possible pour remporter la victoire sur eBay ; une bataille pour l'avenir des paiements en ligne, selon lui. Pour Musk, vaincre Confinity sur le site de vente l'handicaperait probablement ailleurs. « C'était le seul concurrent. Ce que faisaient les banques était sans espoir », se souvient-il.

C'est ainsi qu'a commencé l'une des batailles les plus féroces et insolites de l'histoire d'Internet : X.com et Confinity ont lancé une guerre de plusieurs semaines pour gagner des clients sur eBay. « C'était une sorte de course pour voir celui qui pourrait manquer d'argent le plus vite », a déclaré Musk avec ironie.

Les deux parties se souviennent des semaines qui ont suivi comme d'une période de désespoir, d'enjeux extrêmement élevés, et de courtes nuits passées dans des sacs de couchage sous les bureaux. Les deux équipes surveillaient leur ennemi en permanence et agissaient en conséquence. « *Il nous faut un meilleur élément widget ! Et merde, maintenant ils ont un meilleur widget !* C'était en quelque sorte la guerre des widgets », se souvient Musk.

La guerre des widgets est vite devenue terrible ; et farouchement personnelle. Pour la fête d'anniversaire de Yu Pan, l'équipe de Confinity apporta un gâteau avec les mots « MEURS X.COM » sur le glaçage. Pendant cette période, Musk a, paraît-il, envoyé un mail mémorable à l'ensemble de ses employés avec l'objet anodin « Une note amicale sur nos concurrents ». Le corps du message ne contenait qu'une seule ligne, dont les destinataires se souviennent comme étant à peu près : « TUEZ-LES, MOUREZ, MOUREZ, MOUREZ ». « Tout le monde était conscient qu'il plaisantait, mais vous savez, il restait debout, s'assurant que nous étions sur la bonne voie, en premier, et que nous inscrivions autant de personnes que possible », a déclaré Douglas Mak, ingénieur chez X.com.

Levchin a accroché une bannière dans le bureau qui disait « *Memento Mori* » avec un logo de X.com. *Memento Mori* est une ancienne maxime philosophique latine qui se traduit par « Souviens-toi que tu vas mourir ». Normalement, c'est un rappel du grand clarificateur de la vie, mais pour Levchin, la bannière servait à rappeler à l'équipe de Confinity le grand clarificateur juste à côté : X.com. Certains pensent que la bannière n'était pas vraiment utile. « Nous n'allions pas oublier le *memento mori* », avait dit Nosek.

■ ■ ■

Musk a trouvé, en Levchin et Thiel, quelque chose qu'il a rarement rencontré : des concurrents aussi assoifés de victoire que lui. *Ces gens de PayPal [sont des adversaires] de taille*, se disait Musk. À propos de la rapidité des déploiements du code PayPal de Levchin, en particulier. « J'étais vraiment impressionné. Je suis plutôt bon en technologie. Donc, si quelqu'un se maintient à mon niveau : *Ouah. Respect.* »

Malgré la vitesse de Levchin, Musk restait convaincu que sa création finirait par triompher. Son entreprise avait davantage de fonds que sa concurrente et pouvait en lever plus si nécessaire. Il bénéficiait également d'une équipe de qualité, comprenant les meilleurs talents venus d'institutions établies. X.com avait le soutien d'une des plus grandes sociétés de capital-risque au monde, l'attention de la presse et, selon lui, un nom bien supérieur.

Le sentiment de confiance de Musk s'est répandu au sein de son équipe. « Je pense qu'en général, nous avons cru pouvoir leur survivre parce que, à l'époque, nous avions plus d'argent », se souvient Julie Anderson. En conséquence, X.com ne partageait pas le même niveau de paranoïa sur les idées et les plans volés. « Nous étions très honnêtes dans ce que nous faisions, se souvient Colin Catlan, ingénieur chez X.com. Elon n'est pas une mauviette. »

Pour sa part, l'équipe de Confinity oscillait entre inquiétude et confiance. « C'était incroyablement excitant, et incroyablement effrayant », assure Thiel. « Nous allons tous conquérir le monde – et nous allons tous mourir. » Pan se souvient que Confinity avait initialement rejeté X.com pour son manque de technologie mobile. « Nous pensions : *Ouais, ils n'ont pas de solution Palm !* »

Alors que la concurrence s'intensifiait, Levchin est devenu nerveux. Il ne connaissait pas bien Elon Musk mais ce qu'il en savait provoquait une certaine angoisse. Il lui était parvenu, par exemple, que Musk avait vendu Zip2 pour plusieurs centaines de millions de dollars et qu'il roulait au volant d'une McLaren F1. Levchin, en revanche, vivait encore dans un studio et « n'avait pas pu se payer l'AAA ». « On était vraiment sur un truc : *Oooh, ce type a du succès et je ne sais pas vraiment ce que je fais* », se souvient-il. L'équipe de Confinity aussi pensait que le conflit était inégal. « Elon avait déjà gagné beaucoup d'argent. [X.com était] soutenue par Sequoia [...] C'était un animal bien différent de Nokia. Ils avaient beaucoup plus de moyens et une plus grande puissance de feu que nous », se souvient Jack Selby.

Bien avant bon nombre de ses collègues, Thiel a considéré X.com comme une menace existentielle. « Peter aime affronter les choses. Il aime savoir s'il a tort, dit Nosek. Il est constamment en train de chercher comment les choses pourraient s'interrompre, comment elles pourraient échouer. Bien plus, en tout cas, et de façon beaucoup plus proactive que de nombreux entrepreneurs que je connais. » Thiel savait que X.com pourrait simplement anéantir Confinity. « Peter a été fort pour reconnaître qu'ils pouvaient constituer une vraie menace », a dit Malloy.

Et Thiel n'aimait pas perdre. « Montre-moi un bon perdant, et je te montrerai un perdant », a-t-il dit un jour à un employé de Confinity. L'instinct de compétition de Thiel a été aiguisé par le jeu d'échecs. David Wallace avait été brièvement son colocataire et il se souvient que Thiel se handicapait lui-même lorsqu'ils jouaient – jusqu'à un certain point. « Il enlevait sa reine du plateau, et il me battait quand même. Il sortait sa reine et une tour, et il me battait encore… Puis il a retiré sa reine et les deux tours du plateau, et je l'ai fini par le battre. Et nous n'avons plus jamais joué. »

Les adversaires de Thiel parlent d'un style de jeu agressif. « Il était impitoyable », se souvient Ed Bogas, un autre joueur. « Il n'y avait pas d'humour dans le jeu d'échecs. » Bogas a affronté Thiel dans certains tournois en Californie ; et ce qu'il a vu sur les échiquiers l'a amené à participer à la première levée de fonds de Confinity.

Mais il y avait les échecs et il y avait les affaires : en affaires, il n'est pas toujours payant de laisser l'instinct de compétition prendre le pas sur la raison. Le nombre d'utilisateurs de Confinity augmentait, mais les primes liées à cette croissance ont accéléré son taux d'absorption de liquidités. En outre, la croissance de l'équipe avait gonflé sa masse salariale. Les dépenses de l'entreprise n'étaient pas viables et même l'avantage qu'elles conféraient (une base d'utilisateurs d'eBay légèrement plus grande) constituait une piètre police d'assurance. Si les dirigeants d'eBay se réveillaient un matin et décidaient d'interdire les systèmes de paiement tiers, X.com pouvait toujours s'appuyer sur ses produits d'investissement et ses produits bancaires. Confinity, pendant ce temps, en serait réduite aux perspectives douteuses de son application PalmPilot.

En plus de s'affronter sur eBay, les deux concurrentes ont également commencé à se disputer des contrats de développement commercial. Confinity proposait de s'associer à des sites Web établis en leur fournissant des services de paiement ou en les rémunérant pour le trafic entrant vers PayPal.com. En approchant des partenaires potentiels, l'équipe a souvent découvert que X.com était déjà passé par là et était prête à payer plus pour des accords. « On n'arrêtait pas de courir après eux. Cela a commencé à compliquer les choses », se souvient Howery.

Fin décembre, X.com et Confinity ont ouvert des discussions avec Yahoo. Ce qui a commencé comme une négociation de développement commercial a rapidement évolué en quelque chose de plus sérieux lorsque Yahoo a évoqué l'idée d'acquérir l'une des entreprises. Là aussi, Confinity était en danger. Si Yahoo rachetait X.com, alors le portail pourrait utiliser ses milliards de dollars en capitaux sur le marché et son influence pour achever Confinity. Le fait que l'investisseur principal de la banque en ligne, Mike Moritz, siège au conseil d'administration de Yahoo n'a pas arrangé les choses.

Et si tout cela ne suffisait pas, Thiel prévoyait également des risques liés au marché pour l'année à venir. Le battage médiatique sur Internet avait atteint son apogée : des sociétés internet tout juste cotées en bourse comme Priceline.com avaient plus de valeur sur le papier que l'ensemble de l'industrie aérienne, etc. Confinity en était un exemple vivant : elle n'avait aucun modèle de revenus viable, elle donnait de l'argent à tour de bras, et était pourtant considérée comme une réussite de l'Internet.

« Que les choses soient claires, ce dont nous sommes témoins est, en effet, la plus grande bulle financière de l'histoire », a écrit un investisseur au sommet du marché en 1999. « Les dérives financières indescriptibles, l'augmentation massive de la dette, l'utilisation monstrueuse de l'effet de levier, l'effondrement de l'épargne privée, les déficits incroyables des comptes courants et le gonflement des actifs des banques centrales décrivent tous les très graves déséquilibres financiers qu'aucune révision statistique ni aucun battage médiatique de CNBC ne peuvent effacer.

Thiel craignait que Confinity ne survive pas à l'éclatement de la bulle internet. Il a repensé au processus « atroce » de collecte de fonds au cours duquel lui et l'équipe de Confinity avaient essuyé des refus plus d'une centaine de fois. Si le marché se dégradait, lever des capitaux deviendrait encore plus horrible.

Face à un marché chancelant et un concurrent sans pitié, Thiel et d'autres membres de l'entreprise ont commencé à envisager une autre voie. « Beaucoup d'entre nous en sont venus à la conclusion que ce serait un marché où le gagnant emporte le tout et qu'il n'y aurait donc qu'une une seule entreprise. Ou nous nous perdrions tous les deux dans l'oubli », a déclaré Ken Howery, l'un des cofondateurs de Confinity.

Les tactiques de l'entreprise X.com ont légèrement changé. Vince Sollitto, le directeur de la communication chez Confinity, est passé maître dans l'art de la politique. « Mon instinct me disait d'essayer de trouver des moyens de critiquer et de discréditer X.com », a-t-il dit. Mais David Sacks lui a demandé de se calmer. « Je me souviens de David me prenant à part et me disant : "Écoute, tu peux faire ce que tu veux en relations publiques, mais ne dénigre pas X.com." » Sollito a réalisé que les deux entreprises étaient en pourparlers pour fusionner.

■ ■ ■

À quelques rues de là, chez la concurrence, le PDG Bill Harris n'était pas tranquille. « Nous avions tous les deux la même taille et la même vitesse de croissance. Nous nous serions détruits en nous faisant concurrence », se souvient Harris. Il s'est rendu compte de la situation : deux réseaux de paiement s'adressant au même marché ne pouvaient pas atteindre une taille suffisante simultanément. « Les vrais réseaux sont une activité naturellement monopolistique », explique Harris.

Harris a senti que le moment était venu. Il a demandé la tenue d'une réunion formelle entre Confinity et X.com. Réunis chez Evvia Estiatorio, un restaurant chic de Palo Alto, Thiel et Levchin se sont assis en face de Harris et Musk. L'ambiance était tendue. « Bill était en costume cravate et, vous savez, Elon avait vendu son entreprise pour trois cents millions de dollars, se souvient Levchin. Ils essayaient de nous intimider. » La conversation a commencé avec des plaisanteries et sur un mode informel, mais avec un soupçon de curiosité. « C'était quelque chose du genre : "Combien d'utilisateurs *avez-vous* ?".

Puis Harris a abordé le sujet principal : et si les deux entreprises évitaient de se détruire mutuellement et joignaient plutôt leurs forces ? Thiel a demandé à Harris quels termes ils avaient en tête pour un tel accord. Musk a présenté une première offre : X.com acquerrait Confinity, et l'équipe de cette dernière recevrait 8 % de la valeur combinée des entreprises.

L'offre, plutôt maigre, a étonné Levchin. « Je ne savais pas si j'étais censé parler mais je n'étais définitivement pas partant pour ça », se souvient-il. Les cofondateurs de Confinity ont poliment quitté la réunion, mais en précisant toutefois qu'ils considéraient les conditions comme déséquilibrées. Pete Buhl et John Malloy, ses investisseurs, ont assisté à une réunion ultérieure au restaurant Il Fornaio, et ont refusé les conditions trop basses. « Nous sommes sortis de la salle et avons dit : "Il n'y a pas moyen" », se rappelle Buhl.

Pour Malloy, les faibles offres ont renforcé l'argument selon lequel Confinity devrait aller de l'avant par ses propres moyens. « 8 %. J'étais fou de rage », se souvient Malloy, en hochant la tête. « Au contraire, *nous* devrions *les* acheter, et nous ne devrions même pas les acheter. »

Malloy était certain que Confinity était sous-évaluée. « Notre valeur était tellement plus élevée grâce à l'équipe, mais [elle-même] ne le voyait pas parce que ses membres n'avaient pas confiance en eux, se souvient Malloy. J'avais une foi en eux qu'ils n'avaient peut-être pas encore, ce qui est ironique parce qu'ils sont tous sacrément intelligents. »

Malloy comparait l'obsession de Confinity pour X.com à la « fixation de cible » d'un pilote de chasse, un phénomène pendant lequel le pilote se concentre entièrement sur sa cible – et la heurte par inadvertance ou ignore une menace proche. « Ils étaient trop focalisés sur la concurrence, de manière immature. Et à chaque fois que je voyais un indicateur, je pensais que nous les surpassions. Alors pourquoi est-ce qu'on parlait tout le temps de ces gars-là ? », se souvient Malloy. « C'était devenu une obsession. »

Malloy a fait un lobbying acharné contre une fusion, et s'est empressé de souligner qu'une acquisition par X.com forcerait Thiel et Levchin à céder à un modèle d'affaires axé sur les services bancaires dont ils s'étaient auparavant moqués. « Maintenant, vous me dites que ces types sont tellement bien gérés, mais vous revenez à un modèle d'affaires dont vous m'avez déjà dit qu'il conduirait à la faillite ?, a dit Malloy. J'essayais d'utiliser cela comme un argument pour ne pas fusionner du tout. »

Malgré le scepticisme de Malloy, au cours des semaines qui ont suivi, Thiel l'a convaincu que la fusion était la seule option. Confinity allait bientôt manquer de fonds et il était probable qu'elle soit dépassée par X.com. Malloy a donc ravalé ses doutes et s'est efforcé d'obtenir le meilleur accord possible.

Selon de multiples témoignages, Malloy a mené une affaire difficile. « Mike [Moritz] est un dur à cuire », a dit Malloy à propos de l'investisseur principal de X.com ; et Malloy l'était aussi. Pendant les réunions, il feignait la distraction et le désintérêt. « J'avais l'impression qu'ils essayaient de conclure un marché rapidement. J'étais un peu du genre : «Ce n'est pas comme ça que ça va marcher, les gars», se souvient Malloy. Je pensais qu'ils essayaient de bousculer des gens inexpérimentés. »

Pour s'assurer un poids dans les négociations, Thiel a demandé à Luke Nosek « d'appuyer sur l'accélérateur aussi fort que possible » pour acquérir de nouveaux utilisateurs eBay. À mesure que les jours passaient, l'argent dans les coffres des deux entreprises diminuait, et la pression pour parvenir à un accord augmentait. Mais Confinity a vu de l'espoir : tandis que le nombre d'utilisateurs de PayPal ne cessait de progresser, le pourcentage des offres de X.com grimpait en continu.

■ ■ ■

Musk demeurait sceptique à l'égard de toute fusion. Même s'il avait été impressionné par la combativité de Confinity, il maintenait que X.com était une entreprise fondamentalement différente ; et, surtout, supérieure. « J'avais l'impression que ces gars étaient vraiment intelligents, mais que nous pouvions encore les battre », se souvient Musk. Malgré l'avance de Confinity sur eBay, la banque en ligne avait acquis davantage de comptes hors eBay. « X était devant. Nous avions dépensé plus, mais nous étions en avance », a déclaré Musk.

Ayant vécu l'échec de la fusion de Citysearch et Zip2 au début de sa carrière, Musk n'a pas caché son scepticisme. « Elon était un partenaire réticent et il disait : "[Ces fusions] fonctionnement rarement, et nous pouvons gagner" », se souvient Bill Harris.

Harris a néanmoins continué à avancer. Les duos de cadres ont commencé à passer davantage de temps ensemble. Levchin a trouvé Harris sympathique et poli. Il a aussi appris à respecter Musk. *J'aime vraiment ce type, Elon,* pensait Levchin. « Il est visiblement complètement fou, mais il est vraiment, vraiment intelligent. Et j'aime vraiment les gens intelligents. »

Finalement, les deux parties sont parvenues à un accord provisoire durement gagné. Alors que Confinity resterait le partenaire minoritaire, ce qui avait commencé comme une acquisition 92-8 s'est conclu par une acquisition 55-45. Levchin était toujours « déçu » que les conditions restent défavorables à son entreprise, mais Thiel l'avait convaincu que c'était la bonne voie – et mieux qu'une mort presque certaine.

D'autres ont salué l'accord, voyant le potentiel. « Mike Moritz est venu me dire que c'était une fusion pour la postérité, que ce serait la fusion la plus importante de l'histoire de la Silicon Valley », se souvient Levchin. Moritz lui a expliqué que si la fusion se concrétisait, il ne vendrait jamais une seule action de la société issue du regroupement.

Un acteur clé ne partageait pas cet enthousiasme. Elon Musk voyait l'acquisition comme une reddition dans une guerre gagnable. Mettre Confinity sur un pied d'égalité avec sa propre entreprise était déjà assez difficile, mais encore plus en considérant son avance sur les comptes hors eBay. Il ne s'inquiétait pas trop des tendances du marché, de la croissance du nombre d'utilisateurs, du taux d'usure ou de l'environnement concurrentiel ; X.com aurait pu gagner grâce à sa volonté et ses compétences.

À un moment inopportun, la frustration accumulée par Musk est apparue. Levchin visitait le bureau de X.com lorsque Musk a laissé échapper que Confinity obtenait un « putain d'accord ». « Mon sang n'a fait qu'un tour et j'ai pensé : *C'est annulé,* se souvient Levchin. Si c'est un partenariat, c'est un partenariat. Si vous pensez que c'est un vol, ça ne marchera pas. » Levchin a appelé Thiel pour lui dire que l'accord était annulé. Il ne voulait pas être considéré comme une action de charité ou un associé minoritaire.

Lorsque la nouvelle de la rupture est parvenue à Bill Harris, celui-ci est passé en mode négociateur. Il a appelé Levchin et lui a dit qu'ils devraient se rencontrer pour discuter des modalités. « Bill, je ne pense pas que nous allions faire quoi que ce soit », a répondu Levchin. Harris lui a demandé où il se trouvait, et Levchin lui a répondu qu'il faisait la lessive chez lui. Harris lui a dit de ne pas bouger. « Je t'aiderai à plier », a-t-il promis.

Harris est arrivé chez Levchin au 469 Grant Avenue et, dans la buanderie, ce dernier lui a raconté ce qu'il avait dit à Thiel. « Je ne pense pas que cela fonctionne si vous nous considérez comme des personnes qui partent avec votre capital. Ça ne peut pas être un bon partenariat sur long terme, se souvient Levchin.

— Et si on disait cinquante-cinquante ? Et si nous étions des partenaires à part égale ?

— Alors il serait difficile de prétendre après coup que quiconque a été volé, a reconnu Levchin.

— Si cela te convient, je vais faire en sorte que ça marche », a répondu Harris. Levchin a confirmé à Harris qu'il serait favorable à un partenariat à 50-50, mais a demandé ce que dirait Musk, compte-tenu de son manque d'enthousiasme pour la répartition à 55-45. Harris lui a dit de ne pas s'inquiéter, il recollerait les morceaux de l'accord.

■ ■ ■

Jusqu'à aujourd'hui, Harris est circonspect lorsqu'il parle de ce qui s'est passé ensuite. Musk ne l'est pas : « J'étais du genre : "Va te faire foutre. Nous allons simplement tuer [Confinity]". » « Si Confinity n'acceptait pas un partenariat minoritaire, c'était leur problème, selon lui. C'était un peu : *OK, retour au* hack-and-slash[49] *sur la croissance du compte,* » a déclaré Musk.

Harris a répondu en lâchant une bombe : il a affirmé à Musk qu'en l'absence d'accord entre les deux entreprises, il démissionnerait de son poste de PDG. Musk se souvient avoir dit : « Bill, nous avons besoin de lever des fonds. Et tu me mets un flingue sur la tempe en me disant que si nous ne concluons pas cet accord, alors, le PDG de l'entreprise va partir. Et nous sommes littéralement au

49. Terme utilisé dans le domaine du jeu vidéo pour désigner les jeux de rôle dont le *gameplay* se focalise sur le combat contre des hordes de monstres qui permettent au joueur d'améliorer son personnage en engrangeant des points d'expérience

milieu d'un tour de table. C'est une situation très difficile. Cela pourrait bien tuer l'entreprise. »

Harris est resté ferme ; ne laissant à Musk d'autre choix que de céder. « La raison pour laquelle j'ai accepté le cinquante-cinquante, c'est parce Bill Harris a dit qu'il démissionnerait si je ne le faisais pas. Sinon, je n'allais pas conclure l'affaire », a raconté Musk.

Du point de vue de Harris, il n'y avait simplement pas d'autre option. « Y aurait-il eu un [seul] gagnant ? Oui. Mais cela aurait pris beaucoup plus de temps et des ressources considérables pour y parvenir. Et on ne sait pas du tout quel côté aurait gagné. »

Pour Harris, la fusion n'était pas seulement défensive – c'était une attaque stratégique. Il a cité la Loi de Metcalfe. Conçue dans les années 80 par Robert Metcalfe, l'inventeur d'Ethernet, l'idée de base était simple : la valeur d'un réseau croît par le carré de la taille du réseau. Si un réseau informatique contient cinq appareils, le réseau total a une valeur de 25 – 5 au carré ; s'il est constitué de mille appareils, le réseau a une valeur de 1 000 000 – 1 000 au carré. Selon Metcalfe, le plus grand réseau a 200 fois plus d'appareils, mais sa valeur est 40 000 fois plus élevée.

Valable pour les téléphones, les fax et le Web, la loi de Metcalfe s'appliquait également aux paiements. « C'est le volume qui l'emporte, explique Harris. Personne ne veut faire partie d'un système de paiement où il n'y a personne à payer. Et personne ne veut être bénéficiaire d'un système de paiement où personne ne paie. Tout est donc une question de taille. » Malgré les protestations de Musk, Harris estimait que la fusion était la seule solution ; même s'il a fallu un ultimatum pour y parvenir.

■ ■ ■

Quiconque envisageant la fusion de X.com et de Confinity aurait pu être pardonné d'avoir prédit la catastrophe. Le fondateur de la première, Elon Musk, y était opposé. John Malloy, l'investisseur principal de Confinity, se montrait sceptique à ce sujet. Max Levchin, directeur technique, l'avait annulée une fois auparavant. Et le PDG de X.com, Bill Harris, était en permanence en mauvais termes avec Musk pour que la fusion ait lieu. « C'était toujours une trêve difficile », a dit Malloy.

Le mariage forcé a donné naissance à un jeu de société populaire chez PayPal : Qu'est-ce qui aurait pu se passer ? Qui aurait gagné la guerre d'eBay ? Confinity aurait-elle fait faillite sans X.com ? Mais les scénarios imaginaires viendraient plus tard. Pour l'instant, les cadres et leurs équipes respectives avaient la lourde tâche de marier les deux start-up. Bien que Harris et Levchin se soient serré la main sur du linge encore chaud, ni l'un ni l'autre n'avait réglé les détails les plus importants.

Ce qui a suivi leur a permis de tirer de précieuses leçons sur les fusions ; ce qui les fait fonctionner et ce qui les fait échouer. « Une fusion, ce n'est pas deux entreprises qui s'associent. C'est en fait plus proche de l'embauche de cinquante personnes, sans les avoir vues », fait remarquer Luke Nosek.

10

CRASH

Au début de l'année 2000, Thiel et Musk devaient rencontrer Mike Moritz dans les bureaux de Sequoia, au 2800 Sand Hill Road à Menlo Park, pour parler de la fusion. Musk a proposé à Thiel de le conduire depuis Palo Alto.

L'année précédente, Musk avait acheté une Magnesium Silver McLaren F1, Chassis #067, à Gerd Petrik, un dirigeant de l'industrie pharmaceutique allemande. Cette voiture de sport d'un million de dollars, dotée de portes papillons et d'un compartiment moteur recouvert à la feuille d'or était pour Musk une « œuvre d'art » et une « très belle pièce d'ingénierie ». Même chez McLaren, la #067 était caractéristique – une des sept McLaren F1 autorisée à rouler aux États-Unis à l'époque.

McLaren a modelé l'architecture du véhicule sur les voitures de Formule 1, et s'est fixé la noble ambition de construire la meilleure voiture du monde. À sa sortie, la McLaren a été acclamée par tous. « La F1 restera dans les mémoires comme l'un des grands événements de l'histoire de la voiture. Et c'est peut-être la voiture de série la plus rapide que le monde ait jamais vue », a écrit une revue.

La voiture affichait un poids faible, mais annonçait une puissance de plus de 600 chevaux. « Imaginez une voiture qui pèse autant qu'une Miata[50], mais quatre fois plus puissante », a dit Erik Reynolds, l'un des plus grands fans de McLaren au monde. En raison de son faible rapport poids-puissance, la voiture pouvait atteindre des vitesses de plus de 320 kilomètres à l'heure.

---

50. Mazda MX5- en Europe

Mais cette puissance la rendait également dangereuse pour les conducteurs inexpérimentés. Un de ses propriétaires, l'acteur britannique Rowan Atkinson, est connu pour avoir eu deux accidents avec sa McLaren. À peu près au moment où Musk a finalisé son achat de la F1, un jeune entrepreneur britannique qui venait de quitter sa start-up a perdu la vie avec ses deux passagers en heurtant un arbre au volant de la sienne. « La McLaren oblige à la retenue, avertissait *Car and Driver* dans son article, par ailleurs élogieux, parce qu'il n'y a pas moyen de la conduire officiellement et, en même temps, de commencer à tester toute l'étendue de sa puissance et de sa vitesse ».

Lorsque Musk a réceptionné sa F1, CNN était là pour couvrir l'événement. « Il y a tout juste trois ans, je me douchais au YMCA et je dormais par terre au bureau, a-t-il déclaré, tout penaud, devant la caméra. Et maintenant, de toute évidence, j'ai une voiture à 1 million de dollars [...] c'est juste un moment dans ma vie. » Alors que d'autres propriétaires de McLaren F1 autour du monde (le Sultan de Brunei, Wyclef Jean et Jay Leno, parmi d'autres) pouvaient confortablement se le permettre, l'achat de Musk a lourdement entamé son compte en banque. Et, contrairement aux autres propriétaires, lui conduisait sa voiture pour aller travailler – et il a refusé de l'assurer.

Alors que Musk conduisait Thiel sur Sand Hill Road dans la F1, la voiture était le sujet de conversation. « C'était comme ce film d'Hitchcock, où nous parlons de la voiture pendant quinze minutes. Nous sommes censés nous préparer pour la réunion et nous parlons de la voiture », se souvient Thiel.

Durant le trajet, Thiel a regardé Musk et aurait demandé : « Alors, qu'est-ce qu'elle peut faire ?

— Regarde ça, a répondu Musk, en appuyant sur l'accélérateur tout en amorçant un changement de voie sur Sand Hill Road.

Rétrospectivement, Musk a reconnu qu'il a été dépassé par la F1. « Je ne savais pas vraiment conduire la voiture. Il n'y a pas de système de stabilité. Pas de contrôle de traction. Et elle a tellement de puissance que vous pouvez libérer les roues à seulement 80 km/h. »

Thiel se souvient de la rapidité avec laquelle s'approcha la voiture devant eux – puis de Musk faisant des embardées pour l'éviter.

La McLaren a heurté un talus, a été projetée en l'air (« comme un disque », selon Musk) et puis s'est violemment écrasé au sol. « Les gens qui ont vu l'accident ont pensé que nous allions mourir. »

Thiel ne portait pas de ceinture de sécurité mais, étonnamment, ni lui ni Musk n'ont été blessés. L'« œuvre d'art » de Musk ne s'en était pas aussi bien sorti, ayant pris une tournure nettement cubiste. Après cette expérience de mort imminente, Thiel a dépoussiéré ses vêtements sur le bord de la route puis il a fait du stop jusqu'aux bureaux de Sequoia où il a été rejoint par Elon un peu plus tard.

Bill Harris, le PDG de X.com, attendait aussi dans les bureaux de Sequoia, et il s'est souvenu que Thiel et Musk étaient tous les deux en retard mais n'avaient fourni aucune explication. « Ils ne me l'ont jamais dit, nous avons simplement enchaîné sur la réunion. »

En y réfléchissant, Musk a trouvé que l'expérience ne manquait pas d'humour. « Je pense qu'on peut dire que Peter ne montera plus en voiture avec moi. » Thiel a aussi trouvé un peu de légèreté au moment qu'ils avaient vécu. « J'ai réussi à décoller avec Elon, mais pas dans une fusée[51] », a-t-il plaisanté,

■ ■ ■

Rouler ensemble, non, mais Thiel et Musk faisaient maintenant la route ensemble, pour le moment professionnellement, en tant que collègues de X.com.

Sur le papier et dans la presse, l'entreprise semblait disposer de beaucoup d'atouts : une équipe de technologues talentueux, une base de près d'un demi-million d'utilisateurs en croissance rapide et une direction composée de l'ancien PDG d'Intuit et d'un entrepreneur se targuant d'une sortie à neuf chiffres de sa dernière start-up.

51. Musk a conservé la McLaren pendant plusieurs années. La voiture a également eu une vie compliquée – mais en fin de compte rédemptrice – après Musk. Comme le rapporte l'un des organisateurs du Tour du 25e anniversaire du Club des propriétaires de McLaren F1 : « Le troisième propriétaire a acheté la voiture en 2007, l'a gardée en de bonnes mains et l'a conduite pendant quelques mois. Il a cependant rencontré de gros problèmes lorsque la voiture a pris feu en raison d'un problème catalytique à Santa Rosa, aux États-Unis, en 2009. Sévèrement endommagée, elle a été envoyée au MSO (McLaren Special Operations) pour être entièrement reconstruite. MSO et McLaren ont réussi à restaurer la voiture et, heureusement, elle a conservé son châssis d'origine en fibre de carbone. Les travaux de réparation ont duré un an et la voiture a été retournée à son propriétaire, qui la possède aujourd'hui. Il a eu la gentillesse de l'amener au Tour pour le 25e anniversaire du Club des propriétaires de McLaren F1 dans le sud de la France en 2017. »

Grâce à leur fusion, les entreprises ont pu présenter un argumentaire de poids : en neutralisant leur ancien concurrent principal, en réunissant leurs bases d'utilisateurs et en tirant parti des effets de réseau, la société fusionnée pourrait s'emparer de l'ensemble du marché des paiements en ligne. Même au moment où les modalités de la fusion étaient en cours de finalisation, Bill Harris a demandé à Levchin de dire à Yahoo qu'il n'y avait plus d'accord possible avec les deux entreprises. « La chose la plus importante était la création d'un front uni », a expliqué Levchin devant un auditoire à Stanford, des années plus tard.

Lorsque la nouvelle de la fusion a filtré, une nouvelle cliente de PayPal a écrit à Julie Anderson, de X.com, et à Vince Sollitto, directeur des relations publiques de Confinity, pour leur faire part de ses impressions positives sur la fusion, qu'elle qualifiait de « gagnant-gagnant ».

> La dernière chose que je veux voir sur eBay (où je *vends et* achète), c'est un djihad du style BETA/VHS entre PayPal et X.com. Recevoir le paiement d'un acheteur immédiatement via PayPal est infiniment mieux que d'attendre un chèque, puis qu'il soit encaissé [...] Tous ceux qui travaillent dans le monde de l'informatique savent que « les normes sont importantes », et si vous devenez la norme de facto, cela facilitera la vie de beaucoup de gens. Le revers de la médaille, c'est que si vous êtes la norme, vous avez une énorme responsabilité envers vos utilisateurs, davantage que s'il existe de nombreuses alternatives à votre produit.

Toutes les réactions n'ont pas été aussi positives. Les utilisateurs d'eBay ont peut-être été satisfaits de la fusion, mais la société eBay a senti une menace. Ils avaient aussi une réponse en préparation. Juste après l'annonce de la fusion, eBay a annoncé un partenariat avec Wells Fargo pour gérer sa plateforme de paiement Billpoint. Elle a également présenté un partenariat avec Visa, promettant trois mois gratuits aux utilisateurs de ce service de paiement.

C'était une bonne nouvelle pour de nombreux utilisateurs d'eBay. « La principale objection formulée par les vendeurs au sujet du système Billpoint, c'était son coût », a dit Rodrigo Sales, le cofondateur d'AuctionWatch, l'une des plaques tournantes de l'actualité des ventes aux enchères sur Internet. « C'est pour cela que des entreprises qui offraient des services de paiement gratuits, comme PayPal et X.com, ont été bien accueillies par la communauté eBay. » En fait, les partenariats avec Visa et Wells Fargo semblaient n'avoir qu'un seul but : récupérer du terrain par rapport à X.com et au PayPal de Confinity.

La croissance rapide du nombre d'utilisateurs de X.com et Confinity a également engendré des imitateurs. En mars 2000, l'une des plus grandes banques du pays, Bank One, basée à Chicago, a lancé eMoneyMail. Le même mois, Yahoo a fait l'acquisition de dotBank, une autre plateforme de paiement de pair à pair. Même IdeaLab Capital Partners, un des propres investisseurs de Confinity, a financé un produit concurrent appelé PayMe.com.

■ ■ ■

Comme si cela ne suffisait pas, la carte maîtresse de X.com (la croissance explosive des clients) était à la fois une bénédiction et une malédiction. Toujours plus d'utilisateurs signifiait toujours plus de plaintes. Les forums de discussion d'eBay et d'autres sites de vente aux enchères en regorgeaient lorsque X.com ou PayPal tombait en panne, que les bonus n'étaient pas versés ou qu'un paiement se passait mal.

Bientôt, les entreprises ont dû faire face à l'examen supplémentaire des régulateurs gouvernementaux. L'accumulation de plaintes d'utilisateurs a suscité une enquête de la Federal Trade Commission[52] et les services secrets américains se sont inquiétés de l'utilisation de PayPal dans des transactions illégales. Pendant ce temps, les clients des deux entreprises affluaient à raison de centaines par heure, un taux de croissance qui entravait les efforts pour mettre de l'ordre dans le chaos.

La fusion elle-même n'a guère favorisé le calme. À l'exception de l'ancien PDG d'Intuit, Bill Harris, les deux équipes avaient une

52. La Federal Trade Commission est une agence indépendante du gouvernement des États-Unis, créée en 1914 par le Federal Trade Commission Act. Sa mission principale est l'application du droit de la consommation et le contrôle des pratiques commerciales anticoncurrentielles, telles que les monopoles déloyaux.

expérience de gestion minimale sur laquelle s'appuyer, et encore moins de fusions. X.com et Confinity disposaient de bases d'utilisateurs et de sites Web distincts, et elles avaient construit leurs services sur des plateformes de développement différentes, X.com sur Microsoft Windows et Confinity sur Linux.

Si cela ne suffisait pas, la fusion devait se conclure rapidement. Une fois que les deux entreprises sont parvenues à un accord, ni Thiel ou Harris n'ont voulu risquer de perturber l'arrangement fragile ; une préoccupation motivée en partie par la recherche de fonds. Les deux sociétés avaient essayé d'en lever avant les négociations ; plus vite elles pourraient conclure l'accord, plus tôt elles pourraient le faire ensemble.

Les candidats à qui l'on avait proposé de rejoindre une entreprise pendant cette période se sont vu dire qu'ils allaient plutôt rejoindre une nouvelle entreprise, plus grande. L'un d'eux se souvient que Levchin l'a incité à accepter rapidement l'offre de Confinity pour bénéficier de la distribution d'actions avant la fusion. Des questions essentielles, comme le nom du produit phare de l'entreprise, demeuraient sans réponse. « Je me souviens d'*heures* de débats au sujet du logo, a déclaré Amy Rowe Klement. Par exemple, comment voulons-nous présenter le logo combiné ? » Les deux parties sont convenues que X.com serait le nom officiel de l'entité post-fusion et que Confinity serait retirée ; mais que deviendrait PayPal ?

Il a été proposé d'appeler le produit « X-PayPal » : un préfixe qui évoquait la vision de Musk de X.com comme une plaque tournante pour les produits et services financiers de toutes sortes. Dans un mail du 18 mars 2000, Bill Harris a souligné le potentiel d'une famille de marques X (comprenant X-Fund, X-Click, X-Card, X-Check et X-Account). Mais pour le contingent de Confinity, le trait d'union qui séparait X et « PayPal » renforçait les craintes d'être relégués à une position d'associé minoritaire.

La procédure de diligence raisonnable de la fusion a révélé des drapeaux rouges des deux côtés. Selon plusieurs cadres supérieurs, le jour de la fusion, X.com devait immédiatement injecter des liquidités dans les coffres de Confinity. Bien que cette dernière ait réalisé une autre levée de fonds début 2000, sa croissance rapide avait grignoté une grande partie de cet argent.

X.com avait ses propres problèmes. Pour développer sa clientèle, elle avait donné des lignes de crédit à des clients potentiels, dans le cadre de son projet de gamme complète de produits de services financiers. Mais au vu de son développement aussi rapide, la souscription appropriée a été reléguée au second plan. « Nous avons accordé des lignes de crédit à des personnes qui n'étaient pas réelles ou bien qui avaient usurpé l'identité de quelqu'un d'autre, explique Ken Miller. Et puis, accessoirement, nous accordions des lignes de crédit ou des crédits trop élevés à des personnes bien réelles mais qui ne le méritaient pas. »

Les deux entreprises ont fini par accepter ces inconvénients comme le prix à payer pour réaliser une opération cruciale qui les rendrait théoriquement plus fortes ensemble que séparément. Mais la fusion n'avait pas résolu un problème fondamental : le taux d'absorption combiné de la nouvelle entité. La société commune était sur le point de dépenser près de 25 millions de dollars rien que sur ce trimestre, avec les salaires, les primes, les frais de cartes de crédit et les fraudes qui ravageaient son bilan. « Si nous étions sur le toit de notre immeuble en train de jeter des liasses de billets de 100 dollars dans la rue, nous aurions dépensé de l'argent moins [rapidement] », a fait remarquer Reid Hoffman.

Musk se souvient de la myriade de crises qui se sont télescopées au moment de la fusion. « Si le problème de fraude n'est pas résolu, nous allons mourir. Si le problème du service client n'est pas réglé, nous allons mourir [...] Si nous n'avons pas de modèle de revenus ([autrement dit] si notre activité ne consiste qu'en des coûts et pas de revenus), il est évident que nous allons mourir. »

■ ■ ■

Les deux équipes avaient été préparées à une bataille héroïque pour la suprématie, avec des gâteaux morbides, de sombres bannières et des mails tranchants. Maintenant, quelques semaines plus tard seulement, les équipes devaient s'unir pour former une famille heureuse et en pleine croissance. Beaucoup se sentaient nerveux à cette perspective.

Fin février, la nouvelle de la fusion s'est répandue depuis les grands pontes jusqu'aux subalternes ; et pour beaucoup, ce fut une surprise. « À l'époque, je pense qu'ils [les gens de Confinity] croyaient travailler dur contre nous. Et nous, nous pensions : *Eh, nous sommes devant, et nous écraserons toujours tous ceux qui nous précèdent,* se souvient Colin Catlan, ingénieur chez X.com. Et donc les gens de X.com ont été un peu choqués de devoir s'intégrer. »

L'histoire de la fusion différait selon que c'était l'équipe de Confinity ou celle de X.com qui la racontait. « En interne, on nous a fait comprendre que notre offre était bien supérieure, se souvient David Gausebeck, ingénieur chez Confinity. X.com offre du crédit et a un taux par défaut horrible, ils perdent beaucoup d'argent et ils ont tous ces problèmes ; et nous, nous sommes en excellente position par rapport à eux. Mais comme nous ne sommes pas les seuls sur le marché, cela nous nuit en termes de perception par les investisseurs. »

Dans ses mémoires, Eric Jackson, un membre de l'équipe marketing de Confinity, se souvient de Luke Nosek, son directeur, apaisant ses inquiétudes au niveau de l'intégration :

> Écoute, ce n'est pas une mauvaise affaire pour nous. D'une part, [X.com] compte en fait près de deux-cent-mille utilisateurs, à peu près autant que nous ! [...] Ensuite, avec tous les services financiers qu'ils proposent (marchés monétaires, fonds indiciels, cartes de débit), chacun de leurs comptes vaut probablement beaucoup plus que les nôtres [...] Et puisque nous commençons à brûler de l'argent assez rapidement et que nous devrons bientôt chercher des financements, fusionner avec notre principal concurrent nous aidera à lever beaucoup plus de fonds.

En revanche, les employés d'X.com entendait une histoire complètement différente : ils renflouaient Confinity. celle-ci avait connu une croissance plus rapide sur eBay mais avait dépensé son argent en conséquence. Par ailleurs, X.com disait à ses employés que ses dirigeants expérimentés apporteraient une expertise bienvenue et un savoir-faire réglementaire à l'équipe moins expérimentée de sa voisine.

Pendant le mois de mars, des groupes d'employés ont commencé à faire des allers retours depuis les bureaux de Confinity au 165 University à ceux de X.com au 394 University, l'ancien immeuble de bureaux de Confinity. « C'était amusant parce que nous avions [sous-loué] cet espace à X.com – puis nous fusionnons et nous devions y retourner, se souvient Ken Howery. Donc nous avons ramené les meubles à trois pâtés de maisons, là où ils étaient avant. »

Tous les employés n'ont pas l'image d'une période « fun ». Erik Klein, un ingénieur, se souvient d'une réunion glaciale avec les ingénieurs au restaurant créole Nola de Palo Alto. « On a fini par passer des heures à se disputer, à débattre et à se crier dessus devant Nola, a précisé Klein. Ça ne collait pas du tout entre nous, nous étions comme l'huile et l'eau. »

Mais d'autres employés se sentaient soulagés. « Personne ne voulait une dilution à cinquante pour cent », a dit Todd Pearson, de X.com, en faisant référence à la participation réduite des salariés au capital après la fusion. « Mais au moins, maintenant, nous n'allons plus nous entretuer. » Julie Anderson, de X.com, voyait la fusion comme la prochaine étape naturelle. « Ce n'était pas un gros choc vu la situation financière », dit-elle. Les deux entreprises avaient développé leur clientèle mais, ensemble, faisait-elle remarquer, elles auraient une meilleure chance de transformer leur base d'utilisateurs en une entreprise viable. « Nous pensions tous que ce serait bien de passer à l'étape suivante », déclare-t-elle.

Cette étape suivante nécessitait un nouvel espace, plus grand : en mars, l'entreprise a loué des bureaux au 1840 Embarcadero Road, à Palo Alto, l'ancien bâtiment d'Intuit, et de Bill Harris. L'espace d'un peu plus de 2 000 mètres carrés coûtait 102 807,80 dollars par mois pour la première année. Lee Hower, qui avait rejoint X.com à sa sortie de l'université de Pennsylvanie, se souvient du déménagement au 1840 Embarcadero comme d'un défi. « Cela peut sembler banal mais, dans le cadre de la fusion de deux entreprises, de la croissance rapide, de l'embauche rapide et de tout le reste, ce n'était qu'un élément supplémentaire au chaos. »

Les bureaux sur Embarcadero Road, pas encore vraiment équipés, ont accueilli l'une des premières réunions de l'équipe commune. Harris, Musk et Thiel ont parlé, chacun assurant que l'entité commune était sur la bonne trajectoire. Les participants se souviennent de Thiel portant le tee-shirt de Confinity avec la chapelle Sixtine imprimée dessus et un short : un contraste marqué avec la veste de costume et le pantalon repassé d'Harris. Ils se souviennent aussi de Thiel calculant de tête le taux de conversion entre les actions de Confinity et X.com.

Le 30 mars 2000, le directeur des ressources humaines de X.com, Sal Giambanco, a envoyé un seul mail à toute l'entreprise aux deux adresses all@paypal.com et all@x.com, avec pour titre : « C'est officiel ». « À compter d'aujourd'hui, X.com et Confinity ne forment qu'un, a-t-il écrit. Félicitations à tous !!!! »

■ ■ ■

X.com et Confinity avaient une autre raison de se réjouir : le jour où ils ont officiellement diffusé la nouvelle de la fusion à la presse, leurs directions ont également annoncé un financement de série C de 100 millions de dollars. « Nous avons reçu une réponse extraordinaire, a déclaré Thiel dans le communiqué de presse de l'entreprise. Notre tour de table a été largement sursouscrit, car nous avons constaté beaucoup d'enthousiasme à l'idée de participer à la plateforme financière unique de X.com, qui connaît une croissance exponentielle. » Musk a ajouté : « L'ampleur de cette levée de fonds souligne la valeur de la position de la start-up en tant que leader des paiements sur le Web. »

Le processus de collecte de fonds a été frénétique. Un membre de l'équipe finance, Jack Selby, a passé plusieurs semaines sans défaire sa valise, voyageant « littéralement *non-stop* » pour boucler le tour de table. Thiel voulait clore les engagements rapidement, en raison de sa conviction que l'économie américaine était au bord du gouffre. « C'est grâce à Peter, a dit Selby. Il avait la vision macro et il a dit : "Nous devons conclure cette affaire [...] parce que la fin est proche." »

Malgré toute sa crainte sur l'instabilité économique, l'équipe n'a eu aucun problème à susciter l'intérêt des investisseurs. « Je n'appellerais pas ça lever des fonds lorsque c'est quelque chose du genre : *D'accord, parmi toutes les personnes qui essaient de défoncer la porte pour nous donner de l'argent, qui devrions-nous accepter ?* », se explique Musk. « Nous étions arrosés de fric. » Thiel se souvient avoir été acculé partout où il allait. Un jour, il a été suivi dans le hall d'un hôtel par un investisseur potentiel ; Thiel n'était pas là pour le rencontrer, mais l'homme a simplement pris une chaise pour l'entendre présenter la société à un autre groupe d'investisseurs.

Lors d'un voyage en Corée, la carte de crédit professionnelle de Thiel a été refusée alors qu'il essayait d'acheter un billet retour pour rentrer chez lui. Les investisseurs qu'il avait rencontrés n'ont été que trop heureux de lui payer un billet d'avion en première classe ; ce qu'ils ont fait sans attendre. « Ils étaient excités au-delà de l'imaginable, se souvient Thiel. Le lendemain, ils ont appelé notre cabinet d'avocats et ils ont demandé : "Sur quel compte bancaire devons-nous verser l'argent ?" »

La nature folle de tout cela a confirmé les soupçons de Thiel à propos du marché. « Je me souviens avoir pensé que c'était comme si les choses ne pouvaient pas devenir beaucoup plus insensées, et que nous devions vraiment boucler cette levée de fonds rapidement parce que le créneau pourrait ne pas durer éternellement », a-t-il dit.

Le chiffre final de 100 millions de dollars a en fait déçu certains membres de l'équipe. Confinity et X.com avaient obtenu des engagements verbaux pour le double de ce montant, et certains membres voulaient attendre le reste du financement, ou faire pression pour une valorisation d'un milliard de dollars.

Thiel n'était pas d'accord, et a exhorté Selby et d'autres membres de l'équipe de financement à transformer les poignées de main en véritables chèques, à faire signer les protocoles d'accord et à faire confirmer les dépôts. « Peter a botté le cul de tout le monde pour boucler le tour de table », se souvient David Sacks. De nombreux employés de Confinity, qui avaient aperçu Thiel dans ses moments les plus durs, ne se souvenaient pas de l'avoir jamais vu aussi insistant. « Si nous ne récoltons pas cet argent, toute l'entreprise pourrait exploser », a dit Thiel, selon les souvenirs de Howery.

Musk, lui aussi, prévoyait un ralentissement imminent. Au milieu de l'année 1999, il a mis en garde un membre de la revue des anciens élèves de l'université de Pennsylvanie qui l'interrogeait contre un effondrement à venir. « Tout changement aussi profond ne peut que déclencher une frénésie spéculative, disait-il de la bulle internet. Et les gens doivent faire leurs devoirs et ne pas acheter aveuglément des entreprises qui ne sont pas bien constituées. Il y a beaucoup de villages en carton-pâte construits sur des fondations fragiles et beaucoup, beaucoup vont échouer. »

Musk prédisait un règlement de comptes. « C'est la plus longue expansion en temps de paix de l'histoire, et pour les jeunes qui n'ont jamais vraiment connu de récession sérieuse – et quiconque a étudié l'histoire sait que cela arrive – un ralentissement sera une expérience difficile. » Cette prédiction contrastait avec son habituel optimisme grandiloquent : si Musk prêchait la prudence, cela signifiait quelque chose.

Il a également eu assez de bon sens pour percevoir que la valorisation de 500 millions de dollars de X.com était « ridicule ». Lorsque son entreprise précédente, Zip2, s'est vendue pour 300 millions, elle avait des clients payants et des millions de revenus. X.com était maintenant évalué à près du double, même si sa principale réalisation consistait à échanger l'argent des investisseurs contre des adresses mail.

■ ■ ■

Comme il se doit, l'équipe a choisi, pour le tour de table, un investisseur principal qui était à l'abri du battage médiatique autour des nouvelles technologies : Madison Dearborn Partners (MDP), une société de capital-investissement basée à Chicago. MDP s'est lancée tout doucement dans le capital-risque, avec une série de petits paris sur des start-up dans les domaines de la technologie, des médias et des télécommunications.

Tim Hurd, l'associé de chez MDP qui dirigeait la levée de fonds de Confinity et X.com, avait suivi la croissance et l'expansion des entreprises d'Internet et, lorsque la présentation de l'offre Confinity-X.com s'est présentée à lui, elle a piqué son intérêt. « Je m'y connaissais un peu en paiements et me suis dit : “Humm, c'est plutôt intéressant”. » Les deux associés avaient réussi à accroître rapidement leur nombre d'utilisateurs, et Hurd savait que c'était difficile dans le monde des paiements. « Une fois que vous avez un effet de réseau, cela devient beaucoup plus difficile pour quelqu'un d'en avoir un. »

Hurd n'avait aucune allégeance antérieure à X.com ou à Confinity ; c'était, comme il l'a dit, « le premier dollar pour moi ». Et même si ces dollars étaient substantiels, MDP n'investissait pas une somme décisive : sa participation de 30 millions de dollars ne représentait qu'une petite fraction de ses actifs sous gestion. « [PayPal] était pour moi une affaire unique », se souvient Hurd.

Avec MDP pour mener le tour de table, Selby, Thiel et l'équipe finance de X.com ont entrepris de lever les 70 millions de dollars manquants auprès de ce qu'ils ont décrit comme étant « une phalange d'investisseurs de premier plan ». D'autres se sont joints à MDP, dont trois sociétés d'investissement singapouriennes, deux japonaises et une taïwanaise. Plus près de chez elle, l'équipe a verrouillé LabMorgan, l'unité de financement électronique de JPMorgan, Capital Research et Management Company, Digital Century Capital et Bayview 2000.

Le moment était propice : quelques jours seulement après que X.com a bouclé sa négociation, les marchés publics américains ont entamé une phase de baisse qui allait finir par faire disparaître 2 500 milliards de dollars de capitalisation boursière et assombrir l'ambiance autour des valeurs technologiques. « Les mois de cupidité qui ont alimenté l'un des plus grands marchés haussiers de l'histoire se sont transformés en crainte en voyant que les actions technologiques les plus élevées étaient montées trop loin, trop vite », analysait CNN en avril 2000. À la fin de l'année, les actions Nasdaq avaient perdu la moitié de leur valeur. À l'approche de 2001, CNN a demandé à un gestionnaire de portefeuilles de faire des choix d'actions. « Je resterai sur la touche pendant six mois. Et je laisserai l'ange de la mort ramasser les cadavres », a-t-il répondu.

Plus tard, Thiel qualifiera le cataclysme de clarificateur. « Peut-être que le sommet de la folie a aussi été le sommet de la clarté. Où, dans un certain sens, vous avez vu très clairement ce que l'avenir lointain allait être, même s'il s'est avéré que beaucoup de choses spécifiques ont très mal tourné. »

Soudain, les excès de la Silicon Valley se sont transformés en cure d'austérité. « Pour toutes les autres entreprises de la Valley qui avaient attendu de clôturer leurs tour de table, pour une raison ou une autre, l'argent s'est simplement tari – instantanément », lance Sacks, dans un claquement de doigts. Les membres de l'équipe se souviennent du choc de voir les boutiques de Palo Alto, autrefois très fréquentées, désormais fermées.

Même un soutien de haut niveau n'a pas compté pour beaucoup une fois que la rectification a commencé. Mike Moritz, de Sequoia, avait investi dans l'une des entreprises les plus performantes du *boom* internet : le site de fournitures pour animaux de compagnie, Pets.com. En janvier 2000, Pets.com a acheté un spot publicitaire coûteux de trente secondes pour le Super Bowl intitulé « Si tu me quittes maintenant ». De manière tristement ironique, le 7 novembre 2000, 282 jours seulement après la diffusion de la publicité, Pets.com a fermé ses portes et ses actifs ont été liquidés, ce qui a fait d'elle l'exemple type des dangers de la spéculation dans les nouvelles technologies.

Pendant la faillite, Fuckedcompany.com, une version sarcastique du magazine technologique *Fast Company*, est devenu populaire auprès du monde de la technologie. Comme son nom le suggère, Fucked Company a enregistré les nombreuses mésaventures de l'époque. Plusieurs employés de X.com se souviennent d'avoir navigué dessustous les jours pendant cette période : pas par joie malsaine mais par peur d'être les prochains.

Si Confinity et X.com n'ont pas fini pas dans la poubelle de la Valley, c'est grâce à un certain nombre de facteurs, notamment le fait qu'elles aient eu suffisamment de marge de manœuvre pour surmonter une année difficile. « À cette époque, il y avait probablement cinq à sept autres petits services de transfert d'argent en ligne [...] qui ont été privés d'oxygène avec le temps. Et ils sont tous morts dans la chute », a dit Vince Sollitto.

D'anciens employés considèrent le timing de la levée de fonds de 100 millions de dollars comme un tournant décisif pour PayPal. « Je ne pense pas que les gens sachent à quel point la situation était précaire », a déclaré Klement. « Si nous n'avions pas récolté ces 100 millions de dollars, PayPal n'existerait plus. » Mark Woolway a poursuivi : « Si l'équipe n'avait pas conclu ce tour de table de 100 millions, il n'y aurait pas eu de SpaceX, de LinkedIn ni de Tesla. »

En réfléchissant à tout cela, David Wallace a puisé dans la théologie. « Il y avait ce sentiment, vous savez, que si on continue à travailler aussi dur que possible, on a l'impression de vivre un conte de fée. Nous sommes parvenus à une fusion *juste* à temps pour boucler notre tour de table avant que tout ne s'écroule [...] Dans la théologie chrétienne, il y a ce sens de l'effort humain par rapport à la prédestination, et parfois ils sont opposés l'un à l'autre. Mais la seule façon dont la théologie fonctionne vraiment [consiste à] voir les deux choses en conjonction l'une avec l'autre. [Celles] qui sont prédestinées *incluent* le travail. »

■ ■ ■

Les prédictions apocalyptiques de Thiel ont également suscité une demande inhabituelle. En prévision d'une réunion du conseil d'administration à l'été 2000, Thiel a demandé à Musk s'il pouvait faire une proposition. Musk a accepté. « Euh, Peter a un point à l'ordre du jour dont il aimerait parler », a dit Musk en passant les rênes à Thiel.

« Les marchés, a commencé ce dernier, n'ont pas fini de plonger dans le rouge. » Il a prédit à quel point les choses allaient empirer – à la fois pour l'entreprise et pour le monde. Beaucoup avaient considéré l'effondrement comme une simple correction à court terme, mais Thiel était convaincu que les optimistes avaient tort. De son point de vue, la bulle était plus grande que quiconque aurait pu le penser et n'avait même pas encore vraiment éclaté.

Du point de vue de X.com, les implications de la prédiction de Thiel étaient désastreuses. Son taux de perte élevé signifiait qu'il faudrait continuer à lever des fonds. Mais si – non, quand – la bulle éclatait vraiment, les marchés allait se resserrer encore et le financement allait se tarir, même pour X.com. Le bilan de l'entreprise pourrait chuter à zéro sans options pour lever des fonds.

Thiel a présenté une solution : la société devrait prendre les 100 millions de dollars levés en mars et les transférer sur son fonds spéculatif, Thiel Capital. Il utiliserait alors cet argent pour vendre à découvert[53]. « C'était magnifiquement logique, se souvient Tim Hurd, membre du conseil d'administration de MDP. L'une des caractéristiques de PayPal, c'est qu'elle n'était pas liée à la manière dont les gens faisaient les choses dans le monde réel. »

53. La vente à découvert consiste à vendre à terme un actif que l'on ne détient pas le jour où cette vente est négociée mais qu'on se met en mesure de détenir le jour où sa livraison est prévue. L'actif vendu à découvert est généralement un titre, mais on peut aussi vendre des devises ou des matières premières de cette manière. Si la valeur de l'actif baisse après cette vente, le vendeur peut le racheter au comptant et dégager une plus-value.

Le conseil était unanimement consterné. Les membres Moritz, Malloy et Hurd ont tous repoussé l'idée. « Peter, je comprends parfaitement, a répondu Hurd. Mais nous avons recueilli des fonds auprès d'investisseurs sur la base d'un *business plan*. Et ils l'ont dans leurs dossiers. Et ça dit : "L'utilisation des recettes sera aux fins générales de l'entreprise". Pour la développer et ainsi de suite. Ce n'était pas pour spéculer sur des indices. L'histoire prouvera peut-être que tu avais raison et que cela aurait été brillant, mais si tu te trompes, nous serons tous poursuivis. » La réaction de Mike Moritz s'est avérée particulièrement mémorable. Dans un élan de théâtralité, Moritz a « simplement perdu la tête », se souvient un membre du conseil d'administration, et a réprimandé Thiel : « Peter, c'est très simple : si le conseil approuve cette idée, je démissionne ! »

« La réaction mélodramatique de Mike Moritz a été l'un des meilleurs moments de toute l'affaire », se souvient Malloy, membre du conseil d'administration. Thiel était en colère face au refus du conseil et il a zappé les réunions suivantes en signe de protestation. Il estimait que le conseil manquait de vision face à un effondrement historique du marché à venir – un effondrement qui, s'il était correctement abordé, pouvait rapporter un pactole. « Le vent changeait et Peter, même s'il est toujours pessimiste, a bien vu qu'il changeait, et il avait définitivement raison », a dit Malloy. « Nous aurions gagné plus d'argent [en investissant] que tout ce que nous avons fait chez PayPal. »

11

LE COUP DE LA MAISON DES FOUS

Plateforme de messages eBay, juin 2000 :

> PayPal a fonctionné pour moi. Je vais peut-être essayer BidPay aussi. Je QUITTE Billpoint ! Je dis que les vendeurs eBay devraient s'unir et BOYCOTTER Billpoint !
>
> PayPal est un super service pour les acheteurs et les vendeurs ! Et gratuit pour eux ! J'adore ! [...] Je ne vois pas pourquoi QUELQU'UN sur eBay choisirait Billpoint à la place !
>
> J'utilise PayPal depuis environ 2 mois et c'est tout simplement merveilleux. Environ la moitié de mes acheteurs l'utilisent maintenant [...] et nos transactions glissent comme sur des roulettes.

Des commentaires comme ceux-là ont soutenu l'équipe de PayPal dans ses premiers tumultes. « Les utilisateurs nous adoraient, se souvient Colin Catlan, ingénieur chez X.com. Nous recevions des centaines de mails par jour de personnes qui nous disaient que nous avions changé leur vie. » Des entrepreneurs qui rêvaient depuis longtemps d'exploiter leur propre entreprise pouvaient désormais le faire, en achetant et en vendant sur eBay grâce à la technologie de X.com. « Nous avions mis au point quelque chose qui résolvait un vrai problème », a dit Jim Kellas, un ami de lycée de Levchin qui était à l'époque un ingénieur QA dans l'entreprise.

Mais avec tout cet amour, l'équipe a également reçu pas mal de réclamations. Dès le début, chez X.com et Confinity, résoudre ces problèmes n'a été qu'une réflexion après coup. Lors du lancement de PayPal en octobre 1999, les membres de l'équipe de Confinity pouvaient simplement prendre le téléphone pour discuter des problèmes spécifiques des utilisateurs. Alors que l'entreprise a grandi au cours de l'hiver, une seule personne, David Wallace, gérait l'intégralité du service client de Confinity.

Mais, début 2000, le statu quo a échoué. Sur une période de cinq jours en février, X.com a reçu le nombre vertigineux de 26 405 appels téléphoniques au service client ; soit environ sept appels par minute. Confinity a connu un raz-de-marée similaire. « Vingt-quatre heures sur vingt-quatre, vous pouviez décrocher littéralement n'importe quel poste et parler à un client en colère », se souvient Reid Hoffman.

Les deux entreprises ont réagi en ignorant les mails, en débranchant les lignes téléphoniques du bureau et même en désactivant et en remplaçant les téléphones portables des membres de l'équipe. « [Wallace] passe une tête et nous dit que le nombre de mails en attente s'élève à cent mille, dit David Sacks. Et nous nous sommes dit : "Attends, quoi ? Tu aurais peut-être dû nous le dire plus tôt ?" »

■ ■ ■

Pour les utilisateurs confiant leur vie financière à Confinity et à X.com, les problèmes de plateforme ont eu de graves répercussions. Un des premiers utilisateurs a pris l'avion pour San Diego afin de passer le week-end avec sa petite-amie. « J'ai vérifié le solde de mon compte courant X.com à environ 17 h 30, peu avant notre départ pour l'aéroport et j'ai vu qu'il était de 746,14 dollars », a-t-il écrit dans un mail détaillé adressé à toute l'équipe de la direction. À l'atterrissage, sa carte bancaire X.com a été refusée au comptoir de location de voitures, elle ne fonctionnait pas au guichet automatique à proximité et a été refusée à son hôtel. Il a appelé le numéro du service de X.com depuis son hôtel, mais au bout d'une attente interminable, il a abandonné.

« Il est important de noter que, si j'avais voyagé seul, continuait-il dans son mail, j'aurais dormi sur un banc à l'aéroport, sans voiture, sans hôtel et sans argent, et votre "service client" n'a pas été capable de répondre au téléphone, encore moins de faire quoi que ce soit pour m'aider [...] J'ai de grandes réserves quant à la poursuite de ma relation avec votre entreprise. »

Les propres employés de X.com ont également éprouvé des difficultés avec ses produits. En avril 2000, la carte de crédit d'un employé a échoué deux fois pour le paiement d'une note de 59,22 dollars chez Starbucks. « Ma carte de crédit a été refusée deux fois et [notre représentant du service client] m'a dit que cela était dû au traitement de fin de journée », a écrit l'employé à ses collègues dans un message cinglant. « Ce n'est pas bon du tout. » Le patron de Starbucks était le président et fondateur de X.com, Elon Musk.

Un client facturé pour des frais de découvert par X.com s'est rendu sur le site d'avis en ligne Epinions pour partager son mécontentement, promettant de « contacter la FDIC et le bureau du procureur général ». Des clients frustrés ont contacté la presse, le Better Business Bureau, ainsi que la Federal Trade Commission.

Vivien Go a dû faire face aux plaintes du Better Business Bureau. « Je recevais des ordonnances du tribunal, se souvient-elle. Comme je ne suis pas américaine [...] J'avais tellement peur [...] La dame du Better Business Bureau de San José me mettait la pression. C'était une femme *coriace*. C'est tellement difficile de se dire : "Aujourd'hui, je dois aller voir cette personne." »

Certains clients ont pris les choses en main. « Les gens pensaient que nous gardions leur argent en otage, se souvient Skye Lee. Quelqu'un a conduit jusque chez nous, avec une arme, et il est venu aux bureaux de PayPal pour réclamer son argent. La sécurité était donc quelque chose à laquelle nous devions vraiment penser à l'époque. »

Dionne McGray, responsable qualité, se souvient avoir quitté sa maison vêtue d'un tee-shirt de PayPal. « Quelqu'un a commencé à me crier dessus parce qu'il n'arrivait pas à réaliser une opération avec PayPal. C'est une expérience surréaliste parce que les gens pensent que, si vous travaillez là, vous pouvez les aider d'une manière ou d'une autre, ou que vous pouvez débloquer leur compte ou leur expliquer quoi que ce soit. » McCray, qui est restée dans l'univers de la technologie tout au long de sa carrière, en a tiré une leçon : « À ce jour, je ne porte pas de vêtements aux couleurs de mon entreprise en dehors de chez moi. »

Certes, tous les problèmes n'étaient pas entièrement la faute de l'entreprise. Pour qu'une carte bancaire X.com fonctionne à un comptoir de location de voiture ou chez Starbucks, il fallait une série d'étapes complexes, dont chacune pouvait s'avérer un point de défaillance. Lorsqu'ils ont examiné la situation du spécialiste informatique de San Diego, par exemple, les dirigeants de X.com ont découvert que ses problèmes étaient dus à la maintenance du serveur d'un système tiers de traitement des cartes de débit.

Mais ce service client déficient a laissé des utilisateurs dans l'embarras, incapables de faire la distinction entre un problème propre à l'entreprise et une erreur d'un service tiers. Si quelque chose ne va pas, pour les utilisateurs, c'est la faute d'X.com. Les dirigeants de l'entreprise ont décidé que le service client devait être une priorité.

■ ■ ■

Au début, X.com a tenté l'approche classique : externaliser les appels et les réclamations. Elle a passé des contrats avec des entreprises basées en Californie, y compris un centre d'appels à Burbank. Mais ces solutions étaient coûteuses et souvent incapables de résoudre les problèmes des utilisateurs. « Ils nous facturaient des tonnes d'argent et ils étaient nuls », disait Musk.

Julie Anderson, a trouvé une solution. Elle a repéré d'autres entreprises de service client dans le pays, dont un endroit prometteur à Boise, dans l'Idaho. Et puis l'idée a surgi. « Je ne sais pas pourquoi ni d'où elle est venue, raconte-t-elle. Mais j'ai simplement pensé : *Je peux apprendre à toute ma famille comment gérer le service client à partir de la maison,* parce que j'ai vraiment une grande famille. »

Anderson pensait notamment à sa sœur, Jill Harriman, qui vivait dans le Nebraska et dont la patience du Midwest ferait, selon elle, un solide antidote à la frustration des utilisateurs. Musk a vu le potentiel. « Fonce. Trouve un immeuble et vas-y. Nous avons besoin de cent personnes en trente jours. » Alors Anderson s'est envolée pour Ceresco, dans le Nebraska, et elle a formé sa sœur – qui, à son tour, a formé quatorze de ses amis du coin.

Cette entreprise a été le premier pas de X.com dans l'agglomération d'Omaha – une présence qui s'accentuerait avec le temps. Le premier groupe de spécialistes du service client s'est avéré plus efficace que ses prédécesseurs en Californie : plus rapides, moins chers et avec moins de barrières linguistiques. « Ils étaient bons ; les meilleurs que nous ayons eus. Fiables. Responsables. Travailleurs. Et j'en passe », se souvient Anderson.

En raison du succès précoce de l'antenne, la direction de X.com a donné le feu vert à l'expansion rapide de l'opération Nebraska, qui est passée de quelques dizaines de répondants du service client le 17 avril à 161 le 12 mai. En quelques semaines à peine, le centre d'appel du Nebraska a compté plus d'employés que le siège de la société à Palo Alto et les résultats du groupe ont été spectaculaires. Le 12 mai 2000, X.com a pu fièrement annoncer dans un courriel adressé à toute l'entreprise que « l'arriéré de courriels a presque disparu ». La société a également fermé le coûteux service clientèle de Burbank.

Cet été-là, et les années qui ont suivi, les employés ont fait des pèlerinages réguliers à Omaha : les membres de l'équipe produit afin de comprendre quels étaient les outils nécessaires aux répondants, les dirigeants de l'entreprise pour établir des relations avec les cadres supérieurs d'Omaha, ainsi que d'autres. Anderson elle-même a déménagé à Omaha pendant un moment pour aider à construire l'équipe et élaborer le processus du service client.

Les employés d'Omaha sont aussi devenus un lien organique entre le siège de Palo Alto et les clients de l'entreprise. Michelle Bonet, l'une des premières employées de PayPal à Omaha, se souvient avoir été impressionnée par la vitesse à laquelle l'entreprise répondait aux problèmes des clients sur le site Internet. « Nous trouvions un défaut dans le système et nous en informions [Palo Alto] [...] Le lendemain, c'était corrigé. » En tant que visage de l'entreprise pour ses clients, Bonet se rappelle aussi les difficultés à traiter avec ceux qui étaient en colère. « Nous avons reçu des alertes à la bombe. Nous avons reçu *beaucoup* de menaces, à la fois écrites et verbales. »

Selon Amy Rowe Klement, le succès d'Omaha a créé une sorte d'angle mort à Palo Alto. « En regardant en arrière, après avoir grandi, j'ai réalisé que je n'étais pas suffisamment au service de la clientèle, car c'était en quelque sorte l'affaire d'Omaha. Et puis j'ai réalisé : *Oh, j'ai besoin d'être dans un avion, j'ai besoin d'être à Omaha parce que c'est mon travail. S'il y a des problèmes [là-bas], c'est parce que mon équipe n'a pas bien fait son travail. Et donc, nous devons être plus intégrés.* »

Musk faisait l'éloge des employés du centre d'appels d'Omaha. « Ils ont tout cassé, ils étaient géniaux !, se réjouit-il. Cela coûtait beaucoup moins cher et le niveau de satisfaction des clients était beaucoup plus élevé. » Le vendredi 2 juin, Musk s'est lui-même rendu à Omaha pour l'inauguration des premiers bureaux de l'entreprise dans le Nebraska. Il était accompagné par d'autres employés de Palo Alto, le maire d'Omaha, Hal Daub, et l'équipe sur place, ainsi que par un répondant du service client, Andre Duhan III, qui a marqué l'occasion en dessinant le logo X.com avec ses cheveux et en le teignant en bleu. Une action qui a permis de collecter des fonds pour le Child Saving Institute, une organisation caritative locale.

En choisissant Omaha, X.com a non seulement bénéficié de l'opportunité des liens familiaux d'Anderson, mais aussi de la présence militaire américaine dans la région. Protégé par la moitié d'un continent de chaque côté, le Nebraska accueillait le quartier général du commandement aérien stratégique, le commandement militaire contrôlant une grande partie du stock nucléaire du pays. Pendant la guerre froide, la base aérienne d'Offutt, Nebraska, avait planifié la réponse de « destruction mutuelle assurée[54] » du pays à une attaque nucléaire soviétique. Des intérêts du secteur privé, comme X.com, ont profité des investissements militaires dans les systèmes de télécommunications de la région. Au début des années 1990, elle a été dotée de l'un des premiers réseaux de câbles à fibre optique du pays.

Omaha était donc particulièrement bien adapté pour accueillir le centre d'appels extérieur d'une start-up de paiement sur la côte Ouest. Le service client international de PayPal se développerait également en dehors d'Omaha. Les répondants basés dans ces bureaux allaient parcourir le monde, former de nouveaux employéset ouvrir des sites de service clientèle similaires en Inde, à Dublin et à Shanghai. Au fil du temps, le groupe de départ d'Omaha s'est élargi à des milliers de personnes et a atteint un effectif plusieurs fois supérieur à celui du siège social de X.com à Palo Alto. À ce jour, PayPal demeure l'un des plus grands employeurs de la région.

■ ■ ■

Des années plus tard, Anderson a réfléchi à son approche décousue pour résoudre le problème du service client de l'entreprise : « Je ne me

54. Ou « équilibre de la terreur ».

suis jamais arrêté pour me demander : *Est-ce que ça va marcher ?* On ne se posait pas la question dans ces années-là. C'était plutôt : *Que pouvons-nous faire ? Et à quelle vitesse pouvons-nous le faire ?* »

La vitesse avait un coût, mais un coût que l'entreprise était prête à assumer. Le designer Ryan Donahue se souvient avoir cassé une fonction clé du site un vendredi après-midi, à un moment où le volume de paiements était important. Il a alerté le directeur technique de l'entreprise, Levchin, qui est allé diagnostiquer le problème. « Il est revenu [...] et m'a dit : "Félicitations. Tu as, à toi seul, détruit la capacité d'envoyer de l'argent et tu as coûté 1,5 million de dollars à l'entreprise." » Donahue a paniqué. « Je n'ai jamais fait une erreur aussi chère. Ça allait. Il en riait. Et je me suis dit : "Cet endroit est génial." »

Musk et d'autres hauts dirigeants toléraient les échecs comme un effet secondaire à l'itération. « Je me souviens d'une fois où Elon a dit quelque chose du genre : "Si vous ne pouvez pas me dire les quatre raisons pour lesquelles vous avez foiré quelque chose [...] avant de le réussir, vous n'êtes probablement pas la personne qui a travaillé dessus" », se souvient Giacomo DiGrigoli.

Musk s'est fait l'écho de ce sentiment. « S'il y avait deux chemins et qu'il fallait en choisir un [sans qu'il soit] clairement meilleur que l'autre, plutôt que de passer beaucoup de temps à essayer [de déterminer le plus convenable], nous en choisissions un et, en avant. Et parfois, nous avons eu tort [...] Mais souvent, il vaut mieux avancer à tout prix plutôt qu'hésiter sans cesse sur le choix à faire », a-t-il expliqué en 2003 lors d'une conférence publique à Stanford.

■ ■ ■

Cependant, de l'autre côté de la fusion, les employés et les cadres ont commencé à remarquer plus d'indécision et moins de choix tranchés. Même les questions de base semblaient insolubles. Les systèmes de courriels professionnels ont mis des mois à fusionner. Il y a eu moins de produits lancés, moins de code déployé. « Je me suis en quelque sorte présenté et j'ai pointé, mais je ne savais pas ce que j'étais censé faire ou de qui je dépendais », a partagé un employé.

Les retards ont aggravé les nouvelles menaces qui se profilaient à l'horizon : les jeux de paiements d'eBay, les nouveaux concurrents et les fraudeurs astucieux. « Deux ou trois mois sans rien faire étaient une éternité dans cette entreprise, se souvient Sacks. D'autant plus que deux ou trois mois avant cela, nous avions lancé notre produit, écarté des concurrents, fusionné et bouclé ce tour de table. »

Les cadres supérieurs ou proches de la direction s'étaient habitués à de petites réunions informelles, en particulier chez Confinity. Mais chez X.com, les longues réunions sont devenues une réalité. « Nous assistions à ces réunions de cadres où vous aviez plus de vingt personnes dans une salle ! », se souvient un Sacks exaspéré.

Bill Harris, le PDG, a été le principal responsable du ralentissement. « Il n'a jamais résolu le problème du double emploi », se souvient un cadre, faisant allusion à la duplication des talents qui a suivi la fusion. À titre d'exemple, certains soulignaient le fait que les deux sociétés avaient des cadres supérieurs qui supervisaient les finances ; tous deux s'appelaient David (Jaques et Johnson).

Harris n'a pas seulement fait face aux complexités opérationnelles d'une entreprise récemment fusionnée, mais aussi à une équipe nouvellement assemblée composée de personnalités colossales. Des quatre dirigeants qui étaient au sommet (Levchin, Musk, Thiel et lui-même) Harris disait en riant : « Quatre gars, pas un seul d'entre nous [n'avait] un ego qui tiendrait dans un grand gymnase. » Harris était aussi un PDG résolument non technique. De son propre aveu, cela a posé des problèmes à X.com, entreprise axée sur l'ingénierie.

De nombreux dirigeants de la start-up ont été contrariés par une décision de Harris en particulier : sa pression pour mettre fin aux programmes de bonus d'inscription de X.com et réduire la prime Confinity de 10 à 5 dollars. Il a demandé à la société de publier une annonce à l'intention de l'ensemble de ses clients pour les informer qu'à compter du 15 mars, le programme se terminerait pour les anciens utilisateurs de X.com, mais que les anciens clients PayPal de Confinity bénéficieraient d'une clause d'antériorité, bien qu'à la moitié du taux d'incitation antérieur. Si les clients demandaient pourquoi un programme était supprimé alors que l'autre survivait, la ligne officielle était de dire : « Il est tout à fait logique de n'avoir qu'un seul programme de parrainage en activité lorsque les entreprises se regroupent. »

La décision de Harris de réduire les incitations découlait de son inquiétude devant la courbe des coûts de l'entreprise. *Arrêtons l'hémorragie*, a pensé Harris. « Je pensais qu'on avait gagné », a-t-il dit, faisant référence à la domination post-fusion de X.com sur le marché des paiements, « et que nous devions arrêter de dépenser ».

D'autres pensaient que cette confiance était prématurée – en freinant imprudemment la croissance dans une période précaire pour l'entreprise. Comme les utilisateurs d'eBay représentaient encore la majorité de sa clientèle et de son volume de paiements, X.com demeurait à la merci du géant de la vente aux enchères. Une seule décision d'eBay pouvait décimer l'activité de la start-up – un scénario cauchemardesque qu'elle avait vécu directement. Dans le cadre d'une promotion du printemps 2000 pour Billpoint, eBay avait annoncé que les vendeurs pouvaient lister gratuitement les objets mis aux enchères s'ils incluaient Billpoint comme option de paiement. Après une seule « journée d'inscription gratuite », Billpoint est devenue une option de paiement figurant sur 10 % de toutes les enchères, contre 1 % auparavant. Pour atteindre ce genre de part de marché, il a fallu un mois à PayPal », a écrit Eric Jackson.

Selon de nombreux membres de l'équipe, c'est pour cela que les bonus étaient si importants. X.com avait peu de flèches dans son carquois pour attirer les clients d'eBay. À part quelques superfans, les vendeurs aux enchères étaient majoritairement agnostiques en termes de marque ; les services de paiement étaient des services publics. Si les vendeurs appréciaient la commodité de X.com et de PayPal, ils avaient fait de la publicité pour les deux services parce que X.com et Confinity les avaient payés pour le faire. Mettre fin aux primes, selon de nombreux membres de l'équipe, reviendrait à licencier cette force de vente motivée et exceptionnellement efficace.

Même deux décennies plus tard, la décision de mettre fin aux incitations irrite encore les membres de l'équipe, notamment Luke Nosek, parmi les architectes du programme de parrainage de Confinity. « C'était une erreur », a-t-il déclaré sans détour. Malgré le succès ultérieur de PayPal, Nosek a continué à affirmer que le service aurait pu se développer davantage et plus rapidement si les bonus avaient été conservés tels quels.

Un soir, tard au bureau, Bill Harris a remarqué qu'un ingénieur rentrait plus tôt chez lui que ses collègues. Celui-ci a précisé qu'il voulait regarder une émission de télévision qu'il aimait bien et qu'ensuite, il reviendrait au bureau. « Mais si j'avais un TiVo[55] », a plaisanté l'ingénieur, faisant référence au nouveau produit en vogue permettant aux téléspectateurs d'enregistrer des programmes de télévision. « Je pourrais simplement l'installer et rester ici. » Quelques jours plus tard, l'ingénieur est arrivé à son bureau pour y trouver un tout nouvel enregistreur, offert par Bill Harris.

Dans ce cas, comme dans d'autres, l'ouverture d'esprit de Harris en tant que dirigeant offrait un contraste bienvenu avec les autres responsables de l'entreprise. Pendant cette période, Harris a également créé un organigramme provisoire et tenté de mettre de l'ordre dans le carnet de commandes des ingénieurs. Il a accéléré le rythme des accords de développement commercial et aidé à en conclure un avec AllAdvantage (un site qui payaient ses utilisateurs pendant qu'ils naviguaient sur le Web) pour accroître la base d'utilisateurs de X.com.

D'autres employés estimaient que l'accent mis par Harris sur de telles transactions n'était pas un succès, mais plutôt le symptôme d'un problème plus large. Ils avaient l'impression que X.com avait besoin d'une stratégie de revenus et non pas d'une nouvelle stratégie de croissance. Le service se développait déjà de manière virale (par dizaines de milliers d'utilisateurs chaque jour) grâce au programme de bonus auquel Harris voulait mettre fin. Les accords de développement ont aidé, mais le problème central restait la trajectoire mal définie de l'entreprise pour gagner de l'argent.

Chez X.com, le plan initial était d'inciter les gens à utiliser un vaste ensemble de services bancaires sans paiement – qui à son tour générerait des revenus. Pendant ce temps, chez Confinity, l'équipe avait l'intention de percevoir des intérêts sur les soldes des comptes de PayPal ; une stratégie baptisée « gagner de l'argent *ad valorem* ». Dans les deux cas, les plans se sont heurtés à la dure réalité : les autres offres bancaires de X.com n'attiraient pas beaucoup d'utilisateurs et les gains de Confinity *ad valorem* s'avéraient négligeables.

55. Le TiVo est un magnétoscope numérique à disque dur, qui permet d'enregistrer les programmes télévisés sur ce support, pour une lecture différée

Pour aggraver les problèmes financiers, X.com devait aussi payer de lourds frais de transaction. La plupart de ses comptes étaient liés à des cartes de crédit de clients qui l'obligeaient à payer des frais aux sociétés de cartes de crédit comme Visa, Mastercard et American Express à chaque transaction client. « Plus nous faisions de transactions, plus nous perdions d'argent », a fait remarquer Amy Rowe Klement.

Harris n'était pas aveugle à la flambée des coûts et au manque de revenus. Il a donc proposé, comme solution, que l'entreprise facture un montant forfaitaire aux expéditeurs d'argent, semblable aux frais payés pour l'envoi d'un mandat ou d'un virement par une banque. Thiel pensait que cette idée serait désastreuse. Une des raisons pour lesquelles le service PayPal de Confinity avait décollé, selon lui, venait du fait qu'ils avaient promis des services de transfert gratuits que les concurrents facturaient. Beaucoup d'acheteurs et vendeurs eBay, en particulier, utilisaient PayPal pour éviter les frais et les tracas de Western Union. L'instauration de frais de paiement risquait d'abandonner des parts de marché au Billpoint d'eBay, surtout à un moment où le site faisait des efforts considérables pour reconquérir ses utilisateurs.

En facturant leurs services, X.com et Confinity risquaient aussi d'avoir davantage de clients en colère. Leurs produits de messagerie respectifs étaient entrés dans le monde comme étant ouvertement gratuits. Le site Internet de Confinity affichait les mots « TOUJOURS GRATUIT » et Musk avait proclamé haut et fort la guerre de X.com contre les frais superflus de toutes sortes. Les deux parties estimaient qu'une fois que la société aurait réussi à séduire suffisamment de clients, la question des revenus pourrait être résolue.

Pour ces raisons, l'idée de faire payer les utilisateurs a été écartée à l'époque. Des discussions animées à la tête de l'entreprise ont révélé des divergences de vues très fortes entre Harris et d'autres cadres supérieurs sur la stratégie en matière de coûts et de revenus. Plus fondamentalement, l'équipe de X.com sentait que même si elle parvenait à résoudre l'un ou l'autre de ces problèmes, la structure était devenue trop chaotique et trop lente pour qu'une solution puisse fonctionner. Alors que les coûts continuaient à augmenter, la pression montait, risquant d'entraîner une rupture.

■ ■ ■

Peter Thiel a passé une bonne partie de sa vie à réfléchir à la liberté de l'homme. À Stanford, la question est apparue comme une exploration philosophique ; plus tard dans sa vie, cela a pris un tournant politique. Mais, pendant le temps qu'il a passé chez X.com, la question était clairement personnelle.

Juste après midi, le vendredi 5 mai 2000, Thiel est parvenu à une réponse et a envoyé un mail à toute l'entreprise portant l'objet « Démission de mon poste de vice-président exécutif ».

> À tous,
>
> À compter de ce jour, je démissionne de mon poste de vice-président exécutif de X.com. Les trois raisons principales qui motivent ma décision sont les suivantes :
>
> 1 – Nous sommes passés de 4 personnes (du côté de PayPal) à plus de 300, nous avons construit une base de clients de 1,5 million d'utilisateurs et nous sommes devenus l'un des principaux sites de finance au monde. Cela a été une montée en puissance exaltante [*sic*], mais après dix-sept mois passés à travailler littéralement jour et nuit, je suis tout simplement épuisé ;
> 2 – Au cours de ce processus, nous sommes passés des premières étapes de planification à une entreprise qui met en œuvre nos plans de domination mondiale. Le principe fondamental, c'est de construire le système d'exploitation financière pour le monde, et de fournir ainsi les bases du commerce mondial. Je suis davantage un visionnaire qu'un manager. Et c'est précisément parce que la vision initiale a pris beaucoup d'ampleur qu'il est devenu d'autant plus important de faire la transition vers une équipe qui gérera et fera évoluer les opérations de X.com ;
> 3 – La récente levée de fonds de 100 millions de dollars (à une évaluation pré-monétaire de 500 millions) a représenté une affirmation retentissante de la communauté des investisseurs dans les perspectives de X.com. Cela m'a semblé être une fin naturelle à mon implication quotidienne, et un bon point de transition vers ceux qui dirigeront l'introduction en bourse de l'entreprise.

> J'ai l'intention de rester activement impliqué à titre de conseiller stratégique de X.com. Sentez-vous toujours libre de me contacter pour toute question ou inquiétude que vous pourriez avoir.
>
> Sur un plan plus personnel, j'ai grandi et appris davantage qu'au cours de n'importe quelle autre année de ma vie (à l'exception peut-être de celle entre mon deuxième et mon troisième anniversaire). Plus important encore, j'ai établi de bonnes relations et des liens d'amitié avec les personnes formidables que nous avons réunies chez X.com. Et je suis certain que cela continuera dans les mois et les années à venir.
>
> Merci pour tout,
> Peter Thiel

Quel que soit le raisonnement de Thiel, ses proches ont compris le message implicite : il était de plus en plus frustré par son travail avec Bill Harris. Thiel s'était opposé à la proposition de Harris d'imposer des frais aux utilisateurs de PayPal et à sa décision d'utiliser l'argent de l'entreprise pour payer des lobbyistes chargés de traiter des questions de réglementation – ce qu'il considérait comme un gaspillage. Les relations entre les deux hommes ne se sont pas améliorées au fil du temps.

Les objections de Thiel à la vie chez X.com ne se limitaient pas au PDG. L'entreprise était passée d'une poignée de personnes à des centaines, et Thiel détestait les exigences d'une opération plus vaste. Après la fusion, il avait été nommé « vice-président exécutif en charge des finances » et il obéissait aux ordres à la fois de Harris et de Musk. Dans cette structure, il avait cinq subordonnés directs ; David Jaques, le directeur financier ; Mark Woolway, Ken Howery et Jack Selby, qui composaient l'équipe finances ; et le conseiller juridique de l'entreprise en cours de recrutement. Du point de vue de Thiel, cela faisait cinq subordonnés et deux patrons de trop.

Entre fin février et fin mars, Thiel avait terminé la levée de fonds, et maintenant que X.com avait le nécessaire pour survivre, il n'avait pas besoin de rester. L'entreprise irait bien sans lui dans un rôle opérationnel, et, plus important encore, il se sentirait mieux sans les contraintes de la vie de dirigeant.

■ ■ ■

Le départ de Thiel a profondément préoccupé de nombreux anciens de Confinity. « J'étais très triste du départ de Peter », se souvient Sacks, que Thiel avait engagé malgré les objections de ses collègues.

Pour Musk, le départ de Thiel a été un nouveau signal troublant concernant son PDG. Bien sûr, ses inquiétudes au sujet de Harris étaient antérieures à cet événement. Il ne lui avait jamais pardonné d'avoir rançonné l'avenir de l'entreprise pour achever la fusion. « J'étais assez mécontent qu'il m'ait mis un pistolet sur la tempe à ce sujet, le blâme Musk. C'était un coup bas. »

L'état actuel de l'entreprise a aggravé sa frustration. Il a observé avec déplaisir le ralentissement du développement des produits et a désapprouvé de la redéfinition des priorités de la feuille de route technologique de Harris. Un document du 7 avril décrivant les objectifs d'ingénierie de X.com répertoriait des fonctionnalités de paiement d'enchères supplémentaires avant d'autres telles que « le courtage », « les cartes de crédit » et « les fonds communs ». Musk croyait toujours fermement que les paiements aux enchères n'étaient qu'une rampe de lancement, et il concluait qu'en écartant la priorité donnée à cette vision, Harris voulait « conduire l'entreprise dans des directions stratégiques qui [n'avaient] aucun sens ».

Musk s'est également offusqué de la volonté du PDG d'embaucher davantage de poids lourds des affaires et de la finance. « Il allait "nous apprivoiser, nous, les jeunes freluquets" avec ces cadres financiers chevronnés ou quoi que ce soit », dit Musk. « Et nous pensions : "Eh, ce sont les mêmes cadres chevronnés que dans ces banques qui ne savent rien faire, qui ne peuvent pas rivaliser avec nous ? Ça n'a pas de sens." » Musk pensait que les « freluquets, comme Thiel, dont la perte le troublait, avaient les meilleures chances d'innover et de gagner.

■ ■ ■

À ce moment-là, Musk avait aussi appris à connaître et à apprécier David Sacks. Tous les deux étaient des immigrés venus d'Afrique du Sud et ils avaient apporté une intensité et une énergie à leur travail que l'autre pouvait apprécier. « David et moi, nous nous entendions vraiment bien », se souvient Musk.

La semaine qui a suivi le départ de Thiel, Sacks, Musk et Mark Woolway se sont retrouvés dans un bar à proximité, le Antonio's Nut House, pour prendre un verre. Le bar était un *melting pot* de Palo Alto, surtout connu pour ses cacahuètes gratuites à volonté – et pour le craquement des coquilles jetées sous les pieds des clients.

Musk et Sacks ont parlé de leurs visions respectives du produit de X.com. « Ç'a été une très bonne séance d'échanges », selon Musk. Sachs a lancé quelques idées embryonnaires, et fait part entre autres de sa conviction que l'entreprise pouvait finalement gérer des paiements, non seulement sur eBay mais partout où il y avait des transactions en ligne. Il a prédit qu'avec l'expansion du commerce électronique, d'autres sites Internet seraient confrontés au problème qu'ils avaient résolu sur eBay : permettre des paiements faciles et bon marché.

La conversation a rapidement dévié sur le PDG de la société. Musk s'est confié sur ses profondes réserves au sujet de Harris, notamment son dégoût persistant pour ses tactiques de la terre brûlée dans le cadre de la fusion. Pour Sacks, c'était une révélation. Jusque-là, de nombreux anciens de Confinity supposaient que Harris et Musk étaient solidaires.

Sacks partageait la vision d'Elon à propos du fait que la croissance et le développement post-fusion avaient ralenti à un rythme qui risquait de compromettre l'avenir de l'opération. Selon lui, l'imposition par Harris de réunions, de formalités et de processus supplémentaires se faisait au détriment du lancement de nouvelles fonctionnalités. Sacks désapprouvait aussi la décision de réduire les mesures d'incitations des clients, mettant en doute le fait que les dépenses liées aux bonus soient aussi insoutenables que le croyait Harris. Le plus grand risque, à ses yeux, était que X.com perde la guerre des paiements eBay. En outre, pensait Sacks, l'augmentation des revenus devait avoir la priorité sur la réduction des coûts des primes. Musk était d'accord.

La réunion au Nut House a révélé des points communs entre les deux hommes, alors qu'ils s'attendaient à être en désaccord. Cette unité inattendue a entraîné une action immédiate. Sacks et Musk ont passé quelques appels à d'autres employés de X.com, dont Levchin, qui sont rapidement arrivés au Antonio's pour entendre la nouvelle – et préparer des plans.

« Lorsque nous avons quitté le Nut House ce soir-là, nous avons réalisé que tout le monde était sur la même longueur d'onde à ce sujet, a expliqué un participant. Que cela ne fonctionnait pas. » Ce soir-là, les employés rassemblés ont commencé à élaborer un putsch contre leur PDG.

■ ■ ■

Le plan était simple, et, compte tenu de l'approche de Harris pendant les pourparlers de fusion, approprié. Les rebelles avaient prévu d'aller voir le conseil d'administration de l'entreprise et de présenter un ultimatum. Si Harris n'était pas destitué de son poste de PDG, ils (c'est-à-dire Musk, Sacks, Levchin et leurs supporters habituels) démissionneraient.

Les mutins étaient confiants dans leur chance. Deux d'entre eux (Levchin et Musk) siégeaient au conseil. Thiel, également membre du conseil d'administration, partageait clairement leur point de vue, et ils prévoyaient que John Malloy se range du côté de Thiel et Levchin. Cela laissait deux irréductibles : Mike Moritz et Tim Hurd, mais même sans leur consentement, les challengers avaient les voix nécessaires.

Ce soir-là, les organisateurs de la réunion ont appelé Tim Hurd, membre du conseil. « Il était choqué », se souvient un participant au putsch. Les organisateurs avaient espéré qu'Harris démissionnerait simplement face à la révolte. Mais il n'était pas prêt à partir tranquillement. Il avait été prévenu et avait préparé une contre-offensive : une présentation au conseil d'administration pour le convaincre qu'il avait un plan gagnant pour l'avenir de l'entreprise.

Lors d'une réunion d'urgence du conseil, « [Harris] a essayé de défendre l'idée [...] que nous ne savions pas ce que nous faisions, se souvient Musk, et que des leaders expérimentés étaient nécessaires pour le bien de l'entreprise ». Le conseil n'aurait pas permis à Harris d'aller très loin dans son argumentation. Conformément aux votes tels qu'attendus, ils lui ont dit que cela ne marchait pas et qu'il devait démissionner.

Compte-tenu des chiffres, Harris n'a jamais eu de véritable chance. Plutôt que de parler de son plan, le conseil a plutôt choisi de discuter de sa démission, et, à partir de là, tout est allé très vite. Une semaine et vingt minutes précisément après que Thiel a envoyé sa lettre de démission, Musk a envoyé la note suivante à tous les employés :

> Salut tout le monde,
>
> En tant qu'entreprise, X est vraiment entré dans sa période la plus passionnante :
>
> – nous sommes le site financier numéro 1 sur Internet en termes de trafic utilisateur. C'est assez incroyable de penser que nous avons beaucoup plus de personnes qui utilisent notre site quotidiennement que n'importe quelle banque, société de courtage ou autre site financier sur la planète ;
> – nous avons ouvert avec succès un centre de service à la clientèle de 500 personnes à Omaha, en un temps record ;
> – nous avons maintenant plus de 1,7 million d'utilisateurs et une part de marché de plus de 30 % sur eBay ;
> – le Red Herring nous classe parmi les 50 entreprises privées les plus importantes au monde, et *Fortune Magazine* parmi les 25 premières petites entreprises aux États-Unis ;
> – nous avons bouclé notre deuxième tour de table, levant 100 millions de dollars à une valeur d'un demi-milliard.
>
> Toutefois, notre croissance rapide exige une attention accrue, de la concentration et des prises de décisions rapides pour répondre aux conditions du marché en constante évolution de l'économie d'Internet. Comme beaucoup d'entre vous le savent, Bill Harris et moi-même avons partagé le rôle de PDG. Nous pensons tous les deux que X est aujourd'hui à ce carrefour où il est important d'avoir une direction claire et unique, une vision et des objectifs. Notre conseil d'administration est d'accord avec cette évaluation.
>
> Par conséquent, à partir d'aujourd'hui, notre conseil d'administration m'a demandé d'assurer seul le rôle de PDG.

> Je tiens à remercier Bill pour ses services et le leadership qu'il a apporté à X au cours des six derniers mois, et je lui souhaite le plus de succès possible dans ses projets futurs.
>
> Ce sera une période incroyable pour X, alors que nous allons continuer à développer notre modèle commercial et à étendre nos offres de produits dans le but de devenir le système d'opération financière sur Internet. J'ai hâte de travailler avec vous tous pour rendre cela possible et changer vraiment le monde.
>
> N'hésitez pas à m'arrêter dans le couloir ou à m'envoyer un mail si vous avez des questions.
>
> Merci,
> Elon

■ ■ ■

Pour certains, le départ d'Harris a été une véritable surprise. Pour Sandeep Lal, ç'a été « un choc ». « C'était un choc parce cela m'a exposé à une façon de faire qui, selon moi (et je le pense toujours) n'est pas la plus éthique de la Silicon Valley », a dit Lal. Il se sentait mal à l'aise après que Harris avait organisé une fête à l'échelle de l'entreprise pour célébrer la fusion et la clôture du tour de table de 100 millions de dollars, alors même que les coups contre lui étaient en cours.

Pour beaucoup, la politique du conseil d'administration n'était pas une priorité. « L'essentiel est que, quelle que soit la *mésentente* entre X.com et Bill Harris, Peter et Elon et tout ça, je venais tous les jours et j'étais heureuse de travailler. Et je pense que c'est probablement une façon de leur dire que cela n'avait pas d'effet sur moi. Je pouvais simplement faire mon travail, raconte Denise Aptekar. Peu importe ce qui se passait, j'en entendais généralement parler quand tout était terminé. *Oh, nous avons un nouveau PDG. D'accord, je retourne travailler.* »

Quelques membres de l'équipe préférée de Harris, celle du développement commercial, étaient contrariés. « Bon sang [...] vous avez tous préparé ce coup d'État à la Nut House ! », a crié un responsable du développement commercial à Sacks et aux autres, frustré à la perspective de la diminution de son équipe à la suite du départ de Harris. Sa raillerie a immortalisé l'insurrection sous le nom de « coup de la maison des fous[56] ».

■ ■ ■

Harris s'est montré courtois lors de son départ, remerciant les employés pour leur travail en quittant le bureau. Il se souvient avoir été déçu du résultat, mais pas pas aigri. De son point de vue, lui, le PDG, et Musk, président et cofondateur de l'entreprise, n'étaient pas d'accord sur l'orientation stratégique. « Je pense que nous avions un désaccord légitime sur le plan commercial. Si cela doit être le moteur, alors c'est ce qu'il faut pour prendre ce genre de décision. »

Malgré la courte durée de son mandat, Harris a enregistré quelques succès. Son arrivée chez X.com a fait rayonner la marque. Il a également attiré les talents, incitant les employés à rester fidèles à l'entreprise à la suite d'une fusion compliquée.

Harris a également fait de son mieux pour donner une allure professionnelle au projet. Il se souvient d'un jour où X.com avait négligé de se débarrasser de documents sur des clients et avait dû se dépêcher de le faire avant la visite d'un organisme de réglementation, le PDG lui-même transportant des feuilles de papier déchiquetées à la benne. « Nous fonctionnions encore comme une association, pas comme une entreprise de services financiers », admet Harris à propos de ses débuts chez X.com. Entre autres avancées, Harris a ouvert des canaux vers d'importants organismes gouvernementaux, des relations qui ont servi à l'entreprise par la suite.

Cependant, la contribution durable de Harris restait la fusion de X.com avec Confinity. S'il n'avait pas, par tous les moyens, amené Levchin et Musk à la table des négociations, il est tout à fait possible que Confinity ait eu manqué d'argent, ou que X.com ait perdu la course contre eBay – ou les deux. Sans cet accord, PayPal n'existerait peut-être plus aujourd'hui.

Paradoxalement, conclure cet accord légendaire a également scellé le destin de Harris en tant que PDG. Une fois qu'il a lancé

56. « Nut House Coup » en VO

son ultimatum à Musk, les deux hommes n'allaient jamais pouvoir travailler correctement ensemble, même s'ils étaient d'accord sur les questions commerciales de fond. Musk est également resté dans les coulisses en tant que président pendant la période qui a suivi la fusion, une présence inhabituellement active pour le chef du conseil d'administration. « Nous avions beaucoup de personnes qui, à un moment ou à un autre, étaient PDG ou avaient l'impression de l'être », a dit Harris en souriant.

Le style de Harris, prêt à discuter et axé sur le consensus, aurait pu être un plus ailleurs mais cela a nui à sa réputation chez X.com. « D'après des personnes bien informées », déclarait le magazine *Fortune* fin 2000, [Harris] a créé de nombreuses structures et organisé des réunions interminables, dont pratiquement aucune n'a donné lieu à des résolutions. La prise de décisions était au ralenti. » Ses détracteurs lui ont reproché l'apathie post-fusion, et certains ont estimé qu'il avait complètement perdu confiance dans l'entreprise.

Les plus nuancés de ses détracteurs ont dit qu'il était tout simplement « dépassé » par le chaos, la croissance, le taux de dépense, les personnalités fortes et le mélange de deux équipes hypercompétitives ; un chaos qui aurait pu submerger quiconque aurait pris le contrôle des entités encore en train de fusionner. Selon eux, le blâme pouvait être rejeté sur toutes les parties, et notamment sur les mutins. « Ils lui ont confié la responsabilité des jeunes. Mais ça ne pouvait pas marcher avec eux », a déclaré John Malloy.

■ ■ ■

À tort ou à raison, cet épisode a cimenté l'allergie de l'équipe à « l'expérience des cadres ».

De cette croyance émergerait plus tard un truisme de start-up mais, à ce moment-là, la logique de l'équipe défiait la sagesse reçue. Selon la procédure habituelle, les conseils d'administration installaient un PDG chevronné afin de diriger les start-up une fois leur rythme de croisière atteint : Meg Whitman chez eBay, Tim Koogle chez Yahoo et Eric Schmidt chez Google n'étaient que quelques exemples très connus. Même chez Amazon, sous l'emprise de Jeff Bezos, il y a eu un bref flirt avec un directeur des opérations nommé Joseph Galli, en 1999, qui était censé intervenir en tant que

« supervision adulte ». Galli n'a tenu que treize mois et Amazon n'a plus eu de directeur des opérations depuis.

Les dirigeants de X.com ont pris le mandat difficile de Bill Harris comme la preuve qu'une telle « supervision » était non seulement inutile, mais aussi contre-productive. Pour chaque succès à la Schmidt, il semblait y avoir un John Sculley qui attendait dans les coulisses. Sculley, l'ancien PDG de PepsiCo, avait été nommé à la tête d'Apple suite à l'éviction de Steve Jobs – avec des résultats mitigés. « Nous avons vu ce qui s'est passé chez Apple lorsqu'ils ont fait venir le dirigeant de Pepsi, expliqueDavid Sacks. Nous avons vu ce qui s'est passé chez Netscape lorsqu'ils ont fait appel à Jim Barksdale. Et nous avons vu que nous étions sur une trajectoire similaire. »

Musk était lui aussi sceptique quant à la nécessité de faire appel à une figure adulte vieillissante pour remettre les jeunes entreprises sur les rails :

> Le fondateur peut être bizarre et erratique, mais c'est une force créatrice, et il devrait diriger l'entreprise [...] Si quelqu'un représente cette force à l'origine d'une entreprise, il comprend au moins la direction à prendre. Peut-être qu'il ne dirige pas parfaitement le vaisseau. Le navire peut être un peu imprévisible, et le moral peut être mitigé. Certaines parties du navire peuvent ne pas très bien fonctionner. Mais il va dans la bonne direction. Ou vous pouvez avoir un navire où tout est bien calé. Les voiles sont pleines. Le moral est bon. Tout le monde applaudit. Et il se dirige droit vers le récif.

Musk admirait Steve Jobs, et il a étudié la période de son départ d'Apple. « Ce bateau naviguait vraiment bien... vers le récif », a observé Musk à propos de l'interrègne entre le départ et le retour de Jobs.

David Sacks se souvient « d'une époque où la Silicon Valley n'avait pas confiance en ses propres dirigeants, dit-il, affirmant que cette approche avait conduit au désastre. C'est peut-être le moment où la Silicon Valley a basculé [...] du "modèle Sculley" au "modèle Zuckerberg" qui consiste à grandir avec ses entrepreneurs, à les laisser continuer à diriger l'entreprise. »

Tout cela peut sembler un peu égoïste aux yeux des critiques : *il est évident* qu'un groupe de jeunes fondateurs dénoncerait « la supervision des adultes ». Et, tout comme plusieurs superviseurs de haut niveau ont échoué, l'approche inverse (soutenir les fondateurs néophytes jusqu'au bout) a compté autant d'exemples désastreux que de réussites. Au cours de l'année 2000, après tout, des dizaines de PDG-fondateurs fraîchement sortis de l'université ont fait sombrer des entreprises dotcom.

Mais à l'époque, Musk, Sacks, Thiel et leurs acolytes n'étaient pas intéressés par des études de cas approfondies. Ils avaient vu chez X.com un PDG qui, selon eux, n'avait pas grandi avec l'entreprise, n'allait pas assez vite et en qui ils n'avaient pas confiance. « Je pense que nous avions simplement perdu confiance en lui », a conclu Musk.

■ ■ ■

En mai 2000, juste avant son vingt-neuvième anniversaire, Elon Musk est redevenu PDG de X.com. « J'ai été choisi un peu par élimination, se souvient Musk. Je n'avais pas prévu d'être PDG. Je me suis dit : "Si je ne le fais pas, alors qui ? Et d'accord, Peter n'est pas là. Alors, je suppose que je serai PDG." »

C'était un bon compte-rendu, quoique sans doute sous-estimé, de son propre rôle dans la décision. Musk n'est pas devenu PDG par accident ou par défaut. Thiel était parti après la fusion ; Musk a continué à s'attaquer aux problèmes de X.com. Et lorsqu'il a eu l'impression que ces problèmes n'étaient pas bien traités, il a fait renverser son PDG.

Le navire était maintenant le sien, tout comme le travail consistant à éloigner X.com de différents écueils. De nombreuses personnes impliquées, dont Musk, se souviendront des mois qui ont suivi comme des périodes les plus éprouvantes de leur vie. « Ce n'était pas vraiment une crise de la quarantaine, parce que nous avions vingt-cinq ans. Mais nous étions assez déprimés », a déclaré Luke Nosek, cofondateur de Confinity.

12

CONFORMISME

En tant que nouveau PDG, Musk a rapidement initié des changements. « Il a recentré l'entreprise à bien des égards », se souvient Mark Woolway.

Le 1er juin 2000, dix-neuf jours après le début de son mandat, il a présenté une structure exécutive remaniée. Il compterait désormais sept subordonnés directs : David Jaques, directeur financier ; David Johnson, vice-président directeur en charge des finances ; Sandeep Lal, vice-président en charge du service client et des opérations ; David Sacks, vice-président directeur en charge du produit ; Reid Hoffman, désormais vice-président principal en charge du développement des affaires et de l'international ; Jamie Templeton, ancien vice-président de l'ingénierie chez Confinity, mènerait à nouveau l'équipe d'ingénierie ; et Levchin demeurerait directeur technique sans rapport direct avec lui. À noter que la réorganisation ne laissait aucune place à un directeur des opérations ou à un président.

Une autre dépêche de Musk est tombée une semaine plus tard. « Je suis heureux de vous annoncer que Peter Thiel a été nommé président du conseil d'administration de X.com, écrivait-il dans un mail destiné à toute l'entreprise. Il aidera également Jack [Selby], Mark [Woolway] et Kenny [Howery] dans le cadre du tour de table de la série D et agira en tant que conseiller stratégique de l'entreprise. » Après son départ soudain, Thiel avait fait une pause. Son retour en tant que président a envoyé un signal réconfortant aux employés de X.com qui avaient commencé chez Confinity.

Cependant, beaucoup d'autres, simples employés, ont accueilli ces changements internes avec indifférence. À ce moment-là, la société avait traversé un chaos intense avant la fusion, une fusion elle-même houleuse et une confusion importante par la suite. Pour les employés de Confinity, Musk était le troisième PDG en autant de mois. Les changements au sommet étaient devenus habituels, et il y avait simplement trop de travail à faire pour se préoccuper de qui était responsable.

Plusieurs employés subalternes et intermédiaires ont également décrit un environnement dans lequel les dirigeants les isolaient de la discorde au sein de l'entreprise. « Je me sentais plutôt à l'abri... », se souvient James Hogan, un des premiers ingénieurs chez Confinity, à propos du renouvellement des dirigeants. « J'avais le luxe de la naïveté. »

■ ■ ■

Pour ceux qui relevaient de David Sacks, la réorganisation – ainsi que sa promotion – a eu des conséquences.

La réorganisation de Musk comprenait un changement important : les responsables de l'ingénierie travailleraient désormais avec les chefs de produits en équipes discrètes et semi-indépendantes. Avant cela, les ingénieurs travaillaient davantage comme des agents libres, lancés sur les problèmes en fonction de leurs compétences, de leur intérêt et des besoins de l'entreprise. Mais cela pouvait générer de la confusion et de la désorganisation.

Selon Sacks et Musk, le passage à des équipes semi-indépendantes conduirait à une itération plus rapide. Les deux hommes avaient observé un paradoxe ennuyeux pour une start-up : à mesure que X.com grandissait, elle commençait à accomplir moins de travail de fond. Ils étaient loin d'être les premiers à identifier ce paradoxe. En 1975, des décennies avant la commercialisation d'Internet, le Dre Frederick P. Brooks, ingénieur chez IBM, puis fondateur du département d'informatique à l'université de Caroline du Nord à Chapel Hill, a exploré cette énigme dans sa bible du développement logiciel, *The Mythical Man-Month*.

« Lorsque des retards sont constatés, la réponse naturelle (et traditionnelle), c'est d'ajouter de la main-d'œuvre. Mais comme éteindre un feu avec de l'essence, cela ne fait qu'aggraver les choses. Plus de feu nécessite plus d'essence, et c'est ainsi que commence un cycle régénérateur qui se termine en catastrophe », écrit Brooks. Il explique que plus de programmeurs affectés à un projet donné multiplient le nombre de canaux de communication. Ce temps passé à parler (soit pour tenir au courant les membres de l'équipe soit pour établir des relations interpersonnelles) n'était pas du temps consacré au codage. En d'autres termes, deux têtes ne valent pas nécessairement mieux qu'une.

Diverses solutions à ce problème ont été popularisées par la suite, souvent sous la bannière du « développement de logiciel agile », qui privilégie l'itération rapide et des petites équipes. Mais à l'été 2000, cette littérature était limitée et X.com a dû improviser. Sacks a mis en place des petites unités autonomes, associant, par exemple, le producteur de l'entreprise, Paul Martin, à un concepteur et un ingénieur : respectivement Chad Hurley et Yu Pan. En tant que groupe, ils se sont concentrés sur tout ce qui concernait les enchères. Sacks et Musk pensaient que les petites unités libéraient les innovateurs des enchevêtrements de la bureaucratie.

Les grands changements au niveau de la structure de l'équipe s'accompagnaient de changements plus petits au niveau de l'ambiance. Par exemple, l'équipe a choisi d'appeler le poste produit (dont le travail impliquait un mélange de stratégie, d'analyse et d'opérationnel) « producteurs », au lieu du plus traditionnel « chefs de produit ». « Le mot "*manager*" avait acquis une connotation négative. Les appeler "chefs de produit" supposerait que leur travail consiste simplement à "gérer des choses" par opposition à "faire bouger les choses" », a expliqué Sacks.

Pour encourager l'appropriation, X.com a même a confié aux nouveaux arrivants des missions importantes et sensibles. Janet He a quitté un emploi dans une plus grande société financière et a rejoint X.com en tant qu'analyste en marketing quantitatif. Quelques jours après son arrivée, Sacks lui a confié une recherche : déterminer la part de PayPal dans les enchères d'eBay. Elle a été surprise par l'approche : non seulement Sacks, un cadre supérieur, s'était adressé directement à elle, une employée de quelques jours, pour l'analyse (sans obtenir l'assentiment de son responsable), mais il était à l'aise avec une feuille de calcul plutôt qu'avec un PowerPoint soigné.

« Lorsque j'ai rejoint PayPal, c'est comme si personne ne me disait comment faire les choses. Ils me posaient juste des questions.

Question après question. Et je me suis débrouillée pour répondre. L'entreprise toute entière était [...] sans queue ni tête », a constaté Janet He.

Dans le même esprit, Sacks et Musk ont interdit les grandes réunions, ce que Sacks a appelé « une tactique délibérée pour rompre avec cette culture bancaire et rétablir la culture originelle de la start-up chez PayPal ». Un employé se souvient de Sacks regardant ostensiblement à travers la vitre d'une salle de conférence où trop de personnes s'étaient rassemblées, un message sans équivoque.

■ ■ ■

De l'avis des dirigeants de X.com, les entreprises en croissance commettaient souvent une erreur cruciale : le bonheur des employés devenait une préoccupation plus importante que le rendement. Ils craignaient que X.com ne tombe dans le même piège et, pour l'éviter, ils ont montré une certaine impatience. Ils ont sacrifié la solidarité à la rapidité, et ont pris des décisions par décret lorsque cela était nécessaire. « Ce n'était pas une démocratie ouverte aux idées », se souvient Jeremy Stoopelman, ingénieur chez X.com et futur cofondateur de Yelp.

Pour progresser, il fallait livrer du code et lancer des produits, de manière agressive et en permanence. C'est avec cette approche qu'ils gagneraient, la direction de X.com en était convaincue. Mais cela signifiait aussi que les employés travaillent *non-stop*. « Je me souviens, en arrivant pour mon entretien, d'avoir vu des sacs de couchage sous les bureaux des gens et m'être dit : *Oh, je ne dormirai jamais sous mon bureau*, raconte Kim-Elisha Proctor. Et pourtant, j'en étais là, lors de l'une de mes premières sorties, alors que je nous faisais passer à un nouveau processeur de carte de crédit. Je pense que j'ai travaillé pendant trente-six heures [...] J'ai même dormi dans l'une des salles de conférence. »

La consommation de caféine chez X.com était légendaire. Un ingénieur, Doug Ihde, était célèbre pour ses prouesses en tant qu'ingénieur logiciel – et pour la montagne de canettes de Coca Light vides qui peuplait son bureau. Levchin, lui aussi, enchaînait les cafés. Plus tard dans sa vie, lors d'un entretien pour NerdTV, une édition éphémère de PBS, il s'est étendu sur les vertus des nuits blanches. Le journaliste, Robert X. Cringely, est arrivé au bureau de Levchin avant dix heures du matin. Levchin y avait passé toute la nuit.

« Vous êtes resté debout toute la nuit. Pourquoi ? a demandé Cringely.

— Je m'amuse, et c'est ce que vous faites lorsque vous vous amusez, vous ne voulez pas vous arrêter », a répondu Levchin, tout naturellement. Puis de proposer une longue réflexion sur la magie du petit matin :

> Je pense qu'il y a quelque chose de très spécial dans l'éthique de la nuit blanche [...] Il y a définitivement quelque chose à propos du mode de vie nocturne des ingénieurs particuliers qui ouvre vraiment les chakras de la créativité ou de l'écriture de code. Les gens deviennent un peu plus stupides, mais aussi peut-être un peu plus créatifs. Ils sont fatigués, et l'esprit et la camaraderie se réveillent pendant ces heures. Et vous obtenez plus de résultats parce que vous n'avez pas peur de dire aux gens de « se bouger » lorsqu'ils font une erreur, et les échanges deviennent plus intéressants.
>
> Mais je pense également qu'il y a cette énorme valeur que vous exploitez lorsque vous faites une nuit blanche, quand vous avez sans doute travaillé sept ou huit heures, et que vous arrivez vraiment à un point où quelque chose est sur le point de naître ; alors vous continuez pendant huit heures de plus ! Et au lieu de vous arrêter pour aller dormir et laisser ces idées se disperser, vous vous concentrez sur les découvertes que vous avez faites au cours des dernières heures, et vous devenez fou et vous en faites encore plus.

Le ton était donné d'en haut. L'ingénieur William Wu se souvient que Musk attendait des employés qui travaillaient tard le vendredi soir qu'ils reviennent le samedi matin. Plus tard, Wu a rapidement acheté des actions de Tesla, juste après son introduction en bourse, à la lumière de cette expérience. « [L'addiction au travail] n'est pas bonne pour moi en tant qu'employé, mais je me dis que si Elon fait cela chez Tesla, alors Tesla va réussir, quoi qu'il arrive. C'est douloureux de travailler avec lui comme employé, mais en tant qu'investisseur dans son entreprise, c'est une sage décision. »

Dionne McCray, qui travaillait dans le domaine de l'assurance qualité, se souvient à la fois de la pression exercée par ses pairs et des liens tissés par cette contrainte. « On arrivait au travail à [...] neuf heures et demie ou dix heures [du matin]. Et vous restiez jusqu'à je ne sais pas quelle heure ; peut-être vingt-deux heures, facilement plus de dix heures. Il y avait cette étrange pression du groupe. Si vous partiez, les gens te faisait : "Tu pars déjà ? Tu n'es là que depuis quatorze heures. Tu es fatiguée ?" Mais il y avait aussi beaucoup de liens. »

L'entreprise s'est regroupée autour de rituels idiosyncratiques au milieu de la nuit. Hurlant la chanson de Salt-N-Pepa, *Push It* pendant les poussées de codes. Vaporisant des pommes de terre contre le mur extérieur avec des pistolets à PVC à grande vitesse. Ou même avec de simples exercices d'endurance comme se battre pour savoir qui pouvait rester assis le plus longtemps possible sur un ballon de basket sans tomber.

De nombreux employés ont décrit l'attraction magnétique exercée par le chaos de l'entreprise. « Vous êtes aspiré par ce chaos. À moins de quitter l'entreprise, vous ne pouvez *pas* ne pas y être, se souvient Oxana Wootton. Nous avions une réunion, par exemple, et il y avait un nouvel objectif, et tout le monde se plongeait *complètement* dans l'accomplissement de cet objectif. »

■ ■ ■

D'autres éléments de la culture de PayPal ont affaibli les employés. Les normes d'hygiène personnelle, par exemple, variaient considérablement. Une analyste en assurance qualité se souvient d'un ingénieur posant ses pieds nus sur son bureau, et se curant les ongles de pied à la vue de tous. « Il fallait s'endurcir parce qu'il fallait passer par-dessus tout ça », se souvient-elle.

Cette intensité impitoyable a mis à rude épreuve les mariages et les familles. Un employé se rappelle avoir dû amener sa fille de huit mois au bureau un samedi et un dimanche. « Je me souviens que tout le monde regardait en se disant : *Mais qu'est-ce que c'est que ça ?* Je portais ma fille dans les couloirs de X.com, ajoute-t-il. C'était stressant. » De nombreux dirigeants de l'entreprise n'avaient pas d'enfant et programmaient des réunions le week-end avec désinvolture. Plusieurs parents de X.com ont souffert en silence.

Bien que le passage du temps ait émoussé les souvenirs négatifs, beaucoup se souviennent encore viscéralement de l'hostilité quotidienne du lieu de travail de la start-up. Malgré tous ses discours sur les ennemis communs et son ouverture sur l'extérieur, l'entreprise était déchirée par des rivalités assez féroces pour faire rougir George R. R. Martin. Les employés s'invectivaient régulièrement par mail et même les débats d'ordre technique étaient d'une férocité inhabituelle.

Lors d'un échange (un débat sur le délai d'approbation de soixante jours de l'entreprise pour les cartes de crédit), les membres de l'équipe ont échangé des mails enflammés. Un employé a fait valoir que l'exigence des soixante jours était « indispensable », ce à quoi un autre a répliqué : « Nous comprenons que tu penses que l'exigence de soixante jours est indispensable. Je crois que ce que les gens attendent, c'est une explication convaincante à cela. » Un autre a tout de suite riposté : « Si tu prenais la peine d'assister à certaines de ces réunions, tu obtiendrais une explication convaincante. »

Et ainsi de suite. Des querelles comme celle-ci ont secoué l'entreprise, avec en prime des politicailleries et des médisances en coulisse. Malgré tous les points forts de X.com, c'était aussi un lieu de travail dans lequel un collègue a conclu une réflexion sur le sujet stérile des transmissions ACH, les restrictions d'envoi à l'international et l'émission de carte, par un mordant : « Tu comprends la différence ??!! »

■ ■ ■

Le produit PayPal connu aujourd'hui dans le monde entier a pris forme au cours du printemps et de l'été 2000. Durant cette période, X.com a lancé plusieurs des fonctionnalités distinctives fondamentales de PayPal qui l'ont fait passer d'un statut de produit viral à celui d'entreprise viable.

Deux semaines après l'annonce de la restructuration, X.com a dévoilé le nouveau site internet de PayPal, à propos duquel Sacks a envoyé un mail à l'échelle de l'entreprise, félicitant « un certain nombre de personnes qui avaient travaillé de très longues heures pour nous amener ici dans un délai relativement serré ». Parmi ses nouvelles caractéristiques, le site Web comprenait une mise à jour conçue pour distancer les grandes sociétés de cartes de crédit comme Visa, Mastercard et American Express.

Depuis son lancement, la start-up avait entretenu ce qui s'apparentait à une relation d'ennemi juré avec les sociétés de cartes de crédit. Pour les petits vendeurs, devenir un commerçant agréé pour ce moyen de paiement était un processus lourd et fastidieux ; et X.com a capitalisé sur ces difficultés. Elle est intervenue en tant que centre d'échange virtuel de cartes de crédit pour les vendeurs aux enchères, les déclarant de fait comme des entreprises dignes de confiance et permettant à des milliers de personnes d'accepter les paiements par carte de crédit via PayPal au lieu de recevoir les paiements par chèque, en espèces ou par mandat. « Ce que PayPal était, au fond, c'est [un système permettant] aux commerçants à haut risque et à faible montant d'accepter les cartes de crédit en ligne », a déclaré Vince Sollitto.

Mais jouer le rôle de « maître marchand d'eBay », dans le jargon des cartes de crédit, a introduit une autre vulnérabilité dans le cœur de métier de X.com : Visa et Mastercard géraient ses transactions *et* étaient en concurrence directe avec elle. « Elles auraient dû nous tuer lorsqu'elles le pouvaient. Nous étions si compétitifs, et nous abusions tellement de leur système, se souvient Todd Pearson, une des personnes chargées des relations avec les compagnies de cartes de crédit de X.com. Il est difficile de se sentir désolé pour elles, ces sociétés géantes qui sont des monopoles [...] Mais elles auraient dû nous faire fermer. »

La dépendance de X.com vis-à-vis des sociétés de cartes de crédit, combinée aux frais de transaction élevés de ces sociétés, a donné lieu une alliance difficile. Cela a également contraint plusieurs membres de l'équipe à des années de diplomatie tendue avec les associations de cartes et les banques émetrices. Plus d'un ancien de PayPal a crédité Todd Pearson, Alyssa Cuthright et leurs équipes d'avoir « sauvé l'entreprise », simplement en empêchant Visa, Mastercard et leurs semblables de donner le coup de grâce.

La question des cartes de crédit était également un impératif stratégique : l'entreprise devait encourager les utilisateurs à connecter leurs comptes PayPal aux banques plutôt qu'à des cartes de crédit. Le problème a touché les plus hauts niveaux de l'entreprise, y compris le conseil d'administration. « Je l'ai appelée la "guerre contre le financement par carte de crédit", a dit Tim Hurd, un membre du conseil. C'était une obsession pour moi. »

■ ■ ■

La grande vision de Musk de construire un empire des services financiers a offert une solution. L'équipe a réalisé que si un nombre suffisant de clients conservaient l'argent sur leur compte X.com, alors l'entreprise pourrait transférer des dollars entre utilisateurs sans frais. « La transaction interne [...] coûte un millième de dollar. Zéro, en gros. Et c'est pourquoi vous voulez maintenir les équilibres », a expliqué Musk.

Dans cette perspective, il s'est attaqué à la gamme plus large de produits « X-Finance » de sa start-up, y compris ses comptes d'épargne et de courtage. Pour inciter les utilisateurs à transférer leur argent sur la plateforme, l'entreprise a fixé un taux d'intérêt de 5 % sur ses comptes d'épargne, parmi les plus élevés du pays. « Nous avons reversé 100 % [de nos bénéfices sur les comptes d'épargne], a souligné Sacks. Nous n'essayions pas de gagner de l'argent [...] Nous essayions d'inciter les gens à conserver de l'argent sur leurs comptes. »

Ce processus a également permis d'obtenir des informations contre-intuitives. Par exemple, l'entreprise a constaté que plus il était simple de retirer de l'argent de leurs comptes, plus les utilisateurs en déposaient. Musk a donc insisté pour que l'entreprise continue à distribuer des cartes de crédit et même des chèques. « Si vous êtes obligé, pour mener votre vie, de retirer de l'argent de PayPal, vous retirerez de l'argent de PayPal. Donc, si vous devez faire des chèques, et [que] PayPal ne vous laisse pas le faire depuis votre compte PayPal, vous devez transférer votre argent sur un compte courant », a-t-il fait remarquer. (Commentant l'absence de chèques du PayPal moderne, Musk s'est à nouveau passionné pour le sujet. « Alors, donnez-leur des putains de chèques ! Doux Jésus, c'est quoi votre problème ? »)

Pour Musk, la boussole de l'entreprise était l'accumulation du total des dollars des utilisateurs – pas seulement le total des transactions. « Celui qui peut garder le plus d'argent dans le système est gagnant. Remplissez le système, et éventuellement, PayPal sera simplement l'endroit où se trouve l'argent, parce que : pourquoi s'embêter à le déplacer ailleurs ? » Musk a bien sûr joint le geste à la parole, en conservant des millions de sa propre fortune sur la plateforme.

Mais l'utilisateur moyen n'était pas prêt à suivre son exemple, et cela s'est avéré être une pierre d'achoppement. Les utilisateurs de X.com avaient déjà des comptes chèques et des comptes d'épargne auprès de banques classiques. Pour la plupart d'entre eux, la difficulté de consolider ces fonds sur X.com ne valaient pas une hausse de quelques pour cent du taux d'intérêt.

La deuxième meilleure option pour l'entreprise serait de déplacer sa base de transactions depuis celles financées par carte de crédit vers celles financées par compte bancaire. Chaque paiement par carte de crédit coûte à l'entreprise 2 % ou plus ; la transaction équivalente via le compte bancaire d'un utilisateur ne coûte que quelques centimes. Si davantage d'utilisateurs liaient leurs comptes bancaires à PayPal, X.com économiserait des millions – et aurait une longueur d'avance sur Visa, Mastercard et les autres.

Pour y parvenir, elle devrait utiliser une infrastructure bancaire, appelée Automated Clearing House (ACH)[57]. L'ACH était un système vieux de plusieurs décennies qui numérise les paiements récurrents et prévisibles comme les chèques de paie et les factures. Sans les frais de papier et d'affranchissement, les paiements ACH étaient deux fois moins chers à gérer que l'envoi de chèques. Au milieu de l'année 1994, un tiers des Américains recevaient leurs chèques de paie par voie électronique via des paiements ACH.

Si X.com pouvait le faire avec les paiements PayPal (en reliant ses transactions au système ACH), l'entreprise pourrait réduire sa dépendance coûteuse par rapport aux cartes de crédit. Mais l'accès aux comptes bancaires comporte ses propres risques, y compris certains que X.com avait déjà connus : le battage médiatique négatif de janvier 2000 était dû à une approche laxiste de la sécurité des comptes bancaires.

Afin de faire de l'ACH la colonne vertébrale sécurisée de ses paiements, l'entreprise aurait besoin d'authentifier le propriétaire

57. Nom du système sécurisé de transfert des paiements qui connecte entre elles toutes les institutions financières américaines.

du compte bancaire, ce qui promettait d'être lourd. « Le problème était de savoir comment authentifier un compte bancaire sans avoir une sorte de carte de signature, explique Musk. Au fond, sans une vérification en personne, qui serait très coûteuse, nous allions grandir comme un escargot, très lentement. Sauf s'il existait un moyen d'authentifier les comptes bancaires, on était fichus. »

■ ■ ■

Le processus d'authentification de s'est avéré être l'une des contributions durables de l'entreprise aux mécanismes de la finance numérique. Il est né d'un livre, d'une promenade pour aller boire un café et de l'intuition révolutionnaire d'un membre de l'équipe sur les signaux et le bruit.

Sanjay Bhargava est arrivé chez X.com par l'intermédiaire de la division des paiements internationaux de Citibank, où il travaillait alors depuis une dizaine d'années. Au début de son passage à la Citibank, il a conclu qu'une adresse mail pouvait être un moyen efficace et ultraléger d'envoyer de l'argent à l'étranger ; une sorte de passeport financier universel.

Lorsqu'il a présenté l'activité des paiements internationaux par mail, la réponse de ses patrons chez Citibank a été tiède. « Ça leur a plu, se souvient-il, mais il y a eu ensuite ce moment où ils ont dit : "Pourquoi devrions-nous être les innovateurs ? Cela cannibalisera notre business." Citibank s'en mettait plein les poches avec les transferts de fonds traditionnels. Les paiements par mail auraient menacé ces marges.

Bhargava a quitté Citibank pour poursuivre le concept à son compte. Au début de l'année 1999, il a cofondé une société, ZipPay. Puis Bhargava a été viré. Lorsque c'est arrivé, Bhargava avait quarante-deux ans, et il prévoyait de simplement retourner à sa vie réussie dans le secteur bancaire.

Mais les pitchs de Bhargava sur ZipPay l'ont placé face à divers investisseurs en capital-risque, comme Mike Moritz chez Sequoia, qui avait d'autres projets pour lui. C'était en août 1999, juste après l'exode de l'équipe dirigeante de X.com. Musk était en mode recrutement et, à la demande de Moritz, il a appelé Bhargava pour demander à le rencontrer. « J'ai dit : «OK, la prochaine fois que je suis dans la Valley, on se voit», se souvient Bhargava. Non, non, je vous achète un billet, vous devez venir tout de suite », a répondu Musk.

Leur réunion, prévue pour durer dix minutes, s'est transformée en dîner dans un restaurant de hamburgers à proximité, Taxi's Hamburgers. « Nous nous sommes rencontrés vers vingt heures, et nous avons parlé jusqu'à environ quatre heures du matin, se souvient Bhargava. Et puis Elon m'a dit de venir à sept heures, ce matin-là, et de récupérer mon offre. »

■ ■ ■

De ces premiers jours-là chez X.com, Bhargava se souvient de semaines de cent heures et d'une culture où la vitesse l'emportait sur l'organisation. « Colin, Elon et moi esquissions juste des trucs jusqu'à deux ou trois heures du matin », dit-il. « Je me souviens avoir dit une fois à Colin : "Oh, il faut que je note ça", et il m'a répondu : "Non, discutons, je mettrai tout ça en ordre et c'est comme ça que ce sera fait." »

Il trouvait que X.com était un changement bienvenu par rapport aux grandes banques, mais cela n'était pas sans frustration. Lorsque l'équipe a commencé à relier les comptes bancaires aux comptes utilisateurs de X.com, Bhargava a plaidé pour une sécurité et une vérification solides, remettant en cause l'approche de l'entreprise consistant à lancer un produit et à régler les problèmes plus tard. « Vous ne pouvez pas faire ça, parce que les gens mettront les informations de compte d'une autre personne. » Musk est passé outre, estimant qu'un processus de sécurité complexe entraverait la croissance des comptes. « Pour Elon, les gens étaient généralement honnêtes », se souvient Bhargava.

La décision de Musk a repoussé les limites de la patience (généralement grande) de Bhargava. « En fait, j'ai pété les plombs sur ce point particulier, remarque-t-il. Et puis, j'ai pensé : *D'accord, pourquoi est-ce que je réagis de manière excessive comme ça ?* » S'il avait raison dans son évaluation, l'entreprise serait rapidement escroquée. Sinon, tout le monde pourrait passer à autre chose. « Bien sûr, dans les dix jours, il y a eu ces articles », raconte Bhargava, faisant référence au premier signalement sur les activités de comptes non autorisés.

Après la controverse sur les comptes bancaires, X.com s'est empressé de mettre en place des méthodes de vérification traditionnelles et maladroites : les utilisateurs devraient poster des chèques annulés pour confirmer la propriété du compte bancaire. Plus tard, X.com a offert la possibilité de les faxer, sans plus de succès. « Parfois, vous pouviez à peine lire ces chèques faxés », se souvient Bhargava.

L'expérience a fait réfléchir Bhargava sur la sécurité et la vérification de l'identité au sein de systèmes complexes. Début 2000, Bhargava a lu *Secrets & Lies : Digital Security in a Networked World* de Bruce Schneier, architecte en sécurité informatique, un livre informatique à succès contenant des explications lisibles et lucides sur la cryptographie, le piratage et, plus intéressant pour Bhargava, la notion de signal et de bruit.

Les signaux étaient les éléments d'information significatifs qu'un expéditeur espérait faire parvenir à un destinataire ; une chanson à la radio, par exemple. Le bruit, c'était tout ce qui interférait avec l'arrivée de l'information, c'est-à-dire l'électrostatique qui déforme la chanson. Selon Bhargava, X.com avait besoin d'un signal plus propre et plus rapide que les chèques annulés ou les fax indéchiffrables pour confirmer l'identité du propriétaire d'un compte bancaire.

Les banques utilisaient déjà de tels signaux : un code PIN ATM à quatre chiffres confirmait la propriété de la carte bancaire. X.com avait besoin de quelque chose comme ça, un signal aussi simple qu'un code ATM.

Et puis, Bhargava a une idée : et si elle générait son propre équivalent à usage unique ? Concrètement, l'entreprise pouvait fabriquer des codes à quatre chiffres en envoyant deux dépôts aléatoires de moins de 1 dollar sur le compte bancaire d'un utilisateur. Si un utilisateur recevait 0,35 et 0,07 dollars, par exemple, il pouvait maintenant entrer le code « 3507 » sur le site Internet de PayPal. Saisi avec succès, le code unique confirmait l'accès au code bancaire ; et ce, sans télécopies ni chèques envoyés par la poste.

Bhargava a mis l'idée dans un coin de sa tête et est allé se coucher. Le lendemain matin, lui et son collègue Todd Pearson sont allés boire un café, comme ils le faisaient souvent. Les deux hommes partageaient beaucoup de choses : ils avaient tous les deux rejoint la banque numérique avant la fusion, étaient des vétérans sceptiques de l'industrie financière, et étaient pères, une exception au sein de l'équipe.

Tandis qu'ils se promenaient, Bhargava a expliqué son idée d'utiliser deux dépôts aléatoires pour authentifier la propriété du compte bancaire. La réaction de Pearson a été immédiate : « C'est incroyable. Tu es un génie ! » Sa proposition a également touché une corde sensible chez les autres membres de l'équipe, et le travail pour la concrétiser a commencé rapidement.

Avec le dépôt aléatoire et les autres stratagèmes de l'entreprise pour connecter des comptes bancaires, l'équipe produit avait un travail difficile à faire. Pour de nombreux utilisateurs, en ces premiers jours du commerce électronique, saisir des numéros de carte de crédit était déjà beaucoup demander. L'entreprise devait maintenant aider les utilisateurs à saisir les numéros d'acheminement bancaire et les numéros de compte chèques : plus de chiffres et deux fois les champs.

« Toutes les mises en page des chèques sont aussi différentes, se souvient Skye Lee. Nous avons donc dû créer cela pour l'expérience utilisateur et déterminer : "Comment pouvons-nous expliquer cette chose compliquée aux utilisateurs alors qu'il n'existe rien de semblable ?" » Les concepteurs de l'entreprise ont fait des captures d'écran de chèques, entouré les numéros correspondants et les ont affichés sur le site Web comme aide visuelle. L'innovation en matière d'image a résisté à l'épreuve du temps : le concepteur Ryan Donahue se souvient que les images de chèques originales de l'entreprise ont circulé sur Internet pendant des années, avec les mêmes numéros de compte fictifs visibles sur d'autres sites.

X.com a lié le lancement de la fonction de confirmation de dépôt aléatoire de Sanjay Bhargava aux bonus. Désormais, pour qu'un nouvel utilisateur reçoive son bonus d'inscription, il devrait connecter son compte bancaire à PayPal et confirmer les deux dépôts. Le changement, combiné à d'autres produits, a porté ses fruits. Fin juin, un tiers des nouveaux utilisateurs enregistrait des comptes bancaires sur le site de la société.

Au fil du temps, celle-ci a pris plusieurs autres mesures pour encourager la liaison avec les comptes bancaires, notamment une loterie de 10 000 dollars organisée en juillet 2 000 ainsi que des fonctionnalités réservées spécifiquement aux clients possédant un compte bancaire. Dès qu'il y a eu davantage de comptes vérifiés, l'entreprise a également utilisé sa tactique familière consistant à utiliser les défauts à son avantage : un jour, l'entreprise a automatiquement fait passer les utilisateurs de PayPal qui avaient à la fois des cartes de crédit et des comptes bancaires à des paiements financés par des banques : un changement risqué mais indispensable pour infléchir la courbe des coûts de l'entreprise.

Ces mesures ont permis de sevrer X.com des paiements garantis par Visa et Mastercard, en réduisant les frais de transaction onéreux et les risques commerciaux associés ; et en laissant une trace durable dans le secteur. L'innovation de Sanjay Bhargava, par exemple, perdure : aujourd'hui, le dépôt aléatoire est courant dans le secteur bancaire.

Musk a fait un éloge sans réserve de cette nouveauté : « C'était une avancée *fondamentale*. » David Sacks a saisi l'élégante simplicité de l'idée dans son annonce de lancement, en disant que c'était « une idée, comme le Velcro, à laquelle on aimerait avoir pensé ».

■ ■ ■

Conçu pour lutter contre la fraude, le nouveau système d'authentification a révélé un degré étonnant d'honnêteté de la part des utilisateurs. Au fur et à mesure du déploiement du mécanisme, certains clients se sont sentis obligés de renvoyer les dépôts aléatoires de l'entreprise par courrier traditionnel.

Ce déluge d'enveloppes bourrées de petite monnaie a créé un casse-tête administratif. « En tant qu'institution financière légale, nous étions tenus de déposer ces fonds sur leur compte », raconte Daniel Chan, la jeune recrue chargée d'ouvrir les enveloppes. « Alors, je créditais manuellement leur compte. Et puis je partais en voiture jusqu'à la Silicon Valley Bank pour effectuer le dépôt bancaire en mains propres. »

En dehors du travail, Chan suivait une formation de magicien, se produisant lors d'événements pour enfants et faisant des tours au bureau à l'intention de ses collègues. « Je faisais plus de fêtes d'anniversaire d'enfants dans la Silicon Valley qu'en travaillant chez

PayPal », a-t-il admis. Dès qu'il a eu déposé toutes les pièces des clients de X.com qu'il pouvait, Chan a démissionné et s'est lancé avec succès dans une vie de magicien professionnel. Son œuvre comprend, bien sûr, des pièces de monnaie qu'il fait disparaître sous les yeux de son public.

■ ■ ■

L'authentification par dépôt aléatoire a atténué certains risques, mais un autre pesait toujours sur X.com : eBay.

Dans un sens, la domination de la première sur la seconde était une victoire : X.com gérait effectivement une partie des caisses enregistreuses du magasin de quelqu'un d'autre. Mais c'était aussi un danger : mi-juin, l'écrasante majorité de ses transactions provenaient d'eBay, et les dirigeants craignaient que le magasin réquisitionne ses caisses à tout moment. L'entreprise devait réduire l'influence d'eBay, et vite.

Lorsque Confinity a repéré pour la première fois l'enthousiasme des utilisateurs de la plateforme pour ses produits, le concepteur Ryan Donahue travaillait avec David Sacks pour améliorer le mécanisme de paiement aux enchères. Une première mouture comptait deux étapes : d'abord, l'utilisateur appuyait sur la touche PayPal ; ensuite, il entrait la valeur de la transaction en dollars et cliquait sur Pay. Donahue a pensé qu'il suffisait d'intégrer la seconde étape dans la première : si les utilisateurs saisissaient le montant en dollars et appuyaient sur le bouton, la page suivante pourrait préremplir le total et confirmer le paiement.

Le changement semblait pittoresque, évident, voire trivial, mais il permettait de gagner de précieuses secondes sur les transactions. Et de l'avis de David Sacks, chaque moment de friction était à éliminer. Selon lui, les petites améliorations qui permettent de gagner du temps conduisent à des produits plus résistants ; et la gratification instantanée séduit les clients impatients.

Ces améliorations apportées à la conception des paiements ont donné lieu à une réflexion corollaire : et si les boutons étaient le produit principal ? Et si ces tranches de pixels pouvaient aider PayPal à devenir le système de paiement par défaut du Web ? L'équipe a commencé à réfléchir à une « toute une série de touches intégrables sur lesquelles, si quelqu'un se trouvait sur votre site, il pourrait cliquer pour vous payer », explique Sacks.

Des boutons ? L'idée semblait risible mais ses implications étaient importantes. Au niveau stratégique, l'accent mis sur les boutons a catapulté l'entreprise dans un espace où il y avait peu de concurrents. Bien sûr, les imitateurs pouvaient associer l'argent avec les mails. Ils pouvaient offrir des primes généreuses aux utilisateurs potentiels. Et ils pouvaient se battre pour le marché des enchères. Mais il faudrait un certain temps avant qu'ils ne soient obsédés par les boutons.

L'approche « un bouton pour tous les battre » a également résolu un vrai problème pour les commerçants en ligne. Le commerce électronique a connu une croissance rapide de la fin des années 1990 au début des années 2000 et une nouvelle génération de petits commerçants en ligne a été confrontée à des questions familières sur la manière de transférer de l'argent d'un point A à un point B rapidement et en toute sécurité.

Paradoxalement, c'est sur eBay que X.com a d'abord repéré la croissance d'un ensemble indépendant d'acteurs du commerce électronique. Les *PowerSellers*, utilisateurs privilégiés d'eBay et à l'origine de la plupart de leurs enchères, commençaient à quitter le site. « Tout vendeur eBay ayant atteint un niveau d'avancement suffisant créait son propre site de commerce électronique et vendait sur ce site », expose Sacks. L'équipe a également repéré un signal du marché : ces nouveaux vendeurs indépendants utilisaient fréquemment PayPal.

X.com a nourri cette rébellion, au grand dam d'eBay. « Une des choses qui l'inquiétait au sujet de PayPal, c'est que nous permettions à leurs vendeurs de sortir de la plateforme », explique Sacks. La start-up a même pris certaines fonctionnalités principales du site d'enchères et les a reproduites pour ces vendeurs malhonnêtes, en copiant, par exemple, son système de réputation et en l'incorporant dans PayPal. Le développement des boutons pouvait alimenter davantage cette insurrection. C'était également un retour aux sources de l'entreprise : le redimensionnement des boutons avait conduit un utilisateur d'eBay à contacter Confinity pour les alerter de l'utilisation de PayPal dans les ventes aux enchères.

À l'époque, les boutons ont marqué une avancée ; et Sacks et d'autres étaient convaincus qu'ils pouvaient être le moteur de la croissance future de l'entreprise. Donahue se souvient des modestes ambitions de l'équipe, au départ, pour sa suite de boutons. « C'était quelque chose du genre : “Oh, vous savez, il y a tous ces groupes qui veulent sans doute pouvoir vendre leurs tee-shirts et leurs CDs.” J'étais enthousiaste à l'idée de cibler les personnes qui effectuaient des transactions de 10 ou 20 dollars », a-t-il déclaré. « Ça me semblait tellement cool et punk rock que n'importe quelle personne sans connaissances techniques puisse simplement transformer une page Web en un site de paiement. »

■ ■ ■

Avant même la fusion fin 1999, David Sacks avait mis noir sur blanc une première vision d'un produit de type bouton.

Au fil du temps, cette spécification de produit a intégré d'innombrables idées des membres de l'équipe et saisi de nombreux concepts qui ont propulsé PayPal vers l'omniprésence sur Internet. À bien des égards, ce document représente le texte fondateur du PayPal moderne.

Par respect pour la passion de Musk pour la marque X, l'équipe a d'abord appelé le produit bouton X-Click, pour le renommer plus tard Web Accept. Son précurseur le plus proche était une fonctionnalité Paypal appelée Money Request, qui permettait aux utilisateurs d'envoyer une demande d'argent à titre personnel par mail. Celui-ci contenait un lien vers une page PayPal. X-Click reprenait cette fonction et la rendait omniprésente, « en permettant aux utilisateurs de PayPal de coller le lien Money Request sur leur propre site Web, leur page d'accueil personnelle, les listes d'enchères ou d'autres URL [...] Le résultat est un système de paiement en un seul clic pour l'ensemble du Web. »

La spécification du produit a également permis d'établir un argumentaire commercial pour X-Click. Il alimenterait la viralité de PayPal, amenant ses produits sur une multitude de sites internet, et augmenterait les effets de réseau de PayPal. D'autres « concurrents de paiement étroitement intégrés comme eBay/Billpoint, Yahoo/dotBank et Amazon 1-Click/zShops » resteraient tellement concentrés sur leur propre terrain qu'ils ne verraient pas la propagation de PayPal sur le Web.

Le document reprend un refrain familier à propos des délais de mise sur le marché. « La rapidité est essentielle pour trois raisons », note la spécification :

> 1. Les effets de réseau inhérents au produit signifient que le premier entrant aura un énorme avantage. Chaque jour où nous avons le marché pour nous seuls est une chance irremplaçable de prendre une avance insurmontable ;
> 2. Pour l'introduction en bourse, l'entreprise doit démontrer un historique de revenus d'au moins 6 mois. X-Click pourrait générer des revenus immédiats ;
> 3. Des concurrents comme Yahoo, eBay et Amazon nous talonnent pour ce qui est de la fonctionnalité P2P de base. X-Click est nécessaire pour contrer leur distribution supérieure et leur capacité d'intégration.

L'équipe visait un produit pilote pour le 1er juin, dont le développement serait personnellement conduit par Sacks. Le travail sur X-Click, début 2000, laissait entrevoir un avenir PayPal séparé d'eBay, ce qui a donné à l'équipe un nouvel horizon à poursuivre. « Il brossait une vision sur la façon dont PayPal pouvait vraiment proliférer sur le Web », note Amy Rowe Klement.

■ ■ ■

La réorganisation de X.com, son développement de X-Click et la percée des dépôts aléatoires ont coïncidé avec une autre évolution charnière : au cours de l'été 2000, l'entreprise a instauré ses premiers frais.

Elle savait que les frais étaient inévitables. Des débats approfondis ont émergé à propos de la marche à suivre. L'entreprise devrait-elle facturer les expéditeurs ou bien les destinataires ? Comment pouvait-elle faire en sorte que les clients renoncent à sa promesse du « toujours gratuit » ? Et si elle facturait ses services, est-ce que le Billpoint d'eBay ne le saperait pas ? « Le moment est venu, a déclaré Lal. C'est ce qui déterminera si nos clients restent avec nous. » Musk lui-même a résumé le dilemme de l'entreprise : « Nous devions trouver un moyen de générer des revenus qui ne détruisent pas la croissance de nos utilisateurs. »

Les bonnes réponses se trouvaient à l'intersection floue entre le comportement de ces derniers et la modélisation financière. L'équipe a beaucoup appris du comportement des utilisateurs sur les produits de l'entreprise et sur les systèmes des concurrents, notamment son rival, Billpoint, dont la structure tarifaire (un forfait *et* un pourcentage du paiement) a provoqué la colère des utilisateurs d'eBay.

Il est vrai qu'une partie de cette grogne tenait aux origines de la plateforme. « Les racines d'eBay se trouvent dans une communauté de vendeurs qui devaient s'occuper eux-mêmes des paiements parce que le site ne les proposait pas, a admis un avocat d'eBay de l'époque, Robert Chestnut. Je pense donc que l'idée d'une société de paiement – qui, soit dit en passant, rapporterait de l'argent à eBay, puisque [Billpoint] facturait – n'a pas été acceptée par tous. Parce que les vendeurs ne veulent pas payer d'autres frais. Ils en paient déjà à eBay. »

X.com s'est également rendu compte que des frais généraux pour les expéditeurs d'argent constitueraient un coup mortel. Personne ne voulait payer pour envoyer de l'argent ; les utilisateurs migreraient simplement vers des options moins chères qui facturaient le destinataire, et non l'expéditeur. En revanche, une structure tarifaire restreinte et soigneusement choisie pourrait fonctionner, surtout lorsqu'elle est liée à quelque chose qui vaut la peine d'être payé et si elle cible le public adéquat.

L'équipe a donc décidé de commencer à facturer en créant une catégorie de produits premium, qui offraient davantage de fonctionnalités que les comptes gratuits standard. Ils seraient appelés « comptes professionnels » ou « comptes Premier », selon que l'utilisateur était une entreprise ou un particulier. Plus important encore, les clients avaient le choix de payer pour des fonctionnalités premium ou bien de conserver les services gratuits tels quels.

Lors de l'annonce de ses comptes payants, la start-up a vanté trois caractéristiques modestes : 1) la possibilité pour les entreprises de s'enregistrer sous un nom de société ou de groupe (pour les comptes « professionnels ») ; 2) une hotline dédiée au service client 24 h/24 ; et 3) un transfert automatique et quotidien du solde du compte vers un compte bancaire. Ce n'était pas grand-chose, mais l'entreprise promettait d'autres avantages à venir.

X.com facturait initialement 1,9 % sur les paiements reçus, sans frais fixes supplémentaires : une aubaine par rapport à son principal concurrent. Le communiqué se vantait que son prix était « inférieur à la moitié de ce que vous paieriez avec d'autres services de paiement (par exemple, Billpoint commence à 3,5 % plus 0,35 dollar par opération) ». X.com connaissait son public : des tarifs explicitement inférieurs à ceux de Billpoint ont séduit les *PowerSellers* d'eBay, sensibles aux prix.

Lors d'une réunion au cours de cette période, Musk a reconnu le danger de facturer un produit qui était auparavant gratuit. « Pendant la réunion, Musk a dit : “Nous ferons payer. Nous allons fixer un prix. C'est comme lancer les dés. C'est un pari, mais c'est de cela dont il s'agit. C'est comme parier” – je me souviens du mot qu'il a utilisé – “cent millions de *smackeroos*[58]” », se souvient Lal.

L'entreprise était claire au sujet de l'optionalité. « Personne ne sera obligé de passer à un compte professionnel ou Premier », déclarait le communiqué du produit en caractères gras. En d'autres termes, si vous aimiez votre compte PayPal gratuit, vous pouviez le conserver.

Mais si les utilisateurs pouvaient conserver les comptes gratuits, est-ce que quelqu'un s'inscrirait à l'offre optionnelle avec ses avantages limités ? À dix-sept heures le premier jour du communiqué, l'équipe a eu sa réponse : malgré l'envoi de l'annonce adressée uniquement à une catégorie d'utilisateurs, 1 300 comptes ont été ouverts. Forts de ce succès, les produits payants ont été diffusés à l'ensemble de la base d'utilisateurs. Une semaine plus tard, le 19 juin, l'entreprise comptait 9 000 clients premium. Ce jour-là, les utilisateurs payants ont rapporté 1 000 dollars de frais ; le jour suivant, le nombre a plus que doublé, pour passer à 2 680 dollars.

« Une fois que nous avons mis en place [des comptes payants], il est devenu *possible* de générer des revenus – il est devenu *possible* pour quelqu'un de nous payer, se souvient David Wallace. Il y avait des gens qui bénéficiaient d'une sorte de fonctionnalités avancées.

58. Mot argot pour « dollar » aux États-Unis.

Et l'élément principal était que toutes ces nouvelles fonctionnalités que nous construisions avaient désormais un endroit où aller, qui inciterait les gens à payer pour cela [...] Sur le plan théorique, cela nous a fait passer d'une focalisation sur les "gens gratuits" à une focalisation sur les "gens payants". »

Compte-tenu de la frénésie estivale, le lancement de comptes payants n'a pas abouti à une célébration à l'échelle de l'entreprise, ni capté l'attention du monde entier. Mais avec ces comptes premium qui se consolidaient, l'entreprise a réussi ce que beaucoup de ses contemporains numériques ne pouvaient pas faire : son site Internet rapportait de l'argent, et ne se contentait pas d'en donner.

■ ■ ■

Lorsqu'il a récupéré le titre de PDG, Musk a livré une version de sa présentation au conseil d'administration de mai 2000 à l'ensemble de l'entreprise, y compris une diapositive intitulée « Actions majeures » qui recensait les mesures les plus urgentes à prendre. « Si nous réalisons ces actions, je suis convaincu que nous serons invincibles. »

Musk avait de bonnes raisons d'être confiant. À la fin de l'été 2000, l'entreprise a encore lancé de nouveaux produits. Six semaines après la note de David Sacks à propos des modifications du site Internet, Julie Anderson a annoncé que X-Click était officiellement fonctionnel, et que, pour la première fois, des sites autres qu'eBay proposaient les services de X.com. Celle-ci avait également unifié ses marques : « Les utilisateurs qui tapent www.paypal.com dans leur navigateur seront redirigés vers www.x.com », a annoncé l'entreprise.

Alors que la start-up opérait ces changements importants, le monde entier les remarquait. Elle a gagné un prix du public lors du Concours Webby (les Oscars d'Internet) et a été classée parmi les 100 meilleures entreprises numériques par la publication à vocation technologique *Red Herring*. Pendant quatre semaines consécutives, X.com a été le site Web financier le plus visité sur Internet, selon les mesures de PC Data Online. Cerise sur le gâteau, le magazine *Fortune* a désigné X.com comme étant l'une des entreprises les plus en vogue du pays.

Les acteurs du secteur ont commencé à prêter attention au nouveau venu parmi eux. L'American Bankers Association a organisé une table ronde réunissant la communauté des banquiers, au cours de laquelle le sujet de l'entreprise a surgi :

> *Andrew Trainor* : X.com a récemment fusionné avec PayPal, un service de paiement en ligne par mail. Les entreprises fusionnées utilisent un marketing complètement différent. Au lieu d'utiliser beaucoup de dollars pour commercialiser leur banque, elles en versent 20 à chaque client pour ouvrir un compte. Ensuite, elles les paient pour chaque recommandation jusqu'à un plafond donné. À ce stade, ils ont un million et demi de clients.
> La raison pour laquelle ils ont fait cela est la suivante. Le PDG [Elon Musk], âgé de 27 ans, originaire de Palo Alto en Californie, a déclaré qu'ils allaient acquérir des clients et les développer comme un promoteur foncier, à travers des redevances, des prêts, etc.
> *Henry Radix* : dans une certaine mesure, les banques l'ont déjà fait. Nous avons fait venir nos clients et, maintenant, nous devons exploiter ces relations. Nous n'avons pas eu à payer 20 dollars à chacun. Ou peut-être que nous l'avons fait, mais nous ne savons tout simplement pas que nous l'avons fait.
> *David Beito* : ce modèle X.com constitue une menace sérieuse. Vous pouvez envoyer de l'argent à n'importe qui possédant une adresse mail avec leur service PayPal. J'ai un tas d'amis qui travaillent sur les enchères en ligne et chacun d'entre eux s'y est inscrit.
> Ils nous enlèvent le système de paiement. Ils vont rendre les gens accros à leur système, et, très bientôt, ils pourront le facturer. Est-ce que ça vaut, disons, 6 dollars par mois pour pouvoir faire ça ? Les banquiers s'interrogeaient sur la somme de 25 dollars pour un découvert, mais nous les facturons tous, et les gens les paient.

Par-dessus tout, la base d'utilisateurs de l'entreprise s'élargissait, avec plus de 10 000 nouveaux comptes ouverts chaque jour. « X.com a franchi la barre des 2 MILLIONS de comptes hier, a écrit Eric Jackson dans une mise à jour adressée à l'équipe le 1er juin, alors que le nombre de comptes PayPal a atteint le chiffre de 1 738 989 et le nombre de comptes X-Finance a atteint les 267 621 ».

Comme toujours, la stratégie « virale » de l'entreprise a stimulé la croissance. Ce virus a d'abord infecté eBay et celui-ci n'a montré aucun signe de relâchement. En avril, X.com estimait que ses services figuraient sur 20 % de toutes les enchères d'eBay ; fin juin, ce chiffre était de 40 % avec 2 millions d'annonces mettant en avant des produits de la société. En revanche, Billpoint, la plateforme de paiement interne du site de vente, n'était présente que sur 9 % des enchères. « La croissance torride de X.com dans le monde des enchères est de mauvais augure pour tous les postiers du monde entier, plaisantait le *Weekly eXpert*. Les chèques personnels sont une espèce en voie de disparition. »

Surtout, la croissance du nombre d'utilisateurs n'était plus en conflit avec le service client. L'équipe d'Omaha avait complètement éliminé l'arriéré des plaintes, et les sites Web qui suivaient l'opinion du public classaient systématiquement PayPal.com et X.com en tête en termes de service client, bien loin de ce qui se passait seulement deux mois plus tôt.

Même le gouvernement américain en est venu à apprécier X.com. Le service d'examen des comptes de l'entreprise avait aidé le FBI lors d'une opération contre un réseau de crime organisé de plusieurs millions de dollars à Chicago, et l'entreprise était désormais en contact régulier avec les services secrets, les enquêteurs du service postal et les forces de l'ordre locales.

■ ■ ■

En interne, l'équipe a également pris des mesures d'intégration. En juin 2000, X.com a officiellement emménagé dans ses nouveaux bureaux du 1840 Embarcadero. « Passer du monde chaotique d'University Avenue, avec ses cubes surpeuplés, ses radiations, ses odeurs étranges et sa climatisation capricieuse, au monde propre, organisé et immense du 1840 (entièrement équipé de distributeurs automatiques gratuits et de jeux vidéo) est un peu un choc... », notait le bulletin d'information de l'entreprise.

Cet été-là a même apporté un peu de légèreté et de la camaraderie. L'entreprise a réservé une projection du nouveau film X-Men au

Century Cinema 16 à Mountain View, le 14 juillet. Tameca Carr, de X.com, a organisé la sortie et « a réussi à repousser les griffes de Steve Jobs qui avait fait une offre pour notre représentation au double du tarif », faisait remarquer le bulletin d'informations de l'entreprise. Ayant déjà signé son contrat avec la start-up, le cinéma a refusé l'offre de Jobs, offrant au cofondateur d'Apple une rare défaite lors de négociations. Les membres de l'équipe sont arrivés au cinéma vêtus de tee-shirts X.com.

En plus de la soirée cinéma, l'équipe a organisé une fête pour le solstice d'été, qui a apparemment été quelque peu sauvage. « Notre président, Peter Thiel, a pu aller sur la piste de danse, mais il n'a pas pu rivaliser avec les grands écarts volants de Max Levchin », ironisait la newslettter de l'entreprise. L'équipe a surpris le PDG Elon Musk en organisant une fête pour son vingt-neuvième anniversaire. Musk a été « conduit par sa femme, Justine, au lieu de rencontre prévu, Fanny & Alexander, soi-disant pour voir quelques amis pour le dîner. Pourtant, en arrivant dans le patio de F&A, il a été accueilli par plus de quarante employés prêts à boire toute la nuit avec lui [...] Ils ont même convaincu Elon de boire quelques verres de tequila... » Quelques semaines plus tard, l'entreprise a organisé un barbecue pour le vingt-cinquième anniversaire de Levchin, avec une partie de basket.

Ces tranches de vie de l'entreprise ont été publiées par *Weekly eXpert*, un bulletin d'informations qui faisait la chronique des faits divers de la start-up, célébrait les anniversaires des employés et présentait les nouveaux arrivants. La simple existence d'un tel document était un signe de maturité. À ce stade, les rangs de X.com avaient grossi de centaines de personnes ; les mises à jour ponctuelles dans la boulangerie d'en bas ne suffisaient plus. En août de cette année-là, une réunion complète de l'équipe X.com a même dû être divisée en deux, les noms de famille allant de A jusqu'à Kn participaient à la session de 10 heures, et ceux allant de Ko à Z à celle de 11 heures. « Oui, nous sommes devenus aussi gros que ça ! », s'exclamait le bulletin d'informations.

■ ■ ■

Musk a regardé le paysage au cours de ces mois-là et il a vu une route dégagée – mais d'autres personnes dans l'entreprise ont aperçu des signaux d'alerte. Malgré tous ses revenus croissants et ses coûts réduits, l'entreprise faisait face à une hémorragie d'argent à cause de la fraude et des frais. Malgré l'unité affichée au sein du bureau, l'équipe de direction était divisée sur tout, depuis l'image de marque jusqu'à l'architecture technologique en passant par la mission de l'entreprise. Et malgré l'attention de Musk, il y avait certaines personnes, en particulier des vétérans de Confinity, qui pensaient qu'il dirigeait le navire vers un récif.

Le conflit bouillonnait sous la surface, mais à la fin de l'été 2000, il a éclaté au grand jour dans une série d'événements qui ont remodelé la vie de Musk et l'avenir de l'entreprise. Sans le savoir, Musk avait tout prévu dans une note qui accompagnait l'organigramme révisé. « Naturellement, étant donné que nous sommes une start-up en très forte croissance avec plus de 400 employés, l'organigramme changera et s'adaptera avec le temps », a-t-il écrit. Et il a changé, plus rapidement que lui – ou n'importe qui d'autre – ne l'avait prévu.

13

L'ÉPÉE DE DAMOCLÈS

S'il levait les yeux, la liste serait toujours là comme un rappel permanent, tel que Roelof Botha, le futur directeur financier de X.com, l'avait conçue.

Accrochée au mur devant son bureau, la liste détaillait les objectifs du jeune Botha. Si son regard s'éloignait de ses devoirs, la liste lui rappelait ses objectifs et l'obligeait à se concentrer. S'il tentait de quitter sa chambre, il trouvait une autre liste scotchée au dos de sa porte, l'exhortant à s'asseoir.

La double liste a fonctionné à merveille. Il a atteint son objectif académique ambitieux (se classer parmi les dix meilleurs étudiants sud-africains) avec aplomb. Il a non seulement réussi cet exploit, mais il a même été numéro un, décrochant les notes les plus élevées jamais obtenues dans le domaine le plus compétitif du pays : l'actuariat.

Roelof Botha était le descendant d'une puissante famille politique d'Afrique du Sud. Mais il voulait se faire une réputation, plutôt que se reposer simplement sur son nom de famille. Dans cette optique, il a quitté l'Afrique du Sud pour obtenir un MBA à Stanford.

À l'issue de sa première année, il a fait un stage chez Goldman Sachs à Londres, où il travailla sur l'introduction en bourse de sociétés Web, dont celle du site des services financiers Egg.com. Botha a terminé son stage chez Goldman avec deux conclusions : la banque d'investissement n'était pas si intéressante que cela, mais le crédit à la consommation sur Internet l'était.

À Stanford, Botha a occupé la chambre en face de celle de Jeremy Liew. Liew avait travaillé chez Citysearch, où il avait croisé un concurrent (et collègue entrepreneur sud-africain) nommé Elon Musk. Liew s'est dit que Botha et Musk auraient beaucoup à se dire, alors il les a mis en contact.

Lorsqu'ils se sont rencontrés à l'automne 1999, Musk a proposé à Botha de rejoindre X.com avec l'urgence de la signature. Botha a refusé, il était aux États-Unis avec un visa étudiant sans autorisation de travail, et il ne voulait pas contourner les règles d'immigration. De plus, il n'allait pas abandonner Stanford pour rejoindre une start-up. Quelques mois ont passé, puis Musk a de nouveau essayé. Botha, une fois encore, a répondu non. Pourtant, Musk lui a fait impression. « Il y a des gens que vous rencontrez et, deux semaines plus tard, vous ne vous souvenez plus d'eux », disait Botha. « Elon reste présent. »

L'idée de X.com est elle aussi restée présente. Botha a transformé ses missions à Stanford en occasions d'explorer les activités de cette entreprise, ses concurrents et le crédit à la consommation. « J'ai simplement utilisé tous les prétextes pour réfléchir à PayPal en tant que *business* [...] J'essayais de réfléchir à : *Quel est* le business model *pour le secteur des paiements ? Comment ça se passe au niveau de la banque, de l'acceptation de dépôts, de l'émission de lignes de crédit ?* », se souvient Botha.

Avec cette distance critique, Botha a jugé que X.com était loin d'être une valeur sûre. « Il n'avait pas d'avantage naturel », a déclaré Botha à propos des perspectives de l'entreprise fin 1999. « Il n'y avait pas d'effet de réseau. Le coût d'acquisition des clients était élevé. On ignorait si l'économie unitaire était bonne. » Mais Botha a vu du potentiel dans le produit de paiement par courriel de X.com ; en particulier dans la façon dont sa viralité pouvait donner de l'ampleur.

La confiance de Botha dans l'entreprise s'est accrue en même temps que survenait une crise dans sa vie personnelle. Fin 1999 et début 2000, une récession financière en Afrique du Sud a décimé le compte d'épargne de Botha. Il devait trouver un moyen de payer le loyer, et il n'avait pas fait tout ce chemin pour se rabattre sur la générosité de sa famille. Ayant besoin de fonds, Botha a demandé à Musk s'il pouvait travailler à temps partiel chez X.com.

■ ■ ■

Le message que Botha a adressé à Musk en février 2000 est arrivé au moment où X.com et Confinity étaient en train de finaliser leur fusion. Puisque Botha allait rejoindre la nouvelle entité unifiée, Musk a demandé à Peter Thiel de le rencontrer. Lorsqu'ils se sont vus, Thiel a soumis un casse-tête à Botha :

> Il y a une table parfaitement ronde d'une longueur indéterminée que vous ne connaissez pas à l'avance. Deux joueurs ont un sac de pièces d'une profondeur infinie. Chaque joueur peut placer une pièce sur la table et elles peuvent se toucher sans se chevaucher. La dernière personne qui met une pièce sur la table et la remplit remporte la partie. Y a-t-il une façon de garantir la victoire à l'avance, et est-ce que cela implique de commencer en premier ou en second ?[59]

Botha a répondu correctement et a reçu sa lettre d'engagement le jour où X.com et Confinity annonçaient leur fusion.

Peu de temps après qu'il a commencé à travailler, un de ses cours de business à Stanford a accueilli une conférencière invitée : Meg Whitman, PDG d'eBay. Alors que Botha écoutait, Whitman a été questionnée à propos de l'émergence de PayPal sur eBay. Un étudiant se demandait si cette entreprise tierce serait autorisée à s'intégrer dans l'écosystème d'enchères d'eBay ? Botha se souvient de la réponse : "Nous allons les écraser".

Botha était abasourdi. « Je pensais : *Ne me dites pas ça !* » Cette précarité l'a hanté, comme d'autres pendant leur passage dans l'entreprise. « David [Sacks] disait qu'une épée de Damoclès était suspendue au-dessus de nos têtes tout ce temps, se souvient Botha. Et c'était la première fois que j'avais une épée de Damoclès au-dessus de la tête. »

■ ■ ■

59. Réponse : oui, et il faut commencer. L'autre joueur posera sa pièce quelque part sur la table. Vous pouvez poser votre pièce sur le même diamètre que l'autre joueur et à égale distance du bord. Répétez cette opération et votre adversaire manquera d'espace avant vous.

Botha a commencé à travailler la nuit et les après-midis après les cours, empruntant un box à côté de Musk. Sa première mission a été de reconstruire le modèle financier de X.com à partir de zéro.

Alors que X.com avait amassé des millions, Botha sentait que son modèle financier était « très simpliste ». Il a commencé à en élaborer un plus robuste en utilisant un ensemble plus large de données. Quelle part des comptes existants est active ? Combien paie exactement l'entreprise en frais de carte de crédit ? Que se passe-t-il si le taux de fraude augmente, ou diminue ? Qu'en est-il de la suppression des bonus ? La feuille de calcul de Botha a permis à l'équipe de basculer d'une hypothèse à l'autre et de prévoir les résultats, fournissant une image globale et prévisionnelle de la santé de l'entreprise.

Au fil du temps, la feuille de calcul de Botha s'est transformée en oracle ; il fallait consulter « le modèle » avant de prendre de grandes décisions. Sur la base de ce travail, Botha a été invité à rejoindre l'entreprise à plein temps après son diplôme et à assister à une réunion du conseil d'administration en juin 2000, qui s'est avérée mémorable. « [Mike] Moritz est arrivé à la réunion du conseil d'administration de juin, et il a dit : "Écoutez, les gars, il vous reste sept mois de piste", raconte Botha. "Vous n'allez plus lever de fonds. Le marché a disparu !" » Le commentaire de Moritz était tonique mais clarifiant. « C'était vraiment utile parce qu'il nous a juste martelé que nous ne devions pas supposer que nous pourrions lever plus d'argent », raconte Botha.

La réunion du conseil d'administration est restée ancrée en lui pour une autre raison. Dans la précipitation, il avait mal présenté la trésorerie de l'entreprise, la dernière ligne d'une feuille de calcul par ailleurs impeccable. Mike Moritz a repéré l'erreur. Botha, qui est un perfectionniste, est devenu rouge de honte. Une fois les participants de la réunion dispersés, Botha est retourné à son bureau et s'est mis à pleurer. Levchin, un autre perfectionniste, est venu le consoler.

■ ■ ■

La plongée de Botha dans les méandres des finances de X.com l'a conduit à une obsession pour les pertes de l'entreprise. Pour élaborer un modèle précis, il a dû étudier les différents types de pertes, comprendre leurs origines (qu'il s'agisse de frais, de rétrofacturations ou de fraude) et les comptabiliser ligne par ligne. Ses calculs ont révélé un écart troublant : les pertes actuelles étaient inférieures aux projections futures de son modèle. Botha a de suite été en alerte, « creusant, creusant pour comprendre quelle était la nature du problème ».

Il a fini par trouver : X.com n'avait pas pris en compte le délai des transactions par carte de crédit contestées et frauduleuses. Si un client gagne un litige sur une carte de crédit, la société émettrice de la carte lui adresse une rétrofacturation. Mais le processus ne commençait pas avant l'envoi de la facture, la plainte du client, et l'enquête sur le problème, ce qui pouvait prendre un mois ou plus, bien après que X.com a payé le commerçant. « Les rétrofacturations que nous voyions en mai étaient liées à des transactions datant de février ou mars », explique Botha.

Les prévisions de X.com n'avaient pas pris ce retard en compte, les laissant désarmés face au raz-de-marée qui approchait. « C'est aux alentours de juin que j'ai commencé à me rendre compte que nous avions un problème énorme et imminent », se rappelle Botha.

Il comprenait mieux que quiconque les problèmes à venir : sa formation en actuariat comprenait des techniques comme « l'analyse en chaîne » que les compagnies d'assurances utilisent pour estimer les réserves nécessaires aux sinistres futurs. Lorsqu'il a appliqué ses connaissances actuarielles aux livres de compte de son employeur, il a découvert une sombre réalité : l'entreprise était loin d'avoir les réserves nécessaires.

Si nous ne corrigeons pas cela, a pensé Botha, *nous allons mourir.* Comme si cela ne suffisait pas, il avait le sentiment que le PDG de X.com ne partageait pas sa peur de l'extinction. Musk, semblait-il, était beaucoup plus préoccupé par l'expansion continue de sa start-up.

■ ■ ■

Botha a donné à Levchin un cours accéléré sur l'analyse en chaîne ; et l'a utilisée pour lui brosser un tableau désastreux des réserves de l'entreprise. Même avant cette mise en garde, Levchin était inquiet à propos de l'avenir. Il avait examiné de près le profil de fraude de l'entreprise, et ce qu'il a trouvé l'a secoué.

Luke Nosek se souvient clairement que son *bipper* avait vibré après minuit un soir de cet été-là. C'était Levchin ; il voulait que Nosek appelle. « Luke, je pense que nous sommes morts », avait attaqué Levchin, avant de lui expliquer comment les fraudeurs escroquaient des millions à l'entreprise.

Comme si cela ne suffisait pas, Levchin s'est retrouvé coincé au milieu d'une lutte de pouvoir. Malgré le titre de directeur technique de Levchin, Musk, son patron, avait réquisitionné la technologie de l'entreprise. Le bras de fer a eu lieu à un moment critique pour l'architecture du système de l'entreprise.

« Le site se développait, doublant chaque semaine ou tous les quinze jours, quoi qu'il arrive », se souvient Ken Brownfield, un des ingénieurs en bases de données de l'entreprise. En raison de la croissance rapide du site, il est devenu instable, avec des utilisateurs confrontés à des pannes hebdomadaires de plusieurs heures. « C'était donc 100 % de ma vie, se souvient Brownfield. Ç'a été quelques-uns des jours les plus sombres. Nous étions juste tête baissée pour maintenir le site en place et nous assurer de survivre au lundi suivant. »

Une partie du défi était liée à la façon dont le site Web avait été construit. « À chaque échange de fonds, faisait remarquer Brownfield, il faut tout arrêter, s'assurer que la personne reçoit l'argent, s'assurer que c'est inscrit dans la transaction, s'assurer que cette personne perd de l'argent. Et tout cela doit arriver sans que rien d'autre n'intervienne. Il y a donc beaucoup de conflits sur les données de cette base. » Tout arrêter a mis à mal la capacité du serveur. « Nous nous heurtions à des obstacles que nous ne pouvions pas vraiment prévoir », se souvient Brownfield.

Pour être honnête, ces problèmes n'étaient pas exclusifs à X.com. De nombreux sites Web de cette période informatique pré-*cloud* ont eu des difficultés liées à la capacité des serveurs et des pannes, notamment eBay, qui en subissait de légendaires, dont une interruption de près de 24 heures en juin 1999. Toutefois, son monopole sur les enchères en ligne lui a permis de traverser la crise, et ses utilisateurs sont revenus en masse. X.com ne pouvait pas miser sur la fidélité si son service ne fonctionnait pas ; les internautes disposaient de nombreuses autres options de paiement.

La fusion a amplifié les contretemps techniques. « Nous avions encore deux sites Web qui fonctionnaient indépendamment », se souvient l'ingénieur David Gausebeck. Deux sites Web, et deux équipes d'ingénieurs : celle de Confinity, recrutée par Levchin ; et celle de X.com, recrutée par Musk. La faille n'a fait qu'empirer pendant l'été, tout comme les problèmes de capacité.

Musk a proposé une solution : réécrire la base de code de PayPal.com. Il pensait que la base de code originale (élaborée par les ingénieurs de Confinity sur une base Linux) devait être reconstruite à partir de zéro sur une plateforme Microsoft, comme le site d'origine de X.com. Musk était convaincu que cela apporterait stabilité et efficacité. Il a baptisé cette initiative « PayPal 2.0 », et l'entreprise l'a appelée V2.

■ ■ ■

Aussi mystérieux que cela puisse paraître, la question Linux contre Microsoft était plus qu'un simple débat technique chez X.com. L'entreprise n'était qu'un des théâtres d'une guerre plus large entre les camps de technologues.

En 1999, Microsoft était devenue la principale entreprise de logiciels au monde. Le succès était venu, en partie, de la simplification. Microsoft Windows avait supplanté les interfaces d'antan ; des écrans noirs avec curseurs clignotants, nécessitant des commandes comme « c:\photos » ou « del *.* » pour ouvrir des photos et supprimer des fichiers. Microsoft Windows (avec ses icônes, boutons et curseurs simples et raffinés) a fait passer l'expérience de l'informatique d'impénétrable à accueillante.

Les fonctionnalités simplifiées de Microsoft lui ont également valu des adversaires féroces, en particulier ceux qui avaient appris l'informatique à la dure. Les programmeurs, surtout, étaient des critiques virulents. Les logiciels de Microsoft coûtaient cher et étaient protégés par des droits d'auteur. Les pirates considéraient les produits de Microsoft comme simplistes, inélégants et artisanaux – l'équivalent informatique d'un minivan.

De ces critiques est née une série de systèmes d'exploitation *open source* et distribués gratuitement, souvent construits sur une plateforme appelée Unix. Linux, le plus célèbre de ces systèmes d'exploitation, a été créé en 1991 par un étudiant du nom de Linus Torvalds. Ses partisans aimaient que Linux soit tout ce que Microsoft n'était pas : flexible, réactif et gratuit. Les utilisateurs de Linux pouvaient apporter des modifications au cœur du système d'exploitation pour répondre à leurs besoins.

Mais sa flexibilité s'est faite au prix de la convivialité. Même une tâche aussi simple qu'installer un modem sur une machine Linux pouvait produire ce qu'on appelle la fatigue du geek, dont PayPal.com a souffert. Levchin, fidèle à ses racines de hacker, avait construit PayPal.com sur Linux. Il a embauché des ingénieurs qui, comme lui, avaient tous été formés sur Linux. Mais la fondation Linux de PayPal a conduit à une base de code plus longue et plus lourde. « C'était comme si dix ans de développement de logiciels n'avaient pas atteint PayPal », plaisante un ingénieur.

Musk voulait supprimer la base Linux de Levchin et passer à Microsoft. Compte tenu de leur familiarité avec cette plateforme, le changement aurait mis les trois ingénieurs qui avaient élaboré les produits initiaux de X.com (Jeff Gates, Tod Semple et Nick Carroll) en charge de recréer entièrement le site PayPal.com. Cela aurait également laissé sur le carreau les ingénieurs de Confinity qui avaient initialement construit le site Web.

■ ■ ■

Musk a présenté le passage d'un système basé sur Unix à un système basé sur Microsoft comme une allocation efficace des ressources. Il estimait que les solutions prêtes à l'emploi de Microsoft permettraient à moins d'ingénieurs d'accomplir plus de travail. « La preuve de tout cela, d'ailleurs, c'est que nous avions peut-être quarante ou cinquante ingénieurs qui travaillaient sur le système Linux », a déclaré Musk, à propos du contingent de Confinity qui travaillait sur la base de code originale de PayPal.com. « X.com a nécessité quatre ingénieurs pour reproduire toutes ces fonctionnalités en trois mois sur Microsoft C++... Quatre personnes contre quarante. »

Joueur de jeux vidéo passionné et autrefois ingénieur dans le domaine, Musk a également souligné l'utilisation de Microsoft dans le code de jeu le plus avancé comme preuve de sa supériorité. « Tout ce qui se faisait dans les jeux vidéo était bien plus avancé que dans tout autre domaine, explique Musk. Les meilleurs programmeurs sont dans les jeux vidéo. » Il a observé que ceux en fonctionnalités étaient techniquement complexes, bien plus, à certains égards, que les sites Web de l'époque.

Musk a également examiné les avantages de recrutement d'une base de code Microsoft. À l'époque, « Linux était bizarre et inhabituel », a dit Musk, et en changeant l'architecture de l'entreprise, X.com pourrait puiser dans un vivier de talents plus large. « Le Linux de 2019 n'est pas le Linux de 2000. En 2000, ce système d'exploitation était très rudimentaire. Il n'avait pas beaucoup de support [...] Alors, putain, pourquoi on utilise Linux ? »

Au niveau stratégique, Musk voyait la V2 comme la première étape vers le centre mondial de l'argent de X.com. « Cela nécessitait beaucoup plus de logiciels que ce que possédait PayPal, se souvient Musk. Il était donc logique, à mon avis, d'utiliser le système de développement le plus puissant au monde » – Microsoft.

En juillet 2000, l'équipe de X.com s'est rendue à Redmond et a rencontré les dirigeants de Microsoft, dont le PDG, Steve Ballmer. Le bulletin hebdomadaire de l'entreprise a rendu compte de la réunion avec enthousiasme :

> Notre équipe d'ingénieurs a récemment rencontré des membres haut-placés de Microsoft – si haut-placés que certains d'entre eux relèvent directement de Bill Gates, [alors président du conseil d'administration] ! Qu'est-ce que Microsoft veut de nous ? Des conseils ! La version 2.0 des sites X.com et PayPal est en cours d'intégration sur une plateforme Microsoft 2000, et cette nouvelle l'a incité à nous rechercher. La réunion a eu lieu pour trouver exactement de quelle façon ils peuvent améliorer ou modifier leurs outils pour nous satisfaire et nous aider à travailler sur leur plateforme.

Musk parlait de X.com comme l'entreprise du siècle – un peu comme le géant de Seattle. Cette ambition exigeait une refonte architecturale. « Il disait que si vous bâtissez une entreprise qui va durer des décennies, vous voulez la bâtir au sommet d'une fondation dont vous savez qu'elle existera pendant encore des dizaines d'années », se souvient Luke Nosek.

Sans grande surprise, la reconstruction de Musk via Microsoft a suscité un énorme mécontentement chez les ingénieurs confirmés de l'équipe, Levchin en premier lieu.

Le problème principal : PayPal fonctionnait sur une seule base de données monolithique. Du point de vue des ingénieurs de Confinity, le moyen le plus simple et le moins cher d'étendre cette base de données était d'ajouter des boîtiers de serveurs fabriqués par Sun Microsystems.

En revanche, ils estimaient que la technologie de Microsoft était à la fois plus chère *et* pas adaptée à l'échelle et aux besoins de PayPal. « Microsoft Database Server était censé être un produit d'entreprise, note Brownfield, un partisan de Linux. [Microsoft] a été conçu pour gérer votre entreprise et avoir dix mille dossiers de personnes. Ce n'était pas censé être ce système de traitement en ligne haute performance, fonctionnant pendant des années ».

Un autre ingénieur a reproché à Microsoft d'avoir été « écrit parce qu'il résolvait un problème existant [...] Si vous avez ces outils prêts à l'emploi qui vont juste fonctionner pour vous, alors vous ne faites pas quelque chose de nouveau, d'intéressant et d'inédit. » PayPal ne rencontrait que des problèmes nouveaux et jamais vus, ce qui, selon certains partisans de Linux, mettait les services de Microsoft hors jeu.

Sur le plan opérationnel, les systèmes basés sur Linux et Microsoft différaient à certains égards. Un exemple : les réponses aux demandes de traitement. Microsoft maintenait les processus en cours d'exécution, même après que les demandes ont été traitées. « Le problème est que si vous avez une demande de service de traitement qui est toujours active, alors le fonctionnement devient simplement de plus en plus lent, constate Jawed Karim. Le serveur Linux n'avait pas ce problème. La raison repose dans le fonctionnement du serveur Web Linux. À chaque fois qu'il y a une demande, il démarre un nouveau processus. »

Exemple concret : les premières itérations V2 ont été confrontées à des « fuites de mémoire ». Les processus à l'infini taxaient les systèmes et exigeaient de fréquents redémarrages du serveur. « Pour un puriste technique, le redémarrage des machines est une solution un peu embarrassante, note Jawed Karim. C'est comme si vous étiez dans les voitures, et que je dise : "Eh, c'est une super voiture de course – mais vous devez couper le moteur toutes les cinq minutes." ».

D'autres ont prédit que ce problème s'aggraverait avec le temps ; ce qui a été le cas. « Nous faisions des tests de charge, et nous réinitialisions les serveurs tous les jours », a déclaré l'ingénieur David Kang. En effet, une communication du 10 juillet émanant d'un ingénieur V2 a témoigné de problèmes. Questionné à propos de l'impact qu'un million de nouveaux comptes aurait sur le système V2, l'ingénieur a répondu : « Pour l'instant, la logique métier n'est pas en mesure de gérer directement la création d'un million de comptes en raison de fuites de mémoire (nous sommes tombés à environ 20k/s sous charge maximale, ce qui correspond à environ 2 heures et demie de fonctionnement, et donc 225 000 comptes avant qu'un redémarrage de la logique métier ne soit nécessaire). » Un autre ingénieur se souvient que les serveurs devaient finalement être redémarrés « toutes les treize secondes ».

Alors que les travaux progressaient sur la V2, les doutes de l'équipe se sont accentués. En testant une première itération V2, le bouton « Send Money » du site, sans doute le plus vital de tous, n'a pas fonctionné. « Alors que nous poursuivions le processus de développement, c'était assez clair pour les développeurs, je pense, qu'on n'était tout simplement pas sur la bonne voie, se souvient un ingénieur. Et que, alors que nous avions beaucoup de choses à construire, la distance pour aller jusqu'au bout était encore longue et ne diminuait pas vite. »

■ ■ ■

Même certains partisans de X.com ont reconnu qu'une architecture basée sur Microsoft n'était peut-être pas idéale. Sugu Sougoumarane avait eu un entretien avec l'entreprise avant la fusion, et avait été écarté. « Je rentre chez moi et je reçois un courriel du recruteur qui me dit : "Elon ne vous a pas retenu". Alors, j'ai répondu au recruteur en lui disant : "Donnez-moi le mail d'Elon. Je vais lui envoyer un message." »

Sougoumarane a écrit une note enthousiaste au PDG de la start-up qui a amené Musk à l'appeler. Pendant la conversation téléphonique, Sougoumarane lui a dit que [X.com] allait changer Internet, en gros. « Et j'ai ajouté : "Je me moque de ce que vous me donnez. Je travaillerai là-bas même si je dois balayer le sol". » Musk a recruté Sougoumarane, et il a transmis le courriel à toute l'équipe de X.com.

Au moment où Sougoumarane a rejoint l'entreprise, la fusion avait commencé et la guerre Linux-Microsoft couvait. Sougoumarane avait passé sa carrière à créer des outils de développement de bases de données, et, de son point de vue, « le système [basé sur Linux] allait nous emmener beaucoup plus loin que le serveur SQL [de Microsoft] [...] Je ne sais pas à quel point [les serveurs SQL de Microsoft] auraient pu s'adapter. »

Doug Mak, un des premiers ingénieurs de X.com, a vu les mérites des deux systèmes. D'un côté, un système basé sur Unix était plus facile d'utilisation pour les ingénieurs et pouvait gérer plusieurs programmeurs travaillant dessus en même temps. Il se prêtait également à un site qui comptait plusieurs utilisateurs à chaque instant. « L'environnement est plus convivial quand vous écrivez des choses dans Unix, car Unix a toujours été, depuis le tout premier jour, une plateforme multi-utilisateur. Windows avait grandi en tant que système d'exploitation de PC de bureau. Il n'a jamais été conçu pour les transactions simultanées multi-utilisateur », explique Mak.

D'un autre côté, les outils prêts à l'emploi de Microsoft simplifiait certaines tâches. « La logique métier est facile à écrire dans Windows », se souvient Mak. « Vous devez faire pas mal de choses sous Unix pour y arriver. » Microsoft a simplifié les tâches de base, comme mettre en place un site Web basique. Et si vous rencontriez des problèmes, le service client n'était qu'à un coup de fil.

En fin de compte, pourtant, Doug Mak et beaucoup d'autres au sein de l'équipe ont conclu que même si le travail de la V2 avait conduit à quelques améliorations modestes, ça n'en valait pas la peine. « Nous avons écrit, puis réécrit et réécrit des choses qui n'avaient pas besoin d'être réécrites. Et nous avons gâché beaucoup de temps en ingénierie alors que nous aurions pu lancer un produit il y a six mois, et PayPal aurait eu alors encore plus de succès », a déclaré Mak.

Le coût d'opportunité de ce temps était important. Pendant ces quelques mois, l'entreprise a perdu des millions de dollars à cause de la fraude. « Si vous passez ce temps à réparer les fuites de mémoire, vous ne résolvez pas le problème qui génère 30 millions de pertes », a fait remarquer un analyste AQ.

■■■

Plusieurs ingénieurs (y compris ceux qui étaient fidèles à Levchin et à la base de code PayPal d'origine) ont suggéré que la réécriture avec Microsoft aurait pu fonctionner. Avec suffisamment de temps et d'efforts, ils auraient pu reconstruire la totalité du site, reconvertir les ingénieurs et tout réorganiser sur une plateforme PayPal.com à partir de Microsoft. Mais une question planait dans leur esprit : pourquoi ? Selon eux, les problèmes que Musk espérait résoudre pouvaient l'être sans une rénovation totale.

Les forums du Web sur les technologies de l'information ont évoqué ce schisme entre Microsoft et Linux, et illustré le caractère légèrement religieux du débat. « Les fans des deux camps soutiennent jusqu'à la mort que leur système d'exploitation est le meilleur et le plus sûr à utiliser », écrivait un expert en informatique dans le préambule d'un post « lequel-est-le-mieux-sécurisé ». « Je préfère la manière Linux », écrivait un ingénieur en réponse. Il est plus difficile d'y entrer, mais une fois que vous avez surmonté cette courbe d'apprentissage initiale, c'est très bénéfique à long terme (C'est comme apprendre tout autre chose dans la vie, il faut être patient et persévérant). »

Avec l'avantage de la maturité et du recul, les ingénieurs ont reconnu qu'une partie de leur aversion pour la V2 était un symptôme d'une aversion plus large pour les produits Microsoft. Pour les ingénieurs de Confinity, « la voie Linux » *était* la bonne. « En ce qui me concerne, ma vie à cette époque-là ne tournait qu'autour de Linux, dit Brownfield, parlant pour de nombreux anciens de Confinity. Je ne voulais pas toucher à Windows avec un bâton de trois mètres. » Avec son code *open-source* et ses racines de hacker, Linux reflétait autant les préférences personnelles que les choix architecturaux – et il était difficile d'avaler le passage à un système à source fermée construit par une énorme entreprise de plusieurs milliards de dollars.

« Beaucoup de personnes étaient vraiment frustrées », a admis Karim. Il se souvient avoir croisé un ingénieur de Confinity sur le parking, quittant le bureau étonnamment tôt. Lorsque Karim lui a demandé où il allait, il a répondu : « Je vais me promener en bateau. Cette merde de V2 ne marchera jamais. Rien à faire. »

L'ingénieur William Wu a rejoint X.com fin 1999, alors qu'il était étudiant en maîtrise d'informatique et qu'il faisait la navette entre San Francisco et Palo Alto pour son travail. Lorsque la fusion a eu lieu, il a ajouté « écrire un code sur deux plateformes » à sa liste de tâches déjà bien remplie.

« Lorsque j'ai codé la carte de crédit de PayPal, j'ai en fait écrit deux versions du code, se souvient Wu. L'une d'elles était la version Windows, au cas où, vous savez, Elon arriverait à ses fins. Mais j'ai également dû écrire une version distincte sous Unix, sur la plateforme PayPal, au cas où PayPal prendrait le dessus. J'ai donc dû passer beaucoup d'heures à coder : écrire deux versions du code, et faire également des tests sur deux plateformes distinctes. » Wu a volontiers reconnu qu'il s'agissait d'un exercice d'instinct de survie. « On peut dire que je l'ai planifié de cette façon pour m'assurer que je pourrais survivre après, d'une manière ou d'une autre. C'était à peu près le moment le plus difficile de ma vie. »

La V2 a affecté le moral dans les rangs des ingénieurs. « C'était un moment vraiment bizarre. Il y aurait dû y avoir beaucoup d'urgence parce que c'était une période très risquée et que nous ne savions pas du tout si nous allions réussir. Et pourtant, du point de vue d'un développeur – je ne devrais pas le dire – il y avait des jours où je suis allé au cinéma à 15 heures », a déclaré l'ingénieur David Kang.

■ ■ ■

Musk a compris que la décision concernant la V2 n'était pas universellement populaire. Mais l'autre choix, telle qu'il le voyait (des progressions lentes sur le produit, deux sites Web, des temps d'arrêt quasi hebdomadaires) semblait pire.

Musk a essayé de récompenser (et d'accélérer) les efforts de l'équipe, lançant un programme d'incitation en août : « Pour rendre le calendrier des lancements des V2.0 et V2.1 intéressant, le plan de bonus suivant s'appliquera : 5 000 dollars pour mettre la V2.0 en production d'ici le 15 septembre à minuit, avec une baisse de 500 dollars par jour de retard. Par exemple, si le site est mis en ligne le 20 septembre, alors tout le monde recevra 2 500 dollars. » Le résultat final « doit répondre aux exigences de capacités d'évolution telles que définies par Max, et tout problème résultant de la mise en service de la V2 ne doit pas être significatif (c'est-à-dire atteindre la presse) ».

« Travaillez comme des fous », a signé Musk. Mais les échéances sont arrivées et sont passées, sans produit fini. Même ceux qui n'étaient pas ingénieurs ont commencé à s'inquiéter. « Je savais que cette question d'ingénierie était un problème majeur, a déclaré Todd Pearson, qui n'était pas ingénieur. [La fin de la reconstruction] était pour dans trois semaines, et les trois semaines se sont transformées en trois mois. »

Presque un mois après le mail d'encouragement de Musk, la newsletter hebdomadaire de l'entreprise a tenté de mettre un vernis positif sur le retard :

> Vous vous demandez quand la V2 va être lancée ? C'est facile de comprendre pour quelles raisons un si grand projet peut avoir quelques retards. Les gars du design doivent créer un site Web entièrement nouveau conçu sur une nouvelle plateforme. L'équipe chargée du projet essaie constamment d'améliorer nos services et de laisser nos concurrents à la traîne, tout en veillant à ce que des modifications cohérentes soient apportées sur l'ensemble de notre site. Notre groupe de back-end travaille sans relâche sur la création d'une nouvelle version améliorée des outils d'administration sur la nouvelle plateforme. Nos ingénieurs s'arrachent les cheveux pour essayer de terminer la multitude de programmes, alors que de nouvelles demandes continuent d'arriver pour des changements sur le site ! L'équipe d'assurance qualité travaille sans relâche pour s'assurer que toutes les erreurs du système ont été trouvées et corrigées. Les gens du groupe d'intégration de

> produits s'assurent que tous les petits détails sont couverts lors du changement. Et tout ceci se passe tout en entretenant le site actuel et en apportant des améliorations constantes, comme un nouveau système téléphonique à Omaha, en travaillant sur une campagne de vente incitative, en traitant avec nos clients, et bien plus encore. Nous savons maintenant pourquoi tant d'entre nous travaillent jusqu'aux petites heures du matin et boivent autant de café ! Nous travaillons tous dur pour que notre produit soit le meilleur possible, et nous travaillons deux fois plus, car nous créons un site miroir sur une nouvelle plateforme ! C'est beaucoup de travail pour l'équipe, mais ça en vaudra la peine quand vous vous détendrez un jour en Méditerranée, un cocktail à la main et du sable entre les orteils…

Pour aller plus vite, Musk a ordonné un arrêt de tout développement et déploiement de code en dehors du PayPal 2.0 – ce qui, étant donné le grand nombre de clients PayPal 1.0, inquiétait beaucoup de membres de l'équipe. Puis est arrivé un nouveau signal d'alarme : Musk a annoncé qu'il prévoyait de lancer PayPal 2.0 sans plan de restauration rigoureux.

Selon Hoffman, Musk expliquait son choix ainsi : « Nous avons une fenêtre vraiment limitée et pas beaucoup d'argent, alors nous devons aller vite. Nous n'avons pas le temps de construire un plan de restauration. Nous devons juste élaborer un nouveau système et le transférer entièrement dessus. »

L'ingénieur Santosh Janardhan a noté que cette approche n'était pas nécessairement aussi risquée qu'elle semblait l'être. « Il y a une expression qui a beaucoup circulé au début des années 2000, "*fix it forward*" », explique-t-il. « Cela veut dire : nous sommes engagés. Nous allons sortir le produit, même si nous devons rester toute la nuit. Il valait mieux passer une nuit à corriger plutôt que de passer la semaine précédente à faire une restauration. »

Pourtant, la décision a suscité des inquiétudes. À ce stade, des millions de dollars d'opérations transitaient chaque jour par PayPal.com. Si quelque chose tournait mal avec la V2, le résultat pouvait être désastreux.

■■■

La V2 était une ligne de démarcation – mais ce n'était pas la seule. Depuis l'époque de la fusion, le nom de l'entreprise était resté un point de rupture.

À ce moment-là, taper « www.paypal.com » conduisait les utilisateurs sur le site www.x.com, une décision de Musk. De nombreux anciens de Confinity s'en sont plaints en privé. Selon eux, les chiffres parlaient d'eux-mêmes : en juillet 2000, il y avait des millions de transactions PayPal au total et seulement plusieurs centaines de milliers pour X.com. Les utilisateurs se ralliaient à la marque PayPal, l'associant à leurs enchères eBay et l'affichant dans leurs signatures mail. Musk, selon eux, risquait de dilapider cette confiance durement gagnée.

Ce dernier a décrété que PayPal s'appellerait « X-PayPal » et que toutes les références autonomes de PayPal seraient effacées. X serait le préfixe pour l'ensemble de l'écosystème, y compris des produits comme X-PayPal et X-Finance. « Si vous voulez être simplement un système de paiement de niche, PayPal est meilleur. Si vous voulez, par exemple, *prendre en quelque sorte le contrôle du système financier mondial,* alors X est le nom qui convient le mieux, parce que PayPal est une fonctionnalité, pas la chose en elle-même », a dit Musk. Pour lui, nommer l'entreprise PayPal « serait comme renommer Apple en Mac ».

Cet été-là, la question s'est posée. Les groupes de discussion ont mieux noté le nom de PayPal que celui de X.com.

Vivien Go, qui a participé à la réalisation de l'étude de marché, se souvient « encore et encore, du thème : "Oh mon Dieu, je ne ferais pas confiance à ce site-là. C'est un site pour adultes". »

Go admet que l'opinion des utilisateurs avait ses limites. « Vous savez, les gens pensaient que le nom « Apple » était un nom bizarre aussi » – mais elle entendait directement les critiques. « C'est un peu difficile à réfuter lorsque les gens disent encore et encore, presque avec les mêmes mots : "Je ne ferai tout simplement pas confiance à ça. Ça a l'air vraiment mystérieux.". »

Rena Fischer, qui est arrivée chez X.com après avoir travaillé pour le cabinet comptable KPMG, se rappelle sa propre expérience et celles d'autres employés recevant « tellement de courriels terribles, horribles » à cause du nom à consonance salace. « Notre produit *était* PayPal. PayPal était, pour moi, un moyen facile d'expliquer quel était l'objectif de l'entreprise », a-t-elle dit.

Amy Rowe Klement a initialement rejoint l'équipe parce qu'elle était convaincue par la vision expansive. « X était le noyau de l'entreprise, qui allait être une maison de marques », souligne-t-elle. Mais à ce stade, elle voyait bien que la percée de l'entreprise se situait au niveau des paiements de petits montants par courriel. « PayPal a grandi plus vite, en partie parce que les comptes X.com étaient des comptes bancaires, qui étaient donc beaucoup plus coûteux et chronophages à gérer. Donc, au final, si nous n'étions pas en mesure de les vendre rapidement en complément d'une variété d'autres produits qui étaient significativement rentables, cela n'avait pas beaucoup de sens d'élaborer la plateforme de X.com. »

Musk était résolu, le nom devait changer. Sa réaction aux recherches menées sur les groupes de discussion a suscité du ressentiment. Les partisans de « PayPal » ont estimé que Musk laissait son opinion personnelle, plutôt que les préférences des utilisateurs, guider sa décision.

Mais l'escarmouche au sujet du nom n'était qu'une manifestation visible d'une division plus profonde. « Si cela avait été le seul problème, cela aurait peut-être été plus facile à surmonter », a reconnu Hoffman. Pour Musk, « PayPal » était un bon nom – pour un service de paiement autonome. Mais « X.com » était (ou du moins serait) le centre névralgique de la finance mondiale. « Il faut prendre une décision, a fait valoir Musk. Voulez-vous vous battre pour le grand prix ou bien *ne pas* même aller le chercher ? »

Les collègues de Musk reconnaissaient – voire admiraient – l'ampleur de sa vision. « Je pense que l'énorme mérite d'Elon est d'avoir eu la vision la plus grande et la plus ambitieuse, de nous tous, pour PayPal et pour ce que pouvait être l'entreprise, a déclaré Thiel. Ce n'était pas seulement une société de paiements. » Dans le contexte approprié, cette vision ambitieuse était l'atout de Musk. « C'est le genre d'entrepreneur qui a une vision, et qui est absolument sûr qu'elle se réalisera », a souligné Hoffman.

Mais à l'époque, les dirigeants de l'entreprise et les membres du conseil d'administration, dont Thiel et Hoffman, n'étaient pas convaincus. Pour eux, ce n'était pas une question de vision, mais de mathématiques. « Il nous restait environ 65 millions de dollars à la banque en septembre, se souvient Thiel. Et je crois que le taux d'absorption était de 12 millions en septembre 2000. On avait en quelque sorte le sentiment qu'il fallait essayer de réduire cela, et très vite. »

Les circonstances personnelles ont joué un rôle, ici aussi. Musk s'était fixé un grand objectif parce qu'il cherchait une grande victoire, plus grande que Zip2. « J'ai créé une entreprise, quatre ans après mes études à l'université qui s'est vendue trois cents millions de dollars. Donc, un tel aboutissement, aurait sonné pour moi comme : J'ai déjà fait ça », a avoué Musk.

Mais d'autres cadres (y compris Levchin, Sacks, Hoffman et Nosek) n'avaient pas cette ambition. Les hauts dirigeants de X.com n'étaient pas là pour chercher un grand prix, et ils risquaient un prix de consolation pour l'entreprise qui a foiré.

■ ■ ■

Le code pouvait devenir étonnamment personnel. La base originale de PayPal.com, par exemple, était la quintessence de Levchin, avec des conventions de modélisation désignées sous le nom de « code Max ». Les changements apportés par Musk à la V2 supprimeraient complètement le code Max, et, comme le craignaient certains ingénieurs, son créateur également.

En fait, Levchin s'est vraiment demandé s'il n'allait pas quitter l'entreprise. Il avait apprécié la période de gestation de la start-up, lorsque l'avenir était inconnu et son empreinte indéniable. À ce moment-là, alors qu'il n'était qu'un employé parmi des dizaines, et que son travail sous-jacent était en train d'être détricoté par son patron, il parlait de tout laisser derrière lui et de commencer quelque chose de nouveau. *Je vais simplement partir*, a pensé Levchin. *Cette histoire de V2 est simplement en train de détruire ma volonté de vivre.*

À l'instar de Musk et Thiel, Levchin était allergique à la politique de bureau. Mais il était, tout comme eux, très compétitif. À ce stade, il savait que le PDG ne céderait pas – pas sur la décision de Microsoft, pas sur le nom, et certainement pas sur la stratégie. Mais en en discutant avec d'autres membres de l'équipe, le directeur technique de X.com a été persuadé de ne pas abandonner non plus.

À la fin de l'été et au début de l'automne 2000, Levchin a trouvé des sympathisants parmi d'autres cadres de l'entreprise. Tous avaient participé à la mutinerie contre un précédent PDG. Selon eux, ce qui avait fonctionné une fois pouvait fonctionner de nouveau. C'est ainsi qu'a commencé l'action clandestine visant à chasser Musk – cofondateur de, PDG et principal actionnaire individuel – de l'entreprise.

14

LA DETTE DE L'AMBITION

En janvier 2000, Musk a épousé Justine Wilson, sa petite amie de longue date. Mais leur projet de lune de miel a été annulé en raison de ce que Musk a qualifié de « drame de l'entreprise ». Il espérait se rattraper avec un voyage mi-septembre pour les Jeux olympiques d'été 2000 à Sydney, en Australie. L'itinéraire des – encore relativement – jeunes mariés devait les mener autour du monde, avec des arrêts à Singapour et à Londres.

Son travail toujours plus ou moins à l'esprit, Musk avait également prévu plusieurs réunions pour lever des fonds et des rencontres avec les employés de X.com installés à l'étranger. « C'était censé être une lune de miel *et* un voyage de collecte de fonds », a expliqué Musk.

Au moment où ils partaient, Musk a senti un changement au sein de l'entreprise. « Les interactions étaient de plus en plus bizarres », se souvient-il. Les appels téléphoniques ordinaires lui semblaient « inhabituels ». « Ils étaient extrêmement inquiets et contrariés et ils disaient : "Nous ne voulons pas faire ça." Et j'ai dit : "Non, vous devez faire ces choses-là." Et je pense qu'au fond, c'est le point de bascule. »

Musk ne s'est pas rendu compte qu'une action était menée contre lui, et a précipité la riposte. Son équipe de direction a fomenté un coup d'État. Après avoir échoué à convaincre Musk d'abandonner la V2 et le changement de nom pour X-PayPal, ils prévoyaient de lancer un ultimatum au conseil d'administration de X.com exigeant son éviction sous la menace d'une démission massive. Ils avaient rédigé un document de « vote de défiance, et discrètement recueilli les signatures d'employés favorables.

Quelques-uns ont signé, mais sans la profondeur de conviction des putschistes. « L'ignorance est une bénédiction, prononce Giacomo DiGrigoli, membre de l'équipe produit. David [Sacks] nous a tous réunis dans une pièce et nous a dit : "Je suis très en colère à ce sujet. Et si vous croyez en moi et en l'avenir de cette entreprise, j'ai besoin que vous signiez ce papier. Je vais au conseil d'administration. On va faire ça." Et bien sûr, à 23 ans, je me disais : "J'imagine que ce sont les affaires ? Cela arrive lorsque vous faites des affaires ?" Et bien sûr, je ne savais absolument rien de tout ça. »

Tout simplement un autre mardi, se souvient avoir pensé un employé alors que la mutinerie s'organisait furtivement contre Musk.

■ ■ ■

Le plan a pris forme au cours des semaines qui ont précédé le départ de Musk. Luke Nosek, Peter Thiel, Max Levchin et un des premiers membres du conseil d'administration, Scott Banister, ont assisté à la même conférence technologique au mois d'août. Ils ont exprimé leurs frustrations quant à la direction de l'entreprise.

Ce week-end-là et lors des réunions qui ont suivi, le groupe a également parlé de Musk. Selon eux, leur PDG faisait obstacle à la réussite de X.com et devait être écarté. Faire tomber Musk serait plus difficile (et comportait plus de risques) que le « coup de la Nut House ». Bill Harris avait un mandat court et des liens peu profonds avec l'entreprise ; Musk était un cofondateur avec beaucoup de fidèles et un fervent partisan au sein du conseil d'administration en la personne de Mike Moritz. Au-delà deça, il avait des compétences techniques et une forte personnalité. Pour le destituer de son poste de PDG, ils devraient faire preuve de stratégie et agir discrètement.

Le voyage de noces de Musk a offert l'occasion idéale pour agir. Un des meneurs du coup d'État a fait remarquer que, même si le moment semblait cruel, il était également nécessaire. Selon lui, les fondateurs comme Musk apportent un tel charisme lors des batailles du conseil d'administration que la persuasion peut l'emporter sur les faits. À son avis, un procès équitable nécessitait l'absence de Musk.

Avec le recul, Musk pouvait comprendre le besoin d'agir de manière furtive. « Ils pensaient peut-être que je reviendrais et que j'arriverais à convaincre le conseil d'administration avec ma stratégie originale et que je les licencierais, a-t-il dit. Je pense que c'est probablement ce qu'ils craignaient. » À ce stade de sa vie, il était également conscient de son effet sur les gens. « Je [crois] qu'ils avaient tous tellement peur que je revienne et que je les anéantisse, a déclaré Musk en riant sous cape. Les gens ont simplement peur. Je ne sais pas. Je ne vais pas les assassiner. »

Le recul lui permet même un peu d'humour à la Musk. « Ces bâtards sournois qui poignardent dans le dos, trop effrayés pour me poignarder en face... Vous, les gars, vous voulez toujours me planter un couteau dans le dos ? Allez ! Attaquez-moi en face ! Vous êtes douze. »

■ ■ ■

John Malloy, membre du conseil d'administration, était à l'étranger lorsque Levchin a appelé – « dans la salle de réception d'une grande société d'investissement chinoise », se souvient-il. Levchin l'a informé que plusieurs responsables de l'entreprise avaient décidé de mener une action contre Musk. « Et j'ai pensé : *Oh bon sang, je termine ce que j'ai à faire et je rentre.* »

L'avion de Musk a décollé le mardi 19 septembre 2000. Musk dans les airs, Thiel, Levchin, Botha, Hoffman et Sacks sont allés dans les bureaux de Sequoia pour convaincre Mike Moritz, membre du conseil d'administration de X.com ; sa voix était cruciale. Si Moritz (le meilleur allié de Musk au sein du conseil d'administration) se rangeait à ses côtés et persuadait le Tim Hurd, membre également, de faire la même chose, le conseil serait bloqué à 3 contre 3, avec Thiel, Levchin et Malloy d'un côté, et Hurd, Musk et Moritz de l'autre.

Le groupe est arrivé chez Sequoia avec les signatures de défiance de tous les employés qui avaient promis de démissionner si Musk restait PDG. Moritz a écouté, imperturbable lorsque le groupe a défendu son point de vue, et il a posé plusieurs questions supplémentaires. En plus d'informer Malloy et Moritz, Thiel a été chargé d'appeler Tim Hurd pour organiser une réunion d'urgence du conseil d'administration.

Musk à l'étranger, Hurd à Chicago et Malloy se dépêchant de rentrer d'Asie, une grande partie de la discussion des jours qui ont suivi s'est faite par téléphone. Les conspirateurs se sont retrouvés en personne, passant de l'appartement de Levchin à celui de Nosek, au 469 Grant Avenue à Palo Alto. En tant que membres du conseil d'administration, Thiel et Levchin participaient aux appels téléphoniques du conseil dans un appartement, puis retournaient à l'autre pour faire un rapport au groupe.

Chaque partie présentait ses arguments. Thiel et Levchin se concentraient principalement sur le changement préoccupant de la technologie du site Web. C'était la première fois que le conseil d'administration en entendait parler. Les autres membres ont été choqués d'apprendre qu'un tel changement consécutif n'était pas d'abord géré par le conseil d'administration, et qu'il n'y avait pas de plan de restauration. « Cela aurait dû être validé par le conseil, a dit l'un des membres. Je ne pouvais pas quoi croire que ça ne l'ait pas été [... J'ai été choqué qu'on prenne ce genre de risque. »

Hurd a comparé la situation au pilotage d'un 747. « Il y a quatre moteurs. Vous volez au-dessus de l'Himalaya en pleine tempête, une grosse tempête. Deux de vos moteurs s'éteignent. Il n'y a pas de mécanicien à bord, mais vous allez changer les deux autres moteurs en plein vol. » Les membres du conseil d'administration Hurd, Malloy et Moritz n'étaient pas des ingénieurs, mais ils ont néanmoins été convaincus par l'argumentaire de Levchin.

Thiel et lui ont également mis en lumière d'autres problèmes. À ses débuts, X.com avait offert des lignes de crédit à ses clients. Mais, dans sa hâte de démarrer rapidement, l'entreprise n'avait pas procédé à une sélection suffisamment rigoureuse des demandeurs de prêts. Par conséquent, X.com avait accordé des prêts douteux qui devaient, à terme, être comptabilisés comme des pertes. Début 2000, Musk avait annoncé la fermeture du programme. Mais à la grande surprise du conseil d'administration, les registres de l'entreprise indiquaient toujours les prêts comme étant des actifs générateurs d'intérêts, dans l'attente d'un remboursement.

D'autres ont contesté cette description, mentionnant une décision d'arrêt antérieure du programme de lignes de crédit non garanties par Musk. Certains de ses partisans étaient convaincus que la question était le désir de Musk de maintenir les activités de X.com plus longtemps que certains dans l'entreprise ne le souhaitaient ;

un signe pour son opposition qu'il courait des risques inutiles. « [Musk] s'est rendu compte que les activités [plus larges de X.com] devaient disparaître. Nous devions fermer. Nous devions prendre des coups, se souvient Sandeep Lal. Son truc à lui, c'est qu'il s'était engagé envers les clients, parce qu'il avait le sentiment d'avoir lancé un produit. Et il ne voulait pas le supprimer d'un coup. Il prenait donc beaucoup plus de temps que certains autres membres de l'entreprise ne le souhaitaient. »

Lal a conclu pour sa part « qu'il voulait y mettre un terme [...] le delta était sur le délai ». Une partie de ce retard, selon Lal, venait de l'influence de l'accord initial que l'entreprise avait conclu avec First Western National Bank. Un représentant de la First Western National Bank détaché auprès de la start-up avait cité des réglementations qui ralentissaient la mise en place des produits bancaires et des prêts de X.com. Derrière ces revendications spécifiques, le conseil d'administration a vu pour la première fois la profondeur des lignes de faille de X.com et Confinity. « Il y avait un tel tumulte entre les deux entreprises », se souvient Malloy. « Je ne pense pas qu'ils aient informé le conseil d'administration du niveau de discorde. Et l'étendue des problèmes sous la surface n'était pas apparente. »

■ ■ ■

Le putsch reposait surtout sur le risque de voir une démission massive des salariés. La participation de David Sacks et de Roelof Botha a revêtu un poids particulier : Sacks avait été promu par Musk ; Botha engagé par lui. Les deux hommes avaient des affinités avec lui, mais aucun ne voyait de solution aux dilemmes actuels de l'entreprise s'il restait PDG. En particulier pour Botha, menacer de démissionner signifiait potentiellement perdre son travail – et son statut d'immigrant – si Musk l'emportait. Il n'avait pas fait ce choix à la légère.

« Le conseil d'administration s'est réuni – en mon absence », a raconté Musk. Les allers-retours entre les dirigeants de l'entreprise et le conseil d'administration ont duré plusieurs jours. Musk serait le second PDG de X.com à être écarté en un an ; cela ferait sans doute des vagues dans la presse. Mais pour le conseil d'administration, le risque qui pesait sur la dynamique interne de l'entreprise l'emportait sur celui des bruits extérieurs. Musk resterait un actionnaire important de l'entreprise, même s'il n'était plus son PDG. Comment fonctionnerait le conseil d'administration ? Comment Musk pourrait-il continuer à travailler avec Thiel et Levchin ?

Pendant cette période-là, le conseil a également entendu les employés. L'un d'eux a écrit un long courriel enflammé à Hurd. Il a mis Musk en copie et a ajouté des collègues qui, selon lui, avaient des doutes sur le coup d'État. « On m'a présenté une lettre qui évoquait un vote de défiance vis-à-vis de notre PDG actuel, Elon Musk. Je n'ai pas signé cette lettre et je ne suis pas d'accord avec ce que j'ai lu », commençait l'auteur. Il a ensuite souligné ce qu'il considérait comme les points forts de Musk en tant que président :

> D'un point de vue professionnel, Elon est un très bon PDG. Il est facile de communiquer avec lui parce qu'il lit tous les courriels qui lui sont adressés. Dans les réunions auxquelles j'ai assisté avec lui (Intuit, Microsoft et beaucoup d'autres), il était très impressionnant et a fait un excellent travail pour présenter notre entreprise. Elon est très dur en affaires et, de ce fait, nous avons conclu un excellent accord avec Intuit, et nous avons des accords remarquables avec beaucoup de nos fournisseurs (comme First Data et Mastercard). Nous devrions bientôt avoir un accord avec Microsoft, et je pense que nous avons de bonnes chances d'en conclure un avec AOL d'ici la fin de l'année.

Il concluait en encourageant Hurd à solliciter un éventail d'opinions avant que le conseil ne prenne sa décision.

Musk a répondu au groupe, retirant Hurd, membre du conseil, de sa réponse : « Merci les gars. Tout cela me rend si triste que les mots me manquent. J'ai fait tous les efforts possibles, j'ai donné presque tout mon argent de Zip2 et j'ai mis mon mariage en péril, et pourtant, je suis accusé de mauvaises actions auxquelles je n'ai même pas eu l'occasion de répondre. Je ne sais même pas ce qu'elles sont censées être. »

Le conseil d'administration a délibéré, du milieu de cette semaine-là jusqu'au dimanche soir. Mais à la fin, Musk n'avait tout simplement pas les voix pour rester en place. « C'était une affaire conclue au moment où je suis revenu », se souvient Musk. « C'était un fait accompli, a ajouté Lal. Il n'était pas là lorsque c'est arrivé. Il était à l'étranger, il est revenu en avion [...] Il n'a pas eu l'occasion de riposter dans les temps. Et lorsqu'il est arrivé, c'était déjà trop tard. »

■ ■ ■

Le dimanche 24 septembre au soir, Peter Thiel a envoyé un mail à toute l'entreprise :

> Chers tous,
>
> Comme vous le savez, Elon Musk a accepté de reprendre le poste de PDG de X.com en mai, pendant une période d'instabilité qui a suivi le départ inattendu de l'ancien PDG. En faisant preuve d'une éthique de travail et d'un leadership entrepreneurial incroyables, il a rapidement rétabli la stabilité au sein de l'entreprise et auprès des investisseurs. Grâce à ses efforts, d'énormes progrès ont été réalisés par l'entreprise dans de vastes domaines : X-Finance et PayPal comptent presque 4 millions d'utilisateurs, le volume des paiements approche les 2 milliards de dollars par an et, selon certaines données, X.com est devenue la plus grande société de financement sur Internet. Nous sommes prêts à faire un grand bond en avant en termes de taille organisationnelle, de complexité et de partenariats stratégiques.
>
> À la suite de cette croissance réussie, Elon et le conseil ont décidé de former un comité de recherche pour recruter un PDG chevronné afin de mener l'entreprise au niveau supérieur. Elon restera actif au sein du conseil d'administration en tant qu'administrateur et actionnaire principal. J'ai accepté de travailler en tant que président avec des responsabilités opérationnelles jusqu'à la nomination du nouveau PDG. Reid Hoffman, Dave Johnson, Sandeep Lal, Max Levchin, David Sacks et Jamie Templeton seront sous ma responsabilité.
>
> Peter Thiel
> Président, X.com

Cinq heures plus tard, Musk a envoyé une réponse avec pour objet : « Faire passer X.com au niveau supérieur » :

> Bonjour à tous,
>
> X.com a connu une croissance très rapide, à tel point que, moins de deux ans plus tard, nous avons plus de 500 salariés. Donc, après avoir beaucoup réfléchi, j'ai décidé que le temps était venu de faire venir un PDG chevronné, avec l'expérience d'une grande entreprise pour faire passer X.com au niveau supérieur. En tant qu'entrepreneur, mes intérêts se situent davantage dans la fondation et la création de quelque chose de nouveau que dans la gestion quotidienne d'une grande (mais belle) entreprise.
>
> Je vais travailler dur pour trouver un très bon PDG pour X.com et faire quelques relations publiques, là où cela a du sens pour l'entreprise. Lorsque cette recherche sera faite, je prévois de prendre un congé sabbatique de trois ou quatre mois, de réfléchir à quelques idées et de démarrer une nouvelle entreprise au début de l'année prochaine.
>
> Peter Thiel, qui a été impliqué dans l'entreprise depuis le début et qui est un gars exceptionnellement intelligent avec une solide connaissance des problèmes auxquels nous sommes confrontés, assumera la responsabilité opérationnelle pendant l'intérim, me permettant ainsi de me concentrer sur la recherche d'un PDG. Veuillez apporter votre soutien total à Peter et à l'entreprise au cours des prochains mois, car nous avons beaucoup à faire et nous devrons affronter une concurrence féroce. Au bout du compte, je n'ai pas le moindre doute sur le fait que X.com sera une entreprise extrêmement précieuse et qu'elle représentera, en créant un nouveau système mondial de paiement, l'une des plus grandes avancées rendues possibles par Internet.
>
> Cela a été formidable de travailler avec vous tous (bien que je ne sois pas encore parti). Vous êtes comme ma famille.
>
> Elon

■ ■ ■

Musk *considérait* l'équipe de X.com comme une famille ; ne serait-ce que parce qu'il passait souvent davantage de temps avec elle au bureau qu'il ne le faisait avec sa véritable famille à la maison. Mais son retrait n'était pas dû au fait « d'avoir beaucoup réfléchi » : ces paroles n'étaient qu'un moyen de sauver la face.

Pourtant, le message était étonnamment courtois, même ses critiques l'ont admis. Son éloge public de Thiel, quelques heures après que celui-ci l'a écarté Musk, a montré une maîtrise de soi.

En fait, Musk ne cherchait pas à se venger. Jeremy Stoppelman (l'une de ses premières recrues pour X.com) a contacté Musk immédiatement après pour demander si lui et d'autres devaient montrer leur soutien en menaçant de démissionner en masse. Musk lui a dit de rester calme. Même ses plus anciens alliés au sein de l'entreprise ont été déconcertés par sa modération. « C'était très étrange pour moi de voir à quel point il prenait cela de bonne grâce, a dit Branden Spikes. Si ça avait été moi, j'aurais été furieux. »

La position de Musk était faite de réalisme. « Même si je n'étais pas d'accord avec leur conclusion, j'ai compris pourquoi ils avaient agi ainsi », expliquera Musk des années plus tard. Le conseil d'administration avait pris sa décision et, de son point de vue remarquablement pragmatique, un combat aurait été improductif. « J'aurais pu me battre avec acharnement, mais j'ai dit à ce moment critique qu'il valait mieux céder », se souvient Musk. Il a ajouté : « Peter, Max et David et les autres gars sont des gens intelligents, avec généralement de bonnes motivations, et ils ont fait ce qu'ils pensaient être juste pour les bonnes raisons. Sauf que les raisons n'étaient pas valables, à mon avis. »

« C'est facile d'être amer et de les détester pour toujours. Mais la meilleure chose à faire est de tendre l'autre joue et de rendre la relation bonne. Et j'ai fait beaucoup d'efforts pour que les choses se passent bien. »

D'autres ont vu ces efforts et, en dépit de leurs doutes sur Musk en tant que PDG, ils ont loué sa retenue. « Il s'est comporté pour le meilleur de l'entreprise », se souvient Malloy. « Il n'est pas rancunier », a observé Levchin. « Il a été remarquablement courtois avec un groupe de personnes qui l'ont évincé de son poste de PDG pendant sa lune de miel. »

Lorsqu'on l'a interrogé sur cette concession, Musk a fait référence à l'histoire biblique du jugement de Salomon. Dans ce récit, le roi Salomon doit statuer sur les réclamations de deux femmes à propos de la maternité d'un petit garçon. Le roi propose de partager le bébé en deux, ce qui conduit la première femme, à renoncer immédiatement à sa demande au nom de la vie de l'enfant. « Donnez l'enfant vivant à la première femme et ne le tuez pas », a ordonné le roi Salomon.

Je voyais vraiment l'entreprise, au moins en partie, comme mon bébé, a dit Musk, la voix teintée d'émotion. « Si j'attaque l'entreprise et les gens là-bas, c'est comme... ce serait comme attaquer mon bébé. Je ne veux pas faire ça. »

C'était la seconde fois que Musk vivait le fait d'être mis à l'écart d'une entreprise qu'il avait créée, et cela lui faisait mal. Jawed Karim se souvient d'un moment à la cafétéria, tard un soir, durant cette période au cours de laquelle le destin de Musk se jouait. Musk est entré et s'est dirigé vers un jeu d'arcade de *Street Fighter*. « Il avait l'air vraiment, vraiment désemparé. Et il jouait seul. Alors j'ai dit : “Eh, Elon, comment ça va ?” Et il a répondu : “Euh, ça va...” Et deux jours après, ils ont annoncé qu'il était renvoyé par le conseil d'administration. »

■ ■ ■

Comme l'ont découvert les conspirateurs dans le *Jules César* de Shakespeare, c'est une chose de mettre en œuvre un coup d'État ; c'en est une autre d'expliquer le régicide. Le sang encore chaud sur son couteau, Marcus Brutus s'adresse à une foule de Romains perdus et en colère. « Ne vous effrayez point, ne fuyez point, restez à vos places : la dette de l'ambition est acquittée. » La foule n'y croit pas, chasse les conspirateurs de Rome et une guerre civile s'ensuit.

Thiel, Levchin, Sacks et d'autres putschistes étaient désormais confrontés à une tâche parallèle : unir une équipe divisée entre révolutionnaires et loyalistes. *Personne n'est content lorsqu'une guerre civile se termine,* avait pensé l'ingénieur Erik Klein.

L'ambiance au bureau était tendue, et certains moments suivant la destitution ont mis en évidence les divisions au sein de l'entreprise. Une paire d'ingénieurs attachés au système basé sur

Linux a célébré la disparition de la V2 en détruisant les copies du *VBScript in a Nutshell* et *Inside COM+ : Base Services* – deux guides de référence pour la programmation dans un environnement basé sur Microsoft.

Même ceux qui avaient soutenu la décision d'éliminer Musk se sont retrouvés dans des situations délicates. Mark Woolway, un membre de l'équipe finance, était en Asie lorsque la sédition a eu lieu, mais les organisateurs l'avaient prévenu. Lorsque Musk l'a appelé pour dire « Salut, je viens de me faire virer », Woolway a dû feindre le choc.

Les divisions au sein de l'entreprise sont allées bien au-delà des moments de maladresse et d'insensibilité immature. Pour tous les signataires de la motion de défiance, X.com comptait également sa part de partisans de Musk. « Je me souviens encore aujourd'hui avoir vu des gens pleurer. Ils sanglotaient. Certains des ingénieurs s'étaient tellement investis dans la V2 », se souvient Jawed Karim.

Amy Rowe Klement a qualifié le renversement de « mini-crise personnelle ». Elle avait rejoint X.com fin 1999, mais son aversion pour l'événement ne venait pas d'une profonde loyauté à l'égard de Musk. Elle était dérangée par la méthode fourbe de la mutinerie. « La façon dont ça s'est passé (jusqu'à demander aux gens de signer cette pétition) suggère des valeurs morales et éthiques que j'ai trouvées troublantes », a-t-elle déclaré.

Klement faisait la navette depuis San Francisco et elle arrivait souvent au bureau à l'aube pour éviter les bouchons. Elle se rappelle avoir vu, plus d'une fois, Musk dormir dans le bureau après une nuit entière passée à travailler. « Nous avions tous travaillé tellement dur, donné tellement de notre vie et de notre énergie, et nous ne pouvions pas tenter d'arranger les choses d'une façon productive et mature ? »

Jeremy Stoppelman, un autre ingénieur de X.com, était furieux. « Nous aimions tous Elon. Il est un peu le joueur de flûte des ingénieurs », a-t-il dit. Au sujet de la destitution, Stoppelman n'a pas mâché ses mots : « J'étais super énervé. J'étais furieux. » Stoppelman, qui avait alors vingt-cinq ans, s'est déchaîné sur Thiel et Levchin. « J'étais très candide. Je me souviens leur avoir dit que je pensais que ce qui était arrivé était vraiment merdique. »

Stoppelman s'est particulièrement opposé au processus par lequel Musk a été écarté. « Je crois comprendre le raisonnement [...] mais l'idée qu'il monte dans un avion et qu'il ne soit pas capable de se défendre est juste vraiment merdique. »

Thiel et Levchin ont écouté Stoppelman et ont pris le temps de s'expliquer, le convainquant au passage. « Ils n'ont pas simplement dit : "Oh, on s'en fout de toi, tu n'es qu'un jeune ingénieur". Ils m'ont fait sentir de l'affection et ça m'a définitivement calmé », se souvient Stoppelman.

Sandeep Lal avait clairement fait connaître son point de vue sur les problèmes sous-jacents au départ de Musk, et il pensait que cela pouvait empoisonner sa relation avec Thiel, le nouveau PDG. Mais il n'en a rien été. Lorsque Thiel a demandé à Lal quel était le problème le plus urgent de l'entreprise et que Lal a partagé ses réflexions, Thiel a organisé une réunion le lendemain, mis en place une équipe pour y travailler et a exigé une solution dans les vingt-quatre heures. « À ce jour, je suis étonné de la confiance qu'il m'a accordée sans me connaître », assure Lal.

Reid Hoffman, un autre organisateur de la révolte, a opté pour la diplomatie après le retrait de Musk. Il a envoyé une série de messages aux joueurs mécontents de l'équipe, essayant de les rassurer et décrivant grossièrement ce que l'avenir pouvait apporter. Néanmoins, la diplomatie a ses limites. Les membres des équipes autrefois séparées (Confinity et X.com) continuaient à fréquenter leurs bars préférés séparément.

Les histoires personnelles ont joué un rôle important dans la division. Les organisateurs du putsch n'avaient même pas apporté la lettre de défiance à de nombreux employés d'origine de X.com, qui, selon eux, auraient été hostiles. Beaucoup ont donc été laissés à l'écart des machinations. « Lorsque la rébellion est arrivée, se souvient Sandeep Lal, j'étais dans le Nebraska et Reid m'a envoyé une note disant : "Quelle est ta position sur le putsch ?" Et j'ai dit : "Putsch ? Quel putsch ? Je sors juste de Citibank ! Il n'y a pas de putsch ici." ».

Levchin et Thiel se sont abstenus de tous les tests de pureté, et de nombreuses personnes embauchées par Musk ont prospéré en son absence. Parmi d'autres, Julie Anderson, Sandeep Lal, Roelof

Botha, Jeremy Stoppelman, Lee Hower et Amy Rowe Klement sont tous restés dans l'entreprise et ont gravi les échelons. Aujourd'hui encore, Musk est fier d'avoir recruté ces talents.

Mais pour d'autres, les lignes de faille se sont avérées trop lourdes à supporter. Une fois Musk dehors, ils ont été écartés ou placés dans des positions qui rendaient le travail chez X.com profondément inconfortable. « Ils étaient polis à ce sujet [...] Mais ce n'était pas un endroit amusant pour travailler si vous étiez un fan d'Elon », déclare Spikes. Dans la foulée du putsch, le trio d'ingénieurs de Harvey Mudd (les premiers développeurs de X.com et ingénieurs principaux de PayPal 2.0) ont démissionné, presque en même temps. Cette décision était motivée à la fois par la solidarité et la supposition que leurs jours utiles dans l'entreprise en tant qu'experts Microsoft seraient comptés. Avec Levchin à la tête de la technologie de l'entreprise, PayPal 2.0 ne serait plus.

Mais le départ du contingent de Harvey Mudd a effrayé Thiel et Levchin. D'autres ingénieurs suivraient-ils dans un accès de colère, évinçant l'équipe d'ingénieurs de PayPal ? En fait, la plupart ne sont pas allés aussi loin que le trio, en partie parce qu'ils pouvaient sentir le potentiel de l'entreprise. « Je pouvais sentir que quelque chose de magique était en train de se passer dans l'entreprise, donc si nous pouvions continuer, ce serait un bon résultat, a déclaré Stoppelman. Je n'avais pas envie de tout envoyer balader. » Avec le temps, même de nombreux opposants à la sédition ont reconnu qu'X.com avait besoin d'un changement stratégique. « Les défis auxquels l'entreprise était confrontée étaient évidents pour tous », a dit Lee Hower.

■ ■ ■

Vingt ans plus tard, les organisateurs du putsch évoquent ce moment avec prudence. Beaucoup restent en bons termes avec Musk, communiquent régulièrement avec lui et le considèrent comme un ami. Le groupe admire aussi ses réalisations dans les années qui ont suivi ; plusieurs ont investi dans ses projets post-X.com. Quelques-uns ont choisi de ne rien dire en raison de véritables doutes quant à la façon dont l'éviction s'était déroulée ; d'autres encore sont simplement convaincus que les haches de guerre enterrées depuis longtemps et doivent le rester.

Malgré leurs réticences, ils ne doutent pas de leur décision. À leur avis, la société allait indéniablement dans la mauvaise direction, et le retrait de Musk était nécessaire pour corriger la trajectoire. Un organisateur du putsch soutient que l'entreprise n'aurait pas survécu six mois de plus si Musk était resté PDG. D'autres se sont fait l'écho de ce sentiment, arguant que la combinaison du taux de fraude élevé, de la crise de la dette liée aux lignes de crédit, de la suite financière de X.com pas tout à fait fermée et de l'enlisement du processus V2 auraient laissé l'entreprise dans une situation précaire – avec une dilapidation de fonds, une équipe technique divisée et un site Web dont les serveurs ne pouvaient pas gérer sa croissance toujours rapide.

Cela étant dit, le groupe exprime également des doutes quant au portrait peu flatteur que certains médias ont brossé du mandat de Musk chez PayPal. Il était, selon eux, inexact. Pour eux, sa contribution à l'entreprise ne fait aucun doute : pour argument, son engagement personnel démesuré, son soutien financier, son siège au conseil d'administration et sa vision fondatrice. C'était sous sa direction que la start-up avait lancé ses premiers produits générateurs de revenus, qu'elle a commencé à modifier la composition du financement des transactions sous-jacentes, renforcé sa gamme de produits, élevé des personnes clés à des postes de direction et qu'elle a géré la fusion et le départ de Bill Harris. Même ceux qui l'ont destitué estimaient que les récits des médias ont injustement écarté Musk de l'histoire de l'entreprise.

■ ■ ■

Deux décennies plus tard, Musk pouvait, malgré tout, éprouver un peu de respect par rapport à cette rébellion. « C'était un coup d'État bien exécuté. C'est un peu flatteur qu'ils ne le fassent que lorsque je ne suis pas là », dit Musk en souriant.

Et avec le bénéfice du temps, Musk a exploité ce moment pour en tirer des leçons. D'une part, il a estimé qu'il avait commis une erreur en faisant un voyage privé à l'étranger au milieu de transitions d'entreprise aussi compliquées et controversées. « Ce n'était certainement pas une bonne décision pour moi […] d'être loin du front alors qu'il se passait toutes ces choses extrêmement risquées. Et de ne pas être là pour calmer leurs nerfs. »

S'il avait été sur place, il est convaincu qu'il aurait pu persuader ses détracteurs à propos de sa vision, ou au moins les intimider pour les soumettre. « Une combinaison de réconfort et de peur n'aurait pas abouti à un renvoi », a déclaré Musk.

En dépit de sa circonspection, Musk restait convaincu que sa vision était la bonne pour l'entreprise. Il a reconnu les inquiétudes de ses détracteurs concernant PayPal 2.0 (« Tu veux vraiment changer les roues du bus alors que le bus dévale la route ? »). Mais il continuait de croire que c'était la bonne décision. « De mon point de vue, si nous passions à la nouvelle architecture, nous serions en mesure de faire évoluer le système beaucoup plus rapidement. [...] Nous aurions dû prendre ce risque et le faire. »

Musk a également réfléchi à la dimension humaine de la lutte. « Je n'ai pas pleinement apprécié l'élément émotionnel dans tout cela, a-t-il admis. C'est un peu difficile si vous envisagez de vous débarrasser de quelque chose qui s'appelle "code Max". Il est compréhensible que Max soit un peu vexé à ce sujet. » Musk a également estimé qu'il aurait pu faire mieux pour communiquer sa vision, en particulier à Levchin. « J'aurais dû faire beaucoup plus d'efforts pour convaincre Max en particulier que c'était la bonne décision technique », a-t-il dit.

Aujourd'hui, Musk peut regarder son limogeage avec la bonne humeur de quelqu'un qui a accompli beaucoup de choses depuis. « Il est difficile de contester le résultat final, qui est positif », a déclaré Musk. Il a aussi largement enterré la hache de guerre avec ceux qui l'ont renversé ; ou, comme il dirait : « J'ai enterré *leur* hache. » Pourtant, obsédé jusqu'au bout, Musk a déploré ce qu'il considérait comme son plus gros échec chez X.com : qu'il ne soit pas devenu l'Amazon des services financiers comme il l'avait espéré, une potentielle « entreprise à mille milliards de dollars ».

■ ■ ■

Les employés des premières années de PayPal ont évoqué les hauts et les bas de l'entreprise, dignes de Dickens : fonder une start-up de services de paiement au milieu de l'éclatement de la bulle internet représentait le « printemps de l'espoir » et « l'hiver du désespoir » de la technologie.

Peu ont vécu ces fluctuations plus viscéralement qu'Elon Musk. De 1999 à 2002, il a touché une fortune de la vente de sa première start-up, il a lancé une autre entreprise internet couronnée de succès, il a fait fortune une seconde fois lorsque l'entreprise est entrée en bourse, puis en a lancé une troisième. Au cours de ces mêmes années, il a combattu une révolte dirigée contre lui, a failli mourir dans un accident de voiture, a été évincé en tant que PDG de l'entreprise qu'il avait cofondée, a failli perdre la vie *encore une fois* à cause d'une combinaison de paludisme et de méningite, et il a perdu un fils en bas âge, victime du syndrome de la mort subite du nourrisson (SMSN).

Juste après le départ de Musk, un des premiers employés de X.com, Seshu Kanuri, a rédigé une note à son intention. « Elon, je suis désolé d'apprendre les derniers événements concernant ta position dans notre équipe. Je tiens à dire que ce n'est pas quelque chose qui doit te décourager, car je suis certain que tu es destiné à réaliser de plus grandes choses dans la technologie. » Kanuri se rappelle que Musk y avait répondu avec gratitude.

Même si tout cela était compliqué, l'éviction de Musk lui a donné une marge de manœuvre créative. Libéré de ses fonctions chez X.com, il pouvait revenir à ses premières passions : l'exploration spatiale et l'énergie électrique. « Steve Jobs a rendu Pixar génial parce qu'il a été viré d'Apple, a souligné Scott Alexander, un des premiers ingénieurs chez X.com. Elon a créé SpaceX et il a fait de Tesla quelque chose de grand parce qu'il a été viré de X.com. »

Ces nouvelles entreprises ont commencé rapidement ; pour Musk, il y avait peu de temps pour panser les blessures ou les griefs. Quelques mois à peine après le retrait, Mark Woolway a emmené Musk boire un verre. « Je lui ai demandé ce qu'il allait faire ensuite et il m'a dit : "Je vais coloniser Mars", se souvient Woolway. Nous étions dans ce petit bar à Palo Alto, appelé Fanny & Alexander, assis dehors. Et il a dit : "Ma mission dans la vie est de faire de l'humanité une civilisation multiplanétaire." Et j'ai répondu : "Mec, t'es un malade." ».

Moins de deux ans plus tard, le 6 mai 2002, Elon Musk a déposé des documents pour constituer une nouvelle entreprise, Space Exploration Technologies Corporation. Sept jours plus tard, il enregistrait son URL : www.spacex.com. Le 4 août 2008, SpaceX a annoncé qu'elle avait reçu 20 millions de dollars d'investissement en capital de la part du Founders Fund de Peter Thiel, et que l'associé directeur du fonds, Luke Nosek, rejoignait le conseil d'administration de SpaceX.

Le 28 septembre 2008 – près de huit ans jour pour jour après avoir été destitué en tant que PDG de X.com –, Elon Musk regardait la fusée Falcon 1 de SpaceX s'élever dans le ciel au-dessus d'Omelek Island dans l'atoll de Kwajalein, au sud-ouest d'Hawaï. Neuf minutes et trente-et-une secondes après le lancement, le Falcon 1 devenait « la première fusée à combustible liquide de conception privée à quitter l'orbite de la Terre ».

3e PARTIE

LES TOURS MONTÉES EN BATTERIE

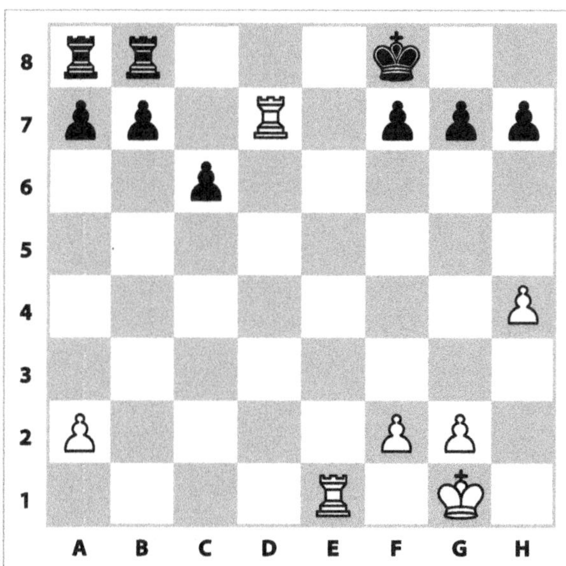

15

IGOR

Lorsque le conseil d'administration a poussé Musk dehors, Mike Moritz a insisté sur un point. Thiel pouvait être président par intérim, mais PayPal devait lancer une véritable recherche pour un PDG. Pour ce faire, le conseil d'administration a engagé un cabinet de chasseurs de têtes professionnels, Heidrick & Struggles, et a demandé à Thiel et à Levchin de rédiger une description de poste.

Ils sont revenus avec une chimère, se souvient un membre du conseil d'administration. Le candidat idéal pour Thiel et Levchin devait posséder un savoir-faire technologique, un sens de la stratégie, un QI élevé, une expérience en matière de l'introduction en bourse d'une entreprise, se sentir à l'aise dans une culture start-up jean et tee-shirt, et apprécier les débats animés, courants chez PayPal. « C'était la chose la plus risible qui soit, a déclaré un autre membre du conseil d'administration. Ils cherchaient l'homme parfait. C'était la naïveté de la jeunesse. »

Les chasseurs de têtes ont proposé une dizaine de candidats, mais sans surprise, aucun n'a été accepté. Certains ont été refusés pour n'être « pas suffisamment rigoureux intellectuellement », selon les souvenirs de John Malloy, membre du conseil d'administration, des commentaires de l'équipe de direction de PayPal. D'autres se sont retirés de la course à la suite d'un processus de sélection éprouvant. Malloy se souvient d'un appel particulièrement furieux d'un candidat exigeant de savoir, à la suite d'un entretien, ce que la résolution d'énigmes mathématiques avait à voir avec la gestion d'une entreprise.

Pour être juste, Thiel voulait un nouveau PDG autant que n'importe qui. « Peter ne veut pas vraiment travailler pour les gens », expliquait Reid Hoffman. Cela inclut les membres du conseil d'administration de PayPal, mais certains d'entre eux, désireux que Thiel reste en place, ont considéré le processus de recherche comme une mascarade. « Nous faisions passer ces faux entretiens d'embauche, avoue Sacks, et on a continué à faire du surplace. » Mark Woolway a désigné le processus comme étant une « façade ».

■ ■ ■

Un candidat a survécu à cette farce. Âgé d'une trentaine d'années, David Solo avait accumulé toute une vie d'expérience dans les services financiers. Après avoir obtenu des diplômes en génie électrique et en informatique au MIT, Solo a travaillé chez O'Connor & Associates, une fintech[60] qui a été à l'avant-garde de la technologie de négociation des produits dérivés. Il en est devenu un partenaire à vingt-six ans et a supervisé une fusion entre O'Connor et Swiss Bank au début de la trentaine. « C'était un brillant mathématicien, il comprenait tout et il aurait rempli le cahier des charges », a déclaré Thiel.

Avant de briguer le poste de PDG, Solo avait croisé la route de X.com. En 1999, au moment où il venait juste d'arriver sur la côte Ouest, un ami dans le capital-risque l'a présenté à Musk. Solo se souvient des logos avec le grand *X* dans les bureaux de X.com, et de Musk expliquant une vision encore indéfinie. Ils avaient échangé des idées et, bien que Musk l'ait impressionné, Solo n'avait pas été convaincu par l'aspect commercial du projet.

Un an plus tard, il s'est assis dans un espace plus vaste chez PayPal. Cette fois, Levchin et Thiel ont mené l'interrogatoire. Par un tour du destin (et de table), Thiel et Solo s'étaient rencontrés des années auparavant, lorsque ce dernier avait reçu Thiel pour un emploi chez O'Connor & Associates.

À la suite de l'entretien, Solo avait vanté à sa femme l'accent mis par PayPal sur le mérite, un écho de ce qu'il avait apprécié chez O'Connor. « Lorsque j'avais une vingtaine d'années, l'associé directeur qui y exerçait m'a dit : "David, nous voulons faire de toi le responsable mondial de la division obligataire et dérivés de la

60. Une fintech désigne une entreprise, généralement une start-up, qui évolue dans le secteur de l'innovation technologique applicable aux services financiers et bancaires.

banque", se souvient Solo. Et je me revois dire : "... C'est fantastique mais vous ne pensez pas que vous feriez mieux d'embaucher quelqu'un de chez Salomon Brothers qui connaît vraiment tout ça ?" Et [il] m'a répondu : "Nous pourrions perdre neuf mois ou un an en n'embauchant pas le gars qui a le plus d'expérience, mais au bout du compte, nous avons toujours réussi en pariant sur les personnes qui, selon nous, ont du talent et une éthique de travail – et que nous connaissons." »

Après réflexion, Solo a estimé que la même logique s'appliquait chez PayPal. « Je me rappelle être rentré chez moi en pensant : *Vous savez quoi, ce type, Peter, il a tout ce qu'il faut.* Si je suis honnête avec moi-même, il ferait probablement un meilleur travail que moi, parce qu'il est dans cette entreprise depuis le début. Il connaît les gens. Ils ont clairement un énorme respect pour lui, à juste titre à mon avis. » Solo s'est retiré de la course et a dit à Mike Moritz : « Si j'étais vous, je parierais sur Peter. »

Tim Hurd était également parvenu à cette conclusion de son côté. « Il y a une très forte probabilité pour que seul Peter ait pu réussir en tant que PDG, parce que les gens devaient le respecter. Reid et les autres étaient là parce que Peter y était », a dit Hurd. « Est-ce que Peter était un bon manager ? Absolument pas. Et il vous le dirait. Mais personne d'autre n'aurait pu réussir à sa place. »

Au moment où Solo a passé son entretien, d'innombrables candidats avaient échoué face au défi de PayPal. Thiel avait pris la main en septembre 2000 ; l'entreprise rencontrait encore des candidats au printemps 2001. Solo a été le dernier reçu, le conseil d'administration ayant supprimé « par intérim » du titre de Thiel. Celui-ci a admis que le soutien extérieur de Solo « a joué un grand rôle pour convaincre le conseil d'administration de miser sur lui ».

Pour Thiel, le processus de recherche obligatoire a laissé un arrière-goût amer. Un témoin a dit que Thiel s'est senti « assez malheureux » de voir que certains au sein du conseil d'administration aient essayé de le pousser dehors. Cela a créé un fossé entre lui et Mike Moritz, de Sequoia, qui ne s'est jamais complètement refermé, et cela a renforcé l'allergie de PayPal à « l'expérience des cadres ».

Thiel était à la fois un exemple et un partisan de la mise en place de néophytes talentueux aux postes de direction. Très tôt, Thiel a nommé Reid Hoffman à celui de directeur d'exploitation ; allant à l'encontre de l'avis des membres de son conseil d'administration. Il a installé Sacks en tant que vice-président de la stratégie, malgré les inquiétudes à propos de la collégialité de Sacks. Il a promu Roelof Botha, fraîchement sorti de l'école de commerce, au poste de directeur financier et nommé une jeune avocate, Rebecca Eisenberg, présidente du comité juridique de l'introduction en bourse. Plus tard, les discussions sur le caractère anticonformiste de Thiel se concentreront sur ses décisions en matière de marchés et de politique. Mais pendant les années PayPal, sa tendance à aller à l'encontre des conventions n'avait rien à voir avec les mathématiques ou la philosophie politique ; cela avait trait aux gens.

Rebecca Eisenberg était une avocate et chroniqueuse technologique formée à Harvard qui est arrivée au sein de la société au plus fort de la faillite des dotcom – quelques semaines à peine après avoir été licenciée. Elle a réfléchi à son intégration avec passion et évoqué ce que cela disait de la culture de PayPal. « Ce qui est formidable avec Peter et son groupe, c'est qu'ils ne se souciaient vraiment pas des autres choses. Que j'étais cette chroniqueuse virulente. Que mon visage [était] collé sur un bus avant ça. Que je disais ce que je pensais. Que j'étais une femme, et connue comme féministe. Que j'ai admis une histoire de bisexualité [...] Ils s'en foutaient. Ce qui leur importait, c'étaient les gens intelligents qui travaillaient dur. »

■ ■ ■

Peu après le départ de Musk, Thiel a réuni un petit groupe, dont Botha, Sacks et Levchin. Ils se sont assis autour d'une grande table en bois dans l'appartement de la petite amie de Botha, et Levchin a rappelé la gravité du moment : ils avaient obtenu ce qu'ils voulaient – = : Musk dehors, l'entreprise était désormais la leur. Et ses crises avec. Thiel a réparti la responsabilité entre les personnes présentes afin de lutter contre chacune des menaces existentielles.

Un groupe séparé s'est retrouvé à Gualala, Californie, dans la maison des grands-parents de Reid Hoffman. Ils ont réparti les journées comme suit : jour 1. diagnostiquer les problèmes de l'entreprise ; jour 2. proposer des solutions. Un point d'accord particulier : l'entreprise allait abandonner X-Finance et s'attacher à consolider sa position de « maître commerçant » d'eBay. (Le jour 3, le groupe assemblé a également réfléchi aux prochaines étapes si l'entreprise s'effondrait. Hoffman a lancé une idée qu'il finirait par faire adopter : un réseau social professionnel, que le monde connaîtra plus tard sous le nom de LinkedIn.)

À l'automne 2000, les employés de PayPal, à tous les niveaux, ont ressenti l'urgence. « À cette époque-là, chez PayPal, chaque petite chose que vous faisiez, et chaque seconde, comptait. Vous – vous ! – pouviez être à vous seul le goulot d'étranglement. Et vous le ressentiez, et vous le compreniez, se souvient Oxana Wootton. Et ce sentiment d'urgence vous stimulait. Vous sautiez vos repas. Vous évitiez d'aller aux toilettes. Et vous faisiez ce qu'il fallait. »

Et PayPal avait beaucoup à faire. Les menaces venant d'eBay, de Visa, de Mastercard et d'autres occupaient encore une place importante, et les caisses de l'entreprise se vidaient de plus en plus. À l'automne 2000, PayPal n'avait plus que quelques mois de marge de manœuvre, avec peu d'espoir de financement supplémentaire. À moins que PayPal ne puisse se redresser et montrer une bonne santé commerciale, les investisseurs méfiants ne semblaient pas prêts à jeter de l'argent par les fenêtres. « Nous pensions que nous pouvions très bien faire faillite », se souvient Mark Woolway.

Le conseil d'administration s'est réuni la semaine suivant le départ de Musk, et, le 28 septembre, Thiel a décrit le virage stratégique dans un courriel adressé à toute l'entreprise :

> Chers tous,
>
> Voici une mise à jour rapide sur les principales priorités de X.com au cours du mois prochain :
>
> 1) Lutte contre la fraude. Max Levchin conduira cet effort ; et Sarah Imbach coordonnera les éléments techniques, financiers et opérationnels de l'entreprise nécessaires pour y parvenir. La bonne nouvelle, c'est que la crise de la fraude est facilement maîtrisable et que nous avons un certain nombre de solutions intéressantes en amont (prévention contre les fraudeurs avant qu'ils n'entrent dans le système) et en arrière-plan (détection des fraudeurs une fois qu'ils sont entrés dans le système) ;

> 2) Cycle produit/plateforme V1. Le cycle du produit va être accéléré le plus rapidement possible, et toutes les ressources d'ingénierie seront donc concentrées sur la plateforme V1 ;
> 3) La marque. Il n'y aura aucun changement dans notre double image de marque : le produit s'appellera PayPal (parce que c'est ce que les consommateurs connaissent), et l'entreprise s'appellera X.com (parce que c'est ce que les investisseurs connaissent) ;
> 4) X.Finance. Nous fermerons les opérations de X-Finance et nous commencerons à tout regrouper sur PayPal. Toutes les personnes travaillant sur X-Finance seront transférées sur le produit PayPal, parce que c'est celui qui nécessite toute notre attention en ce moment.
>
> Merci.
> Peter

Comme le remarquait Levchin, pour une société financière qui avait été « naïve face à la fraude » à ses débuts, le fait que l'escroquerie arrive désormais en tête de liste de ses priorités stratégiques représentait un bouleversement radical. Quelques jours avant le mot de Thiel, lui et le reste du conseil d'administration avaient écouté Roelof Botha et Levchin exposer la gravité du problème de fraude chez PayPal.

L'analyse en cours de l'entreprise effectuée par Botha a donné lieu à un constat critique : la fraude qui sévissait sur le site se présentait sous des formes différentes. Première catégorie : la fraude marchande, perpétrée par les acheteurs. Quelqu'un achetait un produit, puis prétendait à tort qu'il était arrivé cassé, ou bien que ce n'était pas le bon article, ou qu'il n'était jamais arrivé. L'acheteur exigeait alors un remboursement et PayPal (l'intermédiaire financier) était tenu pour responsable. La société s'est rendu compte que ce type de fraude agaçait les détaillants, petits et grands ; c'était de véritables enjeux. « La fraude commerciale était assez exaspérante, mais c'était une petite partie du prix à payer pour faire des affaires », remarque Botha.

Le type de fraude le plus préoccupant concernait les cartes de crédit, des sites de livraison directe étrangers, et même des sociétés-écrans. Certains hackers ouvraient des comptes PayPal avec des cartes de crédit volées, achetaient et expédiaient des marchandises à l'étranger, puis les revendaient. D'autres fraudeurs concevaient des sociétés fictives et dupaient les acheteurs sans méfiance en leur faisant acheter de faux produits, puis empochaient l'argent sans rien envoyer. Pour brouiller les pistes, les fraudeurs siphonnaient l'argent par le biais d'une série élaborée de comptes fantômes intraçables à l'étranger.

Ce type de délinquance professionnelle faisait peser un risque plus grave sur l'entreprise. « Quelques criminels intelligents pouvaient transférer continuellement des millions de dollars de votre compte et vous ruiner. Cette fraude n'avait aucun frein », explique Botha.

Le principal défi de la lutte contre la fraude professionnelle était de séparer les frais autorisés et non autorisés, rapidement et à grande échelle. Dès le début, l'entreprise s'est battue pour être indulgente, évitant toute étape supplémentaire dans le processus de transaction afin de stimuler la croissance. Mais maintenant, alors que PayPal gagnait en notoriété, son indulgence était un handicap. L'entreprise n'était plus en guerre contre des étudiants qui s'ennuyaient et ouvraient de faux comptes pour s'acheter de la bière ; maintenant elle était confrontée à des criminels professionnels déterminés à voler des millions de dollars.

Botha a conclu que la fraude était plus qu'une simple contrariété : si elle n'était pas contrôlée, elle pouvait couler l'entreprise. Botha a partagé ces observations avec le conseil d'administration de PayPal, qui est tombé d'accord avec son évaluation désastreuse. « Si nous ne résolvons pas ce problème, PayPal n'existe plus aujourd'hui », a reconnu Tim Hurd, un membre du conseil d'administration.

■ ■ ■

Dans le film préféré de Levchin, *Les Sept Samouraïs*, le chef des combattants, Kambei Shimada, dit à un compagnon d'armes « d'aller au nord », où sera menée la bataille décisive. Si Kambei sait où va avoir lieu la bataille, demande le soldat, alors pourquoi ne pas construire une clôture pour empêcher l'ennemi d'entrer ? « Un bon fort a besoin d'une faiblesse, explique Kambei. L'ennemi doit être attiré à l'intérieur pour que nous puissions l'attaquer. Si nous ne faisons que défendre, nous perdons la guerre. »

Dans sa croissance vertigineuse, PayPal avait construit par inadvertance un fort avec des trous béants, et les fraudeurs en ont pleinement profité. Mais, comme dans *Les Sept Samouraïs*, les lacunes dans l'armure de PayPal ont servi d'appâts essentiels. L'observation attentive des nombreux fraudeurs sur sa plateforme a permis à PayPal de trouver une série de solutions de pointe, dont plusieurs qui ont établi un standard dans le secteur en matière de dissuasion. « [La fraude] nous a sauvés par accident, et cela coûtait moins cher que d'acheter des publicités pour le Super Bowl », explique Luke Nosek.

Avant la destitution de Musk en tant que PDG, la lente transition vers PayPal 2.0 avait laissé du temps libre à Levchin. Il s'en est servi pour s'immerger dans les salons de discussion et les forums en ligne des fraudeurs, surveillant les agresseurs de l'entreprise sur leur propre terrain. « Vous vous émerveilliez de le voir résoudre ces problèmes de fraude, s'exclame Todd Pearson. Sa créativité [...] comme le fait d'aller dans les salles de piratage russes et de les espionner. Je pensais : *Nos pauvres concurrents. Ils sont tellement baisés.* » Tim Hurd, un des membres du conseil d'administration, se souvient de Levchin appelant des fraudeurs au téléphone et leur parlant en ukrainien.

Levchin et ses collègues ont découvert différents niveaux de sophistication parmi les assaillants de l'entreprise. Un fraudeur un peu malin a gagné une petite fortune en créant le faux site PayPai.com, exploitant la proximité des touches « L » et « I » pour attirer les utilisateurs vers une réplique fonctionnelle de PayPal.com. Mais des projets plus sophistiqués, et plus menaçants, ont également vu le jour. Dès ses débuts, par exemple, PayPal a fait face à l'assaut des *bots*, des morceaux de codes écrits pour ouvrir un grand nombre de nouveaux comptes afin de siphonner les bonus de 10 et de 20 dollars de l'entreprise.

Pour résoudre le problème des *bots*, l'équipe d'ingénieurs de PayPal s'est retrouvée aux prises avec une question philosophique vieille de plusieurs siècles. Dans les années 1600, René Descartes s'est demandé ce que les êtres humains pouvaient faire et que les robots – ou automates – ne pouvaient pas. Les automates n'existaient pas quand Descartes a écrit à leur sujet dans son *Discours de la méthode*, mais des versions primitives émergeaient dans les années 1950, lorsque l'informaticien et mathématicien britannique Alan Turing a repris la question de Descartes. « Je propose d'examiner la question "Les machines peuvent-elles penser ?" », a écrit Turing.

Sa réponse était de soumettre les ordinateurs à un « jeu d'imitation » dans lequel un ordinateur et un être humain sont enfermés dans des pièces séparées et sont chargés de répondre aux questions qui leur sont posées par quelqu'un qui se trouve dans une troisième pièce. Si la personne posant les questions ne pouvait pas distinguer les réponses de la machine de celle de l'être humain, alors l'ordinateur réussissait le test de Turing.

Animés par des motivations plus utilitaires, les ingénieurs de PayPal ont rejoint le débat quelques décennies après Turing. « Qu'est-ce qu'un ordinateur ne pouvait pas faire, mais qui est facile pour un être humain ? », a demandé Levchin à son équipe d'ingénieurs. L'ingénieur David Gausebeck a repensé à ses recherches universitaires sur la capacité des ordinateurs à déchiffrer les images. Il se rappelait que les êtres humains pouvaient lire des lettres déformées, cachées ou altérées : une tâche beaucoup plus difficile pour les ordinateurs. Il a regardé Levchin et il a dit « ROC », faisant référence à la reconnaissance optique de caractères.

Le concept n'était pas nouveau pour Levchin. Sur Usenet et d'autres forums qu'il fréquentait, les pirates déformaient tout le temps les mots pour garder les informations à l'abri des regards indiscrets. Ainsi, SWEET devenait $VV££|, et HELLO pouvait être exprimé par |-|3|_| _() ou)-(3££0. Les êtres humains pouvaient lire ces codes, les ordinateurs gouvernementaux ne pouvaient pas.

« Alors, cette nuit, j'ai pensé : *Quels sont les problèmes qui sont faciles à résoudre pour un être humain et difficiles pour un ordinateur ?*, se remémore Gausebeck. Et la reconnaissance des lettres semble en être l'archétype. J'ai envoyé un courriel à Max en disant : "Pourquoi ne pas mettre des images de caractères et demander à un utilisateur de les saisir ? Ça va être difficile à automatiser." » Gausebeck a envoyé son courriel à Levchin tard dans la soirée. Au moment où il est arrivé au bureau le lendemain, Gausebeck a trouvé Levchin « à mi-chemin de la construction ». Levchin avait terminé un produit brut dans une course *non-stop* ce week-end-là. Une fois son travail achevé, il a mis le code en ligne – puis a diffusé *La chevauchée des Walkyries* de Wagner sur un haut-parleur installé dans un box.

■ ■ ■

Pour parfaire leur création, Levchin et son équipe ont étudié les outils automatisés disponibles à l'époque. Levchin s'est rendu dans un magasin d'informatique à proximité, et a acheté des tas de logiciels de reconnaissance optique de caractères (ROC) : des programmes (alors encore à leurs balbutiements) qui extrayaient du texte lisible par une machine à partir d'images ou d'écriture manuscrite. Cette recherche a conduit à d'autres améliorations, notamment l'utilisation d'une police de caractère au pochoir et l'ajout de lignes épaisses et translucides sur le texte, qui ont tous deux fait échouer le logiciel ROC acheté en magasin.

L'équipe a prédit que le « test de Gausebeck-Levchin », comme ils l'ont appelé, fonctionnerait bien au début, puis se dégraderait avec le temps. Comme pour les autres créations PayPal, l'équipe prévoyait de rechercher ce qui avait échoué, de le redéployer et de répéter. Bien que la solution initiale ait été astucieuse, Gausebeck s'attendait à ce que les fraudeurs puissent déjouer le système, avec suffisamment de temps. *C'est toujours un problème soluble*, a pensé Gausebeck.

Une fois la fonctionnalité déployée, l'équipe a attendu qu'elle se brise. À leur grande surprise, il n'en a rien été. « Il s'avère que la version originale a bien résisté pendant des années, conclut Gausebeck. Je suppose que les gens motivés pour essayer de battre ce système n'étaient pas ceux qui avaient les compétences pour le faire. Il en faut de très différentes par rapport au fait d'interagir avec une page Web. »

Le test Gausebeck-Levchin est devenu la première application commerciale d'un test de Turing public entièrement automatisé pour distinguer les ordinateurs des êtres humains, aussi appelé Captcha[61]. Aujourd'hui, les tests Captcha sont courants sur Internet. Être en ligne, c'est être soumis à une recherche d'image spécifique (une bouche d'incendie, un vélo ou un bateau) à partir

61. Completely Automated Public Turing Test to Tell Computers and Humans Apart

d'une composition. Mais à ce moment-là, PayPal était la première entreprise à obliger ses utilisateurs à prouver leur humanité de cette manière. Gausebeck et Levchin n'ont pas inventé le Captcha (les chercheurs de Carnegie Mellon avaient imaginé quelque chose de similaire en 1999), mais la version de PayPal était la première à grande échelle, et parmi les premières à résoudre le défi séculaire de séparer l'homme de la machine.

■ ■ ■

« Le monde est dirigé par des robots, dira plus tard le comédien John Mulaney en plaisantant à propos des tests Captcha. Et nous passons la majeure partie de notre journée à leur dire que nous ne sommes pas des robots simplement pour se connecter et regarder *nos propres* affaires ! »

Certains chez PayPal avaient prévu ce problème ; à savoir que de tels tests puissent constituer une nuisance pour de vrais utilisateurs. Lorsque Levchin a proposé pour la première fois à David Sacks un test utilisateur constitué d'un texte abîmé barré d'une ligne épaisse, Sacks se rappelle avoir répondu : « Tu te fous de moi ? Personne ne va comprendre ça. Ça va dissuader tout le monde d'adhérer à notre produit [...] Tu veux faire quoi à ma page d'inscription ?! » Skye Lee se souvient de longs allers-retours sur la création d'images qui fonctionnaient pour le test Captcha, mais qui n'entravaient pas l'utilisation du site. « Le téléchargement de cette image ne doit pas prendre longtemps. Il faut que ce soit rapide, pas seulement performant », a-t-elle dit.

Finalement, Sacks a cédé. Mais sa résistance témoigne de ce qui allait devenir un éternel exercice d'équilibriste chez PayPal, entre la sécurité du site, sa convivialité et ses coffres. « Peter appelait ça "les cadrans", se souvient Sacks. Il est facile d'arrêter la fraude si vous êtes prêt à tuer la convivialité. Ce qui est difficile, c'est de maintenir un niveau de facilité d'utilisation suffisant sans laisser les escroqueries devenir incontrôlables. Donc Max contrôlait le cadran de fraude. Je contrôlais celui de la facilité d'utilisation. Et nous avons convenu d'un compromis. »

Au cours de cette période, la direction de l'entreprise a construit ce que Sacks a appelé « la boucle étroite et itérative entre le produit et la finance ». Les réunions hebdomadaires du week-end sont devenues la norme et l'entreprise surveillait de près chaque réglage des cadrans – pour voir, par exemple, comment une réduction de la croissance des comptes affectait ses revenus, ou comment un changement dans les transactions financées par compte bancaire modifiait ses coûts.

Avec le temps, le réglage fin de ces cadrans par PayPal lui a donné un avantage concurrentiel. « Là où beaucoup de nos concurrents ont échoué, c'est lorsqu'ils commençaient à se faire taper sur les doigts à cause de la fraude, et transformaient donc immédiatement leur page d'inscription en quatre pages fléchées avec une centaine de questions », se souvient Ken Miller. Malgré la perte de millions de dollars à cause de la fraude, PayPal n'a pas pris des mesures aussi draconiennes. Au lieu de cela, ils ont fait des ajustements fins, en utilisant une combinaison de conception de produits, d'analyse détaillée et de lutte contre la fraude pour transformer les pertes en innovations.

■■■

Le test Gausebeck-Levchin et le concept de « dépôt aléatoire » de Sanjay Bhargava ont tous les deux arrêté les fraudeurs à la porte : mais ils n'ont pas empêché *tous les* fraudeurs d'entrer. Beaucoup ont réussi à passer ces mesures de protection. Pour les combattre, l'entreprise a également dû trouver le moyen de mettre en place un contrôle des transactions en amont ; c'est-à-dire surveiller les utilisateurs qui avaient déjà créé des comptes.

Dans ce domaine, PayPal a laissé une autre marque pionnière sur le secteur, grâce, en partie, aux contributions d'un ingénieur stagiaire. Bob Frezza est arrivé chez PayPal de manière indirecte. Son père avait assisté à une conférence au Cato Institute en 1999 lors de laquelle Peter Thiel avait parlé des promesses des entreprises d'Internet. Bill Frezza et Thiel avaient échangé leur adresse électronique et lorsque le fils de Frezza, alors étudiant à Stanford, a postulé pour des stages d'été, son père a adressé une note à Thiel avec le *curriculum vitae* de son fils.

Thiel avait répondu rapidement. « Merci de nous avoir présentés Robert. Nous avons déjà 14 diplômés de Stanford qui travaillent chez Confinity (dont moi) et je fais tout mon possible pour embaucher plus de gens de Stanford, donc je vais certainement l'appeler. » Frezza était un ingénieur en herbe, donc Thiel a transféré le courriel à Levchin.

« Au départ, j'ai pensé : *Peter, qu'est-ce que tu fais en m'envoyant ce stagiaire ?*, se souvient Levchin. Je n'ai besoin de personne pour m'apporter mon café. » Confinity n'avait pas de stagiaires au sens traditionnel : Levchin préférait ses petites équipes et ses ingénieurs autonomes. Il n'avait pas dans l'idée de donner des cours particuliers à un étudiant.

Lorsque quelques stagiaires sont venus pour des entretiens, Levchin les a poussés vers un travail à plein temps. Un des premiers employés, Jawed Karim, était étudiant à l'université lorsqu'il a passé un entretien avec Levchin pour ce qu'il supposait être un job d'été. « Et ensuite, j'ai dit : "Oui, alors en fait ce que je cherche, c'est un stage d'été." [Levchin] a simplement ignoré ça, et il m'a envoyé une offre de travail à plein temps. » Karim a accepté la proposition, a commencé sa vie professionnelle à l'âge de vingt ans, et s'est trouvé parmi plusieurs jeunes ayant abandonné leurs études universitaires au sein de l'entreprise. (Encouragée par sa capacité à trouver des talents dans les meilleures universités, celle-ci a publié une annonce dans *The Stanford Daily* poussant les étudiants à quitter l'école et à la rejoindre.)

Contrairement à Karim, Frezza a été plus explicite sur le fait qu'il ne cherchait qu'un emploi d'été, et Thiel a exhorté Levchin à lui parler. « J'ai eu une conversation avec Frezza au University Café à Palo Alto, et j'ai compris que c'était un gamin spécial », se souvient Levchin.

Frezza a commencé son stage chez PayPal le 20 juin, à peu près au moment où l'attention de Levchin s'est tournée vers la fraude. Un des plus proches amis de Frezza dans l'entreprise s'appelait Bob McGrew, un autre stagiaire de Stanford. Le reste de l'équipe appelait le duo « les stagiaires Bob ». « Je pense que la blague a évolué jusqu'à ce qu'il soit "Bob le stagiaire" et moi "le stagiaire Bob", se rappelle McGrew. Personne n'arrivait à se rappeler lequel était censé être lequel. »

Sans programme de stage officiel, les stagiaires pionniers de PayPal se sont contentés d'effectuer le travail d'employés à temps plein, et ils ont été rémunérés en conséquence. Frezza a reçu une petite part du capital de l'entreprise, inhabituel pour un poste temporaire. Bora Chung, qui a rejoint l'entreprise comme stagiaire commercial au cours de l'été 2000, a terminé son travail d'été, puis est restée à temps partiel tandis qu'elle terminait ses études à la Business School de Stanford et a reçu des stock-options pour cette période-là – tout cela avant de passer à temps plein en 2001. L'entreprise a même accordé des stock-options à l'heure pour certains consultants et employés contractuels.

Frezza, McGrew et d'autres employés à durée déterminée travaillaient aussi dur que leurs homologues à temps plein, et sur des projets tout aussi sensibles. McGrew, par exemple, a conçu un moyen d'améliorer la complexité des mots de passe principaux de PayPal. « Max a réfléchi un moment à mon idée. C'était différent de ce qu'il avait fait. Et il a dit : "C'est une bonne idée. Allons la mettre en pratique." Alors j'ai réécrit toute la façon dont nous gérions les mots de passe. »

McGrew se souvient aussi de la latitude accordée aux employés les plus performants, y compris son copain « stagiaire Bob ». Un jour, Frezza s'est présenté au travail à quatorze heures, annulant une réunion prévue avec son patron Levchin. Lorsque Levchin a demandé ce qui s'était passé, Frezza a expliqué qu'il venait de recevoir un volant d'ordinateur et qu'il était resté éveillé tard pour jouer à un jeu vidéo. « C'était le genre d'endroit où ce genre de choses arrive », a dit McGrew en riant.

■ ■ ■

John Kothanek, responsable de la sécurité dans l'entreprise, se souvient que Frezza était exaspéré par le problème de la fraude – parce qu'il en avait lui-même été victime deux fois. Deux vendeurs avaient envoyé des boîtes vides à Frezza au lieu des articles qu'il avait commandés. « Il m'a plusieurs fois fait remarquer : "Je ne veux pas que cela arrive aux gens. Je ne veux pas que les gens se fassent arnaquer. Je veux aider à arrêter ça." »

Au cours de l'été 2000, Frezza a rejoint Levchin dans sa chasse aux fraudes. Les fraudeurs laissaient des indices, des séquences de comportements cohérentes. Au début, ces modèles ont fourni des règles simples : le moment ou la taille d'une transaction, par exemple, pouvaient être utilisés pour détecter un comportement frauduleux. À un moment donné, Levchin a remarqué que les comptes problématiques contenaient souvent un tic : le fraudeur ne mettait pas en majuscule la première lettre du prénom pour ses faux profils de compte. Le modèle pouvait servir de test préventif. Un compte avec un *t* minuscule à *tom*, par exemple, serait signalé pour une attention particulière des analystes de l'équipe en matière de fraude humaine.

Mais les fraudeurs ont vite compris ce genre de logique simple. « Les voyous testent si vous utilisez un simple ensemble de règles », a déclaré Levchin à la publication sectorielle *The American Banker*. Si lui et son équipe fixaient, disons, un seuil de 10 000 dollars à partir duquel les transactions seraient examinées manuellement par un employé de PayPal, les voleurs le remarqueraient et itéreraient. « Alors ils enverront dix factures de 1 000 dollars à la place. Alors peut-être que nous pouvons fixer un seuil de vérification des transactions à un montant total de 10 000 dollars. Dans ce cas, ils diraient : “Bon, d'accord, et si je crée dix faux comptes et que j'envoie 999 dollars sur chacun de ces comptes ?” » McGrew avait dit : « C'est [...] assez difficile d'écrire des règles pour ça. »

Plus l'entreprise grandissait, plus ses fraudeurs devenaient sophistiqués. Les vrais problèmes de PayPal ont commencé lorsque des pirates internationaux ont ciblé l'entreprise. Les fraudeurs les plus audacieux se sont lancés dans un jeu du chat et de la souris avec Levchin et son équipe d'ingénieurs. Les fraudeurs trouvaient une faille, les ingénieurs la colmataient et les fraudeurs réessayaient. « C'est devenu une course aux armements. Nous faisions quelque chose et ils répliquaient tout aussi fort avec un nouveau plan », a dit Ken Miller.

Un voleur particulièrement tenace agissait sous le nom de guerre « Igor ». Une des astuces d'Igor consistait à créer deux comptes, les deux suffisamment légitimes pour passer le processus de sélection initial de PayPal. Ensuite, il attendait. Lorsque suffisamment de temps s'était écoulé pour éviter les soupçons, il utilisait un compte pour acheter les produits de l'autre en utilisant un numéro de carte de crédit volée. Le faux vendeur retirait alors l'argent sur un compte bancaire qui n'était pas un compte PayPal.

Pour tous ceux qui regardaient, la transaction semblait ordinaire, pas différente des innombrables échanges entre acheteurs et vendeurs que PayPal facilitait tous les jours. La perspicacité sournoise d'Igor résidait dans la création d'un fac-similé du type de transaction que PayPal ne regarderait pas deux fois.

■ ■ ■

À l'automne 2000, l'entreprise traitait des dizaines de milliers de transactions par jour, et les montants en dollars et les détails pouvaient varier considérablement. La recherche manuelle de malversations était vouée à l'échec. C'est alors que Levchin, Frezza et d'autres ont commencé à étudier des modèles plus sophistiqués (codes postaux suspects, adresses IP, comptes atteignant les limites de transaction ou autres) qui recoupent les différents types de fraudes chez PayPal.

Tandis que Levchin, Frezza et d'autres se plongeaient dans la reconnaissance de modèles, ils se sont demandé si l'activité sur les systèmes de PayPal pouvait être illustrée visuellement, plutôt que numériquement. Alors l'équipe a essayé, construisant l'équivalent d'un échocardiogramme de l'entreprise, une représentation visuelle des flux monétaires.

Sur un écran d'ordinateur, l'image montrait une série de lignes représentant le flux d'argent, l'épaisseur de chaque ligne correspondant à la taille de la transaction donnée. Si un compte n'était jamais apparu que sous la forme de transactions à lignes fines (petits montants en dollars), une ligne tout à coup épaisse en plein milieu de son historique récent pouvait indiquer un problème.

L'illustration de la fraude financière a renforcé l'intuition humaine, et ces outils numériques ont donné aux équipes d'analystes de la fraude chez PayPal quelque chose à rechercher dans le labyrinthe des chiffres. Avant ces outils, comme le rappelle Kothanek, l'équipe était submergée par de volumineux dossiers papier. « Nous imprimions littéralement des cartons et des cartons et des cartons pleins de paperasse pour pouvoir les parcourir avec un surligneur et accrocher des trucs au mur. Je vois un peu ça dans les films, mais je ne l'ai jamais vu ailleurs que chez PayPal dans la vie réelle », a déclaré Kothanek.

Au fil du temps, un mélange de chefs de produit et d'ingénieurs a aidé à itérer sur les conceptions originales, créant des outils pour que ceux qui recherchaient des fraudes puissent voir les activités à grande échelle. « Tout à coup, en un clic, nous pouvions voir un réseau de quarante-trois mille comptes que nous pensions être tous liés et faisant partie d'un même cercle, a dit Ken Miller. Alors qu'auparavant, il nous aurait fallu des semaines pour le faire ressortir. »

Les visuels ont également facilité la comparaison entre les catégories de fraude. À un moment donné, Frezza a suggéré à McGrew que l'équipe pouvait essayer de faire correspondre un graphique à un autre. En termes d'informatique théorique, il décrivait le problème de l'isomorphisme des sous-graphes, une tâche informatique difficile. Les programmeurs avaient utilisé cette technique pour comparer, entre autres, les subtilités des composés chimiques.

Les efforts de Frezza et de Levchin pour appliquer cette technique aux modèles d'activité frauduleuse ont permis une nouvelle avancée : désormais, PayPal pouvait faire correspondre non seulement des nombres avec des nombres, mais aussi des modèles avec des modèles. Ils ont ajouté à cela des règles générées par ordinateur qui déclenchaient une alerte si un modèle ressemblait à une configuration frauduleuse antérieure. Si un tel schéma de fraude se répétait assez fréquemment, l'équipe pouvait écrire une règle générale dans le système pour éviter que cela ne se reproduise.

« En termes simples, nous commencions à combattre des schémas – plus que [combattre] les fraudeurs, fait remarquer l'ingénieur Santosh Janardhan. Les modèles sont mathématiques. Certaines des personnes qui ont fini par travailler sur ce genre de choses étaient essentiellement des mathématiciens de Stanford que Max a fini par embaucher, et ils ont, un jour, créé des modèles qui détectaient des changements et des anomalies dans les schémas, ce qui était une manière très avancée de voir les choses à l'époque. »

Obligés d'utiliser des formes de supercherie toujours plus complexes, les fraudeurs de PayPal se lassaient souvent du processus. « [Notre travail] a mis les fraudeurs stupides en faillite », assure McGrew. L'effort supplémentaire a également conduit les fraudeurs à commettre davantage d'erreurs. « Plus le schéma est complexe, plus il est probable que vous laissiez une trace derrière vous, explique McGrew. Vous réutilisez une adresse IP qui avait déjà été employée dans une transaction suspecte, et cela peut déclencher un signalement qui va chez un analyste de la fraude. L'analyste des transactions frauduleuses extrait votre nouveau graphique et comprend que vous essayez de faire quelque chose de louche. »

Le nouveau système de détection de fraude de Frezza et Levchin a été baptisé « Igor » ; en l'honneur du tristement célèbre fraudeur de PayPal. Le Igor humain n'avait pas seulement abusé des systèmes de la plateforme, il avait aussi rendu les choses personnelles, en narguant Levchin avec des courriels moqueurs et incendiaires. Son immortalisation dans le nom du programme, qui apparaissait dans les présentations aux partenaires et même dans les dossiers déposés auprès de la SEC (Securities and Exchange Commission), a ajouté une touche ironique : Igor a aidé à mettre fin au règne de terreur d'Igor.

■ ■ ■

Des outils comme Igor ont offert à PayPal une vue en temps réel de la fraude au niveau du compte : si un certain compte avait l'air suspect, son équipe de lutte contre la fraude pouvait surveiller le flux d'argent et repérer les mauvais comportements sur le fait. Néanmoins, d'autres innovations ont aidé l'équipe à suivre l'escroquerie après qu'elle avait été commise.

Dans le cadre de cette avancée, l'entreprise a utilisé les mathématiques appliquées pour compenser l'inexpérience. « Les personnes qui ont fini par travailler sur cette question n'étaient pas des experts du domaine, a noté l'ingénieur Santosh Janardhan. Et ça, franchement, c'est bien. Ils n'avaient pas d'idées préconçues ; ils ont abordé le sujet avec un regard neuf, et ont converti [la fraude] en quelque chose de mathématique traçable. »

Un de ces regards neufs était celui de Mike Greenfield, qui avait rejoint l'entreprise en tant qu'analyste de la fraude relevant de Levchin. « Ils m'ont effectivement embauché pour, disons, jeter un jeune de vingt-deux ans (avec un peu de chance) intelligent sur le problème, et voir ce que je pouvais faire, se souvient Greenfield. Honnêtement, les six premiers mois, je n'ai pas été super utile. » Greenfield a conçu un logiciel pour générer des arbres décisionnels afin d'anticiper la fraude, mais « lui a [jeté] trop de données » pour qu'il soit utilisable. Le logiciel s'est néanmoins avéré être un bon ajustement pour identifier la fraude marchande.

Le processus algorithmique sous-jacent au logiciel de Greenfield est connu sous le nom de « forêts aléatoires » : il s'agit de plusieurs arbres décisionnels agrégés pour améliorer les prévisions. Cette approche a permis à PayPal de soumettre les transactions à rude épreuve. « Après être passé par dix-huit étapes, nous pouvions dire : “OK, cette transaction a 20 % de chance d'être mauvaise. Celle-ci [en] a 0,01” », explique Greenfield. « Et nous allions en créer cent. »

L'approche de PayPal différait de celle des sociétés de services financiers traditionnelles : ses modèles analysaient des centaines de variables différentes à la fois, plutôt que les modèles de régression à variables plus limitées utilisés par les banques traditionnelles. En 2000 et 2001, les secteurs qui découleraient de l'apprentissage automatique et du big data étaient encore loin, mais PayPal a été le pionnier de nombreuses techniques qui ont défini ces secteurs. L'utilisation des forêts aléatoires par PayPal a, par exemple, été l'une des premières applications mondiales de cette méthode d'apprentissage à des fins commerciales.

Avec ces évolutions, PayPal s'est effectivement réinventé comme l'une des premières sociétés de sécurité des big data. « PayPal est en fait plus ou moins une entreprise de produits de base, faisait remarquer Levchin. Cela semble très cool et innovant [...] de transférer de l'argent sur Internet. Mais les interfaces de carte bancaire existaient depuis vingt ans [...] Tout ce que nous avons vraiment [fait], c'était mettre une très jolie façade Web et de permettre aux gens d'utiliser leur courriel plutôt que leur numéro de compte. » Mais sous la surface, disait Levchin, les innovations principales de PayPal étincelaient :

> La partie immergée de PayPal, c'est ce système de gestion des risques massif et très, très numérique qui nous permet de savoir instantanément quand vous transférez de l'argent à quelqu'un, avec un très haut niveau de certitude, si l'argent que vous transférez vous appartient, ou si vous l'avez obtenu illégalement et que nous pourrions être obligés plus tard d'aider les autorités à enquêter ou à récupérer l'argent.

Même les millions de dollars de PayPal issus de mauvaises transactions pourraient être justifiés par le vaste ensemble de données qu'elles ont généré. « Perdre beaucoup d'argent à cause de la fraude était une conséquence indispensable à la collecte des données nécessaires à la compréhension du problème et à la construction de bons modèles prédictifs, écrira plus tard Greenfield sur un blog personnel. Avec des millions d'opérations et des dizaines de milliers de transactions frauduleuses, notre équipe d'analyse des fraudes pouvait trouver des schémas plus subtils et en détecter avec davantage de précision. »

Globalement, PayPal a transformé la fraude, qui était une menace existentielle, en l'un des triomphes de l'entreprise. Elle a également eu l'avantage inattendu de réduire la concurrence. « Au fur et à mesure que les mafieux russes se sont améliorés, ils sont également devenus meilleurs dans la destruction de tous nos concurrents », a déclaré Thiel. Les voleurs, contraints de travailler tujorus plus dur pour escroquer les clients de PayPal, sont passés à des proies plus faciles. « Nous avions également découvert que les fraudeurs étaient un peu paresseux, n'est-ce pas ? Ils veulent faire le moins d'efforts possible [...] Nous espérions donc en quelque sorte les pousser vers [nos concurrents] », note Miller.

■ ■ ■

Le 19 décembre 2000, Roelof Botha a envoyé une note à plusieurs dirigeants : les coûts liés à la fraude ont diminué de près de 2 millions de dollars en l'espace d'un mois – d'octobre à novembre. Avec le temps, PayPal allait atteindre l'un des taux de fraude les plus bas du secteur des services financiers, le réduisant de plusieurs ordres de grandeur avant fin 2001.

Des signaux anecdotiques ont également témoigné des progrès de l'entreprise en matière de lutte contre la fraude. Fin 2000 et début 2001, Levchin, Miller et d'autres employés ont parcouru divers canaux IRC (Internet Relay Chat) fréquentés par les fraudeurs et ont remarqué que les comptes PayPal en état de fonctionnement étaient désormais des objets de collection. Au fur et à mesure que l'entreprise fermait les comptes des mauvais éléments, les rares survivants ont été vendus comme des marchandises. « Vous pouviez voir que le coût d'acquisition d'un compte PayPal frauduleux augmentait de plus en plus, ce que nous avons considéré comme une très bonne chose », a déclaré Miller. En 2001, l'entreprise a carrément acheté des comptes PayPal volés, simplement pour faire de la rétro-ingénierie de la fraude et mieux comprendre ses adversaires.

Le succès de l'équipe dans la lutte contre la fraude a valu à ses membres d'être reconnus. En 2002, Levchin a décroché une place sur la prestigieuse liste des « Innovateurs de moins de 35 ans », établie chaque année par la *MIT Technology Review* et évaluée par des pairs. Parmi les autres personnes honorées au fil des années figurent Mark Zuckerberg, le fondateur de Facebook, Larry Page et Sergey Brin, cofondateurs de Google, et le fondateur de Linux, Linus Torvalds. Pour les efforts de Levchin et Frezza sur Igor, ils ont obtenu le brevet américain US7249094B2 : un « système et une méthode pour représenter des transactions en ligne ».

Frezza a obtenu le brevet à titre posthume. Le 18 décembre 2001, trois jours après ses examens finaux et juste trois semaines avant son vingt-troisième anniversaire, Robert Frezza est décédé des suites d'une insuffisance cardiaque. Sa nécrologie dans le *Stanford Daily* mettait en avant le temps passé chez PayPal et son travail sur Igor. « Igor est l'une des deux ou trois raisons principales pour lesquelles PayPal n'est pas une start-up en faillite, mais est au contraire en tête du peloton », a déclaré McGrew au journal.

Le départ de Frezza a durement frappé ses collègues. « Il y a eu beaucoup de chagrin lorsqu'il est mort, parce que tout le monde l'adorait », a remarqué le recruteur en chef de l'équipe, Tim Wenze. PayPal a invité des conseillers en deuil au bureau, et Levchin a pris l'avion pour aller à Lawrenceville, en Pennsylvanie, assister aux funérailles, le 22 décembre.

Sal Giambanco a également suggéré que l'équipe compile un livre de souvenirs PayPal pour les parents et le frère de Frezza, et Levchin a envoyé une demande générale à l'entreprise pour recueillir tout ce qui était « intéressant, personnel, drôle, stupide, peu importe, qui se rapporte à votre travail avec Bobster ».

Levchin leur a donné le livre aux obsèques et la famille a été profondément touchée. « Je peux dire sans exagération qu'aucune pensée, aucun mot, acte ou geste n'a autant signifié pour nous que le livre de souvenirs que vous avez tous rassemblé chez PayPal », a écrit Bill Frezza à l'équipe. Il soulignait que son défunt fils avait savouré son mandat chez PayPal et « le défi de faire ses preuves auprès de ses collègues talentueux, sceptiques et exigeants ».

« Je savais que Bob avait atteint cet état de grâce de l'ingénieur opérant au sommet de ses capacités, a écrit Frezza. Savoir qu'il a connu cette joie profonde dans sa très courte vie me réconfortera à jamais. » Quelques semaines plus tard, la famille Frezza a visité les bureaux de PayPal. Et plusieurs années plus tard, Levchin s'est tenu devant un public de fondateurs de start-up et il a fait référence à Frezza pour faire valoir que l'expérience n'était pas un obstacle à l'impact.

16

UTILISE LA FORCE

Juste avant le départ de Musk, l'équipe produit a lancé une seconde initiative pour augmenter les revenus de l'entreprise. À travers une campagne appelée « vente incitative », PayPal a encouragé les utilisateurs – gentiment mais fermement – à reconnaître s'ils utilisaient PayPal à des fins commerciales. S'ils répondaient oui, le site Web les invitait à passer aux comptes Business ou Premier.

La tâche de réunir les éléments d'ingénierie, de conception et de commerce pour la vente incitative a été confiée principalement à deux producteurs : Paul Martin et Eric Jackson. Jackson, un autre ancien de Stanford recruté par Thiel, avait rejoint l'entreprise fin 1999. Initialement affecté au marketing pour travailler avec Luke Nosek, Jackson est devenu plus tard un disciple de David Sacks dans l'équipe produit.

Paul Martin, étudiant en histoire qui pratiquait l'athlétisme à Stanford, avait rencontré Thiel par le biais de la *Stanford Review*. Lors d'une visite dans les bureaux de Confinity, Martin « a vu un groupe de personnes vraiment cool qui possédaient cette merveilleuse [...] mentalité du "nous tous contre le reste du monde" ». Martin a bientôt abandonné Stanford pour rejoindre Confinity en tant qu'associé marketing, avec un salaire de 35 000 dollars par an.

Avec le lancement en mai de ses nouveaux comptes Business et Premier, PayPal a abandonné sa philosophie du « toujours gratuit », mais parce qu'elle n'avait pas obligé les mises à niveau, l'entreprise subissait un contrecoup limité ; et prouvait que cela pouvait générer des revenus. « Nous avons réussi là où tant d'autres entreprises ont échoué, dans ce qui était considéré comme étant la tâche la plus difficile dans la Silicon Valley à l'époque : obliger les gens à payer pour ce qui était auparavant un service gratuit », a dit Martin.

Et puis est arrivée la vente incitative, qui pousserait encore plus loin ces mises à niveau de compte. L'équipe produit a porté toute son attention sur cette campagne – et s'est préparé à un tourbillon de fureur des utilisateurs. Martin comprenait mieux que quiconque la véhémence des utilisateurs d'enchères en ligne. Au niveau de son travail sur les produits à ce type de vente, il avait rejoint les différents forums liés aux enchères et était devenu une présence visible. « PayPal Paul », comme on l'appelait sur le Feedback Forum d'eBay, sur Auction Watch et sur Online Traders Web Alliance (OTWA), était aussi un des nombreux employés de PayPal à être attaqué chaque fois que PayPal.com connaissait des ratés – perçus ou autre.

Il n'était pas le seul dans cette situation. eBay avait également dû faire face au franc-parler de ses utilisateurs. Lorsqu'une des premières employées d'eBay, Mary Lou Song, a conçu de nouvelles catégories d'enchères, elle a regroupé en toute innocence la section « boutons » avec « objets de collection de couture ». La désignation semblait assez logique, mais les salles d'enchère bouillonnaient de rage. Le journaliste Adam Cohen a relaté l'affaire des boutons dans *The Perfect Store*, une première histoire de la création d'eBay :

> Les collectionneurs de boutons, un groupe dont l'existence lui avait échappé jusqu'à présent, l'avaient violemment critiquée d'être si ignorante à propos des boutons. « Savez-vous qu'il y a des boutons vintage, des boutons anciens et des boutons modernes ? », lui avait lancé un vendeur de boutons furieux. « Que les boutons ne font pas partie des objets de collection de couture ? Qu'ils appartiennent à leur propre catégorie de boutons ? Vous savez que vous pouvez avoir des boutons en plastique ou en métal ? Vous vouliez parler de badges ou bien de boutons quatre trous ? »

Song a admis sa défaite et a créé une nouvelle catégorie pour les boutons. Elle a dit à Cohen : « Si McDonald's dévoile un nouveau sandwich, les gens décident simplement de l'acheter ou non. Ils ne disent pas : “Pourquoi vous ne nous avez rien dit ?” » Song et Martin ont fini par reconnaître que, qu'ils le veuillent ou non, la communauté des enchères en ligne avait un sentiment particulier d'appropriation des plateformes et des outils.

■ ■ ■

Avec la vente incitative, PayPal a doublé la mise sur sa volte-face du « toujours gratuit », et l'équipe savait qu'ils devaient marcher sur une corde raide avec les utilisateurs. L'entreprise a présenté la vente incitative comme une légère modification des procédures – en demandant aux internautes qui utilisaient déjà PayPal à des fins professionnelles de se désigner simplement comme entreprises sur le site. « Il ne s'agit pas d'une nouvelle politique, a écrit l'équipe dans les points de discussion partagés avec les employés, juste un rappel d'une ancienne politique ».

Bien sûr, il était peu probable que les utilisateurs le voient de cette façon. Les vendeurs eBay sur PayPal ne se considéraient généralement pas comme des entreprises. La plupart n'avaient pas de devanture de magasin, pas d'inventaire et pas d'employés ; ils se considéraient davantage comme des hôtes de vide-greniers virtuels que comme des entrepreneurs en herbe.

L'équipe a écrit et scrupuleusement édité la page que les utilisateurs verraient lorsqu'ils se connecteraient sur PayPal.com. Elle demandait à l'utilisateur de « réaffirmer » dans quelle catégorie il se trouvait, et citait les « conditions d'utilisation » du service, lesquelles obligeaient les utilisateurs de PayPal engagés dans le commerce à opter pour un compte professionnel. Trois options s'offraient aux intéressés :

- passer en classe Affaires : pour les entreprises qui vendent en ligne ;
- passer en classe Premier : pour les individus qui vendent en ligne à temps partiel ou à temps plein, ou qui veulent simplement bénéficier de nos meilleures fonctionnalités ;
- je ne suis pas un vendeur : pour les individus qui utilisent PayPal à des fins non-commerciales uniquement et souhaitent conserver un Compte Particulier.

Au début, l'équipe a choisi de montrer la page uniquement aux vendeurs eBay les plus prolifiques, dont les activités à fort volume de paiement auraient déjà dû les amener à choisir les options 1 ou 2. Leurs réactions face au choix seraient un signal important.

Chez PayPal, les jours qui ont précédé le lancement de la vente incitative ont donné l'impression d'une ville se préparant à un siège. L'effort de tous comprenait l'ingénierie, la conception, le produit et le service client. Sacks a rédigé le brouillon de la page interstitielle, et toute l'entreprise a été prévenue de la protestation imminente des clients. Les employés ont été invités à transmettre toutes les demandes des médias au responsable des relations publiques, Vince Sollitto, et de renvoyer toutes les demandes concernant le service client à Omaha.

« Que les ventes incitatives commencent, et bon vent... », a écrit Jackson à toute l'équipe le 12 septembre 2000, la veille du lancement.

■ ■ ■

Et puis : impact.

Les utilisateurs se sont déchaînés, et les forums d'enchères ont explosé de critiques. « Lorsque je me suis inscrit, PayPal disait que c'était gratuit et que ça le resterait », écrivait l'utilisateur "kellyb1". « Ce qu'ils ont fait est sale et sournois. Ils ont attiré tout le monde avec des promesses de comptes gratuits : "Ne vous inquiétez pas les gars, nous gagnons notre argent à partir des délais d'attente" ». Sur Honesty.com, un site qui fournissait des services aux vendeurs aux enchères, et dont les utilisateurs comptaient sur PayPal, un client en colère a écrit : « Est-ce à PayPal de déterminer si je suis ou non une entreprise ? Il semblerait que ce soit une question entre moi et le gouvernement. »

Le travail à plein temps de Damon Billian chez PayPal consistait à s'immerger dans les discussions des clients. Tous les jours, il envoyait à l'entreprise un aperçu des opinions du forum, avec des citations sélectionnées, à la fois positives et négatives. Dans son rapport le jour du lancement, Billian n'a rien eu de réjouissant à relayer. Les cinq principales phrases et impressions sur PayPal :

1. Détourner l'attention ;
2. *Ad valorem* ;
3. Menteurs (disant que nous ne ferions jamais de mise à niveau forcée [*sic*]) ;
4. Les petits vendeurs s'inquiètent des frais ;
5. Certains pourraient créer un logo « NO PAYPAL » pour leur site.

La plupart du temps, Billian se faisait un devoir de répondre individuellement aux requêtes du forum. Ce jour-là, il était tout simplement dépassé. « Il y a bien plus de cinq cents articles différents rien que sur OTWA et encore plus sur AuctionWatch », a dit Billian à l'équipe. « Je ne peux même pas lire tous les messages, encore moins accéder à la plupart des demandes de renseignements à ce stade. » Les lignes téléphoniques d'Omaha ont également reçu des flots de plaintes.

Billian a averti que le mécontentement des utilisateurs semblait dépasser le cadre des forums. « À la suite des changements/page de clic, j'ai eu 4 rapports d'utilisateurs qui sont allés voir les médias, et plusieurs commentant le fait de contacter les organismes de régulation. » Les clients ont copié le texte de la page interstitielle et l'ont partagé avec les journalistes techniques. Des sites comme CNET ont réagi aux critiques et ont publié des articles.

Le flot de protestations des utilisateurs et les articles négatifs de la presse ont duré quelques jours épuisants. Mais au fil du temps, la puissance de l'effet de réseau de l'entreprise a commencé à se manifester. « Les premiers résultats sont encourageants », indiquait Jackson dans une note adressée à toute l'entreprise.

Des quelque 30 000 personnes qui avaient vu la page de vente incitative jusqu'à présent, près de 20 % s'étaient convertis en comptes payants, un taux qui dépassait les projections les plus optimistes de l'équipe. Peut-être plus important encore, seule une poignée d'utilisateurs ont quitté le navire. « Malgré le chahut sur les forums, il n'y a que 158 utilisateurs qui ont effectivement fermé leurs comptes (seulement 0,004 % de notre base d'utilisateurs !) », comme le signalait la newsletter hebdomadaire de l'entreprise à la fin de la campagne de vente incitative.

Dans le cadre de son message, PayPal soulignait que son service serait toujours l'option de paiement disponible la moins chère du marché. Comme l'a écrit l'entreprise dans son courriel de masse aux clients :

> X.com s'engage à maintenir son service PayPal gratuit pour un usage personnel. Cependant, afin de rester une entreprise solide et viable, nous avons besoin que les vendeurs prennent leur juste part des coûts d'acceptation des cartes de crédit. Visa et Mastercard nous facturent pour chaque transaction que nous effectuons, et nous devons répercuter ces frais sur les vendeurs pour atteindre le seuil de rentabilité.
> D'autres entreprises facturent deux fois plus – un paiement de 50 dollars avec X.com coûte 1,20 dollar ; avec Billpoint, le coût est de 2,34 dollars et BidPay facture 5 dollars. Ne vous laissez pas berner par les offres promotionnelles de services qui n'ont pas fait leurs preuves ; personne d'autre ne peut proposer aux vendeurs en ligne des paiements instantanés, sûrs et protégés contre la fraude de manière durable à un prix plus intéressant.

Les utilisateurs ont répercuté le message de tarification de l'entreprise en public. Une affiche, signée « *waspstar* » disait : « Ça y est, le temps est finalement venu… PayPal n'est plus gratuit pour les vendeurs eBay. » Pourtant, en dépit des doutes apparents à propos du changement, il admettait qu'il n'était pas sur le point de quitter PayPal. « Je resterai avec eux, écrivait-il. Toujours moins cher que les autres, je suppose. »

La vente incitative de septembre 2000 a fourni un point d'information important : « Nous avons constaté que la tarification, était complètement rigide, explique Thiel. Lorsque nous avons augmenté les prix, aucun de nos clients ne pouvait partir. Les gens disaient : "Nous refusons de payer", et ils partaient. Mais il n'y a pas d'autre endroit où ils pouvaient être payés en ligne, alors ils revenaient. » Pour l'équipe, cet épisode a offert une leçon essentielle sur le comportement des utilisateurs et les coûts de changement. Ils ont compris qu'une fois qu'un produit ou un service est ancré dans la vie des utilisateurs, il fallait déployer des efforts considérables pour le déloger. « Les êtres humains sont des créatures d'élan, et trouver des moyens de changer le défaut (comportement, pensée, récit, etc.) peut entraîner un changement profond », a observé Amy Rowe Klement.

■ ■ ■

La campagne de vente incitative s'appuyait sur la franchise, plutôt que sur des mécanismes d'application. « Nous demandons aux vendeurs qui ont actuellement un compte Particulier de respecter les règles et de passer à un compte Premier ou Business, a écrit l'équipe. Nous comptons sur votre honnêteté lorsque nous vous donnons le choix d'un type de compte. »

Sans pénalité, un utilisateur de PayPal pouvait toujours décider de bafouer les règles et choisir d'utiliser le service comme il l'avait fait auparavant. L'entreprise a dit à ses employés qu'elle ne prévoyait pas de mesures d'exécution, mais qu'elle réévaluerait cette position si les utilisateurs ne passaient pas assez rapidement aux comptes Premier et Business.

En septembre 2000, ce moment était venu. De mai à septembre, plus de 200 000 clients PayPal avaient souscrit des comptes Premier et Business, mais cela n'était pas suffisant pour remédier aux problèmes de bilan de la société. Les frais de compte collectif ne couvraient pas la fraude, les frais généraux ou les paiements par carte de crédit et les rétrofacturations (une catégorie de coûts encore onéreuse). Malgré ses efforts pour faire passer les utilisateurs aux transactions financées par compte bancaire, début septembre 2000, presque 70 % des paiements sur PayPal étaient toujours soutenus par des cartes de crédit. « Nous étions [encore] en train de payer les défauts fondamentaux de l'idée commerciale originale, constatait Klement. PayPal a commencé comme un produit sans aucun cas d'utilisation. Et puis, nous avons eu un cas, mais pas de modèle commercial. Ensuite, nous avons dû construire une entreprise durable. »

Pour l'instant, PayPal restait une entreprise déficitaire, ses utilisateurs payants représentant moins de 10 % de la base d'utilisateurs totale de l'entreprise. La société devait adopter une approche plus énergique pour mettre à niveau les utilisateurs vers des comptes payants, *et* éloigner sa gamme de transactions des paiements coûteux financés par carte de crédit. En d'autres termes, PayPal n'était plus en mesure d'inciter les utilisateurs à simplement « jouer selon les règles » : elle devait intervenir en tant qu'arbitre pour les faire respecter.

Le produit PayPal a connu une croissance rapide en raison de sa permissivité, qu'il s'agisse de distribuer des bonus, de tolérer la fraude ou de couvrir les frais de carte de crédit pour les acheteurs et vendeurs à petit montant. Venait maintenant la « mise à niveau forcée » : un mouvement qui représentait le changement du produit le plus risqué à ce jour.

L'entreprise exigeait que les utilisateurs professionnels respectent ses politiques et mettent leurs comptes à jour. Cela détournerait simultanément les clients des transactions financées par carte de crédit vers des transactions financées par compte bancaire et par financement interne. Certains employés ont plaisanté en appelant la « mise à niveau forcée[62] », le « FU »[63] ; reconnaissant ainsi qu'il s'agissait du changement le plus controversé dans sa relation avec les clients, et qu'il risquait de déclencher leur colère.

Cette mesure a suscité une nouvelle vague d'inquiétude au sein de l'entreprise. « La mise à jour forcée était vraiment terrifiante, se souvient Klement, en riant. Nous ne savions pas ce qui allait arriver. » Est-ce que les quelques 20 000 nouveaux utilisateurs qui rejoignaient PayPal chaque jour allaient disparaître soudainement ? Ou pire, est-ce que Billpoint et eBay (qui avaient facturé des frais dès le départ) allaient casser les prix de PayPal pour gagner des utilisateurs ? Pour les équipes produit et la direction, la mise à niveau forcée résoudrait l'énigme commerciale fondamentale (ou révélerait les limites de l'indifférence au prix des utilisateurs de PayPal).

Beaucoup plus tard, les entreprises Internet ont pu se tourner vers des recherches bien établies sur les modèles de tarification *freemium*. Des études de cas et des exemples bien documentés ont permis d'apporter des réponses aux questions épineuses de savoir quand, combien et comment faire payer. Mais le mot « *freemium* » n'existait pas avant 2006 – et en cela, comme dans beaucoup

62. *Forced upgrade* (en VO)

63. Qui peut aussi faire référence à *Fuck You*

d'autres cas, l'équipe s'est appuyée sur l'instinct, l'improvisation et l'itération pour trouver des réponses.

Les dirigeants de PayPal jugeaient qu'une mise à niveau forcée (plus que toute autre décision jusqu'à présent) risquait de déclencher une avalanche de défections d'utilisateurs, les discussions internes ont donc fait rage alors que l'équipe se débattait avec les mécanismes du changement. Une idée clé a été est développée au cours de cette période : PayPal devait synchroniser le processus de mise à niveau (quelque chose que les utilisateurs ne voulaient pas faire) avec quelque chose que les utilisateurs ne pouvaient pas s'empêcher de faire. L'équipe est ainsi arrivée au concept qui sous-tendait la mise à niveau forcée : elle lierait la mise à niveau à la réception de l'argent.

Pendant cette procédure, les utilisateurs de compte Particulier seraient limités à un maximum de 500 dollars en paiements reçus par carte de crédit sur une période de six mois. Si un utilisateur dépassait ce montant, il pouvait toujours recevoir des paiements, mais ne pouvait accéder à l'argent de son compte que s'il passait à un compte Premier ou Business. « Nous avons pensé que personne ne voudrait jamais rejeter un paiement d'un client, a expliqué Martin au cours d'une apparition sur le podcast *The Investor Show*. C'est ce qu'il y avait de magnifique. Nous ne laissions à personne le choix d'être ou non un compte professionnel. Nous leur avons fait choisir s'ils voulaient ou non accepter un paiement. »

PayPal a également établi une solution de rechange : si le destinataire de l'argent avait atteint la limite de 500 dollars, mais voulait toujours recevoir le paiement, il pouvait demander à l'expéditeur de réémettre ses fonds ; depuis un compte bancaire ou son compte PayPal. L'entreprise placerait alors les bénéficiaires de l'argent dans la position de forcer les autres utilisateurs à effectuer le changement pour les transactions financées par le compte bancaire et le solde interne.

Avec ces deux objectifs, PayPal serait gagnant – soit en obligeant le bénéficiaire à passer à un compte payant, soit en déplaçant l'acheteur vers un type de transaction moins coûteux pour la société.

■ ■ ■

Le 3 octobre 2000, l'entreprise a envoyé une note à ses utilisateurs de compte Particulier les plus actifs :

> Dans deux semaines, lundi 16 octobre, X.com introduira une nouvelle limite sur les comptes particuliers PayPal : une limite de 500 dollars sur la réception des paiements par carte de crédit tous les six mois. Suite à la mise en œuvre de la politique dans deux semaines, les comptes personnels dépassant la limite de 500 dollars ne pourront plus accepter les paiements par carte de crédit, sauf s'ils choisissent de passer à un compte Premier ou Business. Les paiements par carte envoyés à un compte Particulier au-delà de la limite seront considérés comme « en attente » jusqu'à ce que le destinataire choisisse, soit d'accepter le paiement en se mettant à niveau, soit de le retourner à l'expéditeur en refusant le paiement. (L'expéditeur peut alors renvoyer le montant à partir d'un compte bancaire ou d'un solde PayPal existant.)

Dans les communications au cours de cette période, l'entreprise a laissé les utilisateurs à leur réflexion, croyant que la franchise aiderait à apaiser le mécontentement.

> Nous avons promis aux utilisateurs que nous nous efforcerions de développer une politique répondant à plusieurs critères : 1. elle était généralement juste et raisonnable ; 2. elle était annoncée deux semaines avant sa mise en œuvre ; 3. elle n'obligeait personne à la mise à jour (bien que cela puisse supprimer des fonctionnalités coûteuses, comme la possibilité d'accepter les paiements par carte de crédit depuis les comptes particuliers) ; et 4. cela a répondu au besoin de PayPal d'aligner les coûts de traitement des cartes (et d'autres dépenses, telles que le service client et la protection contre la fraude) avec des utilisateurs à fort volume qui génèrent l'essentiel de nos coûts.

Pourtant, le message était teinté d'un peu de ruse rhétorique ; dans les faits, l'entreprise ne laissait pas d'autre choix aux utilisateurs que celui de se mettre à niveau. « La vérité, c'est que ce n'était pas forcé. Vous aviez le choix, a réaffirmé David Sacks, sans trop s'écarter du texte. Mais si vous vouliez continuer à utiliser PayPal, vous deviez faire la mise à niveau. »

Sans surprise, les lignes du service client d'Omaha et les forums ont à nouveau explosé de réclamations vigoureuses. « [PayPal] nous a donné du gratuit, écrivait un utilisateur, jusqu'à ce qu'elle nous ait captés, et puis elle a commencé à facturer. » « Je suis très déçu de cette entreprise », maugréait un autre. « Dire que j'ai aidé à vous vendre, à vous promouvoir, à vous construire, et puis vous nous faites ça ? Vous devriez avoir honte. »

Les utilisateurs enrageaient parce que la mise à niveau forcée allait réduire leurs revenus et qu'elle allait manifestement à l'encontre de la promesse du « toujours gratuit » de l'entreprise. « J'en ai fini avec PayPal pour de bon. Point final. Ils ont défini leur politique et je ne suis pas d'accord avec elle, donc j'ai pris la décision de *ne pas* l'utiliser », a écrit un utilisateur. Les employés de PayPal s'inquiétaient alors que les discussions de boycotts et d'embargos déferlaient sur les forums.

Les défenseurs de PayPal se sont également manifestés. « Protestez autant que vous voulez, mais je pense que vous allez vous sentir très seuls en faisant ça, faisait valoir un utilisateur. J'ai parlé [*sic*] avec tant de personnes ces derniers temps à ce sujet, tous les vendeurs d'eBay et les gens les plus raisonnables sont d'accord sur le fait que si c'est ce qu'il faut pour maintenir PayPal en activité, alors nous sommes tous pour. Bien sûr, les gens ne sont pas contents d'avoir des frais. Il est tout à fait permis de protester, je pense que vous sciez la branche sur laquelle vous êtes assis. »

D'autres pouvaient même voir le point de vue de l'entreprise. « Pourquoi toute cette négativité autour de PayPal ? Ils sont fantastiques [...] Mon activité a été considérablement stimulée, tant au niveau de la facilité d'acceptation des paiements que des dépôts sur mon compte [...] Quel autre service s'en approche ? Aucun, que je sache », écrivait un utilisateur. Un autre a souligné que puisque PayPal avait une meilleure pénétration du marché que ses concurrents, son utilisation conduisait à des enchères plus élevées. « Oui, les nouveaux frais sont minables, mais c'est vrai que les enchères sont plus élevées [lorsque j'accepte PayPal], mais je crois qu'elles compensent largement ces dépenses. Je continuerai avec PayPal et je continuerai à le proposer aux autres adeptes des enchères. »

Des questions éthiques ont été soulevées lors de la campagne de mise à niveau forcée. D'une part, l'entreprise avait renié une promesse explicite. La volte-face dérangeait les utilisateurs, en particulier avec la communauté *PowerSeller* qui avait défendu les intérêts de PayPal en faisant la publicité de ses services sur ses annonces. L'entreprise avait également conçu son portail de mise à niveau de telle sorte que l'absence de mise à niveau pouvait coûter de l'argent aux clients : l'expéditeur d'un paiement ne saurait pas nécessairement si le destinataire avait effectué une mise à niveau ou s'il avait atteint la limite des 500 dollars.

D'autre part, PayPal était une entreprise, pas une organisation caritative. L'abandon des transactions par cartes de crédit était crucial pour sa survie, tout comme la génération de revenus sur son produit phare. L'entreprise n'avait pas non plus choisi de fermer le robinet gratuit d'un coup ; elle était passée de mises à niveau facultatives à des mises à niveau doucement encouragées, avant d'en venirà des modifications forcées, le tout échelonné sur six mois. Qui plus est, si PayPal n'avait pas pris ces mesures, l'entreprise risquait de devoir mettre complètement fin à son produit de paiement (un résultat désastreux pour toutes les personnes impliquées, notamment les acheteurs et les vendeurs aux enchères).

Au fil des années, ces dilemmes de conception de produits ont poursuivi d'autres entreprises qui ont choisi de s'aventurer dans les eaux troubles des modèles *freemium*. De tels modèles ont permis la prolifération de nouvelles technologies passionnantes, tout en suscitant des sentiments mitigés de la part des utilisateurs, qui se sentaient comme une grenouille sautant immédiatement hors de l'eau bouillante dans laquelle elle était plongée. Un blogueur a saisi cette bipolarité : « Les développeurs *freemium* agissent comme des dealers de cocaïne. Ils offrent gratuitement les services de base et vous facturent lorsque vous en demandez plus. » Et puis, quelques paragraphes plus tard, l'auteur reconnaissait le pouvoir d'adoption du modèle : « L'apparition du modèle *freemium* est probablement la meilleure chose qui soit jamais arrivée au réseau mondial du Web. »

Dans le mois qui a suivi le lancement de la campagne fin octobre, 95 % des comptes Particuliers ciblés étaient passés au statut Business ou Premier. Cela s'est avéré être un élément essentiel du passage de PayPal au statut d'entreprise à part entière – et une fin brutale à la promesse du « toujours gratuit », qui avait lancé le PayPal de Confinity dans le monde.

■ ■ ■

Outre la brève rafale médiatique autour de la campagne de vente incitative, les itérations de l'automne 2000 de l'entreprise n'ont pas été vraiment couvertes par la presse. L'entreprise préférait cela, bien sûr, supposant que moins on écrivait sur Igor ou sur la stratégie de prix de l'entreprise, mieux c'était.

Mais, en interne, l'équipe a compris l'importance des itérations et des améliorations de l'automne ; en particulier sur la composition des opérations sous-jacentes, un problème épineux intégré au modèle PayPal dès le début. Fin octobre, début novembre, Eric Jackson a consciencieusement distribué des graphiques linéaires montrant la ligne bleue en hausse (paiements bancaires et via le solde interne), et la ligne rouge (paiements par carte de crédit) en baisse. Le 2 novembre, Jackson a envoyé les graphiques avec un objet de célébration : « C'est finalement arrivé ! » Les paiements financés par compte bancaire et compte PayPal atteignaient enfin ceux qui étaient financés par carte de crédit.

Peu de temps après, l'entreprise a atteint deux autres étapes importantes. « Vendredi 24 novembre, nous avons atteint 1 milliard de dollars traités via le système PayPal, a écrit la responsable produit Jennifer Kuo. Nous parlons de chiffres énormes ici, mais nous n'avons pas encore terminé. Bien sûr, nous ne ralentirons pas tant que nous n'aurons pas atteint le but ultime de la domination mondiale ! » Et, le 8 décembre 2000, PayPal s'est rapproché de cet objectif, décrochant son cinq millionième compte enregistré.

Survenant à la fin d'une année de turbulences internes et au milieu d'une chute brutale du marché boursier, ces événements ont donné aux employés l'assurance que PayPal pourrait peut-être éviter la chute des autres dotcom. Les crises internes, comme les temps d'arrêt du site Web, sont devenues moins apocalyptiques et plus gérables. En novembre, lorsque le site de PayPal s'est bloqué pendant une longue période, la mise à jour interne a témoigné de la confiance en soi grandissante de l'équipe :

> La mauvaise nouvelle, c'est que le site de PayPal a rencontré des problèmes de performance très important toute la matinée aujourd'hui. Nous pouvons même dire que nous avons été en panne pendant sept heures.
> La bonne nouvelle, c'est qu'il s'agit d'un problème de grande classe que seuls les sites Web les plus performants peuvent rencontrer. Nous avons plus d'utilisateurs ce matin que notre équipement d'équilibrage de charge réseau peut en gérer.

Les pannes causaient encore des nuits blanches de panique, mais contrairement aux premiers mois, l'entreprise voyait que les utilisateurs étaient plus indulgents. À ce moment-là, ils avaient besoin de PayPal autant que PayPal avait besoin d'eux.

La start-up a également eu sa part d'éloges publics. En novembre 2000, *GQ* a désigné PayPal comme « site du mois », et *US News & World Report* a ajouté PayPal à sa liste du « meilleur du Web ». En octobre 2000, la direction de PayPal a assisté à la cérémonie des Rave Awards du magazine *Wired* au Regency Center de San Francisco. Avec tapis rouges et projecteurs lumineux tournants, l'événement a rassemblé des présentateurs vedettes comme David Spade, Courtney Love, Thomas Dolby et le maire de San Francisco, Willie Brown, et donné aussi lieu à une prestation de l'artiste rock Beck.

PayPal été nommé dans la catégorie « Best Guerrilla Marketing Campaign » de *Wired* et, même si elle a perdu face au service de musique Napster, la nomination elle-même en disait long. PayPal a également fini par avoir le dernier mot. « Napster a remporté les trois catégories pour lesquelles elle était nommée », a fait remarquer la newsletter de l'entreprise. « Les spéculations vont bon train sur le fait que [Napster] pourrait avoir reçu des votes de sympathie, car la récente décision d'un juge fédéral les mettra probablement en faillite d'ici la fin de l'année ! ». À la suite de poursuites pour violation des droits d'auteur de divers groupes de l'industrie du disque, Napster a en effet cessé ses activités en juillet 2001.

PayPal était maintenant devenue un élément incontournable du firmament numérique, ce qui a permis à ses fondateurs, toujours stressés, de se détendre un peu.

L'équipe a célébré cela en conséquence. David Sacks a emmené l'unité produit pour quelques jours de rafting, ce qu'il avait promis de faire si « les lignes se croisaient » (les lignes en questions étant les indicateurs bleus et rouges de la composition des paiements). Les petits plus, autrefois circonscrits, ont commencé à apparaître : le bureau organisait maintenant des fêtes à l'échelle de l'entreprise et profitait de massages et de smoothies Jamba Juice au bureau.

Pour Halloween 2000, les membres de l'équipe sont arrivés déguisés au bureau. « Notre très cher Peter Thiel a été vu dans un costume d'Obi-Wan Kenobi », a rapporté la newsletter hebdomadaire. Elle faisait part d'une pointe de déception en voyant que Luke Nosek n'était pas arrivé déguisé en Luke Skywalker, comme il l'avait apparemment promis. Au lieu de cela, constatait la newsletter, Nosek a assisté à la fête d'Halloween déguisé en membre de la mafia.

17

DÉLIT EN COURS

Vasily Gorshkov et Alexeï Ivanov étaient respectivement connus sous les pseudonymes de hackers « Kvakin » et « Subbsta ». Habitant à Chelyabinsk, en Russie, ils étaient passés maîtres dans le ciblage de sociétés financières américaines ; volant les informations de carte de crédit et de compte bancaire de leurs clients, pour ensuite acheter des biens. Les produits étaient expédiés vers des sites de dépôt au Kazakhstan tout proche, en Géorgie et dans d'autres anciens États satellites soviétiques. Les marchandises devenaient pratiquement intraçables après avoir traversé les frontières et les fuseaux horaires, et Gorshkov et Ivanov les revendaient en réalisant un profit.

Les pirates d'une vingtaine d'années avaient également une autre activité, dont ils espéraient qu'elle les mènerait à une vie légitime dans l'industrie technologique. Les deux hommes pirataient les systèmes informatiques des entreprises, transmettaient la preuve d'effraction et proposaient leurs « services de conseil en sécurité ». Cette activité parallèle avait apparemment fait parler d'elle, puisqu'à l'été 2000, Gorshkov et Ivanov ont reçu une demande d'une entreprise basée aux États-Unis, Invita Security, qui les a recherchés pour faire de la rétro-ingénierie sur les protections contre les pirates.

Invita a proposé aux deux hommes de prendre l'avion pour Seattle afin d'en parler de vive voix. Gorshkov et Ivanov avaient entendu parler d'histoires de pirates informatiques clandestins devenus des experts en sécurité bien payés, et un contrat avec Invita Security semblait prometteur. Le voyage depuis le centre ouest de la Russie jusqu'à Seattle a duré trente heures, et les deux hommes sont arrivés aux États-Unis le 10 novembre 2000.

Ils ont été accueillis et conduits au siège d'Invita Security, un parc de bureaux à proximité. En partant de l'aéroport, Ivanov a été surpris de voir les Américains respecter le Code de la route. « Pourquoi roulez-vous aussi tranquillement ?, a-t-il demandé à un de ses hôtes. En Russie [...] on démarre dès que le feu change [...] Il est courant de voir les gens rouler sur le trottoir pour aller là où ils veulent. »

Une fois arrivés dans les bureaux d'Invita Security, Ivanov s'est connecté à distance à son ordinateur personnel (laissé chez lui en Russie), et a montré les techniques qu'il avait utilisées pour pénétrer dans les systèmes américains. Ses hôtes étaient impressionnés. Lorsqu'on lui a demandé les détails pour savoir comment le duo avait accédé aux informations de carte de crédit, Gorshkov a été plus évasif. « Ce genre de question, il vaut mieux en parler en Russie », a-t-il dit. Lorsque les dirigeants d'Invita leur ont demandé s'ils s'inquiétaient à propos du FBI, Gorshkov a haussé les épaules. « Nous ne pensons pas du tout au FBI, parce qu'ils ne peuvent pas nous avoir en Russie », a-t-il dit.

La démonstration terminée, Gorshkov et Ivanov sont montés dans une camionnette de l'entreprise pour rejoindre leur hôtel pour la nuit. Alors que la camionnette s'arrêtait sur le parking de l'hôtel, le conducteur a brusquement freiné. La porte du véhicule s'est ouverte et une voix a crié : « FBI ! Sortez du véhicule, les mains derrière le dos ! »

Les deux hommes étaient entourés d'agents fédéraux armés et vêtus de coupe-vent. On les a tirés hors du véhicule et menottés, tandis qu'un agent leur lisait leurs droits Miranda en anglais et leur tendait une feuille de papier avec la traduction en russe.

■ ■ ■

Pour piéger Gorshkov et Ivanov, le coup monté du FBI (nom de code « Operation Flyhook ») utilisait Invita Security, une entreprise bidon, dont les cadres étaient en fait des agents spéciaux du FBI sous couverture, Michael Schuler et Marty Prewett. L'ordinateur que Gorshkov et Ivanov ont utilisé pour montrer leurs talents de piratage était équipé d'un programme « renifleur » qui consignait chaque frappe, et un équipement audio-vidéo dans la salle avait enregistré chacun de leurs propos et mouvements. Une fois que Gorshkov s'est connecté à son ordinateur en Russie, les agents fédéraux ont téléchargé un trésor de plusieurs gigaoctets de ses exploits de piratage.

Comme le montre l'ouvrage de Steve Schroeder, *The Lure*[64], Gorshkov et Ivanov étaient prolifiques. Ensemble, ils avaient compromis près de quarante entreprises américaines, y compris Western Union (sur le site de laquelle ils avaient volé près de 16 000 numéros de cartes de crédit) et un site Web, CD Universe, sur lequel ils avaient saisi 350 000 autres numéros. Le procureur chargé de leur dossier a constaté que « les compétences en piratage de Gorshkov étaient de premier ordre ». Un expert en médecine légale a décrit le duo comme étant « parmi les meilleurs intégrateurs de système [qu'il ait] jamais vus ».

Les archives ont également révélé ce que les procureurs ont surnommé le « plan massif » de Gorshkov et Ivanov pour frauder PayPal. Les deux hommes ont généré des centaines de faux comptes PayPal et eBay. Ensuite, ils organisaient des enchères en direct, les payaient avec des cartes de crédit volées et faisaient voyager l'argent d'un compte à l'autre, sans envoyer de marchandises réelles. Ce qui, pour PayPal, ressemblait à une transaction ordinaire, était en fait une opération compliquée pour convertir les numéros de cartes de crédit volées en espèces.

Ils les utilisaient aussi pour enchérir sur des enchères en direct, *via* des *bots*. « Le plan d'Ivanov et de Gorshkov était à la fois élaboré et impressionnant : les numéros des cartes de crédit étaient volés sur des comptes PayPal, acquis grâce à des attaques de *phishing* bien conçues, a écrit Ray Pompon, expert en cybersécurité en lien avec l'affaire. Ensuite, ces numéros de cartes de crédit étaient utilisés par des bots pour acheter des biens aux enchères sur eBay. Ces biens étaient ensuite expédiés en Russie pour être revendus. » Les pertes de PayPal s'élevaient à près de 1,5 million de dollars.

Ivanov et Gorshkov ont escroqué des vendeurs qui acceptaient PayPal en dehors d'eBay. Par exemple, ils commandaient différents matériels auprès d'un vendeur de pièces d'ordinateur. Lorsque le vendeur envoyait la facture, Gorshkov et Ivanov la payaient en utilisant une carte de crédit volée qui passait par PayPal. Le

64. *The Lure: The True Story of How the Department of Justice Brought Down Two of The World's Most Dangerous Cyber Criminals.*

vendeur expédiait alors les produits à une adresse au Kazakhstan, où Gorshkov soudoyait des agents des douanes pour transporter les marchandises en Russie.

■■■

L'agent spécial Prewett a appelé PayPal pour transmettre ce que le FBI avait trouvé. À l'autre bout de la ligne, John Kothanek, responsable de la sécurité chez PayPal. Kothanek avait une expérience unique pour une entreprise de technologie : il avait commencé sa carrière comme officier du renseignement militaire dans le corps des Marines.

« Lorsque je suis revenu de la guerre du Golfe, j'ai acheté un ordinateur. Et j'ai dépensé une grosse somme d'argent sur le 486 DX. Et dès le premier disque de 3,5 pouces que j'ai inséré, j'ai été accro. Ça a touché une corde sensible chez moi. » Kothanek s'est attiré les foudres de ses camarades Marines pour son côté nerd naissant. « Tous mes copains se fichaient de moi, du style : “Bon sang. Les ordinateurs. Ça n'ira jamais nulle part. Personne ne s'intéresse aux ordinateurs” », se souvenait-il.

Après les Marines, Kothanek a travaillé chez Macy's comme enquêteur interne. Il a ensuite reçu un tuyau d'un ami chez eBay qui l'a informé que X.com et Confinity s'associaient – et qu'ils pourraient avoir besoin de quelqu'un qui puisse assurer la liaison entre les entreprises et les forces de l'ordre.

Peu de temps après avoir rejoint PayPal, Kothanek s'est retrouvé face à la barrière de la langue. Il a cherché de l'aide en écrivant à l'entreprise tout entière : « Est-ce que quelqu'un chez X.com parle ou lit le russe ? Je travaille sur une histoire de crime organisé qui a des liens avec la Russie. Dans ma recherche d'indices, j'aimerais que quelqu'un examine les adresses électroniques et me dise si elles ont une signification. DÉSESPOIR !!! » Les réponses sont arrivées rapidement au nouveau venu chez X.com. « Ils disaient : “Oui, Max connaît le russe. Tu ne savais pas ?” Et je répondais : “Je n'ai aucune idée de qui est Max.” Et tout d'un coup, ce type avec des lunettes débarque dans mon box », se souvient Kothanek.

L'étrange couple composé de Levchin et Kothanek s'est associé et a correspondu avec des fraudeurs russes ; Kothanek donnant des orientations sur le ton et Levchin traduisant. « Je disais : “Bon, c’est comme ça que je lui répondrais. On va simplement le frapper un peu dans les noix. Tu vois, emmerdons ces gars-là.” Et Max répondait : “OK”, et il tapait quelque chose en ukrainien et le leur envoyait. Et puis, bien sûr, le lendemain, j’avais un courriel en retour. » C’est ainsi qu’a commencé le « rapport bizarre » de Kothanek et de Levchin avec les fraudeurs russes de PayPal.

■ ■ ■

Kothanek connaissait Ivanov et Gorshkov, mais pas sous ces noms-là. Lui, Levchin et d’autres chez PayPal les connaissaient comme étant « Greg Stivenson » et « Murat Nasirov ». La feuille de calcul de Kothanek répertoriant les exploits du duo contre PayPal a atteint 10 796 transactions. Après que le FBI les a contactés, Kothanek a envoyé un courriel aux agents : « Je dois dire que vous avez illuminé ma décennie avec les nouvelles d’hier. J’ai travaillé et été obsédé par ce groupe pendant les dix derniers mois. »

Comme Igor, « Greg Stivenson » était devenu un ennemi juré de PayPal, particulièrement irritant. Lors de leur première confrontation avec lui, Kothanek et l’équipe de la fraude ont simplement fermé les comptes avec le nom de famille « Stivenson » et écrit au courrier électronique de l’utilisateur pour le tenir informé. Le contrevenant, Ivanov, a répondu à Kothanek : « Vous croyez m’avoir ? Regardez ça ! » Des milliers de comptes frauduleux supplémentaires ont été ouverts le même jour.

À la mi-octobre, Kothanek lui a écrit pour lui dire que PayPal l’avait pris en flagrant délit :

> *Kothanek* : Hé, mon pote, c’est encore moi […] Certains de nos clients disent que tu leur as envoyé un courriel pour demander tes envois. Devine [quoi] : ils n’arriveront pas. DONC, en gros, si tu ne reçois rien, c’est parce que nous avons arrêté l’envoi. Une autre fois, peut-être.
> *Stivenson* : Tu es là ou bien c’est un courrier électronique VIDE ? Réponds, s’il te plaît, je veux te parler de votre sécurité.
> *Kothanek* : Que dirais-tu de parler de votre activité de fraude sur notre système ?

Ici, et tout au long de sa correspondance, Stivenson a cherché à obtenir un travail rémunéré dans le domaine de la sécurité. « Je peux cesser mes activités avec PayPal. Je peux vendre ce système complet à des tiers », a-t-il dit une fois à Kothanek. Dans un long message adressé à Levchin en russe, Stivenson proposait à nouveau ses services de sécurité, partageait une partie de ses techniques et se moquait des efforts déployés pour le contrecarrer :

> Bonjour,
>
> Vous comprenez probablement déjà que nous avons élaboré ici tout un système pour payer les marchandises via PayPal.
>
> Cela peut sembler étrange, mais nous consacrons davantage de temps à l'analyse et à l'évaluation du facteur humain (c'est précisément grâce à cela que je peux travailler via PayPal, de sorte que, par exemple, personne n'a pu contredire la saleté humaine). Vos démarches pour la défense de l'entreprise peuvent être considérées comme plusieurs pas en avant.
>
> De plus, nous partons de l'hypothèse que la plupart des gens sont des utilisateurs légaux et donc, après chaque changement, j'essaie simplement d'agir de telle manière que votre système pense également que je suis un utilisateur légal.
>
> En ce qui concerne votre dernier changement, dans un avenir très proche, des mutations similaires auront lieu sur d'autres sites Internet (magasins, banques, etc.). Un tel changement ne vous fera gagner qu'un peu de temps (pas plus de 2 mois, je pense).
>
> Maintenant, en ce qui concerne les questions de sécurité, je peux aider, mais toutes ne seront pas tranchées par un simple « merci », parce qu'un « merci » ne vous nourrit pas. En attendant, chacun fait ce qu'il a à faire… Vous gérez vos affaires, moi les miennes. J'espère que vous me comprenez bien.
>
> Avec mes meilleures salutations.

Le jeu du chat et de la souris a persisté. PayPal essayait d'arrêter Stivenson, et celui-ci trouvait un moyen de percer les défenses de l'entreprise. Il les narguait aussi. « Allez vous faire voir, salauds d'Américains, a-t-il écrit une fois à l'équipe. Je reviendrai. »

« Ils s'affichaient, a dit Kothanek à CNN. Ils pensaient que nous ne pouvions pas les atteindre parce qu'ils étaient en Russie ». Levchin dira plus tard à un journaliste qu'il avait commencé à prendre les moqueries de Stivenson personnellement. « Je suis le Russe impénétrable, a déclaré Levchin au *San Francisco Chronicle*. Les règles d'engagement sont claires. Ils essaient de voler et je les arrête. » L'équipe a réussi à l'arrêter à l'occasion. Levchin et Kothanek se souvenaient de la fierté qu'ils ont ressentie lorsqu'ils ont demandé à Stivenson d'essayer de craquer le Captcha de Gausebeck et Levchin, et qu'il n'y est pas parvenu.

■ ■ ■

Tous les voleurs n'étaient pas dans des fuseaux horaires éloignés. Une fois, l'entreprise a découvert un fraudeur talentueux qui vivait à quelques kilomètres de ses bureaux. L'équipe a rassemblé un catalogue de ses exploits et a même permis à la fraude de continuer pour que les forces de l'ordre aient le temps de faire leur travail. « Nous avions récolté toutes les preuves nécessaires pour intenter une condamnation pénale, et nous les avons transmises aux services secrets et au FBI. Ils ont dit quelque chose du genre : "Eh bien, il va falloir déterminer dans quelle juridiction il se trouve", raconte Musk. Et nous : "Pour l'amour de Dieu, il vole de l'argent en ce moment ! Voilà son adresse ! Voilà à quoi il ressemble ! Voilà toutes les preuves !" [...] Délit en cours ! [...] Finalement, deux ou trois mois plus tard, ils sont allés l'arrêter. Ça a pris une éternité. »

Bien que cela soit souvent frustrant et chronophage, l'entreprise espérait travailler avec les forces de l'ordre pour établir des mesures dissuasives. « Il était important d'amener le gouvernement à arrêter quelqu'un, explique Musk. Parce que si personne n'est réellement arrêté, alors les gens continuent de frauder, d'une manière ou d'une autre. La rumeur circule très vite dans le milieu de la fraude. "Bon, PayPal arrête des gens, alors réfléchissons-y à deux fois." »

Melanie Cervantes, une analyste des fraudes, se rappelle avoir contacté les forces de l'ordre dans divers États – et reçu des réponses déroutantes. « Nous commencions comme ça : "Bonjour, c'est PayPal, nous avons été victimes d'un délit financier fomenté par un type qui est dans votre juridiction." Et ils disaient : "PayPal ? C'est quoi ?" » Même lorsque l'équipe parvenait à susciter l'intérêt des forces de l'ordre, se souvient Cervantes, les responsables ne savaient pas comment qualifier les délits numériques et s'ils constituaient du blanchiment d'argent, une fraude au dispositif d'accès, une fraude électronique ou bien des erreurs de transfert de fonds. « Nous contactions les avocats américains, et ils disaient : "Je pense qu'un délit a été commis mais il n'existe aucune loi pour le poursuivre." »

L'action menée par le FBI sur l'affaire Ivanov et Gorshkov a donc représenté un changement bienvenu. Des jours après que le FBI a contacté l'entreprise à propos de l'opération Flyhook, une délégation de PayPal – comprenant Kothanek, Levchin, Erik Klein et Sarah Imbach (vice-présidente principale pour les opérations du service client et de la fraude) ont pris place autour d'une table de conférence à Seattle avec les agents du FBI. Les agents leur ont expliqué les détails de ce qu'ils avaient découvert dans le coup monté.

Le FBI et PayPal ont commencé à collaborer sur cette affaire. « Nous avons pu établir un lien entre l'adresse IP de leur machine, les cartes de crédit qu'ils utilisaient dans notre système et les scripts Perl qu'ils employaient pour ouvrir des comptes sur notre système », se souvient Kothanek. L'équipe a découvert que Ivanov et Gorshkov étaient derrière PayPai.com, le site imitant PayPal.

Si PayPal était heureuse que le gouvernement soit sur l'affaire, la couverture médiatique générée par cet effort n'était pas toujours la bienvenue. Lorsque l'accusation a déposé son *affidavit* devant le tribunal fédéral, un journal de Seattle a publié un article sur l'affaire. Dans ce papier, ils ont affirmé à tort que PayPal faisait partie des bases de données de cartes de crédit piratées par Ivanov et Gorshkov. Les deux hommes avaient utilisé des cartes volées *sur* PayPal – et non *de* PayPal –, et pour Levchin, c'était le jour et la nuit. Le premier, Levchin le savait, était un problème que l'entreprise pouvait contourner ; le second risquait d'éroder la confiance dans la sécurité du service.

Levchin était, selon le compte-rendu du procureur, « furieux comme il se doit » et il a pressé le ministère de la Justice de corriger le dossier. Le procureur a appelé le journaliste, expliqué l'erreur et obtenu une correction dans le journal du jour suivant.

■ ■ ■

L'affaire du journal a mis en évidence l'un des principes fondamentaux de Levchin : peu importe ce qui se passait (les bagarres avec eBay, les temps d'arrêt angoissants, le volume de plaintes des clients) aucun pirate ne devrait jamais être en mesure de pénétrer dans les systèmes de PayPal et de se procurer des informations personnelles. « L'équipe de développement était très en phase sur les valeurs, se souvient David Gausebeck. En ce qui concerne la norme à laquelle nous devions nous conformer, en particulier en matière de sécurité et de garanties d'exactitude, c'était : “Bien sûr, nous devons nous assurer que c'est à l'épreuve des balles” ».

« L'impénétrable Russe » en est venu à penser que le secteur des services financiers ne prenait pas suffisamment au sérieux la sécurité de l'information. Levchin et son équipe ont étudié de près les normes de cybersécurité du secteur, et en sont ressortis déçus. Si le système PayPal devait vraiment être sécurisé, respecter ces règles ne serait pas suffisant. « Il y avait déjà des standards sur la façon dont vous êtes *censés* les sécuriser, mais elles couvraient peut-être un dixième de la façon dont un adversaire pouvait attaquer votre système, se souvient l'ingénieur Bob McGrew. Le travail chez PayPal n'était pas structuré, mais il était en fait de très grande qualité. Il était fait par des gens qui se souciaient réellement de la mise en place d'un système sécurisé, plutôt que par une équipe de personnes soucieuses de respecter la norme du protocole pour sécuriser les cartes de crédit. »

Levchin a également reconnu que PayPal serait tenu de proposer un standard plus élevé. PayPal n'avait pas de guichets automatiques ni de succursales publiques ; la « marque PayPal » était son site Web. Un piratage du site équivaudrait à des voleurs frappant toutes les succursales locales d'une institution bancaire traditionnelle au même moment. « Wells Fargo avait un système de paiement de factures concurrent. Mais ils n'allaient pas disparaître s'ils étaient piratés, explique McGrew. Chez PayPal, tout problème de sécurité informatique constituait une véritable menace existentielle. »

L'équipe a mis en place des protections internes en plus des externes. « Nous avions des protections contre la fraude mises en place par nos analystes », se souvient McGrew. Huey Lin a participé à l'élaboration des outils de *permissioning* de l'entreprise. Au début de l'entreprise, se souvient-elle, « absolument tout le monde » avait accès à des informations sensibles. Au fil du temps, PayPal a renforcé ses contrôles, de sorte que même un cadre supérieur de l'entreprise ne pouvait pas accéder directement aux informations relatives aux cartes de crédit des utilisateurs de PayPal. Le mot de passe principal s'est transformé en un système partagé et complexe – : toute tentative d'accès alertait tous les autres cadres en même temps et automatiquement. Dans le monde de la sécurité informatique, on ne peut faire confiance à personne – pas même aux fondateurs ou aux dirigeants de l'entreprise.

Colin Corbett a rejoint l'équipe en 2001 en tant qu'architecte réseau. Il a aidé à réorganiser le centre de données PayPal. À ce titre, il a construit une architecture à trois niveaux avec une séquence élaborée de protections qui sont progressivement devenues plus difficiles à mettre en œuvre à mesure que l'on s'enfonçait dans le cœur du système, « à tel point que les personnes qui administrent les systèmes n'aimaient pas la façon dont cela fonctionnait dans certains cas, parce que c'était extrêmement onéreux ».

En plus de la « segmentation logique » du réseau, l'entreprise a mis en place une « segmentation physique ». Certains boîtiers réseau « se trouvaient en fait dans des armoires distinctes physiquement verrouillées », signale Corbett. L'accès à l'infrastructure centrale de l'entreprise n'était accordé qu'après qu'un ingénieur en sécurité a réussi à passer avec succès par « cinq lecteurs d'empreintes palmaires physiques ». Une fois l'empreinte de la main vérifiée cinq fois, un ingénieur avait encore besoin « d'un code unique à huit chiffres pour accéder à l'armoire ».

En plus des protections formelles, l'entreprise disposait également de méthodes informatiques pour sécuriser les informations. Un employé qui commettait l'erreur de laisser un ordinateur portable sans surveillance était soumis à une « brûlure ». Un autre employé détournait son ordinateur et envoyait un courriel humiliant à toute l'entreprise, en se faisant passer pour le propriétaire de l'ordinateur portable.

Au fil du temps, les brûlures sont devenues légendaires, les employés les préparant longtemps à l'avance. « C'était tellement élaboré, se souvient Kim-Elisha Proctor, elle-même victime occasionnelle. Les ingénieurs étaient vraiment à fond. Ils regardaient constamment, et leurs mails étaient prêts. Vous quittez votre bureau et si [votre ordinateur] n'était pas verrouillé, ils vous envoyaient la brûlure par courriel, couraient à votre bureau, copiait le message et l'envoyaient à la liste. Et là, vous vous dites : *Eh merde.* »

■ ■ ■

À mesure que la fraude s'est développée, l'équipe de lutte de PayPal s'est agrandie. Avant de rejoindre l'entreprise, Cervantes avait travaillé sur des dossiers de fraude chez un processeur de carte Visa ; un travail qu'elle trouvait abrutissant. À ce poste, elle a commencé à remarquer une nouvelle entreprise de Palo Alto qui apparaissait régulièrement sur ses rapports. Cervantes a pris une décision audacieuse. « Si vous êtes quelqu'un qui enquête sur la fraude pour gagner votre vie, vous devez vous rendre là où elle se trouve [...] Alors j'ai contacté [PayPal] et, en gros – je ne sais pas où j'ai trouvé les *cojones* –, j'ai fait : “Salut, vous avez beaucoup de fraudes. Et je le sais parce que je vous facture tout le temps. Il semble donc que vous ayez besoin d'aide.” »

Les combattants de la fraude chez PayPal ont été témoins de certains des pires spécimens de l'humanité. Jeremy Roybal était arrivé chez Confinity par le biais d'une agence d'intérim. Il s'est révélé être un excellent représentant du service client mais, lorsque celui-ci a été transféré à Omaha, il a eu besoin d'un nouveau rôle. « Kothanek m'a tiré du rebut, se souvient Roybal. Et il m'a dit “Je veux que tu sois analyste de la fraude” ».

À ce titre, Roybal a rassemblé des catalogues d'informations pour répondre aux demandes d'assignation des services de répression – une exposition douloureuse au côté obscur de la base d'utilisateurs de PayPal. Il se souvient avoir compilé des feuilles de calcul pour des achats de pornographie enfantine. « Ça fait mal [...]

[Chacune] de ces lignes correspond à la vente ou l'achat de choses horribles, horribles. » Une fois, après avoir témoigné devant le tribunal, Roybal est retourné dans sa chambre d'hôtel, et il a sangloté. « Ça vous brisait. »

Malgré leurs rencontres avec la criminalité et la dépravation, Cervantes, Kothanek, Roybal et les autres personnes rattachées à l'équipe fraude de PayPal ont cité cette expérience comme un moment fort de leur vie professionnelle, en partie du fait de leur rôle direct dans la défense des personnes vulnérables, mais aussi parce que les fraudeurs inventifs de PayPal les ont poussés à être avant-gardistes. Compte tenu de ses outils et techniques avancés, PayPal a souvent été en mesure d'identifier les malversations avant les banques ou les sociétés de cartes de crédit. La lutte contre la criminalité numérique « était très stimulante et épanouissante », se souvenait Roybal. Ses collègues et lui se sentaient comme des « super-héros des temps modernes ».

Roybal et ses pairs ont été en outre soutenus par leurs homologues « super-héros » – y compris les responsables de l'application des lois qu'ils ont rencontrés, et qui, au fil du temps, sont devenus des alliés importants pour traduire en justice les mauvais acteurs du monde de l'Internet. Roybal se souvient très bien d'un appel qu'il a passé à un officier de l'Arkansas. « "Monsieur, je pense qu'il y a quelqu'un qui arnaque une personne âgée", et c'était une bouffée d'air. Il a répondu : "Pas dans mon comté !" Et *boom*, allez les attraper. »

Roybal est resté huit ans dans l'entreprise ; Cervantes quatorze ans. « Vous savez, lorsque vous rencontrez des gens magnanimes, charismatiques et géniaux, vous voulez rester près d'eux ? C'est un peu ce que tout le monde ressentait au bureau », a expliqué Cervantes. John Kothanek, qui supervise désormais les enquêtes mondiales pour la bourse de cryptomonnaies Coinbase, a confirmé. « J'étais simplement accro. Rien ni personne n'aurait pu me faire changer de boulot. »

Même Levchin pouvait revenir sur ce qui avait presque tué l'entreprise comme un moment formateur de son expérience chez PayPal. Il se souvient d'un courriel tristement célèbre qu'il a écrit à Musk et dont l'objet était : « La fraude, c'est l'amour », une blague d'initiés sardonique. « Après coup, j'ai réalisé que c'était plus qu'une plaisanterie. J'ai vraiment appris à aimer [la lutte contre la fraude]. C'est ce qui se rapproche le plus de la cape et de l'épée. Je suis un lecteur caché et fanatique de romans d'espionnage, et c'est ce qui se rapproche le plus de l'espionnage, si vous êtes un passionné de technologies financières. »

L'équipe chargée de de la lutte contre la fraude a également rappelé que, malgré toutes les avancées de PayPal en matière de lutte algorithmique et automatisée contre la fraude, les entreprises technologiques avaient encore besoin d'êtres humains en chair et en os pour assurer la protection jusqu'au bout. « La détection de la fraude est une combinaison de personnes, d'apprentissage automatique et de règles automatisées, selon Cervantes. Les gens seront toujours une composante de tout cela. Toujours. Parce qu'il y a un élément du comportement humain que les *bots* ne peuvent pas tout à fait imiter. »

■ ■ ■

Les agents du FBI et les procureurs de l'affaire Ivanov-Gorshkov ont rendu visite régulièrement à PayPal, et ils ont fait de la lutte contre la « fraude PayPal » une priorité fédérale. La collaboration de l'entreprise avec le FBI a marqué un tournant ironique dans son histoire : au tout début de Confinity, elle avait flirté avec le lancement d'une monnaie numérique universelle sans entraves gouvernementales. Maintenant, la même équipe est assise côte à côte avec des agents du FBI pour les aider à poursuivre les crimes financiers.

« Je pense que le grand tournant, ça a été lorsque nous sommes arrivés au point où nous pouvions appeler quelqu'un dans un État, qu'il s'agisse des bureaux du FBI sur le terrain ou de ceux des services secrets et dire : “Dites, j'ai un cas pour vous”, qu'ils décrochent leur téléphone et qu'ils nous écoutent », déclare Kothanek.

Les échanges allaient dans les deux sens. Les agents du FBI dans l'affaire Ivanov et Gorshkov ont demandé que Kothanek et Levchin témoignent au procès, et Kothanek a accepté de comparaître. Il a présenté au tribunal les stratagèmes d'Ivanov et de Gorshkov basés sur PayPal, y compris la mise en place de PayPai.com et le racket des cartes de crédit volées. L'avocat général de l'affaire a lu à haute voix le long courriel d'Ivanov à l'intention des jurés.

Ivanov et Gorshkov étaient tous deux sous le coup de plusieurs chefs d'accusation, notamment de complot, fraude informatique, piratage et extorsion. Ivanov a plaidé coupable et a purgé une peine de près de quatre ans de prison. Gorshkov a été jugé et condamné à trois ans. Ces affaires sont devenues des références dans le domaine émergent des litiges en matière de cybersécurité, et les agents du FBI impliqués ont remporté le prestigieux Director's Award pour leur excellence en matière d'investigation.

En représailles, la Russie a poursuivi le FBI, alléguant que le bureau avait illégalement accédé aux ordinateurs d'Ivanov et de Gorshkov, et, en 2002, le gouvernement russe a engagé une action pénale contre l'agent spécial Schuler. La nouvelle a fait la une du *Moscow Times*.

Après que Vasily « Kvakin » Gorshkov a purgé sa peine, il a été renvoyé en Russie. Pendant qu'il était en prison, sa petite amie de l'époque a accouché et, après son expulsion, il a retrouvé sa famille. Pour sa part, Alexey « Subbsta » Ivanov a réalisé son souhait d'avoir un travail technologique légal dans un bureau. Dans une version peu orthodoxe du rêve américain, Ivanov a décroché un emploi d'ingénieur aux États-Unis.

18

GUÉRILLAS

À l'automne 2000, eBay comptait déjà une première victoire. Plus tôt cette année-là, l'entreprise avait dépassé les 3 milliards de dollars en capitalisation boursière, alors même que d'autres sociétés technologiques s'effondraient. Au troisième trimestre 2000, eBay a enregistré une augmentation de 108 % de son chiffre d'affaires, une augmentation de 146 % des utilisateurs enregistrés et une incroyable multiplication par douze de son bénéfice net par rapport à l'année précédente.

Un analyste a souligné que les résultats d'eBay au troisième trimestre la positionnaient comme « l'une des rares valeurs Internet dont la solidité financière rivalise avec celle des meilleures entreprises hors-ligne ». De plus, comme eBay ne dépendait pas de la publicité, écrivait l'analyste, son avenir semblait plus sûr que celui d'AOL ou de Yahoo. Selon certains, le modèle d'enchères d'eBay semblait sur le point de réécrire complètement les règles du commerce en ligne. La vente au détail à prix fixe, selon leur hypothèse, avait vécu ; et eBay l'avait tuée.

C'est pourquoi le fait que David Sacks, de PayPal, ait écrit à une petite poignée de dirigeants et autres responsables de la start-up durant cette période, en lançant un cri d'alarme, a eu du sens : « Comme vous le savez peut-être, eBay (avec la complicité de Visa) nous a déclaré la guerre en rendant Visa gratuit pour les vendeurs… »

■ ■ ■

À quelques kilomètres seulement du siège de PayPal, l'équipe du service de paiement Billpoint, détenu et opéré par eBay, a prêté une attention particulière aux changements intervenus chez PayPal – en particulier la mise en place de frais et des mises à niveau forcées des utilisateurs. Billpoint a vu une opportunité de regagner le terrain perdu et a pris des mesures à la fin de l'année 2000 pour y parvenir.

Le 19 septembre, Billpoint a directement critiqué PayPal dans un courriel adressé aux vendeurs aux enchères. Celui-ci présentait une tarification nouvelle et améliorée pour Billpoint et annonçait l'élimination des périodes de détention de trois jours pour l'argent. « Mieux encore, contrairement à PayPal, vous n'avez pas besoin de faire une demande spéciale chaque fois que vous souhaitez accéder à vos fonds », précisait la note. Billpoint était « détenu et approuvé par eBay », « approuvé par Wells Fargo Bank et Visa USA », et était le premier à proposer des paiements internationaux, se vantait l'entreprise.

Quelques semaines plus tard, Billpoint a esquissé un autre geste qui a fait trembler PayPal. Du 23 octobre jusqu'à la fin novembre, les vendeurs qui utilisaient Billpoint n'auraient pas de frais facturés sur les transactions Visa, et les acheteurs qui utilisaient une carte de crédit Visa par l'intermédiaire de Billpoint recevraient 1 dollar de réduction sur chaque achat. « Pas de gadgets. Pas de bêtises, avait dit Billpoint à ses vendeurs. Juste du franc-parler, de la fiabilité et la sécurité venant de noms auxquels vous pouvez faire confiance – eBay, Wells Fargo et Visa. »

Les transactions Visa représentant plus de la moitié du volume total des paiements par carte de crédit sur eBay, les dirigeants de PayPal ont paniqué. En partageant la « déclaration de guerre » d'eBay, Sacks a observé que ces empiètements arrivaient à un moment précaire. « Malheureusement, du fait de la mise à niveau forcée prévue pour lundi, nous sommes au point le plus vulnérable. Il est essentiel que nous réagissions rapidement et de manière créative au cours de la semaine prochaine pour nous donner le maximum de chances de succès (survie ?) sur le mois à venir. »

Plus inquiétant encore, ce serait la première fois dans la saga Billpoint-PayPal que Billpoint avait des prix inférieurs. « … ce sera un test décisif », écrivait Sacks dans son courriel au groupe, qu'il avait surnommé « l'Équipe d'intervention eBay [*sic*] ». Il avait inclus les meilleurs éléments de l'entreprise dans toute une série de fonctions : l'ensemble de l'équipe de direction, les producteurs de produits d'enchères, le responsable des relations publiques, les responsables des relations Visa/Mastercard, le conseiller juridique, des experts en données et d'autres personnes qui, selon lui, pouvaient être utiles.

La première contre-mesure de l'équipe d'intervention eBay : réfuter le mail de comparaison Billpoint vs PayPal. Ils ont décidé d'écrire leur propre courriel aux *PowerSellers* pour leur rappeler les nombreux avantages offerts par PayPal que Billpoint ne proposait pas, comme un meilleur service client et des contrôles antifraudes. Le message accusait également Billpoint de présenter de manière inexacte la nouvelle structure de paiement de PayPal. « Billpoint utilise un tableau trompeur en comparant notre compte Premier/Business, très simple, à leur compte le moins cher », expliquait l'équipe de PayPal.

PayPal a également utilisé d'autres moyens. David Sacks a demandé à Damon Billian de se rendre sur les forums et de corriger la « désinformation sur les prix », et à Reid Hoffman de faire appel à ses contacts eBay de rectifier leurs messages. Sacks a également lancé d'autres idées. Il s'est demandé s'il était temp d'envoyer un « méchant courriel » juridique à eBay et une injonction préliminaire pour prix anticoncurrentiels ? Vince Sollitto, responsable des relations publiques, pouvait-il faire quelque chose pour « gagner l'opinion sans paraître faible ? » L'équipe du service client pouvait-elle créer des désignations spéciales pour les utilisateurs fidèles de PayPal ? « Toutes les suggestions sont les bienvenues, a ajouté Sacks, Nous aurons besoin de beaucoup de bonnes idées pour battre eBay sur des variables autres que le prix. »

■ ■ ■

La relation troublée d'eBay avec les paiements précédait de beaucoup son escarmouche avec PayPal. Dans les versions inaugurales d'eBay, le fondateur Pierre Omidya avait simplement fait confiance aux utilisateurs d'enchères pour lui envoyer leurs frais. Les premiers employés de l'entreprise se souviennent des milliers d'enveloppes arrivées au bureau, certaines avec de la petite monnaie collée sur des fiches.

Même après son développement, les paiements sont restés secondaires. Reed Maltzman, un des premiers employés, se souvient être entré dans une pièce pleine de télécopieurs bourdonnants. Lorsqu'il a demandé ce qu'imprimaient les appareils, on lui a dit qu'elles réceptionnaient des reçus d'autorisation de cartes de crédit. Les paiements recouvraient le sol du bureau.

Omidyar savait que les paiements aux enchères pouvaient être une source de revenus lucrative. Il avait vu des concurrents comme Auction Universe introduire des programmes comme BidSafe, qui permet aux vendeurs de traiter les cartes de crédit pour 19,95 dollars par an. Mais à l'époque, comme plus tard, eBay s'est concentrée sur la croissance et l'amélioration de son activité principale de ventes aux enchères, ce qui signifiait mettre de côté beaucoup de gadgets. Pour cette raison, eBay a choisi de rester remarquablement passif avec ses utilisateurs. En plus de les laisser choisir leur fournisseur de paiement, eBay n'offrait pas l'expédition et la manutention, ne prenait pas de photos des enchères et ne proposait pas un service client étendu. Le laisser-faire dans l'approche d'Omidyar venait de ses sensibilités libertariennes et de sa conviction [...] que « les gens sont fondamentalement bons ».

Au fur et à mesure qu'eBay a grandi et mûri, l'entreprise a modifié légèrement sa position sur les paiements, avec l'acquisition de Billpoint au printemps 1999 afin d'internaliser la dernière étape du processus d'enchères. Mais la lenteur de l'intégration de ce service a ouvert la porte à des systèmes de paiement tiers, dont ceux proposés par Confinity et X.com fin 1999. « Nous avons embauché des cadres du secteur bancaire pour diriger Billpoint, a écrit des années plus tard Meg Whitman. Et ils ont adopté la posture typique d'une banque, à savoir que vous qualifiez tous ceux qui se présentent à la porte avant de leur ouvrir un compte. Mais ce processus plus lourd a rebuté les clients, y compris les vendeurs d'eBay, [lesquels ont été accueillis à bras ouverts par Paypal, utilisable] en quelques clics et en leur versant de l'argent en prime. »

Au début et au milieu de l'année 2000, le service Billpoint d'eBay a eu le malheur de concurrencer le généreux programme de bonus et la promesse de gratuité de PayPal. Jason May, un cofondateur de Billpoint, se souvient de discussions intenses chez eBay pour savoir si Billpoint devait distribuer des bonus ou renoncer à des frais. « Nous ne pouvions pas faire grand-chose pour [concurrencer les bonus et les frais]. Parce que notre modèle de tarification était en quelque sorte contrôlé par notre conseil d'administration détenu par eBay et Wells [Fargo]. Nous disions parfois : “Eh bien, nous pouvons peut-être devenir gratuits pendant six mois, ou nous faisons ce truc pour manœuvrer.” Et c'est là que j'ai l'impression que PayPal a gagné… Il était très clair que notre organisation n'arrêtait pas de dire : “Nous n'allons pas nous ruiner” », se souvenait May.

À la fin de l'année 2000, les utilisateurs d'eBay avaient complètement adopté PayPal, mais cette adoption a créé une impasse opérationnelle pour la plateforme de vente. D'une part, PayPal écrémait les frais de paiement qui auraient théoriquement pu aller à son propre service, Billpoint ; d'autre part, elle aidait les utilisateurs d'eBay à effectuer des transactions. « D'une certaine manière, si beaucoup de gens utilisent un service de paiement, et [qu'eBay] conclut davantage de transactions, ils gagnent plus d'argent », a observé Ken Howery.

Pour le site, une transition vers les paiements représentait une bagatelle par rapport à son activité principale de services d'enchères. De 1999 à 2000, la majeure croissance des revenus d'eBay était due à l'augmentation du nombre d'utilisateurs et à l'expansion des catégories d'enchères – et non aux services accessoires de Billpoint. Selon Howery, « les gens regardaient probablement [ce dernier en disant] : “Oh, ce ne sont que quelques points de pourcentage [du chiffre d'affaires global d'eBay]”. Alors que pour [PayPal], c'était tout ce que nous avions. »

Malgré cela, eBay semblait prêt à se battre pour la part de marché des paiements. Elle a fait un nouveau pas en avant dans la bataille, en optant pour une intégration plus étroite de Billpoint dans sa plateforme d'enchères. Elle a commencé par changer le nom « Billpoint » en « eBay Payments », une évolution subtile destinée à diriger les utilisateurs vers son système préféré. Elle a ensuite opéré discrètement un changement plus conséquent en lançant une fonctionnalité appelée « *Buy It Now* ». Les vendeurs pouvaient désormais fixer un prix, et si l'acheteur choisissait de le payer, l'enchère se terminerait immédiatement.

Au début, Buy It Now n'a pas semblé menacer PayPal. Qu'un prix soit fixé par le vendeur ou par une enchère ne lui importait pas, tant que son service était utilisé pour régler. Mais une fois que l'équipe PayPal a plongé dans la mécanique du bouton Buy It Now, elle a commencé à paniquer. Dans une vente traditionnelle, un enchérisseur eBay plaçait une enchère, recevait un courriel s'il avait gagné, puis choisissait un système de paiement. Comme les acheteurs quittaient eBay en cours d'enchère, PayPal a pu s'immiscer dans le processus de paiement en envoyant des alertes lorsqu'une enchère était terminée où elle invitait l'utilisateur à se rendre sur PayPal pour effectuer le paiement. Un enchérisseur gagnant pouvait passer de son compte de messagerie à PayPal afin de payer un vendeur, terminant ainsi le processus d'enchères sans jamais revenir à eBay.com.

Buy It Now a radicalement reconfiguré cette dynamique. Si un acheteur appuyait sur ce bouton, un formulaire de paiement eBay apparaissait, permettant à l'acheteur d'effectuer son paiement directement sur eBay.com. Cela signifiait qu'il n'y avait pas de courriel et, surtout, pas de temps passé hors du site Web d'eBay. L'acheteur pouvait toujours ouvrir une nouvelle fenêtre de navigation et aller sur www.paypal.com pour payer s'il le souhaitait, mais la page automatique des paiements eBay allait considérablement augmenter les frictions pour l'utilisation de PayPal. « C'était de loin la décision la plus audacieuse prise par eBay jusqu'alors », a écrit Eric Jackson dans ses mémoires sur PayPal.

■ ■ ■

eBay a annoncé *Buy It Now* avec panache, supprimant les frais de transaction sur la fonctionnalité pour encourager son adoption. L'entreprise a expliqué avoir sondé 20 000 utilisateurs et animé plusieurs groupes de discussion pour apprendre que « même si les membres adorent la sélection d'eBay [...] de nombreux consommateurs souhaitaient avoir la capacité d'acheter des articles plus rapidement et avec plus de certitude, et de nombreux vendeurs voulaient pouvoir être débarassés d'un article sans avoir à attendre la fin de l'enchère. »

Buy It Now lancé, il a rapidement été abandonné. Le 23 octobre, juste après son sa mise en ligne, la messagerie d'eBay a reçu de nombreuses critiques à propos d'un problème sur les règlements. Les avis de paiement étaient retardés, ce qui a provoqué la colère des utilisateurs. « Il a fallu plus d'une semaine pour que les fonds arrivent sur mon compte après que le problème a été réglé. Quel immense gâchis, écrivait un utilisateur. Je suis retourné sur PayPal et j'ai laissé tomber Billpoint. » Un autre commentait : « Je viens juste de recevoir une lettre de Billpoint me disant qu'un achat a été réglé le matin du 17. Sans blague. Aujourd'hui, nous sommes le 21. Nous expédions. Maintenant, j'ai du retard sur ce colis. Merci beaucoup, Billpointless[65] ! »

Même fin novembre, *Buy It Now* ne fonctionnait pas. « Je suis un vendeur et j'essaie de recevoir un paiement. Mon acheteur a payé avec la fonctionnalité *Buy It Now* et je n'ai eu aucune notification de paiement venant d'eBay. Je me suis inscrit sur Billpoint pour essayer de recevoir le paiement, sans succès. La page d'information de *Buy It Now* [...] n'est d'aucune aide. La fonction *Buy It Now* en a fait la transaction la plus difficile de tous les temps et je vais retirer cette option de mes enchères », a écrit un utilisateur

La presse a eu vent des problèmes d'eBay et *eWeek* a publié un article – « Le dispositif *Buy It Now* défaillant ». L'article soulignait que *Buy It Now* plantait si le vendeur fixait un prix d'ouverture des offres équivalent à celui de *Buy It Now*. Dans ce cas, les acheteurs qui cliquaient sur *Buy It Now* recevaient un message d'erreur (« Problème avec le montant de l'enchère »). « Nous nous efforçons de corriger rapidement le problème et tout devrait être réglé en début de semaine prochaine », a déclaré la direction d'eBay dans une annonce officielle. Dans l'intervalle, la société a exhorté les vendeurs à fixer leur prix d'achat immédiat à un centime de plus que le prix minimum de l'enchère.

Buy It Now avait des difficultés, mais eBay avait le temps pour lui. « C'est un marathon, pas une course de vitesse », aurait dit Meg Whitman à propos des manœuvres d'eBay pour récupérer les paiements. Fin novembre 2000, l'équipe de PayPal avait de bonnes raisons de s'inquiéter de l'endurance d'eBay. « La part de marché de Billpoint a augmenté d'environ 9 % pour atteindre un peu moins de 15 % au cours du mois dernier », a écrit Eric Jackson dans une

65. Jeu de mots avec « pointless », qui signifie inutile en anglais.

mise à jour adressée à l'équipe produit. Les valeurs absolues étaient également préoccupantes. Selon les estimations de PayPal, Billpoint était passé de seulement 400 000 ventes en septembre à plus de 800 000 début novembre – et des observateurs extérieurs, y compris les médias, commençaient à remarquer la progression.

Après qu'eBay a annoncé des résultats du troisième trimestre supérieurs aux attentes de Wall Street, un journaliste a noté que « le système de paiement en ligne Billpoint d'eBay semblait enfin gagner du terrain après que son rival PayPal a commencé à facturer certains de ses utilisateurs ».

■ ■ ■

Et eBay ayant maintenant une réelle chance de récupérer les paiements, chaque changement qu'il apportait rendait les dirigeants – particulièrement Thiel et Sacks – furieux. « David et Peter devenaient hystériques et ils disaient des choses comme : "Ils ne peuvent pas faire ça !" et "Comment osent-ils ?", indique un cadre. Et nous avions envie de lui dire, "C'est leur plateforme. Ils peuvent faire ce qu'ils veulent." »

Colère et frustration mises à part, la querelle a conduit les deux entreprises à rétablir les canaux de discussions. Reid Hoffman a établi une relation avec Rob Chestnut, un avocat d'eBay et, ensemble, ils ont contribué à désamorcer les tensions de 2000 et 2001.

Chestnut avait été procureur fédéral, et il avait été embauché au début de 1999 pour superviser « la confiance et la sécurité » chez eBay, un rôle dans lequel il statuerait sur tout, des réclamations pour fraude mineure à la décision de savoir si les utilisateurs pouvaient mettre aux enchères leurs propres organes. Il a également fait appel à des entreprises tierces, comme PayPal, qui s'étaient installées sur le site.

Pour Chestnut, cette dernière constituait un problème de confiance et de sécurité : eBay aurait plus de mal à réguler son marché d'enchères si quelqu'un d'autre contrôlait le flux de fonds. « Si vous contrôlez l'argent, vous pouvez aussi faire un bien meilleur travail de contrôle de la fraude, a-t-il observé. Si un système de paiement tiers possède votre place de marché, alors il contrôle la confiance, mais vous ne pouvez pas contrôler la fraude. »

Au fil du temps, Chestnut en est venu à respecter les efforts de croissance agressifs de l'équipe PayPal. « Je dirais que leurs concurrents rentraient probablement chez eux à six ou sept heures du soir, plaisantait-il. PayPal en était juste au dîner à ce moment-là [...] Ils étaient très entreprenants, très agressifs. Il faut le reconnaître. » La PDG d'eBay, Meg Whitman, a fait écho aux réflexions de Chestnut. « PayPal était une entreprise de personnes extrêmement agressives avec un réel penchant pour l'action », a-t-elle écrit dans ses mémoires d'entreprise, *The Power of Many*.

■ ■ ■

Dans leur rôle de diplomates numériques, Chestnut et Hoffman avaient des échanges fréquents – « tellement de débats longs et épiques », se souvient Chestnut. Le logo de PayPal « Vérifié par PayPal » a été à l'origine d'un épisode particulièrement tendu. Les vendeurs d'eBay pouvaient l'obtenir après avoir vérifié leurs comptes bancaires, et celui-ci indiquait leur fiabilité aux acheteurs. Pour PayPal, c'était encore une autre stratégie pour détourner les utilisateurs des paiements par carte de crédit. Pour eBay, le logo était un nouvel élément frustrant du flair promotionnel de PayPal qui taguait son site.

Alors eBay a choisi de l'interdire purement et simplement, utilisant la taille du logo comme prétexte à son retrait. Comme on pouvait s'y attendre, cela a provoqué la fureur au siège de PayPal. Mais cela a aussi contrarié les vendeurs eBay qui avaient suivi le processus de vérification. Hoffman a été chargé de s'appuyer sur Chestnut, chez eBay, pour rétablir le logo. Du fait de tensions souvent trop fortes pour les visites officielles, les nombreux échanges bilatéraux entre Hoffman et Chestnut devaient souvent avoir lieu discrètement dans un Boston Market, près des bureaux des deux entreprises.

Hoffman est parvenu à convaincre Chestnut de rétablir le logo « Vérifié par PayPal », en s'appuyant sur l'atout de la start-up : les utilisateurs d'eBay et leurs protestations contre la suppression du logo. Dans d'autres cas, cependant, Hoffman et Chestnut ont dû recourir à des échanges diplomatiques plus officiels, notant les concessions de chaque partie sur un combat particulier. Au cœur de l'escarmouche Billpoint, par exemple, Hoffman a dressé un inventaire point par point des problèmes à résoudre, dans un courriel intitulé « Accords ». Parmi les éléments, on pouvait lire :

> 3. Nous allons corriger notre page de tarification pour refléter la vôtre de manière adéquate. Cela sortira dans notre prochain push [Engagement de X] ;
> 4. Vous corrigerez vos communiqués de presse et vos annonces publiques afin de refléter avec précision notre rétrofacturation et autres statuts [Engagement d'eBay]. Nous vous enverrons un message avec les informations définitives aujourd'hui, pour que vous en obteniez de précises de Janet Crane et d'autres personnes. [Engagement de X] ;
> 5. Vous corrigerez vos sites Web et vos communications par courriel afin qu'ils soient exacts sur nos services de tarification et de rétrofacturation dans le même délai que celui dans lequel nous le corrigeons (3-5 jours au maximum) ou dans la mesure du possible [Engagement d'eBay]. Nous vous adresserons un courriel aujourd'hui à propos de ce qui doit être modifié [Engagement de X].

Pendant deux ans, Hoffman et Chestnut ont plongé dans le vif du sujet, se disputant sur les moindres détails de certains mots et envoyant des captures d'écran à la volée pour prouver leurs dires. Leur travail méticuleux a permis d'obtenir des moments de détente.

■ ■ ■

Tandis qu'ils développaient un canal de retour vital, cet effort s'est également transformé en quelque chose de différent. « Nous avons eu notre première réunion officielle avec eBay aujourd'hui », a écrit Hoffman à toute l'équipe le 10 novembre 2000. Les deux entreprises avaient entamé une discussion sur la possibilité de lier formellement leur avenir. D'un modeste accord de partage des revenus à une acquisition totale de PayPal, toutes les options étaient sur la table.

Hoffman a prévenu les employés que tout accord potentiel était encore loin. Wells Fargo avait pris une participation dans le Billpoint, dont l'une des conditions était que Billpoint reste le fournisseur de paiement préférentiel d'eBay. « Tout accord de paiement avec eBay impliquera également Billpoint [...] Cela prendra du temps et comporte des incertitudes évidentes », a écrit Hoffman.

Les détails des premières discussions PayPal-eBay ont été jalousement gardés. Une entreprise extérieure, First Annapolis Consulting, a examiné les bilans des deux parties. Pour les dirigeants d'eBay, une préoccupation l'emportait sur tout le reste : la fraude financière. Alors qu'eBay avait sa part de vendeurs frauduleux, l'entreprise a remarquablement maintenu un taux de fraude inférieur à celui de la plupart des magasins de vente au détail. Tout accord avec PayPal qui risquait d'augmenter la fraude était voué à l'échec.

Alors que les deux équipes examinaient un accord, celle de First Annapolis a passé du temps au siège de PayPal, s'est entretenu avec les employés, et a plongé dans ses données pour comprendre quel était le profil de fraude de l'entreprise. L'équipe est ressortie optimiste à son égard et l'a communiqué dans son rapport à eBay. « Si le critère de Billpoint pour engager des conversations avec PayPal est que celle-ci se concentre de manière adéquate sur la gestion des risques, nous pensons que PayPal répond à ces critères. L'entreprise a récemment investi massivement dans la capacité de gestion des risques et a développé des outils innovants. »

Mais First Annapolis a noté d'autres risques, non liés à la fraude chez PayPal : ses tactiques étaient nouvelles et pas encore testées, sa croissance était vertigineuse et son processus de souscription était rudimentaire. L'équipe d'évaluation s'est interrogée sur la « stabilité opérationnelle » de l'entreprise : les employés s'enfuiraient-ils à la suite d'un éventuel accord eBay-PayPal ? « Malgré toutes ces préoccupations, la question clé dans notre esprit est de savoir si le modèle commercial de PayPal lui fournira ou non une compensation adéquate pour le risque qu'elle prend », écrivait First Annapolis.

À l'époque, la réponse du côté d'eBay-Billpoint était non. Les dirigeants d'eBay (en premier lieu Janet Crane, la PDG de Billpoint) voyaient en PayPal une fosse à serpents où la fraude était courante. Pour l'instant, ont-ils conclu, ils utiliseraient Billpoint pour se battre pour les paiements, au lieu de conclure un accord précipité. Même si la négociation n'a pas abouti, l'effort de pré-diligence de la fin 2000 a ouvert la porte à des discussions, que les deux entreprises ont poursuivies avec plus ou moins de sérieux au cours des deux années suivantes.

Malgré Buy It Now, la promotion gratuite de Visa, et d'autres efforts de croissance, le Billpoint d'eBay n'a gagné qu'une part marginale des paiements sur la plateforme entre fin 2000 et début 2001. Alors que Billpoint mettait fin à ses promotions, sa progression s'est bloquée puis inversée. Les nombreuses contre-offensives de PayPal ont permis d'éviter que Billpoint vienne marcher sur ses platebandes, et les deux parties ont continué de se battre pour le terrain.

Dans un premier temps, PayPal a lancé des cartes bancaires destinées aux *PowerSellers* d'eBay ; une fonctionnalité que Billpoint n'avait pas. PayPal a promis une prime de remboursement aux vendeurs qui utilisaient la carte, et a ajouté un élément supplémentaire : il ne distribuerait sa carte qu'aux vendeurs qui indiquerait PayPal comme prestataire de paiement exclusif. L'équipe a fait la promotion de son nouveau produit avec détermination à travers son site Web, les courriels et même des appels téléphoniques. « Nous avons parcouru la base de données, examiné les 150 000 meilleurs vendeurs d'eBay et avons simplement commencé à leur envoyer des cartes bancaires sans même qu'ils les demandent », a souligné Premal Shah, un membre de l'équipe produit.

En 2001, a eu lieu le lancement de PayPal Shops, un annuaire et un service qui présentait des boutiques en ligne autres qu'eBay et aidait les vendeurs à construire leur propre entreprise en ligne. PayPal Shops est né de la volonté de David Sacks, qui souhaitait que PayPal offre des services de paiement sur l'ensemble du Web, et pas seulement sur eBay. Pour les vendeurs eBay, PayPal Shops promettait des économies : s'ils pouvaient gérer leurs propres boutiques en ligne, ils n'auraient plus à payer les frais d'eBay. PayPal a augmenté les enjeux en créant des boutons spécifiques à PayPal Shops et des paniers d'achat virtuels. Cette initiative a plus tard donné naissance à une division « services marchands » de PayPal, qui a contribué à étendre sa portée au-delà des enchères.

En interne, eBay a qualifié ces transactions hors eBay de « marché gris », et n'y a pas répondu avec Billpoint. Cependant, il l'a fait en nature, avec le lancement en juin 2001 de « eBay Stores », une maison pour les vendeurs qui préféraient les ventes à prix fixe aux enchères. Les vendeurs sur eBay Stores avaient le choix entre l'utilisation d'un compte marchand de carte de crédit officiel ou bien accepter Billpoint ; eBay savait que la plupart des vendeurs n'étaient pas éligibles à un compte marchand et espérait que l'intégration étroite de Billpoint réduirait la domination de PayPal.

Le lancement des eBay Stores a une nouvelle fois ébranlé la direction de PayPal. Hoffman a été envoyé pour approcher Rob Chestnut et exiger un changement. Ensuite, eBay a apporté une modification mineure en permettant l'utilisation de PayPal sur eBay Stores. PayPal a répondu en fournissant des instructions détaillées sur son utilisation à partir de la plateforme, et recommandant même aux vendeurs eBay de répertorier leurs boutiques dans l'annuaire de PayPal Shops.

La plupart des actions et des combats eBay-PayPal en 2000 et 2001 sont passés sous le radar des médias – et ce, jusqu'à une salve d'eBay, début 2001. Cette dernière a modifié son formulaire « Vendez votre article » de sorte que lorsqu'un vendeur utilisait le formulaire pour créer une annonce d'enchères, le paiement par défaut était Billpoint. « Si je m'étais précipité pour publier mon enchère sur le site d'eBay à travers ce processus, Billpoint serait apparu comme une option de paiement, déclenchant des alarmes chez ce service afin d'encourager le gagnant de l'enchère à l'utiliser pour me payer », a écrit Jackson.

Le changement a été imperceptible pour la plupart des utilisateurs, mais il a eu des conséquences énormes pour PayPal. Pratiquement du jour au lendemain, la part totale de Billpoint sur le marché des enchères a grimpé de 5 %. L'équipe de PayPal a découvert que, comme les vendeurs à gros volume utilisaient des outils automatisés pour publier des centaines de milliers d'enchères, ils visitaient rarement la page « Vendez votre article ». Autrement dit, ces vendeurs ignoraient que Billpoint était devenu leur mécanisme de paiement d'enchères par défaut.

PayPal a envoyé un courriel à sa base d'utilisateurs pour sonner l'alarme. « Des logos Billpoint non autorisés peuvent semer la confusion chez les acheteurs qui utilisent Billpoint pour vous payer, ce qui peut nuire à vos résultats, pouvait-on lire dans le mail. Le seul moyen sûr de vous protéger contre ces futurs logos, c'est de fermer votre compte Billpoint. » L'équipe a également ajouté un numéro de téléphone pour joindre le centre d'assistance du service client d'eBay.

Le conflit a éclaté au grand jour, les vendeurs postaient des messages sur les forums à ce sujet. La presse a eu vent de l'affaire, et les deux entreprises ont échangé des piques en public. PayPal a accusé eBay de ne pas jouer le jeu ; eBay a accusé PayPal d'exagérer le problème, qualifiant la réponse de PayPal d'« incendiaire » et ses actions de « profondément malavisées ».

Rosalinda Baldwin, éditrice d'une publication sur les enchères en ligne appelée *The Auction Guild*, et une voix critique dans le monde des enchères en ligne, a pris le parti de PayPal dans cette querelle. Dans un post de 1 356 mots intitulé « Les tactiques contraires à l'éthique de Billpoint », Baldwin se défoulait. « Nous n'aimons pas la façon dont ils ne parviennent pas à protéger les vendeurs contre les rétrofacturations injustifiées. Nous n'aimons pas la façon dont ils escroquent les vendeurs sur les rétrofacturations frauduleuses de carte de paiement. Nous n'aimons pas la façon dont ils introduisent leurs logos dans les enchères alors que le vendeur ne sélectionne pas leur service, et nous ne leur faisons pas confiance pour protéger les données des utilisateurs. »

Ses meilleures piques se concentraient sur le changement « Vendez votre article ». « Billpoint, d'eBay, a utilisé toutes sortes de moyens louches pour intégrer ses logos aux enchères des vendeurs », écrivait-elle, mais ce changement a surpassé les autres :

> Ils ont réglé l'option Billpoint sur « se désinscrire » plutôt que sur « s'inscrire », sans l'annoncer. Ils ont automatiquement ajouté leur logo aux listes, même si ce n'était pas une option proposée sur ladite liste : eBay [sic] incite les nouveaux vendeurs à s'inscrire sur Billpoint, et demande des informations bancaires, pas pour la sécurité du site, comme ils le prétendent, mais pour attribuer les vendeurs à Billpoint, avec ou sans leur consentement…

Baldwin terminait par un cinglant : « Billpoint n'est pas un produit suffisamment bon en soi pour que les vendeurs veuillent l'utiliser… la seule façon d'éviter les tactiques sordides d'eBay [*sic*] est de fermer définitivement votre compte Billpoint. » Et elle fournissait ensuite un lien permettant aux vendeurs de le faire.

Pour être juste, certaines des accusations de Baldwin auraient tout aussi bien pu être portées contre PayPal. À maintes reprises, celle-ci a activé des options sans consulter les vendeurs, et modifié les paramètres par défaut au profit de la croissance de ses utilisateurs. Une des premières actions de l'entreprise (la fonction « liaison automatique », qui affichait le logo PayPal sur les enchères pour les vendeurs qui l'avaient utilisé une fois) était identique à la modification « Vendez votre article » d'eBay.

Le commentaire de Baldwin témoignait également d'un esprit d'indépendance ardent au sein de la communauté des vendeurs eBay. « Certains vendeurs n'aimaient pas qu'eBay ait autant de pouvoir sur leur activité [...] [Utiliser PayPal], c'était une chance d'être un peu plus indépendant. "eBay veut que nous fassions A. Eh bien, nous allons faire B." Il y a définitivement un peu de cela dans la communauté », a déclaré Rob Chestnut, de eBay.

En fin de compte, l'ajustement « Vendez votre article » d'eBay a peut-être été trop faible, trop tardif dans ses efforts pour reconquérir la part de marché des paiements. Face à la pression des médias traditionnels, des « médias d'enchères » ainsi que de ses propres vendeurs, eBay a fait marche arrière, revenant sur le changement de son programme « Vendez votre article ». Dans les semaines qui ont suivi, les gains qu'eBay avait réalisés grâce à ce changement se sont évaporés.

■ ■ ■

Tout au long des quatre premières années de PayPal, Sacks, Thiel et le reste de l'équipe de direction ont estimé qu'eBay pouvait les écraser sur un coup de tête. « Une de mes réflexions à ce moment-là a été de me dire : "Si je gérais les paiements d'eBay, qu'est-ce que je ferais pour tuer PayPal ?" Et plusieurs choses différentes me sont venues à l'esprit !, raconte Sacks. J'ai toujours eu peur qu'un jour ils y pensent aussi. »

Cette peur a conduit à l'élaboration de plans d'urgence. À un moment donné, ils ont envisagé la menace qu'eBay bloque l'adresse IP de l'entreprise de PayPal – ce qui aurait cassé les boutons du service de paiement. Pour se préparer, PayPal a enregistré des centaines de comptes Internet AOL à accès commutés. Si eBay empêchait PayPal d'afficher son logo en bloquant l'adresse IP de l'entreprise, cette dernière pourrait faire passer son service par ces connexions AOL.

Alors que les tensions montaient, l'équipe de PayPal craignait qu'eBay n'atteigne les limites de sa tolérance et ne ferme tout simplement PayPal, peu importe les conséquences. Levchin, Hoffman, Thiel et Nosek sont arrivés à une solution radicale : ils allaient construire leur propre réseau d'enchères en ligne, un plan qu'ils ont appelé « Opération Overlord », le nom de code donné au Jour J, celui du débarquement allié en Normandie pendant la Seconde Guerre mondiale. PayPal pouvait utiliser ses tonnes d'informations sur les *PowerSellers* pour les attirer vers un réseau d'enchères concurrent. L'idée était en dehors du domaine du possible, mais le simple fait d'en parler illustrait le niveau d'inquiétude de PayPal concernant la puissance d'eBay.

Et bien que ces craintes ne se soient jamais vraiment dissipées, elles ont commencé à s'estomper, en partie grâce au soutien apporté par les vendeurs à PayPal, comme lors du cafouillage du « Vendez votre article ». « Chaque changement apporté au site Web d'eBay provoquait un tollé chez les utilisateurs. C'était une base d'utilisateurs très récalcitrante, a dit Sacks. Et les membres de l'entreprise avaient légitimement peur de cela. »

Selon May, cofondateur de Billpoint, l'équipe de la direction d'eBay a flirté avec l'idée d'une fermeture complète de PayPal, mais y avait finalement renoncé. « [Fermer définitivement PayPal] est vraiment quelque chose que nous avons imaginé, se souvient May. Mais [les dirigeants d'eBay] ont très clairement décidé de ne pas être méchants. Ce [n'est pas pour autant] qu'ils se sont laissés faire en ne voulant pas considérer ces options. »

Au moment où la critique de Baldwin est parue dans *The Auction Guild*, PayPal avait atteint une omniprésence qui avait échappé à Billpoint, et les critiques de Baldwin reflétaient le sentiment général de la communauté. « Nous étions vraiment réticents à faire quelque chose qui allait à l'encontre des souhaits de la communauté, se souvient Rob Chestnut, d'eBay. Elle aimait PayPal. Elle a eu du succès avec PayPal. Cela ne nous plaisait pas, mais c'était ce que voulait notre communauté. »

Personne sans doute n'a mieux compris le pouvoir d'une base d'utilisateurs fidèles que le fondateur d'eBay lui-même, Pierre Omidyar, qui avait repoussé les tentatives d'Amazon et de Yahoo lorsqu'elles avaient essayé de prendre une part dans le secteur de la vente aux enchères. « Nous avions un gros pôle d'attraction, qui était eBay, et tous ces petits aimants sont arrivés et ont essayé d'éloigner les gens, a expliqué Omidyar au journaliste Adam Cohen. Mais l'aimant d'eBay était si puissant qu'il leur était difficile de se lancer. »

PayPal a travaillé dur pour renforcer son pouvoir d'attraction, notamment auprès des *PowerSellers* d'eBay. « Nous recevions des suggestions de nos *PowerSellers* à propos d'un produit qu'ils aimeraient nous voir construire, se souvient Paul Martin. Et, le lundi suivant, il était à leur disposition sur le site Web. » Au cours de cette période, l'équipe a élaboré plusieurs produits pour aider les vendeurs à améliorer les listes d'enchères. Ils ont par exemple sorti la Notification d'enchère gagnante, qui envoyait automatiquement aux gagnants des instructions pour les paiements par PayPal, ainsi que des logos intelligents, qui font que les boutons de paiement changent de couleur à la clôture d'une enchère – une mise à jour accrocheuse.

« Ces choses ont l'air simples », a dit Martin à propos des efforts de l'équipe pour s'attirer les faveurs de la communauté des *PowerSeller* d'eBay. « Mais il faut garder à l'esprit que tout cela a été très difficile à mettre en place pour nous en termes de programmation. Parce que nous ne construisions pas tous ces éléments sur notre site Web. Nous les élaborions pour qu'elles fonctionnent sur celui de quelqu'un d'autre – qui ne nous aimait pas [...] c'était presque comme si nous avions créé des logiciels malveillants. »

Les efforts de PayPal en dehors d'eBay ont également porté leurs fruits. Malgré ses difficultés initiales en matière de service clientèle, le succès rencontré à Omaha a permis à l'entreprise de s'attirer les faveurs des vendeurs, qui ont afflué sur les forums pour faire l'éloge du service opérationnel 24 heures sur 24. La newsletter hebdomadaire de l'entreprise a capté le signal le plus puissant (pour ne pas dire inhabituel) indiquant que PayPal avait conquis les utilisateurs d'eBay. Damon Billian, employé de PayPal (surnommé « PayPal

Damon » sur les forums de discussion d'eBay) a atteint le « statut de quasi-rockstar » et reçu de tout, des photos aux demandes en mariage, de la part des vendeurs eBay.

■ ■ ■

En mai 1998, le ministère américain de la Justice et vingt procureurs généraux d'États avaient poursuivi Microsoft pour comportement anticoncurrentiel et monopolistique. Une bataille juridique de plusieurs années a suivi, au cours de laquelle Microsoft a été accusée, entre autres, d'« anéantir » le navigateur Web concurrent Netscape. Le gouvernement a menacé de démanteler Microsoft.

L'affaire a jeté un froid parmi les leaders technologiques du monde entier, y compris chez eBay. Les dirigeants de PayPal ont attisé les craintes. Un des nouveaux membres de l'équipe, Keith Rabois, a été chargé par Thiel d'établir une trace écrite antitrust contre eBay. PayPal a également mis en place un comité d'action politique (CAP) pour envoyer des contributions aux membres du Congrès, et les encourager à rédiger des notes à l'intention de la Commission fédérale du commerce au sujet du pouvoir de monopole d'eBay.

À la fin du printemps 2001, l'entreprise a fait appel à un avocat extérieur pour émettre une note cinglante de onze pages à interligne simple à l'intention du siège social d'eBay. Envoyé par fax et par FedEx à Meg Whitman, le courrier était un coup de semonce. « eBay abuse de sa position dominante sur le marché en ligne pour fausser et éliminer la concurrence sur les services de paiement en ligne. Voir, par exemple, *United States v. Microsoft Corp.*, 87 F. Supp. 2D 30 (D.D.C. 2000). Comme Microsoft, eBay tente d'éliminer ou de limiter la concurrence sur un second marché (services de paiement en ligne) en grande partie afin de renforcer et de protéger son monopole dans son activité principale (plateformes en ligne), écrivait l'avocat. Les lois antitrust ne permettent pas à une entreprise ayant une position dominante, comme eBay, d'étendre son monopole en éliminant les concurrents en aval qui, comme PayPal, offrent une concurrence bénéfique aux consommateurs – c'est-à-dire un meilleur service à des prix inférieurs. »

PayPal a veillé à ce que la menace d'eBay en tant que monopole soit toujours présente, en l'utilisant même dans ses communications quotidiennes. Lorsque Hoffman a contacté Chestnut au sujet du changement sur « Vendez votre article », par exemple, son message a été clair : « Rob, si eBay a adopté Billpoint par défaut, comme le suggèrent certains forums, veuillez considérer ceci comme ma façon officielle de faire part de mes inquiétudes concernant les produits "liés" ; par exemple, lier votre solution de paiement à votre monopole sur les listes d'enchères, et créer ainsi une situation anticoncurrentielle et antitrust. »

Vince Sollitto, responsable de la communication chez PayPal, a justifié l'utilisation de ces tactiques par l'entreprise : « Le point de vue [d'eBay] était : "Nous allons vous acheter ou vous tuer." Et tant qu'ils ne nous achetaient pas, ils étaient "en train de nous tuer", a-t-il dit. Et donc, dans le monde [des relations publiques] et dans celui des [relations gouvernementales], c'était la terre brûlée. Je faisais tout ce que je pouvais faire pour les emmerder [...] Je parcourais le Capitole en les traitant de méchants monopolistiques. »

Pour Chestnut, d'eBay, la peur de son concurrent se justifiait. « En toute honnêteté, leur survie dépendait de nous. Je peux comprendre cette mentalité. » Mais Chestnut et les dirigeants d'eBay n'ont pas craint les menaces antitrust autant que les dirigeants de PayPal ne l'avaient espéré. « Ils n'étaient pas subtils, dit-il en souriant. Vraiment pas. Mais écoutez, je suis un avocat. Un procureur fédéral. Des gens ont déjà menacé de me tirer dessus ! Vous n'allez pas vraiment réussir à m'intimider avec vos trucs antitrust. »

Beaucoup plus intimidant pour eBay qu'une telle affaire : la confiance réelle que PayPal avait établie avec les propres utilisateurs d'eBay. « Ce qui m'inquiétait vraiment, c'était la réaction que pourrait avoir la communauté des vendeurs si nous fermions PayPal », se souvient Chestnut.

19

LA DOMINATION MONDIALE

Lorsqu'il est devenu PDG, Thiel a désigné la croissance à l'étranger comme l'un de ses impératifs stratégiques, mais l'idée est antérieure à son message de fin 2000.

Dans ses documents de présentation originaux, Confinity présentait Mobile Wallet comme un moyen de libérer les populations des gouvernements et des banques de réserve qui manipulent la monnaie. Si ces idées ont finalement permis à la libération des utilisateurs d'eBay de Billpoint, l'équipe a continué de planifier la croissance mondiale de PayPal. Lorsqu'elle choisissait un nom de produit, par exemple, la facilité d'utilisation au niveau international était un facteur clé. Même le langage interne décontracté de l'équipe (« *The World Domination Index* », par exemple, ou la « *New World Currency*[66] ») témoignait de l'objectif de faire de PayPal un système de paiement universel.

La conquête du monde était également intégrée dans l'ADN initial de X.com. Musk espérait qu'un jour, son entreprise servirait de « centre mondial pour l'argent » et stockerait les dollars, les deutschemarks (qui deviendraient bientôt des euros) et les yens dans un seul endroit. Pour Musk, cette trajectoire n'avait rien de révolutionnaire : c'était l'évidence.

Musk pensait aux monnaies « du point de vue de la théorie de l'information » comme à une référence au domaine fondé par le Dre Claude Shannon en 1948. « L'argent est un système d'information. La plupart des gens pensent que l'argent a du pouvoir en soi. Mais en fait, c'est vraiment juste un système d'information

66. Nouvelle monnaie mondiale.

qui nous permet de ne pas nous livrer au troc et de transférer de la valeur dans le temps sous forme de prêts, d'actions et de choses comme ça. »

Si l'argent stocké dans les comptes de X.com n'était qu'une autre expression de l'information, comme Musk le voyait, alors les monnaies nationalisées n'étaient qu'une invention encombrante. Un réseau d'information universel comme Internet – qui permettait aux bits de traverser les frontières simplement, rapidement et à moindre coût – pourrait éliminer les frictions et les frais de change. « Les ambitions de X étaient essentiellement d'être là où se trouve l'argent, explique Musk. Elle était censée *être* le système financier mondial. »

Fin 2000, PayPal n'essayait plus de fomenter une révolution financière internationale – mais elle continuait d'explorer les opportunités à l'étranger. En tant que pays seul, les États-Unis étaient toujours en tête dans le monde au niveau du nombre d'utilisateurs d'Internet avec 95 millions d'Américains en ligne. Mais à l'échelle du continent, l'Asie et l'Europe comptaient à peu près le même nombre total d'internautes que l'Amérique du Nord et les dirigeants étrangers, autrefois sceptiques à l'égard du *World Wide Web*, en faisaient désormais la promotion. En 1998, le président français Jacques Chirac a organisé une célébration de l'Internet au niveau national (la fête de l'Internet) et personnellement présidé une discussion en ligne depuis le palais de l'Élysée. En 1996, Chirac avait reconnu, d'un air penaud, qu'il ne savait pas que le dispositif pointer-cliquer qui contrôlait un ordinateur s'appelait une souris.

La croissance d'Internet à l'étranger a suscité l'intérêt de nombreuses entreprises américaines, y compris eBay, dont la base d'utilisateurs couvrait quatre-vingt-dix pays. À la mi-1999, eBay a acheté un site d'enchères allemand vieux de trois mois, www.alando.de, avec l'intention de le transformer en www.ebay.de, et a ensuite procédé à des acquisitions similaires pour iBazar, basé en France, et Internet Auction Co, basé en Corée du Sud. Ces sites ont permis à eBay d'adapter plus soigneusement les services et les langues, et même de tirer parti des lois locales ; les vendeurs aux enchères d'Alando, par exemple, pouvaient vendre du vin en ligne à leurs compatriotes allemands, alors que les vendeurs américains ne le pouvaient pas[67].

Avec l'expansion d'eBay à l'étranger, PayPal a vu un débouché pour lui-même : les vendeurs aux enchères à l'étranger avaient eux aussi besoin de services de paiement. « Si vous étiez collectionneur, vous ne cherchiez pas seulement aux États-Unis. Vous regardiez en Grande-Bretagne, vous regardiez en Allemagne pour des objets de collection », a fait remarquer Bora Chung. L'entreprise a commencé à voir des utilisateurs envoyer de l'argent sur des adresses IP étrangères. « David [Sacks] s'en doutait un peu et [...] il examinait les données. Il se disait : "Les gens piratent notre système parce qu'ils ont simplement besoin d'envoyer de l'argent au Canada ou en Grande-Bretagne ou dans des pays anglophones. Nous devons juste trouver comment faire en sorte que cela se produise" », se souvient Giacomo DiGrigoli.

L'intérêt des clients internationaux concordait avec un autre avantage lié au fait d'aller à l'étranger : la collecte de fonds. Même après avoir récolté 100 millions de dollars en mars 2000, PayPal avait besoin de fonds supplémentaires. Mais avec un marché boursier toujours en baisse, les investisseurs américains n'avaient plus guère d'appétit pour les dotcom qui perdaient de l'argent. Pourtant, les investisseurs internationaux étaient toujours attirés par l'éclat du monde de la tech. « La Silicon Valley était le centre de toute cette innovation. Paris ne l'était pas. Ils voyaient que leur accès à cette technologie provenait des États-Unis », explique Mark Woolway.

L'équipe a choisi d'utiliser son expansion internationale pour poursuivre deux objectifs majeurs : la croissance et la collecte de fonds. Elle a engagé cet effort comme elle a commencé beaucoup d'autres choses au cours des années précédentes : avec peu

67. Les acquisitions mondiales d'eBay l'ont également aidée à contrecarrer la montée des imitateurs étrangers. Les cofondateurs d'Alando, par exemple, n'avaient pas caché avoir emprunté généreusement au géant américain des enchères. « Nous avons fait beaucoup de transactions sur eBay, a déclaré dès le départ Marc Samwer, le cofondateur d'Alando, au *Wall Street Journal*. Nous avons décidé de copier ce qui fonctionne et de l'améliorer. Pourquoi devrions-nous réinventer la roue ? » Le mimétisme a permis à Alando de gagner cinquante mille utilisateurs enregistrés en quelques semaines seulement – et une offre d'achat de 42 millions de dollars de la part d'eBay, quelques mois après le lancement.

de planification, une action rapide et une confiance en elle-même pour itérer vers le succès.

■ ■ ■

Scott Braunstein fait partie de ceux qui ont participé aux premiers déménagements vers l'étranger. Après avoir terminé un MBA et un doctorat en droit à Stanford, il a cherché une entreprise de la Silicon Valley présente à Londres, où il espérait s'installer avec sa fiancée britannique.

De manière fortuite, les requêtes de Braunstein sont arrivées alors que l'entreprise envisageait de s'implanter à l'international. Au cours de ce qu'il a appelé « le processus d'entretien le plus long et le plus fastidieux qui soit », Braunstein a vu le chaos se propager. Lorsqu'il a commencé l'entretien, Bill Harris avait été le PDG ; au moment où il a reçu l'offre, Musk dirigeait l'entreprise ; et quelques semaines seulement après l'avoir rejointe, Thiel a remplacé Musk à sa tête. Au cours de cette période, le Nasdaq a également perdu plus d'un tiers de sa valeur.

Peu de temps après son arrivée, Braunstein s'est vu charger de mettre en place l'opération européenne de PayPal à Londres – et n'a reçu que peu de directives au-delà de ça. « Je n'avais pas créé d'entreprise en Europe, se souvient Braunstein. Je n'avais jamais étudié non plus les questions de lobbying ou de réglementation. » Dès son arrivée, il a commencé à saisir l'ampleur du défi. « Les lois bancaires européennes sont obscures par rapport à celles des États-Unis », explique-t-il. Sandeep Lal, qui a finalement supervisé l'expansion internationale de PayPal, est allé un peu plus loin. « Les régulateurs [américains] sont en fait assez bons en termes d'innovation. Ils gardent la main légère [...] mais ce n'est pas le cas en Allemagne et dans tous ces pays [européens]. »

Il ne s'agissait pas seulement de réglementations étrangères – PayPal n'avait toujours pas trouvé la technologie précise nécessaire pour que la conversion de devises fonctionne. Pendant toute la fin 1999 et l'année 2000, les transactions de PayPal se faisaient entièrement en dollars. L'un des grands marchés internationaux – l'Europe – venait également de commencer une version 2.0 de ses monnaies nationales avec l'introduction de l'euro.

Pour Musk, Thiel et d'autres dirigeants de PayPal, l'urgence était la posture à adopter en toutes choses, y compris et surtout pour sa campagne d'expansion internationale. Braunstein venait à peine d'arriver à Londres lorsque Musk s'y est rendu pour une intervention. Ils ont accepté de se rencontrer au petit bureau de Londres. « En moins d'une heure, [Elon] m'a interrogé sur l'environnement réglementaire, se souvient Braunstein. Et j'ai dit : "Elon, je suis littéralement ici depuis une semaine !" »

Sur le front international, PayPal s'est senti en retard dès le départ. Visa et Mastercard étaient déjà sur les marchés étrangers ; d'autres start-up s'attaquaient des paiements hors des États-Unis. En mars 2000, eCash Technologies, basée à Seattle, a annoncé une présence en Allemagne et des programmes-pilotes dans plusieurs villes européennes et en Australie. Et puis, le 25 avril 2000, un ancien concurrent de PayPal, TeleBank, s'est présenté comme « la première banque américaine uniquement sur Internet à introduire ses services dans le monde entier ».

PayPal s'est interrogé sur la manière de procéder. La société rencontrait déjà suffisamment de difficultés pour gérer ses opérations à Palo Alto. Exporter ce chaos sous la forme de filiales créerait de nouveaux problèmes, même au niveau de la base de code de l'entreprise. « Afin de localiser dans n'importe quelle langue, la première chose que font généralement les entreprises, c'est extraire les chaînes localisables du code », a déclaré un designer UX qui travaillait sur l'expansion de PayPal au Japon.

L'expression des pluriels et des unités pouvant varier d'une langue à l'autre, les développeurs doivent créer des conventions de langue maternelle pour les bases de code locales. Pour PayPal, cela a été un défi. « Lorsque je suis allé là-bas, la première chose que j'ai remarquée, c'est que toutes les chaînes localisables étaient intégrées à l'intérieur d'un code – et c'était écrit en "code Max" », se souvient le designer.

Confrontée à des problèmes de langues, de réglementations et même de symboles monétaires, l'équipe a réalisé que PayPal ne pouvait pas simplement être transposé à l'étranger facilement et sans heurts. De grandes parties du site Web devaient être reproduites pièce par pièce, tout en tenant compte des préoccupations toujours urgentes du site américain principal.

■ ■ ■

Au départ, l'équipe a opté pour la stratégie la plus simple qui soit : PayPal autoriserait les utilisateurs internationaux à effectuer des transactions avec des clients américains sur la plateforme en dollars américains. Ensuite, elle étendrait cette offre à certains marchés en reliant les cartes de crédit étrangères à PayPal. Enfin, PayPal s'efforcerait de créer des coentreprises pays par pays pour fournir des services libellés au niveau local – en tirant parti de leur aide pour surmonter les barrières linguistiques, la conversion des devises et les réglementations.

Lorsque la nouvelle des partenariats de PayPal s'est répandue, l'intérêt s'est rapidement manifesté. « Il n'y a pas beaucoup d'innovation dans le secteur des paiements. L'évolution est très lente, explique Braunstein. Lorsque PayPal arrive, les gens sont enthousiastes, d'autres sont très inquiets. » Les dirigeants financiers européens redoutaient de passer à côté de cette innovation. Si PayPal était la prochaine grande évolution, ils voulaient en être les premiers participants.

Cet enthousiasme ne se limitait pas à l'Europe. « Lorsque j'ai atterri à Taipei, des gens m'attendaient avec des pancartes qui disaient : "Bienvenue Monsieur Mark de PayPal !". Les investisseurs là-bas nous adoraient [...] même après la récession [...] Ils adoraient le fait que quelqu'un de la Silicon Valley vienne à Séoul ou à Taipei », se souvient Woolway.

Fin mai 2000, PayPal a été invitée à participer à la toute première conférence sur la finance en ligne à Pékin – un signe fort de reconnaissance. Cosponsorisée par Lehman Brothers et la China Development Bank, la conférence a réuni les principaux acteurs de la finance chinoise. Jack Selby a fait le déplacement à Pékin pour représenter PayPal, et, une fois sur place, il a rapporté ses observations à ses collègues dans ce qui était, pour lui, un courriel rare à l'échelle de l'entreprise :

> Je suis arrivé tard lundi soir après une correspondance manquée et quatorze heures de vol. La conférence a débuté le lendemain matin, et la quarantaine de délégués américains

> et chinois étaient tous assis autour d'une table carrée équipée de casques et de micros (c'était comme une session de l'ONU, chaque mot étant interprété vers/depuis l'anglais et le mandarin).
>
> Après la session du matin, j'ai réalisé que le premier créneau de l'après-midi pour la banque en ligne avait été accordé à un autre groupe, Security First Network Bank – « la première banque en ligne au monde ». J'ai coincé le chef du bureau de Lehman à Pékin et je lui ai expliqué : 1. la SFNB est vraiment nulle, et plus important encore ; 2. mon discours serait les 15 minutes les plus passionnantes de la conférence. Il a fallu le supplier, mais il a finalement accepté de réduire de moitié le discours du PDG de la SFNB et de me laisser parler pendant le reste du temps imparti. Le type de la SFNB était très éloquent mais il avait peu de choses à dire si ce n'est que la SFNB était effectivement la première banque en ligne au monde. Cependant, X.com a acquis plus de clients au cours de ses quatre premières semaines que la SFNB n'en a géré en près de 5 ans, et des points aussi alléchants ne pouvaient certainement pas être passés sous silence.

Au début, Selby ne savait pas si le public était « émerveillé ou ne comprenait pas un mot [de ce qu'il disait] ». Mais ce soir-là, il s'est retrouvé assis à côté du vice-gouverneur de la China Development Bank, qui s'est montré poétique quant à la nécessité pour la Chine d'une présence PayPal. Selby a été présenté à d'autres chefs de file de la finance chinoise et, le lendemain, le vice-gouverneur a truffé sa propre présentation de références PayPal, affirmant que les entreprises chinoises devaient s'inspirer de cette dernière.

Selby a remarqué que même la culture start-up américaine décontractée a été bien accueillie. « J'étais le seul à ne jamais porter de cravate pendant les trois jours de la conférence. Ils ont trouvé que ça formidable ! »

■ ■ ■

Le modèle de coentreprise de PayPal a donné aux banques et aux établissements financiers étrangers la possibilité d'investir, en échange d'un site cobrandé. « Nous vendions essentiellement l'exclusivité pour qu'ils soient notre partenaire sur le territoire », expliquait Selby.

Pendant les années qui ont suivi, Jack Selby et ses collègues du développement commercial ont vécu sur la route. Grâce à leurs efforts, l'entreprise a signé des partenariats internationaux avec le Crédit Agricole en France, ING aux Pays-Bas et Development Bank Singapore, entre autres. Ces entreprises n'étaient que trop heureuses de verser de l'argent dans les coffres de PayPal, avec la promesse d'une offre PayPal en marque blanche.

Ces PayPal en marque blanche ont toutefois mis du temps à se matérialiser et, dans certains cas, n'ont jamais vu le jour. « L'accord avec Crédit Agricole est un bon exemple, explique Woolway. Ils ont fait un investissement de vingt millions de dollars [...] Ils voulaient deployer "PayPal France", mais notre principale motivation était d'obtenir l'argent. » Selby a reconnu les retards des marques blanches, mais a aussi souligné que les banques partenaires ont profité de leurs investissements, sinon de la sortie d'un PayPal local. « Nous ramions tous dans la même direction, et si nous réussissions, ils réussiraient aussi. Le timing était fongible », a-t-il déclaré.

Lal, Braunstein, Selby et d'autres devaient s'efforcer de travailler suffisamment sur les produits internationaux pour maintenir l'élan, sans pour autant distraire l'équipe de son travail sur le PayPal national. Si la patience d'un partenaire international était à bout, Lal devait parfois admettre la dure réalité : PayPal continuait de se battre pour l'emporter sur eBay, et ce succès national était une condition préalable à la construction des éditions internationales.

« Une chose était absolument claire pour nous tous, y compris pour moi. La priorité absolue était de gagner au niveau national. Si vous ne gagniez pas sur ce plan, il n'y avait aucune chance que les projets internationaux durent », a déclaré Lal.

Malgré la complexité de sceller des accords à l'étranger, ces partenariats ont permis de réduire au minimum les imitateurs régionaux de PayPal et, plus important encore, ont fourni à l'entreprise une source de trésorerie à un moment critique. Ces accords lui ont également permis de nourrir le produit national sans recruter de personnel ni lancer de nouvelles éditions de PayPal dans le monde entier.

Bien qu'embryonnaires, les démarches de la start-upà l'étranger ont également été une corde supplémentaire à son arc contre Billpoint. La décision de permettre des transactions en dollars américains aux clients étrangers, par exemple, s'est avérée être un premier pas important. Les vendeurs eBay à l'étranger voulaient exploiter le marché américain, mais le transfert de fonds à travers les frontières entraînait des frais élevés. « La seule façon pour eux de recevoir de l'argent auparavant, c'était par l'intermédiaire des envois de fonds internationaux. Cela coûtait vingt-cinq dollars avec Western Union. Ou bien vous alliez dans l'une de ces banques, et vous payez vingt-cinq dollars et d'énormes frais de change, [et] cela élimine tout simplement le commerce à faible montant », explique Lal.

Quand PayPal a commencé à autoriser les utilisateurs étrangers à accepter les dollars américains, cela a ouvert les vannes pour les vendeurs à l'étranger. Lal se souvient d'un vendeur de pierres précieuses basé en Thaïlande – www.thaigem.com – qui est devenu le meilleur marchand PayPal à l'étranger pendant un certain temps – et s'est avéré être une étude de cas pour les activités hors eBay de PayPal. Le *Weekly Pal* l'a qualifié de « succès story du commerce électronique », et a écrit que l'entreprise « avait commencé petit, avec cinq articles sur eBay, et était devenue le principal fournisseur répertorié de pierres précieuses taillées ». PayPal engrengait environ 600 000 dollars par mois des transactions Thaigem, mais le vrai coup de grâce a été l'évolution du vendeur de pierres précieuses : « Il a déplacé 95 % de ses activités d'Amazon et eBay sur son propre site Web. »

Au fil du temps, l'entreprise a également trouvé le moyen de lancer des produits localisés à l'étranger. Au début, Braunstein et Lal se sont concentrés sur l'Europe à cause du programme de licence de monnaie électronique du continent. « Si vous aviez cette licence, vous pouviez la faire passer dans un autre pays en Europe. Donc, vous postuliez dans un pays, vous obteniez la licence et cela vous donnait le droit d'opérer dans chaque pays en informant [ses régulateurs] », se souvient Lal. L'entreprise a travaillé dur pour obtenir la licence au Royaume-Uni (qui, selon Lal, comptait « les régulateurs les plus éclairés ») et l'a ensuite réemployée dans d'autres juridictions européennes.

Lorsque ses produits de conversion de devises ont commencé à prendre vie, l'entreprise est revenue à son éthique de simplicité rigoureuse. Giacomo DiGrigoli, qui travaillait sur les produits internationaux, était impatient de « sympathiser » avec les utilisateurs et d'afficher autant d'informations que possible sur les taux de change pour mettre les utilisateurs à l'aise. « Nous avons construit cet écran de paiement qui était un vrai cauchemar », a-t-il déclaré, détaillant une interface complexe contenant les taux de change locaux parmi des tonnes d'autres informations pertinentes.

Benjamin Listwon, le concepteur technique de l'équipe, se souvient aussi du débat vigoureux, qui a duré plusieurs semaines, sur la conception des pages multidevises. « Toutes les entreprises technologiques semblent se laisser entraîner par les petits problèmes stupides alors qu'elles résolvent les plus grands au monde », plaisante Listwon.

Giacomo DiGrigoli n'a jamais oublié la réponse brutale de David Sacks. « David y a jeté un coup d'œil et il a dit : "Non. Ça doit être aussi simple. Imagine, un humain essaie d'acheter quelque chose sur eBay. Et il doit envoyer quatre-vingts euros. Tu devrais avoir une liste déroulante qui indique quatre-vingts et le numéro de la devise. Et puis, sur l'écran d'autorisation, tu peux mettre toutes les autres conneries qui doivent être indiquées [...] Simplifie les choses, s'il te plaît." »

Le 31 octobre 2000, tout juste un an après son arrivée aux États-Unis, PayPal est devenue accessible aux clients dans vingt-six pays. Ces comptes étaient limités au début : libellés uniquement en dollars américains et permettant aux clients d'envoyer de l'argent uniquement aux personnes dans leur propre pays et aux États-Unis. Mais ils existaient, et ils généraient des revenus pour l'entreprise avec une commission de 0,30 dollar et 2,6 % sur chaque paiement.

Fin 2001, les transactions internationales représentaient près de 15 % du chiffre d'affaires total de l'entreprise, et l'équipe a vu les graphiques des utilisateurs et des transactions étrangères qui se déplaçaient vers le haut et vers la droite. Alors que les transactions en dollars se transformaient en transactions multidevises, cette croissance s'est accélérée, ouvrant la voie à une expansion mondiale qui a conduit PayPal à opérer dans deux cents pays et vingt-cinq devises.

■ ■ ■

L'expansion à de nouveaux marchés n'a pas toujours été traditionnelle, et PayPal ne s'est pas lancée tête baissée dans tous les marchés potentiellement lucratifs. Reid Hoffman se souvient d'un commerçant potentiel qui voulait les services PayPal pour une affaire de marijuana. « Je lui ai dit : "Eh bien, il faut que j'en parle avec nos avocats" ». Son affaire a été refusée.

La pornographie s'est également révélée délicate sur le plan éthique. C'était de loin la plus grande source de trafic sur Internet, mais plusieurs employés de PayPal voulaient que l'entreprise reste à l'écart de ça. Thiel a ouvert le dialogue avec des groupes d'employés. Kim-Elisha Proctor était relativement nouvelle dans l'entreprise, mais elle a apprécié le fait que le PDG « écoute mes préoccupations et me parle de la décision que nous prenons et du pourquoi ».

Les dirigeants de PayPal ont trouvé un compromis. « Nous ne rechercherions pas cette activité, mais il n'y aurait pas non plus d'inquisition pour les extirper de cette base d'utilisateurs géante », explique Sacks.

La croissance de certains nouveaux marchés a mis PayPal dans les eaux chaudes de la réglementation. Le 6 juillet 2001, l'entreprise a fait la une du *New York Times*, avec le logo de PayPal à côté d'un article. Dans ce qui aurait dû être une aubaine pour sa réputation, le *Times* montrait le logo en haut de la page d'accueil d'un site de jeux d'argent, avec le titre « Les entreprises américaines profitent de l'essor des jeux d'argent sur Internet ».

Lorsqu'Internet a pris son essor à la fin des années 1990, le marché des casinos en ligne a explosé avec lui. Les jeux d'argent en ligne étaient illégaux dans la majeure partie des États-Unis, mais les Américains surfaient sur des sites étrangers, souvent implantés au Costa Rica ou dans les Caraïbes. Alors que ce secteur rapportait des milliards, une multitude d'entreprises américaines est apparue pour le soutenir, notamment des concepteurs de logiciels de jeu et des sociétés qui ont placé des panneaux d'affichage de casinos sur les autoroutes américaines. Même des entreprises Internet réputées ont rejoint la course : même si Google et Yahoo ont rejeté les dollars publicitaires des entreprises vendant de l'alcool et du tabac, elles ont adopté les jeux d'argent en ligne. « [Ils] ne sont pas dans la même catégorie pour nous, a déclaré un cadre de Google au *New York Times* en 2001. Les lois ne sont pas concluantes sur ce point. »

Aussi peu concluantes qu'aient pu être les lois, les résultats de la prolifération des jeux d'argent en ligne l'étaient de moins en moins. « Vous continuez à cliquer, et cliquer, et cliquer sur le bouton, avait déclaré une joueuse à un journaliste. C'est une euphorie. C'est comme si la réalité n'existait pas. » La joueuse a perdu la moitié de son salaire net de l'année en l'espace d'un seul mois, et a envisagé de se jeter dans l'océan Pacifique par désespoir.

Les casinos numériques fonctionnaient dans le cadre d'une surveillance réglementaire trouble. « Ce n'est pas simplement le fait que les gens puissent perdre beaucoup d'argent en seulement quelques clics, explique Woolway. Ce n'est pas non plus un casino de Vegas où les machines à sous sont inspectées par la commission des jeux du Nevada [...] Le problème avec ces casinos en ligne, c'est que vous jouez contre les machines à sous en ligne de cette entreprise basée à Aruba [...] Comment savez-vous quelles sont vos chances réelles ? »

Les joueurs ont également signalé des interactions louches avec les sociétés gérant les casinos, notamment lors de la récupération des gains. Si les joueurs perdaient, l'argent était transféré rapidement du compte du joueur au casino. Mais s'ils gagnaient, les casinos retenaient souvent le paiement plusieurs jours, afin de les inciter à continuer à jouer.

Pour cette raison et d'autres, de nombreuses institutions financières américaines traditionnelles ont évité de servir les casinos *offshores*. Mais cela a laissé une ouverture pour une start-up ayant besoin de diversifier sa clientèle. « Personne ne voulait traiter avec eux, nous sommes intervenus pour combler ce vide », a dit Selby. En 2001, l'équipe a fait l'expérience de la noirceur de ce vide, alors que plusieurs employés de PayPal ont passé l'année 2001 à faire la navette pour aller jouer au casino sur des îles au large des côtes américaines.

■ ■ ■

En 1998 et 1999, certaines personnes ayant perdu de l'argent en jouant sur Internet ont intenté des procès aux sociétés de cartes de crédit. Une femme de Californie a poursuivi Mastercard et Visa devant le tribunal du district après avoir accumulé 70 000 dollars de dettes sur sa carte de crédit. Elle a gagné son procès et ses dettes ont été réglées. Mais, à la suite de cette affaire et d'autres similaires, ainsi que d'une attention accrue des médias, Visa, Mastercard et American Express ont imposé des interdictions plus strictes sur les sites Web de casinos *offshore*.

Mais comme PayPal l'avait appris d'eBay, tout marché dédaigné par Visa, Mastercard et American Express pouvait être une mine d'or. PayPal a soigneusement examiné les risques et les avantages des services aux entreprises de jeux en ligne, un débat qui a atteint le conseil. En tant que membre du conseil d'administration de Google et Yahoo, Mike Moritz a compris les avantages du secteur et a plaidé pour l'implication de PayPal. Tant que la contribution des jeux d'argent à ses revenus demeurait suffisamment faible, a-t-il conseillé, PayPal ne déclencherait pas la sonnette d'alarme.

Son entrée dans les jeux d'argent n'était pas nouvelle non plus – un autre site Web gérait les paiements de casinos et utilisait PayPal pour compléter les transactions. « [Cette entreprise] répertoriait tous les casinos qu'elle avait sur son site », se souvient Dan Madden, un membre de l'équipe du développement commercial chargé d'exécuter la stratégie dite Las Vegas. « Alors j'ai dit : "Bien, je peux juste appeler ces casinos et leur dire qu'ils pourraient travailler directement avec nous." »

Les casinos et PayPal ont estimé qu'ils avaient quelque chose à gagner dans l'affaire : les casinos en ayant une marque de plus en plus réputée comme prestataire de paiement ; et PayPal en percevant une forte prime pour les transactions de casino. C'est ainsi qu'a commencé une curieuse mission de prospection pour Madden et l'équipe de développement commercial, une mission qui les a conduits en République dominicaine, au Costa Rica, à Antigua et à Curaçao, où sont implantées certaines des entreprises de jeux *offshore*.

L'univers du jeu en ligne était subdivisé en deux mondes. Il y avait, selon Madden, les bookmakers légitimes d'Europe qui souhaitaient étendre leurs activités aux Caraïbes. Et puis, il y avait l'autre, un élément moins savoureux : les bookmakers de New York et Miami, qui voulaient déplacer leurs opérations américaines, compliquées sur le plan juridique, *offshore*. « C'était inconfortable, a déclaré Madden, se souvenant d'une rencontre mémorable avec un magnat des casinos *offshore*. J'assistais à une réunion, et le type avait ce pistolet posé sur son bureau. »

Même si les jeux d'argent ne représentaient qu'une petite fraction à un chiffre du volume total des paiements de PayPal, les marges bénéficiaires ont atteint 20 % et 30 % ; soit nettement plus que les marges que l'entreprise réalisait sur les paiements d'enchères ordinaires.

Dès le début, l'entreprise a vu le risque de cette activité comme une couverture contre un risque bien plus important : eBay. « Nous cherchions toujours des moyens de sortir d'eBay, se souvient Woolway. Le jeu offrait une marge élevée et se développait rapidement. Et nous étions idéalement placés pour être une solution évidente. »

Mais alors que PayPal se mêlait des jeux en ligne, elle a fait l'objet d'une surveillance plus accrue. PayPal a été invoquée dans un témoignage compromettant au Congrès. Les analystes du secteur et les lobbyistes des associations de cartes de crédit ont souligné que, du fait que PayPal était un intermédiaire de paiement (et non une entreprise de cartes de crédit), elle offrait aux casinos une couverture pratique pour contourner les règles relatives à ces cartes.

L'expansion sur ce marché, bien que lucrative, a également exposé PayPal aux entreprises qui se sont développées autour des jeux d'argent. « Si vous avez un casino quelque part dans une ville près de vous, il ne serait pas inhabituel de voir un tas de délits se produire [non loin] […] Eh bien, la même chose a lieu sur Internet. Lorsque vous avez des casinos, d'autres escroqueries se regroupent autour », explique Melanie Cervantes, enquêtrice sur les fraudes.

Il était difficile d'ignorer le caractère douteux de la situation. « Les casinos sont un excellent moyen de masquer les mouvements d'argent […] Si Vladimir effectue des paiements de cinq mille dollars à ce type à Malte, le troisième mercredi du mois, et que c'est plutôt structuré, il est probablement en pleine superposition », a noté Cervantes, en référence à une étape du processus de blanchiment d'argent, au cours de laquelle les criminels ajoutent des « couches » entre la source des fonds mal acquis et leur destination.

« Le blanchiment d'argent est illégal. Il couvre des crimes très graves dans le monde réel », ajoute-t-elle. En explorant le Web des jeux d'argent, ils ont découvert des liens avec tout, des dealers de cocaïne aux tueurs à gages, en passant par les trafiquants d'armes – un vaste monde souterrain numérique dans lequel PayPal devait désormais naviguer et faire la police.

■ ■ ■

Malgré les complications, PayPal envisageait de faire des mouvements plus sérieux dans le secteur des jeux, sous la forme d'une acquisition. SureFire Commerce était le processeur de paiement leader du secteur, avec 60 % des transactions de jeux en ligne.

En interne, la recherche sur SureFire avait reçu le nom de code « Project Sapphire » et l'entreprise a passé plusieurs mois à faire preuve de diligence raisonnable et à évaluer les risques. PricewaterhouseCoopers a été chargé d'effectuer une analyse de risque et les responsables de SureFire et PayPal se sont rencontrés pour des séances d'interrogatoire mutuelles sur leurs modèles d'affaires respectifs.

En s'intéressant de plus près aux activités de SureFire, les dirigeants de PayPal sont tombés sur un drapeau rouge : SureFire jouait avec les codes des associations de cartes de crédit pour les transactions de jeux en ligne. Afin de mieux surveiller cet espace, les associations de cartes avaient mis en place un code spécial pour ces transactions – code 7995. Si ce code apparaissait, il fallait comprendre que ces transactions faisaient l'objet d'une surveillance spéciale, et beaucoup étaient purement et simplement refusées.

Plutôt que d'utiliser 7995, SureFire avait tranquillement choisi d'employer d'autres codes – dont, par exemple, le code 5999 : « Transactions diverses sur Internet ». Cela a permis de maintenir l'activité et de limiter l'attention des sociétés de cartes de crédit. De tels mouvements n'étaient pas illégaux, mais ils constituaient une violation manifeste des règles de traitement des associations de cartes de crédit.

PayPal a finalement mis fin à ses négociations avec SureFire Commerce. L'équipe a toutefois su tirer profit de ce qu'elle avait appris. En juillet et août 2001, Visa et Mastercard ont commencé à appliquer leurs règles de manière plus stricte, ciblant les processeurs de paiement qui falsifiaient leurs classifications de codage, y compris PayPal. Visa avait remarqué que certaines des transactions de casino provenant de sites de jeux *offshore* étaient mal codées, et PayPal a reçu une demande de renseignements sévèrement formulée.

PayPal s'est exécuté en modifiant ses pratiques de codage, puis est allé un peu plus loin en informant Visa et Mastercard que les violations de SureFire étaient beaucoup plus flagrantes et méritaient d'être examinées de près. Il a fallu du courage. Après tout, PayPal et SureFire étaient coupables du même type d'erreur de direction. Mais l'équipe de PayPal a perçu une opportunité : si l'activité de SureFire était touchée, PayPal pourrait gagner plus de parts de marché dans les casinos, pendant que Visa, une vieille ennemie de PayPal, faisait le sale boulot.

Dans ses flirts avec SureFire Commerce, ses luttes avec eBay et son expansion à l'étranger, la société s'est montrée sous son jour le plus agressif. Ce qui a commencé par une invention a souvent dû survivre grâce à un opportunisme féroce : un produit, arborant une étiquette blanche, qui ne s'est jamais matérialisé ; fournir des services à des entités *offshores* douteuses ; créer des valeurs par défaut sur eBay et utiliser les propres contestations des utilisateurs du géant des enchères pour consolider les changements.

Dans chaque cas, les manœuvres avaient une raison d'être, une logique de « la fin justifie les moyens », qui reflétait la réalité de l'activité de paiement à faible marge. Bien sûr, l'entreprise n'a pas franchi toutes les limites ; elle a pris soin d'éviter tout ce qui était carrément illégal, comme dans le cas du commerce de la marijuana, en respectant ce que Thiel aurait appelé la règle du « pas de tenue orange ». Mais lorsqu'il s'agissait de contourner des règles artificielles – conditions d'utilisation de Visa et Mastercard, par exemple – l'équipe n'avait guère de scrupules.

Une grande partie de cette situation était due aux données sombres que les dirigeants de l'entreprise ont analysées pendant des années : la majorité de ses paiements provenaient toujours d'eBay – laissant l'entreprise sur des bases perpétuellement fragiles. L'expansion vers d'autres marchés était donc devenue une priorité urgente.

Dans une chronique pour la newsletter de l'entreprise, David Sacks faisait part de ses réflexions sur la pénétration de nouveaux marchés de paiements. « En pratique, PayPal ne peut viser qu'un nombre très limité de marchés, parce que les produits de paiement doivent être spécifiquement adaptés aux besoins des différents types de clients », écrivait-il.

Sacks a estimé qu'il fallait trois mois de préparation à l'entreprise avant le lancement, et un travail commercial et marketing agressif après pour conquérir un nouveau marché. Donc, dans la mesure du possible, PayPal explorait les marchés qui « 1. sont relativement proches de notre territoire existant en termes de fonctionnalité, et 2. ont une nécessité impérieuse de notre service parce qu'ils sont mal desservis par les options existantes ».

Ces critères ont conduit à une sélection des cibles d'expansion possibles – comme lorsque Sacks a rejeté la proposition d'un employé selon lequel Pizza Hut ou Amazon étaient mûrs pour être conquis. Pour Sacks, les détaillants hors ligne constituaient « une étape révolutionnaire (plutôt qu'évolutive) par rapport à ce que [PayPal] était aujourd'hui, et il n'est pas clair non plus que PayPal apporte beaucoup plus que les options existantes ». Il considérait également que l'expansion à Amazon et à des sites similaires était vouée à l'échec : l'équipe ne comprenait que trop bien la frustration et les frictions liées au processus de paiement d'eBay. « Les sites établis, écrivait-il, ne tiennent pas à confier leur ligne de paiement à PayPal. »

Conclusion : PayPal choisirait ses conquêtes de manière sélective. « La domination mondiale ne sera pas atteinte en se parachutant sans discernement sur des terres hostiles », a conclu Sacks.

20

AVEUGLÉS

« Nous aurons une introduction en bourse thermonucléaire », a annoncé Musk dans le courant de l'été 2000. Les employés ont classé cette déclaration parmi ses « Muskismes » les plus mémorables.

Mais un an après la création de PayPal, les marchés venaient juste de survivre à une explosion majeure – et se montraient frileux concernant les introductions en bourse d'entreprises technologiques. Pets.com, soutenu par Amazon, en est la preuve. L'entreprise d'alimentation en ligne pour animaux de compagnie, qui a fait l'objet d'un grand battage médiatique, a été introduite en bourse en février 2000, à 11 dollars par action, pour atteindre plus tard un pic de 14 dollars par action. En novembre, le titre s'est effondré à 19 centimes par action. Quelques mois seulement après son introduction en bourse, l'entreprise a été mise en liquidation. Elle n'a pas été seule : en 2000, les actions Internet ont collectivement perdu les trois quarts de leur valeur, anéantissant une capitalisation boursière stupéfiante de 2 000 milliards de dollars.

Au milieu de ces ruines, PayPal a examiné les options dont elle disposait pour entrer en bourse. Thiel a présenté un nouvel objectif à l'échelle de l'entreprise : atteindre le seuil de rentabilité en août 2001. La rentabilité n'était pas une condition préalable pour rejoindre le Nasdaq ou le NYSE ; en 2000, seules 14 % des entreprises atteignaient la rentabilité avant leur introduction en bourse. Mais étant donné l'humeur maussade du marché à l'égard des actions technologiques, Thiel a pensé que la rentabilité persuaderait les sceptiques.

Thiel et son équipe ont poursuivi cet objectif sous tous les angles, y compris en se serrant la ceinture là où cela faisait le plus mal : les en-cas de l'équipe. Au printemps 2001, la newsletter de l'entreprise a annoncé l'impensable : les boissons gazeuses et les collations des distributeurs automatiques seraient payants. La cuisine continuerait à offrir gratuitement des produits de base comme le beurre de cacahuète et le lait, mais les déjeuners d'entreprise financés seraient réduits à des sandwichs trois fois par semaine. « Mais au final, ces petits sacrifices en valent la peine », assuraient les rédacteurs de la newsletter, leurs estomacs gargouillant sans doute de faim.

La disparition des distributeurs automatiques gratuits a encouragé un acte d'innovation rebelle. « Quelques types se sont réunis et ont dit : "Rien à foutre de tout ça. Si nous payons, ayons au moins ce que nous voulons" », se souvient Jim Kellas. « Alors, ils ont installé un tiroir avec plein de bonbons et autres trucs à l'intérieur. Et puis ils ont ajouté un scanner, [pour le] code-barres que vous aviez au dos de votre badge [d'entreprise]. Vous le scanniez et il débitait automatiquement votre compte PayPal. » George Ishii, l'un des intrépides fondateurs du magasin de l'entreprise, a soi-disant appelé le magasin « Ishii Shou Ten » – la traduction japonaise de « Ishii Store ».

Pour encourager l'équipe à atteindre la rentabilité, Thiel a accepté de faire un pari. « De nombreuses personnes dans notre entreprise sont prêtes à sacrifier beaucoup pour l'aider à réussir, a écrit Jennifer Kuo, autrice du *Weekly Pal* cette semaine-là, mi-avril 2001. Nous avons renoncé au sommeil, au temps libre, à l'exercice et au soleil. Mais aujourd'hui, notre PDG, Peter Thiel, a accepté de faire le sacrifice ultime pour l'équipe. Il a convenu que si nous étions rentables au mois d'août, il se teindrait les cheveux en bleu !!! »

■ ■ ■

Les entreprises privées demandent à être cotées sur les marchés boursiers pour plusieurs raisons. La première est d'ordre financier : en vendant une partie de leurs actions au public, les entreprises peuvent lever des capitaux auprès d'investisseurs institutionnels, commerçants de détail et autres acheteurs sur les marchés publics. Pour les fondateurs et les premiers employés disposant d'un capital, ce processus transforme des fortunes de papier en dollars réels. Et pour beaucoup, c'est l'occasion de se retirer après le travail acharné que nécessite la création d'une entreprise à partir de rien.

Une introduction en bourse permet également de déterminer la juste valeur marchande d'une entreprise, sur la base du prix que les actionnaires publics sont prêts à payer par action. Enfin, la couverture médiatique entourant les introductions en bourse peut être une aubaine pour l'image de marque – en renforçant le nom de l'entreprise dans l'esprit du public.

PayPal avait plusieurs raisons d'entrer en bourse, mais la plus importante était la collecte de fonds. L'équipe avait bouclé un autre tour de table pour 90 millions de dollars auprès d'investisseurs internationaux en mars 2001, et l'entreprise visait la rentabilité. Mais les fonds supplémentaires levés grâce à une introduction en bourse pouvaient fournir une assurance, d'autant plus que l'entreprise avait soigneusement géré sa dépendance à eBay, son taux de fraude et ses relations ténues avec les sociétés de cartes de crédit, parmi d'autres risques.

Même dans un marché en plein essor, le processus d'introduction en bourse peut être long et difficile, allant de trois mois à plusieurs années. La paperasse est volumineuse et les avocats nombreux. Pendant la période qui précède l'introduction en bourse, l'entreprise fait l'objet d'un examen minutieux de la part des banques d'investissement, des commissaires aux comptes, des régulateurs, des médias et du public investisseur. Outre le coût en temps, une introduction en bourse peut entraîner des poursuites judiciaires intempestives, et une attention indésirable de la part de la presse – deux facteurs qui peuvent causer des dommages durables. En échange de la possibilité de lever des fonds par la vente d'actions, une entreprise accepte également des exigences strictes en matière de déclarations et de réglementation de la part de la Securities and Exchange Commission (SEC). Même après l'introduction en bourse, les employés doivent patienter pendant une « période de blocage » avant de pouvoir vendre leurs actions.

En juillet 2001, le travail de Mark Woolway est passé de la collecte de fonds à l'étranger à la préparation de l'entreprise pour son marathon d'introduction en bourse. Dans un premier temps, il a aidé l'entreprise à sélectionner une banque d'investissement – une décision cruciale. La banque la guiderait à travers les périls du processus d'introduction en bourse et servirait de souscripteur (l'intermédiaire entre la société offrant des actions et les investisseurs cherchant à les acheter). Ses banquiers vérifieront les exigences de cotation, partageront son histoire avec les investisseurs, évalueront la demande d'actions et fixeront le prix et le moment de l'introduction en bourse pour un effet maximal.

L'équipe a remporté une victoire rapide lorsque Morgan Stanley a accepté d'être son principal souscripteur. L'équipe de Morgan Stanley, dirigée par son analyste vedette Mary Meeker, avait une solide réputation en matière d'introductions en bourse dans le secteur technologique, avec notamment la légendaire introduction en bourse de Netscape en 1995, considérée comme le coup d'envoi du *boom* des dotcom. La même année, Meeker a publié le premier numéro de *Internet Trends* – son « état des lieux » du monde numérique.

Au milieu du mois d'août 2001, PayPal a commencé le processus d'introduction en bourse en préparant son S-1, un document de plusieurs centaines de pages soumis à la SEC et détaillant les finances, les opérations, l'histoire et les aspects juridiques de la société. L'équipe de Morgan Stanley s'est rendue à Palo Alto afin de rencontrer celle de PayPal au cours de la dernière semaine d'août. Une réunion durant laquelle ils se sont engagés à une introduction en bourse pour la fin de 2001.

Le 29 août, Thiel a envoyé des accords de blocage à tous les employés et actionnaires de PayPal, annonçant que PayPal entamait son processus d'introduction en bourse. La note comportait un avertissement sévère : les employés devaient faire attention à ce qu'ils partageaient au sujet de l'entreprise à partir de ce moment-là. Le *Weekly Pal* a réitéré son message, citant le célèbre adage de la Seconde Guerre mondiale : « *Loose lips sink ships* ![68] »

■ ■ ■

Une introduction en bourse permettrait également de fixer le prix de l'entreprise – ce qui, comme l'ont montré les multiples tentatives d'acquisition, était difficile. « Nous avions besoin d'aller en bourse.

---

68. Littéralement « des lèvres trop déliées peuvent couler des bateaux ». Il s'agit d'une expression issue d'affiches de la propagande américaine durant la Seconde Guerre mondiale, signifiant que l'indiscrétion pouvait avoir des conséquences fâcheuses (parfois traduit en français par « un mot de trop, un vaisseau en moins » ou « propos inconsidérés, bateaux coulés »).

Nous pouvons [y entrer], laisser le Nasdaq vous dire ce que nous valons, et ensuite vous pourrez nous acheter », a déclaré Jack Selby.

Des prétendants supplémentaires ont émergé au début du processus d'introduction en bourse. L'un d'eux – CheckFree, une entreprise qui tentait de numériser le processus de facturation papier – a été particulièrement attirée par l'échelle de PayPal, son important volume de paiement et la confiance qu'elle avait acquise en opérant sur une plateforme tierce. « Les marques grand public sont collantes. Et lorsqu'on parle de transfert d'argent, la confiance est tellement difficile à établir ! », a dit Pete Kight, le fondateur de CheckFree.

Kight a été impressionné de voir que PayPal avait réussi à transformer le système de paiement défaillant d'eBay en une entreprise à part entière. « Ce n'est pas toujours la solution qui trouve le problème, a dit Kight à propos de PayPal. Parfois, c'est le problème qui trouve la solution. »

Kight était au courant des ambitions de PayPal d'entrer en bourse, mais Thiel avait des inquiétudes quant à cette introduction. « [Thiel] n'arrêtait pas de dire : “Je ne veux pas diriger une entreprise publique. Je n'ai aucune envie d'être un PDG public. Je préfère faire autre chose. Je ne veux pas entrer en bourse”, se souvient Kight. Il m'a convaincu. Je ne pensais pas que c'était plus compliqué que cela. »

Les deux sociétés se sont rapidement lancées dans deux tentatives d'acquisition de CheckFree, assorties d'une vérification préalable. En dépit de son enthousiasme vis-à-vis de PayPal, l'équipe de CheckFree était préoccupée par la dépendance de PayPal à eBay – ainsi que par une partie de la rhétorique farouchement indépendante que ses dirigeants utilisaient. « J'y suis un peu allé en disant : “Cela m'intéresse, mais je n'ai aucun intérêt à renverser le gouvernement” », a dit Kight. Thiel a tenté d'atténuer ces deux préoccupations dans ses discussions avec Kight.

Cependant, la préoccupation majeure de CheckFree était la dépendance de PayPal vis-à-vis du réseau des associations de cartes de crédit. Kight craignait qu'un seul changement de Visa ou Mastercard ne puisse anéantir PayPal. Dans un tel scénario, « nous aurions simplement acheté une entreprise qui n'était plus autorisée à faire ce qu'elle faisait ».

Finalement, Kight a décidé que CheckFree ne pouvait pas aller plus loin. Aujourd'hui, Kight est de bonne humeur face au résultat. « Lorsque les gens parlent de l'histoire de CheckFree et qu'ils disent : "Vous êtes tellement intelligent", je leur réponds : "Eh bien, si vous pensez que je suis si intelligent, comment expliquez-vous le fait que j'ai non seulement eu la possibilité d'acheter PayPal, mais que j'ai eu deux occasions de le faire – et que je les ai rejetées toutes les deux ?" »

■ ■ ■

Le vendredi 31 août 2001, PayPal a enregistré son dix-millionième client. Dans les bureaux de PayPal, au 1840 Embarcadero, l'équipe (déjà en pleine effervescence à propos de la prochaine introduction en bourse) a célébré cela lors d'un after-work avec des margaritas, et Thiel a envoyé un mail concernant cette étape importante :

> Cette semaine, PayPal a atteint son 10 000 000e utilisateur. On peut penser que l'on attache trop d'importance aux chiffres ronds. Néanmoins, cela permet de replacer les choses dans un certain contexte :
>
> 1. 18 novembre 1999 : 1 000 utilisateurs. Nous ne savons toujours pas si le produit va décoller ou si le nombre d'utilisateurs va simplement s'essoufler après un premier élan d'intérêt.
> 2. 28 décembre 1999 : 10 000 utilisateurs. PayPal enregistre environ 500 utilisateurs chaque jour, et cela devient de plus en plus difficile d'envoyer (à la main) toutes les enveloppes contenant les numéros d'identification des gens. Néanmoins, il semble que le taux de croissance augmente de jour en jour ;
> 3. 2 février 2000 : 100 000 utilisateurs. C'est définitivement exponentiel [...] Mais nous n'avons aucune idée de ce que nous allons faire de ces utilisateurs. Nous commençons à nous inquiéter des bonus d'inscription (20 dollars par personne), et nous savons que ça ne peut pas durer éternellement [...] Évidemment, les dépenses augmentent aussi de façon exponentielle [...] Une entreprise voisine (X.com) offre les mêmes primes, et nous avons peur d'être ruinés dans la course. [Après la fusion, il s'avère qu'eux aussi avaient un peu peur.] ;

4. 15 avril 2000 : 1 000 000 d'utilisateurs. Nous venons de fusionner PayPal et X.com, et nous avons levé 100 millions de dollars grâce aux taux de croissance élevés. Maintenant, c'est à nous de créer une entreprise avec le capital, les employés et la clientèle. Robert Simon, le PDG de dotBank, un des concurrents de la première heure, racheté par Yahoo et transformé en PayDirect, laisse entendre que la course aux paiements en ligne sera remportée par la première entreprise à atteindre le nombre de 5 000 000 d'utilisateurs.

Bon travail tout le monde.

Les « chiffres ronds » ont amené d'excellents articles de presse. Vince Sollitto a incité les journalistes à couvrir l'histoire, et PayPal a distribué un communiqué de presse. Les succès du mois d'août n'ont cependant pas permis à Thiel de se teindre les cheveux en bleu. L'entreprise n'a pas réussi à atteindre la rentabilité dans les délais que beaucoup espéraient.

■ ■ ■

Malgré les réserves de Thiel à être le PDG d'une entreprise cotée, il voulait accélérer sur l'introduction en bourse. Pour lui et son équipe de direction, l'activité de PayPal restait pleine de risques. En plus d'autres avantages, l'introduction en bourse mettrait la société au même niveau qu'eBay – montrant que PayPal n'était pas qu'un appendice gênant dont on pouvait se débarrasser par un changement de règlement.

Ce plan a rencontré un obstacle un lundi après-midi, à New York. L'équipe avait rencontré Morgan Stanley et en était ressortie frustrée. Thiel a rapporté que les deux analystes qu'il avait rencontrés semblaient mal informés sur les activités de PayPal et ils n'avaient même pas utilisé le service PayPal avant la réunion. Il a trouvé leurs questions – « Comment les gens obtiennent-ils de l'argent de PayPal ? » ; « Combien facture PayPal ? » ; « Est-ce que PayPal facture l'expéditeur ou le destinataire ? » ; « superficielles ».

Pendant la réunion, l'équipe de Morgan Stanley a donné de mauvaises nouvelles : une introduction en bourse rapide fin 2001 n'était plus prévue pour PayPal. « Les raisons invoquées se concentraient sur le fait que leurs analystes n'étaient pas certains des projections de PayPal, et voulaient voir au moins deux trimestres de rentabilité avant de poursuivre », a écrit Thiel dans un courriel récapitulatif adressé à Tim Hurd, membre du conseil administratif. Selon Thiel, Morgan Stanley a également dit à l'équipe de PayPal qu'elle devait permettre à leur analyste de suivre l'entreprise pendant au moins six mois.

Thiel a supposé que PayPal avait été pris dans un feu croisé interne entre les banquiers d'investissement de Morgan Stanley et ses analystes boursiers. Les banquiers, responsables des négociations qui aident les entreprises à lever des capitaux, avaient fait venir PayPal avec enthousiasme, mais les analystes financiers, chargés de suivre les actions et de fournir des conseils en investissement basés sur la recherche, étaient plus méfiants.

« Pour que les analystes puissent affirmer leur "indépendance", ils devaient résister aux i-banquiers, a écrit Thiel à Hurd. Ironiquement, cela signifiait que le seul examen "indépendant" de PayPal aboutirait à la conclusion hâtive que PayPal n'est pas apte à être rendue publique (puisque tout autre résultat de l'examen aurait semblé insuffisamment "indépendant"). Il est regrettable que [Morgan Stanley] soit une institution tellement dysfonctionnelle que ses combats internes finissent par nuire à des entreprises comme la nôtre. »

« Nous avons tous été totalement aveuglés par ce processus », écrivait Thiel. Il avait été assuré que les analystes financiers de Morgan Stanley soutenaient l'introduction en bourse de PayPal, et il a endossé la responsabilité de « leur avoir fait confiance sur ce point-là ». « Tant que je resterai PDG de cette entreprise, nous ne ferons plus jamais appel à [Morgan Stanley] pour quelque travail que ce soit », terminait-il. L'équipe allait chercher plutôt un nouveau souscripteur principal, un processus qui retarderait l'introduction en bourse.

Tout au long du processus, l'équipe a exprimé des frustrations à l'égard du secteur financier en général. « Je pense qu'il a été frustré par ces banquiers d'investissement », a indiqué Rebecca Eisenberg, une des conseillères principales de l'entreprise et l'une des responsables de l'introduction en bourse. « Parce que leur intégrité est faible [...] [Ils] pensaient savoir comment traduire PayPal à la SEC, mais comment traduire quelque chose que vous ne comprenez pas vous-même ? Et Peter a eu raison d'essayer de les mettre à l'écart. Les banquiers d'investissement se sont juste mis en travers du succès de PayPal. »

Lors de la réunion ce jour-là, Thiel aurait regardé les banquiers pendant un moment d'opposition et aurait dit : « J'espère que nous éviterons de prétendre ne pas avoir une grande différence d'opinion au sujet de cette entreprise. » À la fin de cette réunion décourageante, Thiel, Botha et Portnoy sont allés à l'aéroport, un voyage rendu plus difficile par les embouteillages sur la route. « Je voulais tellement sortir de la ville », a déclaré Thiel.

C'était plus facile à dire qu'à faire, même une fois l'équipe arrivée à l'aéroport. Ce soir-là, des orages ont frappé de plein fouet New York, et l'avion est resté sur le tarmac pendant des heures, assez longtemps pour que Jason Portnoy et Roelof Botha puissent regarder un film. Finalement, à leur grand soulagement, l'avion a décollé.

L'équipe est retournée à l'Ouest dans la nuit du 10 septembre 2001.

■ ■ ■

À 5 heures 46 du matin PST, le vol 11 d'American Airlines a percuté la tour nord du World Trade Center.

Les employés de PayPal se sont réveillés dans une nation en plein chaos. L'ingénieur James Hogan se rappelle avoir vu chuter le trafic sur le site de PayPal. « Il y avait un écran de contrôle accroché au mur au-dessus de la salle de repos qui reflétait le taux d'utilisation du site en temps réel », se souvient-il. « Il avait toujours la même forme, du genre haut pendant la journée et puis bas pendant la nuit, ce genre de montagnes russes. Ce jour-là, il a juste coulé. C'était sorte de signal viscéral étrange qui m'a fait comprendre à quel point le monde fonctionnait différemment ce jour-là. »

Le travail en prélude à l'introduction en bourse de Mark Woolway s'est arrêté. Les attentats avaient réduit en ruine plus d'une entreprise de services financiers et fermé les marchés pendant des jours. Au bureau, les employés regardaient les images avec horreur. Certains étaient trop choqués pour continuer à travailler, et les dirigeants de

PayPal ont clairement indiqué que toute personne souhaitant rentrer chez elle était cordialement invitée à le faire. D'autres, en revanche, ont trouvé que leur travail était une distraction bienvenue au milieu de la tragédie. « J'étais célibataire, je vivais seul, et ma vie se résumait à mon travail, se souvient Hogan. Ma vie sociale et ma communauté étaient en fait mes collègues. C'était agréable d'être avec d'autres personnes et de comprendre ce qui se passait. »

Giacomo DiGrigoli était un New-Yorkais qui avait déménagé sur la côte Ouest. Pour lui, le 11 septembre a fait l'effet d'un coup de massue ; il apprendrait plus tard que deux de ses amis de l'université et un autre du lycée avaient perdu la vie dans les attentats. Rebecca Eisenberg, une des avocates de PayPal, se trouvait sur la côte Est avec son mari, et avait prévu de prendre l'avion pour la côte Ouest le 11 septembre. Ils ont changé leurs plans et sont rentrés chez eux un jour plus tôt. Leur réservation initiale : vol 93 de l'aéroport international de Newark à destination de l'aéroport international de San Francisco, le funeste avion qui s'est écrasé dans un champ de Pennsylvanie lorsque les passagers se sont défendus contre les pirates de l'air.

Les membres de l'équipe de PayPal travaillant à l'étranger ont vécu le moment de différentes manières. Avec Scott Braunstein, Jack Selby était basé à Londres, et ils avaient prévu un déjeuner dans un restaurant italien à proximité, laissant leur téléphone au bureau.

En retournant sur place, Braunstein a vu une personne hystérique sur le trottoir. « Elle a traversé la rue en disant : "Ils ont fait décoller les avions ! Ils ont détourné cinq avions !" », se souvient Braunstein. Selby et Braunstein ont regardé les informations sur une télévision dans une petite pièce sous l'escalier de leur immeuble de bureaux. « Nous étions dans totalement incrédules », a déclaré Braunstein.

Lorsqu'ils sont rentrés au bureau, Selby et Braunstein ont trouvé des dizaines d'appels téléphoniques et de messages. « Des gens me disaient : "Je suis vraiment désolé d'entendre ça", comme si je représentais l'Amérique là-bas, se rappelle Braunstein. Je recevais beaucoup de messages super sincères de collègues et d'amis. *Nous sommes de tout cœur avec vous. C'est horrible.* Ce genre de choses. »

■ ■ ■

La newsletter *Weekly Pal* du 14 septembre a relayé tous les messages de choc, de chagrin et de colère des employés. « J'ai perdu quelqu'un dans un des avions (ce n'était pas un proche, mais c'était le meilleur ami de mon ami, et c'est une sensation effrayante », a écrit un gestionnaire de compte. « Je me suis senti vraiment violé et ensuite, très, très vulnérable, a indiqué un autre employé. Je suis un peu paranoïaque. J'imagine qu'un événement aussi horrible se produise juste devant moi. »

Peter Thiel a envoyé une réflexion par courriel à toute l'entreprise le vendredi 14 :

> Cette dernière semaine s'est avérée incroyablement difficile. Comme tout le monde partout dans le pays, l'équipe de PayPal a été émotionnellement touchée par la pire attaque sur le territoire américain depuis la Guerre de Sécession. Nous avons essayé de faire bonne figure, en disant que nous allions continuer comme avant. Même en agissant ainsi, nous savons que certaines choses ont vraiment changé – d'une manière que nous n'apprécions peut-être pas encore pleinement.
>
> J'en ai pris conscience lors d'une réunion au centre-ville de San Francisco jeudi matin : je n'ai pas pu garer ma voiture dans le garage de l'immeuble (parce que les gardiens ne laissaient personne qui ne travaillait pas là garer son véhicule) ; et lorsque j'ai finalement trouvé une autre place de parking et que je suis arrivé au bâtiment, les gens se précipitaient dehors. Quelqu'un a dit qu'il y avait eu une alerte à la bombe. Presque immédiatement, il s'est avéré qu'il n'y avait aucune menace mais que quelques personnes avaient commencé à paniquer et tout s'était simplement enchaîné. Dans le même ordre d'idées, j'ai remarqué ces derniers jours qu'un certain nombre d'employés dans nos bureaux de Palo Alto étaient un peu plus nerveux ; et j'ai donc demandé à tout le monde ici de faire preuve d'un peu plus de sensibilité dans les semaines à venir pour traverser ensemble cette crise.
>
> Et que dire des terroristes, qui croient que la seule route vers la libération passe par la folie et le meurtre ? C'est peut-être une erreur de les qualifier d'« islamiques », pour

la simple raison qu'ils n'ont aucune vision positive – au contraire, leur identité se définit par une négation nihiliste de leurs ennemis : la mondialisation, le capitalisme, le monde moderne, l'Occident en général, l'Amérique en particulier. Personnellement, je crois que le chemin pour sortir de cette folie doit passer par l'affirmation de ce qu'il y a de mieux dans l'Occident capitaliste moderne : la croyance en la dignité et la valeur de chaque vie humaine (indépendamment de son origine ou des caractéristiques personnelles) ; et l'espoir connexe qu'une communauté mondiale pacifique construite autour du libre échange des idées, des services et des biens.

Parce que je crois que les terroristes étaient non seulement mauvais et fous, mais aussi vraiment stupides. On n'arrêtera pas le commerce mondial en faisant sauter un grand bâtiment, même si celui-ci s'appelle le « *World Trade Center* ». Pour mettre fin à l'Occident capitaliste moderne, il faudrait détruire beaucoup plus – le réseau mondial de communication et l'ensemble des infrastructures du commerce mondial. Il faudrait fermer Internet et démolir PayPal et tout ce que cette entreprise essaie de construire. C'est pourquoi l'attaque contre le *World Trade Center* était en quelque sorte dirigée directement contre nous – même si les terroristes n'avaient jamais entendu parler de PayPal.

Sur une note plus positive, tous nos employés sont bien sains et saufs, et il semble que tous leurs proches aillent bien également. Et nous avons fait un travail formidable en déployant certaines de nos ressources, si modestes soient-elles, pour aider ceux qui ont été blessés : au moment où j'écris ces lignes, 22 238 membres de la communauté de PayPal ont fait des dons pour un total de 829 423 dollars au bénéfice du Fonds national de secours aux sinistrés de la Croix-Rouge américaine.

Nos pensées et nos prières vont aux victimes de la violence insensée à New York et à Washington, et dans le monde entier.

■ ■ ■

Comme beaucoup d'autres entreprises, PayPal a lancé une opération de secours au lendemain des attentats. « J'arrive au bureau, et tout ce à quoi les gens pensaient, c'était : *D'accord, comment pouvons-nous aider ?* », se souvient Vivien Go.

Thiel a souligné l'urgence de mettre en place l'opération de secours. « Peter a été super intelligent à ce sujet, a dit Go. Il savait que les gens ne seraient charitables qu'au moment du choc initial. Dans les semaines qui suivent, il va s'estomper [...] et ils seront fatigués de tous les appels à l'aide et à la charité, etc. [Nous] devions bouger le plus tôt possible après l'événement. » Denise Aptekar se souvient que sa collègue, Nora Grasham, est passée à l'action ce matin-là pour stimuler l'effort de sensibilisation aux dons.

Les éléments de base ont été mis en service dans la soirée du 11 septembre. L'entreprise a rapidement mis en place relief@paypal.com, acceptant des dons par mail qu'elle verserait ensuite à la Croix-Rouge. PayPal a ajouté une touche de dons sur son site Web et a créé des touches de dons Web Accept que les utilisateurs pouvaient intégrer sur leurs propres sites et pages d'enchères. Dès le lendemain, 2 400 personnes avaient donné un total de 110 000 dollars.

Les efforts de PayPal reflétaient ceux de Yahoo et Amazon, et les trois entreprises ont reçu une couverture médiatique à propos des efforts de donations. Vince Sollitto a qualifié la réponse de l'entreprise d'« évidence » et s'est engagé à poursuivre l'effort aussi longtemps que nécessaire. Le 15 septembre, les dons à la Croix-Rouge via PayPal dépassaient le million de dollars. Le 13 novembre 2001, au siège social de la Croix-Rouge de la Bay Area, Thiel a présenté un chèque géant de 2,35 millions de dollars à Harold Brooks, le PDG de la section régionale de la Croix-Rouge américaine.

L'instinct de bienfaisance de l'équipe a été renforcé par son instinct de victoire. Un ingénieur a remarqué, par exemple, qu'Amazon avait créé une rubrique qui expliquait mieux son effort de donations et il a suggéré que PayPal fasse la même chose. L'équipe s'est empressée de peaufiner et de déployer des changements, pour se maintenir au niveau de ses concurrents, tout en collectant des fonds pour les victimes.

PayPal a gardé un œil attentif à la réponse de son ancien rival, eBay, à la catastrophe. Le géant de la vente a connu des difficultés :

des vendeurs aux enchères ont mis en ligne des objets de mauvais goût liés à Oussama ben Laden et au *World Trade Center*, notamment des cartes postales, des tee-shirts et des journaux. Un vendeur a proposé ce qu'il prétendait être un morceau de béton brûlé des bâtiments, et d'autres ont essayé de mettre en gage des vidéos personnelles des tours en feu qui s'effondraient. Le 12 septembre, eBay a annoncé l'interdiction de telles enchères.

Elle a organisé sa propre opération de secours, ce qui a provoqué des maux de tête. Répondant à un appel direct du gouverneur de New York, George Pataki, et du maire de New York, Rudy Giuliani, eBay a lancé Auction for America, un effort ambitieux pour lever 100 millions de dollars en 100 jours par l'intermédiaire de sa communauté. Les vendeurs mettaient en vente des articles dont la valeur serait reversée à des associations caritatives, et eBay répartirait le produit de la vente entre sept fonds caritatifs différents.

L'annonce a fait sensation et eBay a trouvé un certain nombre de partenaires et de contributeurs de premier plan. George Lucas, le créateur de *Star Wars*, a fait don d'objets de collection de ses films, et l'animateur nocturne Jay Leno a offert une moto Harley-Davidson très prisée. Chaque membre en exercice du Congrès a signé un drapeau qui serait mis aux enchères, et trente-huit gouverneurs d'États ont fait don d'objets, dont un dessus de lit du gouverneur de Virginie-Occidentale et une semaine tous frais payés à Hawaï de la part de son gouverneur.

Auction for America avait été lancé par eBay avec de bonnes intentions ; mais sa communauté a protesté. Les vendeurs étaient mécontents qu'eBay nuise à leurs ventes en opposant les enchères caritatives aux enchères traditionnelles. Autre point de discorde : eBay avait répercuté les frais d'expédition des enchères caritatives sur les vendeurs, et non sur les acheteurs. « On dirait que nous sommes ingrats de ne pas vouloir participer, a déclaré un vendeur à CNET à l'époque. Il ne s'agit pas de ne pas vouloir participer ou de ne pas s'en soucier ou de ne pas vouloir donner, mais eBay est en train de nous lâcher en beauté. »

Le programme Auction for America d'eBay obligeait également les utilisateurs à payer leurs enchères avec Billpoint, excluant PayPal. De plus, eBay a fait valoir que cette politique garantissait une comptabilité appropriée et le transfert exact des dons destinés aux œuvres de bienfaisance. Mais les vendeurs ont soutenu qu'eBay utilisait une action de bienfaisance comme couverture pour promouvoir la souscription à Billpoint. La presse s'est jetée sur l'affaire, donnant à PayPal une ouverture pour lancer une pique à eBay. « Un représentant de PayPal a déclaré lundi à CNET News.com que l'entreprise renoncerait à ses frais si elle était autorisée à participer à la vente aux enchères d'eBay », rapportait CNET.

Dans les coulisses, PayPal est passé à l'offensive. Reid Hoffman a envoyé un long courriel à l'avocat d'eBay, Rob Chestnut. « Je vous écris pour exprimer officiellement ma déception quant au fait qu'eBay a choisi d'exploiter les récents événements tragiques pour renforcer artificiellement la position concurrentielle de "eBay Payments" (autrement dit Billpoint). En obligeant tous les vendeurs qui souhaitent participer à Auction ofr America à créer un compte eBay Payments, vous privez les victimes de cette agression d'une aide importante. »

Hoffman a souligné que la plupart des vendeurs eBay refusaient d'accepter Billpoint, et a fait valoir qu'eBay risquait de perdre des dollars d'aide en raison de son « animosité anticoncurrentielle ». « Si votre objectif est réellement de collecter des fonds pour venir en aide aux victimes de cette tragédie, vous inviteriez PayPal à participer de manière proactive et vous nous indiqueriez simplement comment vous souhaitez que nous contribuions au succès de cette initiative. Au lieu de cela, une analyse raisonnable suggère que vous continuez simplement à exploiter votre position dominante en utilisant la publicité mensongère et la coercition pour que les vendeurs acceptent Billpoint. »

Alors même que PayPal accusait eBay d'exploiter une crise nationale pour la part de marché des paiements, PayPal lui-même a ajouté le différend à son dossier toujours plus gros de lutte antitrust.

■ ■ ■

Le 11 septembre a affecté directement les opérations de l'entreprise. Nick DeNicholas avait été nommé vice-président du développement logiciel et il faisait la navette entre Los Angeles et la Bay Area. Après le 11 septembre, il a démissionné, invoquant la tension causée par les voyages post-11 septembre, et le temps passé loin de sa famille.

John Kothanek se souvient d'un intérêt soudain pour le travail de PayPal au sein de diverses agences gouvernementales à trois lettres. « Après le 11 septembre [...] le gouvernement – je dirai simplement "le gouvernement" – est venu nous voir et on nous a dit : "Nous ne comprenons pas comment l'argent circule électroniquement dans le monde." Parce qu'ils en étaient encore au crayon à papier [...] Et ils nous ont demandé : "Vous pouvez nous aider ?" »

Et puis il y avait la question de l'introduction en bourse de PayPal. Le marché boursier a fermé du 11 au 17 septembre, sa fermeture la plus longue depuis 1933. Lorsque les marchés ont rouvert, ils ont chuté de plus de 7 % ; après cinq jours de négociations, plus de mille milliards de dollars de capitalisation boursière se sont évaporés. Pas une seule entreprise n'a ouvert son capital au public en septembre 2001 – le premier mois sans introduction en bourse depuis la fin des années 1970.

Avant même les attentats, l'introduction en bourse de PayPal semblait incertaine, arrivant après une vague d'échecs des dotcom. Plusieurs scandales comptables très médiatisés flottaient également dans l'air. En 2000, Xerox avait admis avoir déclaré 1,5 milliard de dollars de revenus que l'entreprise n'avait pas en réalité. En octobre 2001, la nouvelle a éclaté que Enron, la société américaine spécialisée dans l'énergie et les matières premières, s'était livrée à une fraude époustouflante, notamment en soudoyant des gouvernements étrangers et en manipulant les marchés de l'énergie d'au moins deux États américains. En décembre, Martha Stewart s'est retrouvée mêlée à son propre scandale de fraude en valeurs mobilières. Chaque semaine semblait apporter son lot de malversations à plusieurs millions de dollars.

PayPal est apparue dans ce maelström. En dépit de ce contexte, l'entreprise a continué de prendre des mesures préliminaires à l'entrée en bourse.

Après avoir quitté Morgan Stanley, les dirigeants de PayPal ont choisi Salomon Smith Barney pour mener à bien l'introduction en bourse. Les banquiers de SSB ont conseillé de reporter l'introduction à 2002, même si Thiel exigeait que ce soit fait plus tôt. « Plus nous tardons à entrer en bourse, plus c'est mauvais pour nous », a expliqué Selby.

Malgré la réticence des banquiers, Thiel avait plusieurs raisons de vouloir déposer la demande rapidement. D'une part, il savait que le processus était long. « Qui sait ce que sera le monde dans trois mois ? Alors, commençons. »

À l'université, Thiel s'était plongé dans l'œuvre d'un théoricien français de la littérature et philosophe des sciences sociales, René Giard, qui était surtout connu pour un concept appelé « désir mimétique ». « L'homme est la créature qui ne sait pas quoi désirer, et il se tourne vers les autres pour se décider », écrivait Girard. « Nous désirons ce que désirent les autres parce que nous imitons leurs désirs. » Girard posait comme principe qu'une telle imitation pouvait générer des rivalités et des conflits, et qu'il fallait s'en méfier.

L'intérêt de Thiel pour Girard l'a souvent amené à faire des « zigs » là où d'autres faisaient des « zags » – un instinct qui a guidé le dépôt de l'introduction en bourse. « Si vous êtes dans un monde où personne n'entre en bourse, c'est que peut-être, paradoxalement, *c'est* le moment d'y aller. Parce que, vous savez, c'est un contrepoint positif au chaos ou quelque chose comme ça », explique Thiel.

Mais le timing de l'introduction de PayPal n'était pas uniquement un triomphe de la logique « girardienne ». Thiel a reconnu que la rivalité, les conflits et les émotions avaient également joué un rôle important. « Avec mon côté compétiteur, je me suis dit que si les banquiers pensaient que nous n'étions pas prêts, alors c'était plus important que jamais. C'était un peu Wall Street contre la Silicon Valley, a-t-il dit à propos de sa volonté de l'emporter. Et il y avait une partie de moi qui, d'un point de vue émotionnel, avait l'impression que les banques de Wall Street étaient particulièrement négatives parce que nous empiétions sur leur territoire. »

Thiel a réfléchi plusieurs années plus tard, et il a reconnu que de telles justifications bénéficiaient d'un regard rétrospectif. Le célèbre rationaliste s'est aussi surpris à rire des sentiments impliqués. « J'aspire à ne pas être aussi compétitif, mais je ne réussis pas toujours. Je ne pense pas que ce soit émotionnellement sain d'être aussi compétitif, mais c'est la partie honnête de ce qui a motivé ce choix. »

■ ■ ■

Le 28 septembre 2001, la presse financière a annoncé la nouvelle : PayPal avait déposé ses documents d'enregistrement S-1 et ouvrirait son capital sous la référence PYPL. « PayPal a déposé une demande auprès de la SEC pour lever jusqu'à 80,5 millions de dollars, écrivait CNN. Cela fait de ses projets d'introduction [...] une rareté sur un marché par ailleurs vide. »

L'attention n'a pas valu à PayPal un portrait positif. CNN a souligné que PayPal n'avait aucune relation contractuelle avec la source de la plupart de ses utilisateurs – eBay – et que celle-ci pouvait « restreindre l'utilisation de la publicité PayPal ou obliger les vendeurs à utiliser les paiements en ligne eBay » à tout moment. Plus grave encore, poursuivait l'article, « PayPal n'a pas encore atteint la rentabilité ».

Reuters a qualifié PayPal de « service de paiement Internet populaire mais déficitaire ». L'Associated Press a noté que seules trois autres entreprises technologiques étaient entrées en bourse en 2001, et que la dernière à le faire, Loudcloud Inc., avait ouvert le marché à 6 dollars par action – mais qu'elle se négociait désormais à 1,12 dollar. Le *Wall Street Journal* a qualifié le marché des introductions en bourse de « glacial ». Scripting News, un agrégateur important d'actualités sur Internet, a fait un lien vers le commentaire d'un journaliste, John Robb, à propos de l'introduction en bourse de PayPal, citant simplement ces mots : « *Talk about a bad time to file an IPO* »[69]

Des opinions contraires se sont fait jour, et même ceux qui soutenaient PayPal ont reconnu que le climat n'était pas favorable :

> Nous constatons généralement que la plupart des observateurs passifs (c'est-à-dire la presse) sont résolument négatifs à l'égard de [PayPal]. En effet, cette semaine, nous avons été interviewés par une importante publication américaine, et nous n'avons pas pu placer un seul mot sur les économies d'échelle et la proposition de valeur inhérente à Pal ; au lieu de cela, on nous a invités à donner son avis sur les pertes

69. Tu parles d'un mauvais moment pour déposer une demande d'introduction en bourse !

> GAAP[70] et l'implication probable de PayPal dans les secteurs des jeux et du porno. Bref, c'est une entreprise que la presse et le public aiment peut-être détester.

Le journaliste, Gary Craft, de FinancialDNA.com, a attribué la presse négative en partie au fait que « l'équipe de direction de l'entreprise vient de l'extérieur et non du secteur » des services financiers.

Une critique qui a particulièrement irrité Thiel était intitulée « Affaires d'État – La Terre à Palo Alto ». « Que feriez-vous d'une entreprise de trois ans, qui n'a jamais réalisé de bénéfice annuel, qui est en passe de perdre 250 millions de dollars et dont les récentes déclarations à la SEC alertent sur le fait que ses services pourraient être utilisés pour le blanchiment d'argent et la fraude financière ? demandait le journaliste. Si vous étiez les gestionnaires et les investisseurs en capital-risque derrière PayPal, vous la mettriez sur le marché. » L'auteur de l'article a attribué le projet d'introduction en bourse de PayPal à une « supervision adulte » insuffisante et conclu en disant que le monde avait autant besoin d'une introduction en bourse de PayPal « qu'il avait besoin d'une épidémie d'anthrax ».

Thiel s'est emporté contre la couverture médiatique au bureau. « Ça a vraiment énervé Peter, se souvient l'ingénieur Russ Simmons. Et il a prononcé ce discours devant toute l'entreprise, en disant combien ils étaient des idiots et que nous allions leur prouver qu'ils avaient tort. C'est l'une des fois où je l'ai vu le plus remonté. »

---

70. GAAP, or Generally Accepted Accounting Principles. Les principes comptables généralement reconnus.

21

HORS-LA-LOI

Thiel avait échappé à une chevelure bleue en septembre, mais de justesse : fin 2001, la recherche de rentabilité de l'entreprise a finalement porté ses fruits. Chaque mois du quatrième trimestre a généré un bénéfice – mais seulement si le coût des distributions d'actions aux salariés et « l'amortissement des survaleurs » de la fusion de Confinity et X.com étaient exclus[71].

La question de savoir si ces coûts devaient être pris en compte dans la rentabilité d'une entreprise faisait l'objet d'un débat houleux dans les cercles comptables, mais d'un certain point de vue, PayPal pouvait désormais considérer qu'elle avait un compte créditeur.

Thiel a expliqué les finances sous-jacentes de l'entreprise dans une note qu'il adressa à tous les employés en septembre 2001. « Nous avons des coûts fixes élevés, des coûts variables faibles, et des revenus variables élevés. Plus les paiements transitent par le réseau PayPal, plus l'entreprise devient rentable, écrivait-il. Le défi pour toutes les personnes qui travaillent dans le développement des produits, le marketing, les ventes et le développement commercial, est d'orienter PayPal dans une direction où nous pouvons encore augmenter le volume – si nous pouvons maintenir nos taux de croissance même deux trimestres de plus, PayPal sera dans une forme spectaculaire. »

71. En comptabilité, l'amortissement des survaleurs désigne la tentative de quantifier les actifs incorporels – valeur de la marque, formation, employés fidèles, etc. Ils importent surtout dans le contexte d'une transaction financière – comme la fusion de Confinity et de X.com – lorsque ces actifs immatériels doivent être évalués à des fins comptables. En 2001, les entreprises devaient « amortir » ces coûts sur une période donnée, ce qui réduisait la rentabilité.

Même la part des paiements effectués via eBay a pris une tournure encourageante à la fin de l'année 2001. Des milliers de sites Web de petites entreprises ont adopté PayPal, et un tiers des transactions PayPal provenait désormais de sites Web autres qu'eBay. Cette croissance a considérablement atténué le risque de dépendance à eBay – et laissait présager des revenus plus équilibrés dans le futur.

Même le timing de l'introduction en bourse – qui a intrigué certains commentateurs et observateurs extérieurs – a fini par jouer en faveur de l'équipe. PayPal a déposé son S-1 à la SEC dix-sept jours seulement après le 11 septembre, alors que le marché boursier plongeait à son plus bas niveau en trois ans. Mais au moment où l'introduction en bourse de PayPal était en vue, le marché boursier avait rebondi de près de 30 % par rapport à ses creux de septembre. Grâce au fait que Thiel avait insisté pour que PayPal fonce et dépose le dossier juste après un drame national, PayPal a été l'une des seules entreprises prêtes à entrer en bourse au début de 2002, et la société s'est attiré une part disproportionnée de l'intérêt des médias et des investisseurs.

Réfléchissant sur ce point en 2004, Thiel a reconnu qu'une telle attention était à double tranchant. « Je pensais que [l'introduction en bourse] serait un truc cool à faire parce que personne d'autre ne le faisait. L'inconvénient, c'est que nous avons fait l'objet d'un examen beaucoup plus minutieux qu'en d'autres circonstances. » Effectivement, cet examen minutieux a failli faire échouer le projet de PayPal.

■ ■ ■

L'équipe a fixé une date provisoire pour son introduction en bourse – le 6 février 2002 – et poursuivi ses préparatifs à un rythme soutenu. Avec des scandales financiers à la une, l'introduction de PayPal devait résister à un examen encore plus rigoureux que d'habitude. Le personnel du cabinet d'expertise comptable PricewaterhouseCoopers a campé dans une salle de conférence de l'entreprise pour effectuer un examen rigoureux, ligne par ligne, des comptes de PayPal.

Les opérations de l'entreprise ont également dû être resserrées. Fin 2001, par exemple, l'entreprise a annoncé que les amis et la famille des employés pouvaient s'inscrire pour acheter des actions – ce qui n'était pas inhabituel en soi pour une entreprise à la veille de son introduction. PayPal, cependant, a cherché à apporter une touche nouvelle. L'équipe a décidé d'utiliser le service PayPal pour vendre des actions à des amis et des membres de la famille, dans l'espoir d'obtenir une couverture médiatique.

Mais début janvier 2002, l'entreprise a été obligée de faire marche arrière. « Les participants qui ont transféré de l'argent sur PayPal uniquement dans le but de payer leurs allocations doivent le retirer à nouveau dès que possible », a-t-on annoncé aux employés dans un mail adressé à l'entreprise tout entière.

Plus la date de l'introduction en bourse approchait, plus l'atmosphère de l'entreprise devenait prudente. « Il y avait du stress et de la pression. *Nous devons maintenir le site en place. Vous savez, pas de poussée [de code] qui introduise quelque chose de trop nouveau, ou qui plante le site* », se souvient Kim-Elisha Proctor. Pendant un moment, les écrans du bureau avaient diffusé le nombre total d'utilisateurs, les utilisateurs actifs, les taux de croissance et le volume des transactions, entre autres données. Désormais, l'entreprise limitait ces informations aux seules statistiques sur les utilisateurs. De même, les rapports quotidiens et hebdomadaires que l'équipe de Roelof Botha produisait et distribuait librement étaient désormais réservés à l'équipe de direction uniquement.

Mark Sullivan – qui portait désormais le titre de vice-président en charge des relations avec les investisseurs – a réitéré la nécessité de garder le silence sur l'entreprise, même auprès des amis proches et de la famille. « Les questions peuvent sembler assez innocentes, mais elles ont des conséquences désastreuses pour nous en tant qu'entreprise si nous révélons quelque chose qui n'est pas déjà dans le forum public », a-t-il précisé dans un courriel à l'équipe. L'entreprise devait se protéger à la fois des divulgations par inadvertance et des plaintes pour délit d'initié.

Malgré la fermeture des « écoutilles » de l'entreprise, les vieilles habitudes avaient la vie dure. Janet He a reçu sa lettre d'engagement juste avant l'introduction en bourse et elle se souvient que Tim Wenzel, le recruteur de l'entreprise, l'a pressée d'accepter et de commencer à travailler rapidement, même si cela impliquait de renoncer au préavis de deux semaines requis dans son autre travail. « [Wenzel] a dit : “Tu ferais mieux de commencer lundi prochain. Cela ne me dérange pas que tu fasses deux boulots.” ». Wenzel voulait que He bénéficie, pour ses stock-options, des prix avant l'introduction en bourse. « Il a été vraiment gentil de me prévenir », se souvient-elle en riant.

■ ■ ■

Dans les mois qui précèdent la cotation en bourse d'une entreprise, les banquiers chargés de la souscription organisent ce qu'on appelle un « *road show* » pour susciter l'intérêt des investisseurs institutionnels. Pour l'introduction en bourse de PayPal, Jack Selby faisait partie des cadres recrutés pour voyager dans le monde entier afin de présenter l'histoire de l'entreprise.

Presque immédiatement, il a fait face aux effets des échecs des dotcom de l'année précédente. « Ces types autour de la table [...] te font : “Nous avons déjà vu ça avant. On s'est fait griller. Et on ne croit plus à ces absurdités” », se souvient Selby. En tant qu'entreprise, PayPal ne s'intégrait pas totalement dans les catégories familières des investisseurs. « Ces gars n'avaient vraiment jamais vu notre type d'entreprise avant [...] Est-ce que nous faisons partie du secteur des fintechs ? Dans celui des technologies ? Dans celui des services ? En tant qu'entreprise hybride, c'était difficile de savoir dans quelle catégorie nous devions aller, et ces gars-là étaient très rigides. »

Une autre préoccupation concernait la jeunesse relative de l'équipe. Dans le cadre du dépôt du S-1, les entreprises sont tenues de donner les noms et âges de leurs équipes de direction. Dans le cas de PayPal, l'âge moyen des cadres se situait autour vers la fin de la vingtaine. « [Les souscripteurs] étaient du genre : “Vous devez avoir plus de cadres chevronnés ici. Nous ne pouvons pas dire ça à nos clients”, raconte Woolway. Et nous répondions : “Non. C'est l'équipe que nous avons.” » Woolway comprenait cependant la situation difficile des banquiers. « Le travail des souscripteurs, c'est de repousser toutes ces questions. [Il] consiste à vendre des actions, alors ils font ce qu'ils ont à faire pour faciliter [les transactions]. »

Les mois qui précèdent une introduction en bourse représentent une période vulnérable pour toute entreprise. Les actions en justice contre les entreprises bientôt publiques nécessitent le dépôt de documents de la SEC, ce qui peut être un processus coûteux et fastidieux, et susciter une attention médiatique indésirable. Les concurrents et d'autres acteurs profitent souvent de cette période exposée qui précède l'introduction en bourse pour lancer des poursuites. « L'introduction, c'est un bon moment [pour intenter des poursuites], parce que le facteur temps est important, donc vous êtes normalement prêts à leur faire un chèque et à les faire partir », explique Thiel.

Le lundi 4 février, PayPal était frappée par son premier procès. Le plaignant, CertCo, était une start-up new-yorkaise en quasi-faillite spécialisée en cryptographie financière, qui affirmait que « le système de paiement et de transaction électronique » de PayPal enfreignait le brevet américain numéro 6,029,150 détenu par CertCo. CertCo a demandé un procès devant jury et des « dommages et intérêts non spécifiés ».

Personne chez PayPal n'avait jamais entendu parler de CertCo. L'équipe ne les considérait pas comme un concurrent et n'avait jamais, à sa connaissance, volé une idée ou un morceau de code de leurs produits. Néanmoins, Levchin a appelé Dan Boneh, le conseiller technique, et ensemble ils sont restés éveillés toute la nuit pour examiner les détails de la réclamation.

CertCo avait déposé une demande de brevet en 1996, deux ans avant la création de Fieldlink, l'entreprise de sécurité sur mobiles qui est devenue PayPal. Obtenu en février 2000, le brevet de CertCo décrivait un système de paiement dans lequel un groupe de clients pouvait envoyer de l'argent à un commerçant par l'intermédiaire d'un « agent ». Le client dispose d'un canal de communication avec l'agent ; le commerçant également. La demande de brevet identifiait comment les clés pouvaient être utilisées pour sécuriser les flux d'informations du client à l'agent, de l'agent au commerçant et inversement.

Interprété dans un sens large, le brevet ressemblait à une ébauche de ce que PayPal est devenue. Cela dit, le brevet de CertCo décrivait un processus qui n'était pas différent de celui de nombreux autres systèmes de paiement en ligne, dont plusieurs antérieurs à PayPal. Sur le plan technique, Visa, Mastercard, la plupart des banques et presque toutes les start-up de paiement en ligne ou de trésorerie numérique enfreignaient également le brevet de CertCo.

L'action de CertCo était emblématique d'un problème plus large : le penchant de l'Office américain des brevets et des marques pour l'approbation de demandes de brevet trop vagues, qui couvraient des idées plutôt que des inventions. La critique de cette pratique était particulièrement féroce dans les milieux technologiques. Dans un cas célèbre à la fin des années 1990, Amazon a obtenu un brevet pour la commande « en un clic », qu'il a utilisé pour poursuivre un concurrent, Barnes & Noble. L'affaire est restée devant les tribunaux pendant plusieurs années avant d'être réglée en 2002.

Le procès d'Amazon et le brevet « en un clic » ont fait l'objet de nombreuses critiques, notamment du pionnier de la technologie Tim O'Reilly, qui a popularisé des termes comme *open source* et *Web 2.0*. « Des brevets comme les vôtres constituent la première étape pour vicier le Web, élever des barrières à l'entrée non seulement pour vos concurrents, mais pour les innovateurs technologiques qui pourraient autrement vous proposer de nouvelles idées géniales que vous pourriez utiliser dans votre propre entreprise », a écrit O'Reilly dans une lettre ouverte à Jeff Bezos. O'Reilly attribuait les décisions de l'Office des brevets à son manque de connaissances à propos de la technologie numérique.

Le procès de CertCo contre PayPal était, pour beaucoup de monde, similaire – l'exercice d'un brevet trop large qui n'aurait jamais dû être attribué. Et le timing de CertCo, bien sûr, suggérait des buts répréhensibles. À aucun moment entre la fin de 1998 et 2001, CertCo n'avait intenté d'action en justice contre PayPal ou ses entités précédentes. « La violation de brevet est une question d'extorsion. Ils arrivent et disent : "Écoutez, nous avons un brevet. Vous avez un produit. Vous avez un million de dollars. Nous n'avons pas d'argent. Donnez-le-nous, sinon nous vous emmènerons au tribunal pour vous nettoyer" », explique Levchin. Tim Hurd a présenté la situation de CertCo de manière encore plus colorée : « C'était des conneries totales. »

L'équipe de la direction de PayPal était également furieuse et a décidé de ne pas faire d'arrangement avec CertCo. « Peter dit : "Absolument pas ! Nous ne paierons pas un centime à ces gens-là !" », se souvient Hurd. C'était en partie parce que CertCo avait déposé une plainte – au lieu de laisser planer la possibilité d'un procès avec l'option d'un accord. Une fois la plainte déposée, PayPal n'avait aucune motivation pour régler le problème. Chris Ferro, un avocat de PayPal, se souvient de la remarque acide de Thiel : « C'est comme s'ils avaient tué l'otage, puis envoyé la demande de rançon. »

Blagues mises à part, l'équipe a engagé un cabinet d'avocats pour se défendre et, le lundi 11 février, l'entreprise a déposé sa réponse. Mais les dommages de CertCo au processus d'introduction en bourse de PayPal étaient déjà faits : le procès a obligé l'entreprise à déposer à nouveau ses documents auprès de la SEC, ce qui a retardé son introduction en bourse d'une semaine complète. Thiel était furieux. « L'une des réunions les plus intenses auxquelles j'aie participé, était un appel téléphonique avec CertCo, juste au moment où l'introduction en bourse a été retardée. Peter était fou de rage et il pouvait à peine se contenir. J'étais aussi en colère, mais j'ai réalisé que, peu importe ce que cela signifiait pour moi, cela signifiait beaucoup plus pour le gars qui a travaillé d'arrache-pied sur le dossier pendant les quatre dernières années », rapporte Ferro.

Sur ses documents S-1 originaux, une entreprise est tenue d'énumérer ses risques commerciaux. PayPal avait déjà ajouté son volume élevé de paiements aux enchères, les nouveaux concurrents qui surgissaient apparemment jour après jour, et ses plus de 200 millions de dollars de pertes depuis sa création jusqu'à la fin de 2001. Maintenant, l'équipe devait ajouter le procès CertCo au registre.

L'histoire du procès de CertCo et du retard au niveau de l'introduction qui en a résulté a ricoché dans la presse. « Dans ce genre de marché déprimé [pour les valeurs technologiques], le fait de retarder votre offre l'entache vraiment, a déclaré un analyste du marché à *Forbes*. C'est un vrai point négatif. »

■ ■ ■

Le 7 février, PayPal s'est rendu compte qu'elle faisait l'objet d'une autre poursuite. Le plaignant cette fois – Lew Payne Publishing, Inc. (LPPI) – était une entreprise de paiement en ligne pour des sites Web pour adultes. Elle accusait PayPal de rupture de contrat, d'appropriation illicite de secrets commerciaux et de fausse déclaration intentionnelle. D'après son action, LPPI avait approché PayPal en lui proposant un partenariat pour combiner le traitement des paiements de PayPal avec son propre service de facturation récurrente.

Selon l'affirmation de LPPI, PayPal est revenue sur l'accord et puis s'est lancée seule sur le marché de la pornographie, et LPPI intentait des poursuites pour pertes de revenus et dommages. Mais, là aussi, le moment choisi suggérait un objectif contestable : la plainte datait de septembre 2001, juste au moment où PayPal a annoncé son intention de préparer une introduction en bourse. Et PayPal n'avait été informé de la poursuite que le 7 février 2002, alors que sa réussite était imminente.

Un troisième casse-tête juridique a suivi : Tumbleweed Communications a accusé PayPal de violation de brevet. Elle affirmait que les liens utilisés par PayPal dans ses courriels aux utilisateurs enfreignaient le brevet existant de Tumbleweed pour les liens contenus dans des messages électroniques. Bien sûr, PayPal n'était qu'un des milliers de services qui plaçaient des liens dans ses mails – encore un autre exemple du système de brevets défaillant.

Avec Tumbleweed, contrairement aux deux premiers procès, PayPal a trouvé une solution. L'entreprise s'était contentée d'informer PayPal qu'elle s'apprêtait à le poursuivre ; elle n'avait pas officiellement déposé plainte. Sans procès intenté au tribunal, PayPal n'était pas tenu de modifier son dossier auprès de la SEC : elle a donc décidé de bloquer Tumbleweed jusqu'à l'introduction en bourse.

Thiel a envoyé Hurd pour gérer la crise. Tumbleweed avait engagé un cabinet d'avocats basé à Boston, et Hurd avait déjà prévu d'y être pour des funérailles. Si Tumbleweed ne parvenait pas à déposer plainte avant la fin de la journée, l'introduction en bourse de PayPal serait verrouillée. Il incombait à Hurd de maintenir le cabinet occupé jusqu'à 17 heures. « C'était la seule chose que je devais faire, se rappelle Hurd. Aller là-bas et agir comme si je négociais avec lui. Tout ce que je pouvais inventer pour garder le type dans la pièce pendant quatre heures. »

Hurd a quitté les bureaux à 17 h 15 : il avait réussi.

Avec une intention différente de celle des plaignants qui cherchaient à poursuivre et à trouver un arrangement, la SEC a également examiné de près l'introduction en bourse de PayPal – et d'après cette dernière, peut-être d'un peu trop près. « Nous n'avons pas eu de chance au tirage au sort. Nous avons tiré à la courte paille [avec la SEC], dira plus tard Thiel devant un auditoire à Stanford. Nous avons eu le seul [examinateur de la SEC] qui était idéologiquement opposé aux entreprises. Il pensait que [chacune] aux États-Unis était gérée par des escrocs, et c'était son travail, en tant que régulateur de la SEC, d'empêcher les entreprises d'être cotées en bourse. » Woolway a approuvé, se souvenant de la réaction des avocats de l'entreprise. « Juste au moment où nous avions notre examinateur, nos avocats ont dit : "Oh zut, nous avons récupéré le mauvais" », se souvenait-il.

Difficile ou non, PayPal a choisi d'entrer en bourse dans la foulée de l'effondrement des dotcom, des attentats de septembre 2011 et d'une série d'irrégularités financières. L'examen approfondi de la SEC reflétait probablement l'environnement plutôt que quoi que ce soit concernant PayPal en particulier, même si l'agence aurait été dans son droit d'accorder une attention particulière à une dotcom dont les pertes cumulées dépassaient les 200 millions de dollars.

La SEC s'est attaquée à PayPal sur un point, alléguant que l'entreprise avait violé la période de réserve de l'introduction en bourse, laquelle s'étend du moment où les souscripteurs déposent l'enregistrement de l'introduction d'une entreprise jusqu'à plusieurs semaines après le début de la négociation d'une action. Pendant cette période, il est interdit à la société de parler à la presse ou de publier de nouvelles informations qui ne figurent pas dans ses documents d'enregistrement. Les périodes de réserve ont pour but d'empêcher les délits d'initiés ; elles compliquent également les affaires ordinaires de l'entreprise.

La SEC a signalé le fait que PayPal avait payé des honoraires à une société de recherche appelée Gartner, qui avait publié un rapport le 4 février selon lequel PayPal était devenue le service de paiement de personne à personne le plus fiable sur Internet. Le communiqué de presse soulignait les atouts de PayPal : « 33 % des consommateurs en ligne interrogés considèrent PayPal comme un fournisseur de services de paiement hautement fiable », déclarait le sondage. « Le deuxième service le plus fiable, Billpoint, est considéré comme hautement fiable par seulement 21 % des personnes interrogées. »

La SEC a contesté le fait que PayPal ait été informée des résultats en attente avant qu'ils ne soient rendus publics. La SEC n'a pas dit que c'*était* une infraction, simplement que cela *pouvait* en être une. Mais quoi qu'il en soit, PayPal a été contrainte d'ajouter une ligne sur les risques dans son document S-1. « Si les contacts récents d'un de nos collaborateurs avec l'auteur d'une note de recherche publiée par un tiers étaient jugés contraires aux Securities Act de 1933, nous pourrions être tenus de racheter des titres vendus dans le cadre de cette offre. »

Entre la date de dépôt de l'introduction en bourse de PayPal et l'offre publique elle-même, l'entreprise a révisé et soumis à nouveau sa brochure à la SEC à huit reprises, soit deux fois les révisions qu'eBay avait soumises avant de devenir public. L'examen supplémentaire était un signe des temps, mais comme ils n'avaient jamais introduit une société en bourse auparavant, la plupart des membres de l'équipe de direction l'ont pris comme la norme. « Tout le processus a été problématique et long, mais je n'avais aucun cadre de référence pour savoir comment cela aurait dû se passer », se souvient Woolway.

■ ■ ■

De même que les régulateurs de la SEC, eBay accordait une attention particulière aux perspectives d'introduction en bourse de PayPal. Une offre publique PayPal menaçait la position d'eBay : un symbole boursier offrirait à PayPal une certaine crédibilité et un boulevard pour lever davantage de fonds. Il deviendrait de plus en plus difficile pour eBay de présenter PayPal comme une nuisance peu recommandable : après une introduction en bourse, la start-up de paiements située dans son pré carré serait désormais réglementé par la SEC, tout comme eBay elle-même.

PayPal, pour sa part, était également préoccupée par eBay. « Nous allons entrer en bourse et tous ces gens vont appeler eBay. Et eBay va dire : “Oh, nous pensons que PayPal est un château de cartes. Nous allons les chasser de notre plateforme dès que possible” », explique Hoffman. Les investisseurs publics avaient la réputation d'éprouver de l'aversion pour le risque. Si eBay empoisonnait l'eau du puits auprès des investisseurs, l'émission d'actions de PayPal pouvait échouer.

Avec la période de réserve qui a couvert une grande partie du début de l'année 2002, PayPal ne pouvait pas dire grand-chose pour se défendre publiquement. Hoffman et l'équipe de la direction ont donc trouvé une autre manière de museler eBay. *S'ils sont en négociation pour nous acheter, s'ils disent quoi que ce soit au marché public, cela rompt la responsabilité fiduciaire*, a pensé Hoffman. L'équipe de direction et son conseil d'administration ont décidé que PayPal entamerait de nouvelles négociations d'acquisition avec eBay pour le faire taire.

Hoffman restait cependant conscient de la possibilité d'une future acquisition d'eBay – et il ne voulait donc pas couper les ponts. « J'étais résolument convaincu qu'ils allaient nous racheter à un moment donné. Nous avions donc besoin que ce soit un processus très propre pour qu'ils n'aient pas l'impression d'être maltraités si cela n'arrivait pas, et que cela nous permette de revenir pour une troisième négociation. »

En janvier 2002, Hoffman et Thiel ont approché le conseil d'administration de PayPal pour établir une offre de prix au comptant pour la vente de la société, à un prix suffisamment élevé pour permettre un bon rendement, sans pour autant que les dirigeants d'eBay s'y opposent immédiatement. Le conseil d'administration de PayPal et ses dirigeants ont proposé 1 milliard de dollars. PayPal s'attendait à ce que son introduction en bourse coûte à l'entreprise quelque part entre 700 et 900 millions de dollars ; le prix d'un milliard incluait une prime attendue d'un acheteur potentiel.

Hoffman a approché eBay avec l'offre. L'équipe d'eBay est revenue avec des contre-propositions, mais Hoffman est resté sur ses positions. « Je suis mandaté pour vendre l'entreprise pour 1 milliard de dollars. Je n'essaie pas de négocier. » Et, bien sûr, chaque jour passé à « ne pas essayer de négocier » donnait à PayPal un jour de silence supplémentaire d'eBay, alors que son introduction en bourse touchait à sa fin.

eBay a reconnu qu'une acquisition de PayPal avant l'introduction en bourse pouvait s'avérer judicieuse financièrement, et est donc revenu avec une dernière offre de 850 millions de dollars. « Si ce que vous êtes en train de me dire, c'est que votre dernière offre est de 850 millions [...], a dit Hoffman à eBay, je peux la présenter au conseil. Mais pour être vraiment clair, je suis mandaté pour vendre l'entreprise pour 1 milliard de dollars. Si vous me faisiez une offre [à ce montant], l'entreprise serait à vous. »

La PDG d'eBay, Meg Whitman, aurait été frustrée par la réticence de PayPal à céder, se plaignant auprès d'Hoffman qu'eBay avait fait preuve de bonne foi en augmentant son offre, mais que PayPal n'avait pas répondu pareillement. « Je pense qu'elle croyait que nous allions prendre les 850 millions de dollars. Elle ne s'est pas rendu compte que mon objectif principal était de les faire taire, pas de vendre l'entreprise », se souvient Hoffman.

Si Whitman avait offert 1 milliard dans les premiers mois de 2002, Hoffman aurait présenté l'offre au conseil d'administration et, selon lui, il aurait probablement accepté. « Une partie de ce sur quoi j'ai insisté auprès du conseil d'administration de PayPal, c'est : "pas de retour en arrière". Si je reviens avec 1 milliard de dollars en équivalent de trésorerie, nous le ferons. Sinon, ils vont nous détester à mort », se souvenait Hoffman.

Hoffman a prolongé la période de négociation aussi longtemps que possible, rejetant l'offre d'eBay quelques jours avant l'introduction en bourse de PayPal. À ce moment-là, Hoffman a appelé Whitman pour lui dire que le conseil d'administration de PayPal n'était pas disposé à bouger de son prix d'un milliard de dollars. Whitman a demandé quelle serait la réponse de PayPal si elle était prête à aller si haut. Avec l'introduction en bourse prévue dans les jours qui suivaient, Hoffman s'est couvert en répondant qu'ils pourraient réétudier la question après l'entrée en bourse.

Au début de 2002, de nombreux articles ont été publiés sur l'introduction en bourse imminente de PayPal. La curiosité d'une start-up de paiement bientôt cotée, imbriquée dans la plateforme d'une autre entreprise, a valu à eBay une mention dans chaque article. Pourtant, ses hauts responsables sont restés silencieux à propos de PayPal.

■ ■ ■

Le jeudi 7 février 2002, une autre crise a vu le jour. L'État de Louisiane a informé PayPal qu'il lui était interdit d'y faire des affaires avec effet immédiat.

PayPal opérait en Louisiane et dans d'autres États sans licence d'État pour le transfert de fonds ; une autorisation permettant aux banques d'envoyer de l'argent à d'autres banques de l'État. C'était en grande partie parce que PayPal avait toujours insisté sur le fait qu'elle n'était pas une banque. « Il y a toujours cette question de savoir ce qu'est une banque, explique Thiel. Fondamentalement, une banque est une entité qui pratique les prêts fractionnés et qui est soutenue par le système de la Réserve fédérale. » La réglementation bancaire, soulignait-il, était conçue pour protéger les consommateurs contre les risques d'effondrement des banques en raison du prêt fractionné. Du fait que PayPal ne s'était pas engagé dans le prêt, elle n'était, selon lui, pas une banque et ne devait pas être soumise à cette régulation.

Bien sûr, un tel message était dans l'intérêt de PayPal : être une banque signifiait être réglementée comme une banque. Les détracteurs de PayPal – y compris et surtout les mastodontes bancaires traditionnels – ont contesté cette façon de se présenter. Selon eux, PayPal acceptait des dépôts, émettait des cartes de débit, conservait de l'argent et versait des intérêts ; aussi la loi devait la considérer comme une banque à part entière, y compris en exigeant des licences de transmission de fonds.

PayPal a réussi à s'en tirer parce que l'application des licences de transmetteur de fonds variait considérablement d'un État à l'autre. La Louisiane n'avait pas pris la peine de vérifier le statut de la licence de PayPal avant l'attention médiatique qui a précédé son introduction en bourse. Un journaliste de *BusinessWeek*, Robert Barker, a contacté des institutions financières en Californie, à New York, dans l'Idaho et en Louisiane pour obtenir des informations qui, selon Thiel, sont parvenues à la SEC, qui a informé l'État de la Louisiane. « Nous désapprouvons quiconque retient des fonds pour un client, a déclaré Gary Newport, l'avocat général au Bureau des institutions financières de la Louisiane, à Barker. Jusqu'à ce que nous ayons résolu [nos problèmes], PayPal a été informée qu'elle ne pouvait pas exercer ses activités. » Les autorités de Californie et de New York ont également informé la société que les licences de transfert de fonds de PayPal faisaient l'objet d'une enquête. Une fois de plus, PayPal a dû déposer ses documents S-1 auprès de la SEC.

Bien que la Louisiane ne détienne qu'une petite partie de la base d'utilisateurs de PayPal (environ 100 000 utilisateurs sur une base de plusieurs millions) l'entreprise craignait qu'un seul accroc ne détruise tout le tissu réglementaire. « Évidemment, vous ne voulez pas que ce genre de choses négatives apparaissent dans un marché en panique comme celui-ci, a déclaré un analyste d'IPO.com. Il est difficile de dire ce qui va se passer maintenant. Tout va dépendre de la force de caractère des investisseurs qu'ils avaient déjà rassemblés pour l'introduction en bourse. »

PayPal a publiquement déclaré qu'elle se réserverait « le droit de contester l'ordonnance [de la Louisiane] par le biais de la procédure administrative appropriée ». En privé, l'équipe a parcouru l'État à la recherche d'un régulateur sympathique, un processus d'autant plus difficile que l'action de la Louisiane contre PayPal s'est produite au milieu de la préparation de l'État pour ses célébrations annuelles de Mardi gras. Thiel et ses confrères ont réussi à trouver un commissaire bancaire de l'État et à plaider leur cause.

L'équipe a souligné que 100 000 Louisianais dépendaient de PayPal, et que si l'État fermait le service, ces électeurs pourraient blâmer les représentants de l'État. « Voulaient-ils vraiment avoir affaire à tous ces gens qui, après tout, votaient aux élections en Louisiane ? se souvient Thiel. Et [le commissaire] a convenu que, oui, peut-être que la Louisiane ne voulait pas avoir la réputation d'être un État exceptionnellement arriéré. » Peu après, PayPal était de retour dans l'État du Pélican.

Selon d'autres membres de l'équipe, ce geste a probablement sauvé l'introduction en bourse. « Sans cela [...] nous aurions dû reporter le dépôt de la demande. C'était un coup assez héroïque et salvateur », a dit Selby. Pendant que l'équipe s'occupait de la Louisiane, Thiel l'a pressée de contacter des responsables en Californie, à New York et dans l'Idaho, pour éviter que d'autres États ne suivent l'exemple de la Louisiane et ne compliquent la procédure d'introduction en bourse.

■ ■ ■

De mi-janvier à début février, PayPal a fait face à deux actions en justice, à la menace d'une troisième, à l'interdiction de la Louisiane, aux demandes de licence de la Californie et de New York, au volet de l'enquête Gartner et à des investisseurs sceptiques. Ces vents contraires ont retardé l'introduction en bourse du 6 février au 15 février, et certains membres de l'équipe ont commencé à se demander si elle allait être vraiment lancée. Thiel lui-même craignait que tout autre choc ne soit un choc de trop. « J'ai le sentiment que cet accord ne peut pas résister à une autre surprise comme celle-ci – tout va s'écrouler », aurait dit Thiel à ses collègues.

Le PDG a poussé l'équipe et le souscripteur à conclure rapidement l'offre publique, même si cela signifiait que le prix des actions était plus bas que prévu. À l'origine, les banquiers de PayPal prévoyaient que les 5,4 millions d'actions que la société proposait sur les marchés publics se vendraient entre 12 et 15 dollars chacune, levant 81 millions au maximum. Maintenant, Thiel a dit aux banquiers qu'il accepterait de prendre moins pour réaliser l'introduction en bourse rapidement.

L'incertitude a envahi l'entreprise. Des rumeurs se répandaient à propos d'un autre problème juridique, et même de l'annulation totale de la procédure. Les amis et la famille ayant été invités à participer à l'offre publique, les employés faisaient désormais face aux inquiétudes de vieux amis et de parents. À New York, Ken Howery, Roelof Botha, Jack Selby et d'autres essayaient de travailler avec les banquiers pour mettre à jour les documents et apaiser les inquiétudes des investisseurs institutionnels. À Palo Alto, plusieurs employés enchaînaient les soirées tardives pour régler le litige relatif aux brevets et peaufiner les documents d'introduction en bourse.

« Nous avons été à deux doigts de ne pas réussir », a dit Hurd en se pinçant les doigts.

■ ■ ■

Dans la soirée du jeudi 14 février 2002, l'Associated Press a annoncé pour la première fois que PayPal avait fixé le prix de son premier appel public à 13 dollars par action, et qu'elle serait cotée au Nasdaq le lendemain.

Tout comme sa précédente couverture sur son introduction en bourse, l'article de la veille n'était pas exactement un début brillant. « Je ne peux pas m'empêcher de penser que la société pose des problèmes, a déclaré David Menlow, le président de IPOFinancial.com, un site qui couvrait les entrées en bourse. Pourquoi les gens deviendraient-ils agressifs en achetant une action comme celle-ci alors qu'il existe une possibilité quotidienne que le service soit fermé ? » Menlow avait déjà compté PayPal parmi les introductions en bourse les plus prometteuses de ce trimestre, mais il l'avait récemment rétrogradée au niveau « risqué » après l'avalanche de nouvelles négatives. Une autre analyste des introductions était « consternée » par la décision de PayPal d'entrer en bourse. « Pourquoi voudraient-ils fixer le prix de cette offre, alors que tout le monde va attendre que cela tourne au vinaigre ? », a-t-elle demandé.

Les employés se souviennent du pressentiment de cette période de seize heures et du sentiment d'appréhension qui régnait au bureau. Pour les employés de PayPal en couple, la soirée du 14 février a été une Saint-Valentin particulièrement inconfortable. Beaucoup d'entre eux étaient déchirés entre les dîners planifiés depuis longtemps avec leurs proches – et leurs collègues qui se rassemblaient dans les bureaux de PayPal pour finaliser nerveusement les détails de l'affaire en cours.

■ ■ ■

Après l'ouverture du Nasdaq le matin du vendredi 15 février 2002, les 5,4 millions d'actions de PayPal ont été mises en vente auprès d'investisseurs publics. Initialement fixée à 13 dollars par action, l'action a grimpé jusqu'à 18 dollars en quelques minutes. PYPL s'est échangé jusqu'à 22,44 dollars le premier jour, et a clôturé à 20,09 dollars, une augmentation remarquable de 55 %, la meilleure ouverture pour une introduction en bourse jusqu'à présent pour cette année-là.

« Meurtrie par une semaine de mauvaises nouvelles, la société de paiement en ligne PayPal (Nasdaq : PYPL) s'est finalement hissée sous les projecteurs de Wall Street, devenant la première introduction en bourse sur Internet depuis près d'un an », écrivait le *E-commerce Times*. La couverture positive a finalement afflué, et le responsable des relations publiques de PayPal, Vince Sollitto, n'a pas caché son soulagement. « Je me sens comme un char d'assaut, avouait Vince Sollitto à la mi-journée à une publication spécialisée dans les cartes de crédit. Tout nous a été jeté à la figure. »

Les employés de PayPal ont appelé avec joie les membres de leur famille, et lorsque ceux de l'équipe sont arrivés au bureau de Palo Alto tôt ce matin-là, l'enthousiasme était palpable. « L'introduction en bourse était alors le summum de ce que vous pouviez faire dans une entreprise. Et la nôtre était suffisamment petite pour qu'à la fin, cela signifie que nous y étions arrivés, en quelque sorte », se souvient l'ingénieur Santosh Janardhan.

Lors des introductions en bourse d'eBay et d'Amazon, les employés avaient été mis en garde contre une potentielle obsession à l'égard du cours de l'action ; dans le cas de PayPal, les dirigeants ont balayé cette recommandation et ont diffusé le chiffre sur les écrans qui présentaient généralement les données des utilisateurs. « Tout le monde vérifiait le téléscripteur toutes les trois minutes – ou toutes les trois secondes », indique Scott Braunstein.

L'après-midi, la chanson des Barenaked Ladies *If I Had a Million Dollars* a retenti dans le bureau – le signal que la fête pouvait commencer. « Je me souviens avoir pensé : *Attends, on ne travaille pas de toute la journée ? C'est vrai ?* a partagé Amy Rowe Klement. Cela vous donne une idée de la bande-son dans mon esprit ! »

Pour bon nombre des premiers fondateurs et employés voyant la start-up, autrefois petite, se transformer en une société cotée en bourse, ç'a été un moment déterminant. « Vous avez littéralement des milliers d'heures de travail qui aboutissent à ce que le reste du monde dise que vous avez réussi, a fait remarquer Erik Klein. Vous voyez votre salaire, mais vous ne voyez aucun résultat tangible du travail que vous avez effectué pendant toutes ces années. Jusqu'à ce qu'un jour, tout vous tombe dessus d'un coup. » Plusieurs employés ont versé des larmes de bonheur et de soulagement tout au long de la journée.

James Hogan, l'un des premiers ingénieurs de Confinity, a décrit ce jour comme étant « plus profond que "Nous l'avons fait !". C'était plus profond qu'un sentiment d'accomplissement partagé [...] ce n'était pas seulement la victoire de David contre Goliath. »

Pour lui, cela représentait « une justification de la culture et des valeurs sur lesquelles nous nous appuyions ». Après une longue pause, Hogan a fait remarquer « le sentiment de confiance qui, en partie, semblait reposer sur le fait que tout le monde était prêt à évaluer les idées en fonction de ce qui allait fonctionner. Nous avons pu trouver cet alignement de valeur qui a permis d'éviter beaucoup de conneries. Cela nous a aidés à créer de bonnes choses dans le monde – et à faire en sorte que le processus de création, la collaboration au jour le jour, soit stimulant et enrichissant, plutôt qu'unidimensionnellement stressant et destructeur. »

John Kothanek se souvient d'avoir regardé la foule sur le parking et avoir vu les parties qui formaient le tout. « Nous n'étions pas encore une grande entreprise. Et, vous savez, il y avait tout au plus deux cents personnes qui se tenaient là, au maximum. Et vous pouviez regarder ces personnes et vous dire : "Je sais ce que ce gars a fait pour nous amener à ce moment. Je sais ce que cette femme a fait pour qu'on en arrive là. Je sais ce qu'il et elle, et elle et lui [...] ont fait pour nous amener ici..." et j'étais tellement fier de tout le monde. »

■ ■ ■

Max Levchin dira plus tard que c'est « le jour le plus heureux de [sa] vie », et ses collègues se souviennent que leur directeur technique, par ailleurs stoïque, était pris par les émotions. Il a passé la journée à faire la fête, comme en témoigne une photo sur laquelle il embroche une *piñata* verte en forme de dollar avec une énorme épée en plastique. « Étant donné que je fais cela après avoir consommé une pleine bouteille de champagne, il est assez étonnant que je puisse si bien viser », a-t-il écrit en légende sur son site personnel.

Si l'on fait la comparaison avec la décadence des soirées dotcom de la fin des années 1990, la fête de l'introduction en bourse de PayPal a été modeste. Organisée sur le parking du bureau du 1840 Embarcadero, elle ne comportait pas de spectacles musicaux de renommée nationale, de sculptures de glace élaborées ou de hors-d'œuvre coûteux. Au lieu de cela, l'équipe avait installé des tables pliantes en plastique et une poignée de haut-parleurs pour la musique. Des fûts de bière, d'abondantes bouteilles de champagne et des tas de nourriture bon marché sont arrivés. Certains employés se sont éclipsés à la Palo Alto Creamery, où ils ont acheté l'article le plus cher du menu : le « Bubbly Burger », un hamburger à 150 dollars accompagné d'une bouteille de Dom Pérignon glacée.

L'équipe se souvient de son étonnement en voyant le PDG, Peter Thiel et l'avocat général, John Muller faire des *keg stands*[72]. « Des gens qui font des *keg stands*, se souvient Jeremy Roybal, qui n'avaient *clairement* jamais fait ça auparavant ». Après la clôture de la bourse dans l'après-midi, Thiel et Levchin arboraient des couronnes en papier, et, pour la première fois depuis longtemps, seuls quelques employés de PayPal prévoyaient de travailler le vendredi soir. « Ç'a été la seule fois où nous avions le droit de ne pas nous soucier du travail », a observé Klein.

Les festivités comportaient bien sûr des bizarreries à la PayPal, où la fête se mêlait à la compétition. Le souvenir le plus marquant de la journée pour les employés est celui de Peter Thiel jouant dix parties d'échecs rapides en simultané sur le parking. Chaque partie comprenait un pari en espèces, les billets bien rangés sous les côtés des échiquiers. Une grande foule s'est entassée, tandis que Thiel jouait sur chaque plateau et passait au suivant en une succession rapide.

Pendant une période, Thiel a remporté neuf parties sur dix. « Peter ne boit pas beaucoup [...] et nous lui avons fait faire un *keg stand* ce jour-là, se souvient Janardhan. Et après ça, il était à moitié ivre ; et pourtant, il a battu neuf personnes sur dix ! C'est fou. » David Sacks a gagné le droit de se vanter à vie d'avoir été le seul joueur à battre Thiel lors de la partie d'échecs simultanée. (« Quand Peter a perdu, il était furieux, a noté un observateur. Je me souviens juste qu'il s'est levé et qu'il était visiblement furieux. »

Alors que la journée se terminait, Thiel a prononcé un discours en mettant le succès de PayPal en contexte. « Il a expliqué que la capitalisation boursière de PayPal était supérieure à celle de United Airlines, American Airlines et Delta Airlines réunis », se souvient Braunstein. L'équipe a distribué des coupe-vent PayPal, connus sous le nom de « vestes IPO », qui distinguaient les premiers employés de

72. Littéralement « dressé sur un baril » est une activité de boisson où le participant fait un poirier sur un baril de bière et tente de boire autant que possible à la fois ou de boire le plus longtemps possible.

PayPal. Dionne McCray a crocheté le logo PayPal dans un bonnet blanc, qu'elle a porté pour l'occasion.

La fête de l'entreprise a duré jusque tard dans la nuit. « La soirée de l'introduction en bourse n'est qu'un immense flou dans mon esprit », se souvient Levchin. Oxana Wootton se rappelle du mélange de « bonheur, de fête, de larmes [...] un peu comme une fête du Nouvel An [...] ce genre d'excitation ».

Malgré les festivités, certains dirigeants de PayPal ont compris que l'introduction en bourse n'était pas une fin ; c'était un début. Amy Rowe Klement avait rejoint l'entreprise en septembre 1999, faisant partie de la poignée d'employés de X.com. Elle se souvient de ses sentiments d'« incrédulité et d'anticipation » à l'idée que PayPal était désormais une entreprise publique. L'incrédulité était due au fait que « notre travail acharné portait ses fruits ». Mais ce sentiment était mêlé d'anticipation. « [C'était] la reconnaissance que le vrai travail était devant nous, explique-t-elle. À bien des égards, c'était simplement le début d'un nouveau chapitre. Nous étions désormais une entreprise adulte et nous avions une responsabilité encore plus grande envers nos utilisateurs et nos investisseurs. »

■ ■ ■

Les marchés publics avaient évalué PayPal à un peu moins d'un milliard de dollars. Thiel, Musk et d'autres dans l'équipe de direction ont régulièrement fait pression auprès du conseil d'administration pour qu'il distribue des actions aux employés, et pour beaucoup d'entre eux, l'introduction en bourse fournissait une manne financière importante. « C'était le premier événement que nous connaissions au niveau des liquidités, en dehors d'Elon », se souvient Woolway. En particulier pour ceux qui avaient rejoint la société très tôt et y étaient restés pendant plusieurs années chaotiques, l'introduction en bourse était une légitimation – un signe de réussite plus tangible que la croissance du nombre d'utilisateurs ou le volume des transactions.

Après l'événement, Thiel, Levchin et d'autres au niveau membres de la direction étaient, du moins sur le papier, multimillionnaires, et Sequoia Capital, Nokia Ventures, Madison Dearborn Partners et les autres investisseurs ont tous vu un bon retour sur leurs investissements.

Sans conteste, la plus grande rentrée d'argent personnelle est allée à Elon Musk. Selon les documents publics, Musk était historiquement le plus gros actionnaire individuel de l'entreprise et il avait acquis encore plus d'actions au fil du temps. Au moment où le téléscripteur de la société clignotait sur les écrans du Nasdaq, Musk possédait même plus d'actions PayPal que les bailleurs de fonds institutionnels comme Nokia Ventures et Sequoia Capital, et avec ses avoirs, la participation de Musk valait désormais plus de 100 millions de dollars.

En l'espace de quatre ans, Musk a fait passer sa fortune de huit à neuf chiffres, et a jeté les bases de ses futurs efforts. « L'entrée en bourse de PayPal est ce qui m'a permis d'avoir le capital pour démarrer SpaceX, parce que je pouvais vendre des actions ou emprunter contre des actions, a déclaré Musk. Avant cela, je n'avais pas vraiment de liquidités significatives. »

22

ET JE N'AVAIS QU'UN TEE-SHIRT

À la suite de l'introduction en bourse, les employés de PayPal ont suivi un nouveau rituel : vérifier le cours de l'action de PYPL. En raison d'une période de blocage, la plupart des employés n'étaient pas autorisés à vendre leurs actions avant plusieurs mois, et, même dans ce cas, les actions des nouveaux employés restaient non acquises : attribuées mais pas officiellement distribuées.

L'estimation de la valeur nette personnelle s'avérait également thérapeutique. Moins d'une semaine après l'introduction en bourse de PayPal, eBay a annoncé qu'elle allait payer 43,5 millions de dollars pour la participation de 35 % de Wells Fargo dans Billpoint. Cela représentait un problème pour PayPal. Pour commencer, le prix faisait paraître la valorisation de près d'un milliard de dollars comme étant surévaluée. Si elle dépendait des transactions d'eBay, alors comment la plateforme de paiement de cette dernière pourrait-elle valoir huit fois moins que PayPal ? demandaient les analystes de Wall Street. Le jour où l'accord Wells Fargo a été annoncé, l'action PayPal a chuté de 15 %.

La perspective qu'eBay possède purement et simplement sa branche « paiements » était cependant plus inquiétante. La plateforme ne serait plus contrainte par des banquiers peu enclins à prendre des risques et pourrait théoriquement développer le produit, conclure des accords, voire transformer Billpoint en une entité autonome si elle le souhaitait. La presse a couvert l'événement comme une menace pour PayPal et la PDG de Billpoint, Janet Crane, a confirmé ces inquiétudes, promettant que le rachat permettrait « une intégration accrue de BillPoint et d'eBay au fil du temps ».

Ensuite, eBay a également profité de l'occasion pour gagner un effet de levier contre PayPal. À l'abri de la presse, les deux entreprisesavaient repris la négociation en vue d'un éventuel accord. Le rachat de Wells Fargo ressemblait à une menace pour PayPal : si un accord n'était pas conclu, le géant des enchères resterait libre de se livrer à une concurrence plus agressive pour la part des paiements.

À partir de fin mars 2002, l'équipe interne de PayPal a préparé des rapports détaillés sur ses activités pour ses homologues d'eBay. Le 21 mars 2002, eBay a fait une offre d'achat de l'entreprise pour une valeur de 1,33 milliard de dollars, avec l'accord de fusion désignant les deux entreprises par des noms de code : PayPal était appelée « Orque », et eBay « Ernie ». (Dans une version antérieure d'un accord de fusion, PayPal avait choisi un animal marin plus petit pour nom de code. Avant d'entrer en bourse, PayPal était codée « Marsouin ».)

Lors d'une réunion du conseil d'administration le matin du 22 mars 2002, les dirigeants de PayPal ont discuté de l'accord. Thiel a fait valoir, d'après les procès-verbaux des réunions du conseil, que « les dirigeants d'eBay lui avaient exprimé le désir de mettre fin à la spéculation concernant un éventuel regroupement des deux entreprises ». Il a ajouté que c'était « un point crucial pour eBay, et qu'ils étaient en train de prendre une décision stratégique pour, soit aller de l'avant par eux-mêmes et “combattre” PayPal, soit l'acheter ».

Le conseil d'administration a conclu que les destins des deux entreprises étaient liés, pour le meilleur ou pour le pire, et qu'une acquisition par eBay valait mieux qu'une autre longue série de combats. Le conseil a « autorisé MM. Moritz et Thiel à remettre leur réponse à eBay et à poursuivre les discussions avec elle concernant l'éventuelle fusion ».

Le conseil s'est fréquemment réuni au cours de cette période de négociation, mais, le 10 avril, « M. Thiel a indiqué que la probabilité pour que la fusion se fasse a diminué depuis la précédente réunion du conseil d'administration ». Entre l'offre d'eBay et le 10 avril, PayPal avait commencé à préparer sa première mise à jour trimestrielle officielle en tant qu'entreprise cotée – ainsi que l'annonce de son premier trimestre rentable. Pendant cette même période, le cours de l'action eBay était resté relativement stable et ses dirigeants s'étaient « catégoriquement opposés à un plancher ou à un plafond sur le cours de l'action dans le cadre de l'accord ».

Le 11 avril, les chances de l'opération avaient fondu. « Le conseil d'administration [de PayPal] a déterminé qu'à la lumière de son annonce imminente d'un premier trimestre rentable, entre autres, il n'était pas prêt à procéder à la fusion dans les conditions actuelles. » Thiel a été autorisé à présenter des conditions alternatives, y compris « une augmentation du taux de change » et « un prix plafond ou plancher sur la valeur des actions eBay à recevoir dans le cadre de la fusion ». Ni l'un ni l'autre, pensaient-ils, ne serait accepté par eBay.

La nouvelle de la négociation a fuité et, au moment où le premier trimestre rentable de PayPal était annoncé, la combinaison d'une éventuelle acquisition d'eBay et de la rentabilité a fait bondir le cours de l'action PayPal au-dessus de 26 dollars – rendant un accord encore moins probable. Certains membres de l'équipe soupçonnaient que les négociations avaient été divulguées pour faire échouer intentionnellement l'accord.

En fin de compte, la cause importait moins que le résultat : l'accord a été (une nouvelle fois) annulé et les deux parties ont repris leurs hostilités. Katherine Woo avait rejoint l'entreprise juste avant l'introduction en bourse, et elle se souvient d'une réunion de l'équipe au printemps 2002 à propos d'eBay. « Ils nous ont tous convoqués dans cette salle de conférence [...] et ils nous ont livré le discours – ce discours intense ! – pour expliquer comment eBay était en train d'essayer de nous tuer. Et qu'elle avait des centaines d'ingénieurs qui travaillaient sur Billpoint dans ce but. Et je me suis dit "Merde. Je vais travailler *vraiment* dur cet été." »

■ ■ ■

Au début de l'année 2002 a été annoncé eBay Live, une célébration en personne de tout ce qui concernait eBay, prévue pour le 21 juin à Anaheim, en Californie. L'événement rassemblerait l'univers des vendeurs, des acheteurs, des fournisseurs et des clients, et la PDG Meg Whitman en serait l'hôte.

L'épouse de Vince Sollitto avait remarqué l'événement dans un journal. « Elle l'a entouré, découpé puis elle me l'a donné, se souvient Sollitto. Et elle dit : “Vous autres, vous devez être là-bas.” J’ai ensuite transmis le papier à David Sacks et il a dit : “Tu as raison, nous devons y aller.” »

L’entreprise avait déjà prévu de participer et de faire ce que d’autres fournisseurs eBay et entreprises extérieures avaient été invités à faire : préparer un petit stand avec des employés. Sacks, cependant, pensait que l’occasion méritait une entrée plus remarquée.

Après un brainstorming, Sacks et son équipe sont arrivés à deux idées, toutes deux conçues pour remuer eBay. D’abord, PayPal organiserait un grand événement la veille de l’ouverture d’eBay Live. Après que PayPal a envoyé les invitations, le Motley Fool communiquait : « PayPal écrase la fête d’eBay. Encore. »

L’attention volée avec succès, PayPal s’est tourné vers sa deuxième idée. L’équipe marketing s’est procuré des milliers de tee-shirts arborant le logo PayPal sur le devant et la formule « *New World Currency*[73] » dans le dos. Elle les a distribués lors de l’événement en promettant une récompense : ceux qui étaient vus portant les tee-shirts seraient éligibles pour remporter un prix en espèces de 250 dollars. L’objectif était de rappeler à la haute direction d’eBay que PayPal était inextricablement liée à sa communauté de vendeurs. Même les supporters les plus bruyants d’eBay porteraient le *swag* de PayPal.

Quand eBay Live a ouvert ses portes, les logos PayPal étaient partout, les personnes présentes arborant les tee-shirts dans l’espoir de gagner de l’argent gratuit. Et eBay en a pris conscience. Ils avaient également commandé leurs propres tee-shirts pour la soirée, mais ils avaient prévu de les faire payer. Avec la prolifération des tee-shirts PayPal, eBay a changé de cap. « [eBay offrait] un tee-shirt aux gens s’ils l’échangeaient contre leur tee-shirt PayPal », se souvient Sacks. Alors les gens venaient simplement chercher un deuxième tee-shirt gratuit vers nous, puis ils l’échangeaient contre un eBay. »

Alors que Meg Whitman montait sur scène pour son discours d’ouverture, elle a été accueillie par des milliers d’utilisateurs eBay silencieux ; et un nombre impressionnant de tee-shirts PayPal. Pour l’équipe de PayPal, le coup de grâce est arrivé quand *USA Today*

73. Nouvelle monnaie mondiale

a publié un article, le 1er juillet 2002, à propos de la soirée eBay Live sur la première page de sa section « Money ». Sur la photo qui accompagnait l'article, Whitman sourit et signe des autographes. Un chasseur d'autographes se tient debout à sa gauche – avec le logo PayPal imprimé sur sa poitrine.

■ ■ ■

Jeff Jordan, à la tête d'eBay Amérique du Nord, était présent à la fête et il a vu tout cela en personne. Bien sûr, à ce moment-là, le conflit eBay-PayPal faisait partie de sa vie depuis des années. Les tactiques de PayPal à eBay Live n'ont fait que renforcer son aversion pour la concurrence.

Jordan était arrivé chez eBay en 1999. Après des études dans une école de commerce et un passage dans le conseil en management, il était allé chez Disney, où Meg Whitman était cadre supérieure. Jordan est par la suite devenu le directeur financier de Disney Stores. De son poste d'observation dans le commerce de détail, Jordan a pu voir arriver le train de marchandises Internet. Il a rejoint Reel.com, un site de location de vidéos en ligne et de vidéos à la demande, comme directeur financier. Mais Reel.com a eu des difficultés, car ses idées étaient, selon Jordan, « en avance de dix ans » et il a commencé à chercher sa future entreprise[74].

74. Cette recherche l'a conduit à un entretien d'embauche mémorable. Steve Jobs cherchait un directeur financier pour Pixar et il s'est rapproché de Jordan, qui a accepté de le rencontrer pour le petit déjeuner au Il Fornaio à Palo Alto. « Je me présente dans ma veste de costume, se souvient Jordan, et Jobs arrive en Chacos, avec des vêtements déchirés et vingt minutes de retard. » Jobs n'avait que deux questions à poser à Jordan. Question 1 : « Tu es allé à la Stanford Business School à la fin des années 1980, et tu te retrouves au centre de l'univers de la création d'entreprise dans la période la plus excitante au monde… et puis tu es devenu un putain de consultant en management ? » Question 2 : « Comment as-tu pu travailler chez Disney pendant huit ans ? Ces mecs sont des clowns… » Jordan a pris les questions pour ce qu'elles étaient : un test de résistance de Steve Jobs. « Je vais répondre à la première. Il m'a fallu dix ans pour trouver mon chemin jusqu'ici, mais je suis de retour et je suis là pour rester. » À propos de Disney, il a répondu avec fermeté : « Vous vous trompez sur Disney. » Puis il a expliqué que les Disney Stores étaient mieux notés par les consommateurs que les parcs à thème de Disney. « Et nous vendons des trucs ! » Jobs a semblé satisfait et a présenté Pixar à Jordan. Jordan hésitait ; il venait d'occuper un poste de directeur financier et il cherchait quelque chose de différent. Jobs lui a proposé de rejoindre plutôt Apple à la tête d'une nouvelle division. « J'ai cette vision pour les boutiques Apple », a dit Jobs et il a ensuite décrit une expérience de shopping réinventée à la base. Jordan trouvait Jobs « délirant » et il a poliment refusé l'offre. « Bien sûr », a dit Jordan à propos du concept de vente au détail de Jobs, « il a vu juste ».

En 1999, Meg Whitman, désormais chez eBay, a recruté Jordan pour la rejoindre. Six mois plus tard, début 2000, Jordan était promu à la tête de la division Amérique du Nord d'eBay, qui comprenait la surveillance des paiements – et le problème exaspérant de PayPal. Lorsqu'eBay a acheté Billpoint pour exercer une concurrence, Jordan devait le superviser mais Janet Crane, alors à la tête de Billpoint, a demandé à Meg Whitman de diriger elle-même l'entreprise. « C'était probablement la meilleure chose qui soit jamais arrivée dans ma carrière », a reconnu Jordan.

Alors que Billpoint perdait des parts de marché au profit de PayPal, Jordan a vu que celle-ci avait maîtrisé l'élément du secteur des paiements qui tourmentait les autres : « PayPal a pris des risques », a expliqué Jordan. En garantissant les transactions entre les acheteurs et les vendeurs eBay, PayPal a gagné de petites tranches de revenus de paiements qui ont augmenté avec les effets de réseau. Au fil du temps, l'équipe a affiné ses modèles de risque et réduit la fraude – transformant ainsi un projet brut en une véritable entreprise.

Parce qu'il dirigeait les opérations nord-américaines d'eBay, Jordan a été critiqué par la direction pour avoir permis à PayPal de fonctionner sans être dérangé sur la plateforme. Mais il estimait avoir les mains liées. Il ne dirigeait pas Billpoint (c'était le domaine de Crane), et il ne pouvait pas bloquer PayPal et faire de Billpoint le système de paiement par défaut d'eBay. Comme d'autres dans le secteur, Jordan avait également une peur saine des problèmes antitrust. « Nous prenions toutes ces précautions. Par exemple, n'utilisez pas le mot *dominant*, dans quelque document que ce soit », se souvient Jordan. L'équipe PayPal avait intentionnellement attisé de telles craintes. « C'était une très bonne posture, a dit Jordan au sujet des effets théâtraux antitrust de Reid Hoffman. Il arrivait pour discuter et il me disait : "Tu sais, mec, si vous autres essayez de regrouper Billpoint avec eBay, ce serait un véritable problème antitrust, non ?" »

Jordan et son équipe étaient également très à l'écoute de la communauté eBay, où les chiffres d'utilisation de PayPal parlaient d'eux-mêmes : des millions d'utilisateurs d'eBay choisissaient activement PayPal pour leurs transactions. En tuant PayPal, s'inquiétait Jordan, eBay allait droit au suicide. « J'étais ambivalent sur le fait de tuer PayPal, parce qu'il faisait fonctionner mon entreprise », a reconnu Jordan.

Jordan et d'autres au sein de l'équipe d'eBay se souviennent de réunions sans fin à propos de PayPal, et comme ses homologues, lui et son équipe ont mis en place tous les plans possibles pour concurrencer, arrêter ou entraver les efforts de PayPal. Mais en 2002, c'était considéré comme une cause perdue : elle était devenue une entreprise cotée en bourse avec des utilisateurs fidèles, et eBay devrait vivre avec l'indignité de sa présence.

■ ■ ■

Cette présence était, à cette époque, passée à l'interdépendance, eBay Live en étant une démonstration criante. « Ils se sont livrés à un merveilleux travail de guérilla marketing », se souvient Jordan en gloussant.

Pour Jordan, le jeu du tee-shirt était un puissant rappel du fait que les deux entreprises auraient dû être considérées plus symbiotiques que concurrentes. De plus, la lutte pour la part de marché des tee-shirts de la convention a illustré l'inanité de tout cela : les utilisateurs aimaient eBay et PayPal, mais les entreprises se détestaient.

Lors de l'événement, Jordan a fait signe à David Sacks. « Nous avons essentiellement entamé une conversation à propos de la folle tournure que prenait cette concurrence, a déclaré Sacks. Nous en étions rendus à nous battre pour des histoires de tee-shirts. »

Sacks en était arrivé à cette conclusion il y a longtemps, tout comme d'autres membres de son équipe. « Une grande partie de notre volume d'affaires venait d'eBay, souligne Amy Rowe Klement. Nous étions complètement dépendants de notre ennemi. » Cependant, peu de membres de l'équipe de PayPal voyaient ce risque se dissiper sans un accord entre les deux entreprises. « Reid avait un moyen concis de décrire le défi : "Ce n'est pas parce que quelqu'un tire cinq balles vers vous et qu'il vous rate [...] que la sixième ne vous tuera pas" », a écrit Keith Rabois sur Quora des années plus tard.

Bien sûr, eBay avait une sixième balle prête à partir. En plus de racheter sa participation dans Billpoint à Wells Fargo, elle avait discrètement entamé des discussions avec Citibank. Il était question de vendre Billpoint à la banque et d'éliminer tous les frais de paiement. L'accord résoudrait le problème de paiement d'eBay et leur permettrait de réduire les prix par rapport à PayPal ; la banque attirerait un tout nouveau groupe de clients. « Si nous concluions l'accord avec Citibank, [PayPal] était finie », suppose Jordan.

Pourtant, il voyait plus d'avantages dans l'acquisition et l'intégration de PayPal au sein d'eBay que dans la vente de Billpoint à Citibank. Après tout, eBay venait de mettre un terme à une relation agitée avec une banque et rien ne garantissait que Citibank réussirait là où Wells Fargo avait échoué. Jordan voyait dans PayPal une activité en plein essor qui, selon lui, pourrait devenir plus grande qu'eBay elle-même.

L'équipe de PayPal a entendu parler de l'accord eBay-Citibank et cela a déclenché une nouvelle vague de panique. Sacks et Levchin ont approché Hoffman pour se renseigner à propos de l'utilisation de la trace écrite antitrust pour contrecarrer les efforts d'eBay. Hoffman expliqua que la trace écrite antitrust avait été, au mieux, une diversion. Il n'y avait rien dans le projet d'accord eBay-Citibank qui inciterait les autorités antitrust à prendre des mesures préventives. En plus de cela, PayPal fonctionnait toujours sur eBay, aux côtés d'autres services, la menace antitrust faisait donc plus de bruit que de mal. « L'arme semble très réelle. Je peux l'agiter devant toi. Je peux faire un geste vers toi en la tenant. Je peux la braquer vers toi, a expliqué Hoffman. Mais si j'appuie sur la gâchette, c'est un petit drapeau qui sort et qui dit "*Boom* !" Tout n'est que persuasion psychologique. »

La négociation avec Citibank n'a peut-être pas été suffisante pour inviter à une action réglementaire, mais cela a eu un autre effet : la menace a incité David Sacks à reprendre la négociation eBay-PayPal.

■ ■ ■

Lorsque Thiel et Hoffman ont dû annuler la négociation avec eBay avant l'introduction de PayPal en bourse, ils avaient convenu que Thiel transmettrait le message à Whitman – laissant Hoffman prendre la responsabilité de la dissolution de l'accord. Thiel dirait à la direction d'eBay que Hoffman avait poussé les choses plus loin que l'équipe de direction de PayPal ne l'avait souhaité. Lorsqu'il a annoncé la nouvelle, Meg Whitman était furieuse et elle s'est levée de table. « Si c'est la guerre que vous voulez, c'est la guerre que vous aurez ! », aurait-elle dit à Thiel et aux autres dirigeants de PayPal présents.

Ces négociations, ainsi que les précédentes, avaient laissé un goût amer. Les frustrations de la direction d'eBay étaient justifiées : PayPal et eBay étaient maintenant passées par quatre négociations pour acquisition, et le prix qu'eBay avait proposé était passé de 300 millions de dollars à 500, avant d'atteindre 800 millions, et enfin, dépasser désormais le milliard de dollars. À chaque fois, soit la valeur totale, soit les termes de l'accord avaient abouti à un échec.

Sacks et Jordan – les pacificateurs cette fois-ci – ont reconnu qu'ils étaient devant un microscope, aussi bien en externe qu'en interne. Si la presse avait vent de la négociation, la nouvelle pouvait en compromettre l'issue, comme cela avait été le cas en avril.

L'équipe de direction de PayPal a convenu que, compte tenu de l'animosité qui régnait, Thiel et Hoffman devaient se retirer des pourparlers. Par pure coïncidence, Meg Whitman avait prévu un voyage à titre personnel dans le sud de la Californie, qui l'a également retirée des négociations. « La seule façon dont nous avons pu conclure l'accord à la fin, c'est que Meg et Peter ont été complètement récusés », a reconnu Jordan.

Du 3 au 7 juillet, les dirigeants d'eBay ont travaillé sur les termes avec David Sacks, John Malloy et Roelof Botha. « Nous avons rejoint PayPal un samedi et nous avons commencé à faire diligence », se souvient Jordan. À la fin du week-end, Jordan et son équipe avaient préparé leur présentation pour le conseil d'administration d'eBay. « Nous sommes passés du projet de l'offre à l'accord de fusion définitif en quatre ou cinq jours », se souvient Sacks.

L'introduction en bourse de PayPal avait ouvert la voie à ces derniers pourparlers. « [L'introduction en bourse] a été incroyablement utile à l'accord car il y avait un marquage », a dit Jordan, faisant référence à la clarté offerte par le cours de l'action de PayPal. « Nous avions essayé cinq fois de l'acheter, mais les quatre premières fois, nous n'étions pas d'accord sur le prix. Une fois qu'il a été marqué et qu'il y a eu un peu d'échange, elle valait 1,4 milliard de dollars. » Sacks et Jordan pourraient présenter des dossiers clairs à leurs conseils d'administration et, d'après les procès-verbaux du conseil de PayPal, eBay avait assoupli un certain nombre de dispositions clés sur la fusion, y compris « l'absence de plafond sur le prix de ses actions ».

La discussion du conseil d'administration de PayPal, le samedi 6 juillet 2002, a été rigoureuse et couvrait « en détail les transactions actuelles proposées ainsi que les alternatives à la transaction et les risques encourus si elle était réalisée ou bien en continuant en tant qu'entité autonome ». Malgré des conditions plus favorables et une offre de 1,4 milliard de dollars, plusieurs membres du conseil d'administration continuaient de penser que les meilleurs jours de PayPal étaient devant elle. Musk, par exemple, était convaincu que le chiffre sous-évaluait encore l'entreprise. « Je me disais : “Vous êtes tous fous” », raconte Musk. Les membres du conseil de PayPal, Tim Hurd et John Malloy, ont également émis des doutes. « J'avais du mal avec ce chiffre-là, parce que je savais que nous vendions pour une somme inférieure à ce que l'entreprise me semblait valoir », se souvient Malloy.

Les procès-verbaux de la réunion de ce samedi-là consignaient les risques commerciaux de PayPal – et détaillaient comment une association eBay-PayPal pourrait les atténuer :

- une association [PayPal-eBay] réduirait les risques du plan de croissance stratégique de l'entreprise ;
- le processus de vérification du marché mené par l'entreprise en 2001 avait indiqué qu'eBay était probablement le seul enchérisseur réaliste pour l'entreprise ;
- aucune autre entreprise n'a proposé d'acquérir ou de fusionner avec PayPal ou fait une proposition intéressante pour conclure toute autre transaction avec PayPal ;
- la fusion minimiserait le risque de perte d'accès au traitement des paiements sur les sites d'enchères en ligne ;
- la possibilité de réduire les risques de modification des règles des associations de cartes, les risques de fraude et les incertitudes concernant les services financiers et la réglementation des jeux en ligne ;

- la contrepartie actuelle était le prix par action le plus élevé qui pouvait être négocié avec eBay ;
- la prime que procure la parité d'échange sur le prix d'introduction en bourse, le prix des actions ordinaires vendues dans le cadre de l'offre secondaire et le cours de l'action au 5 juillet 2002 ;
- l'impact potentiel de la fusion non consommée, l'incapacité potentielle à retenir les employés clés.

Finalement, le facteur décisif pour Malloy, Hurd et Musk a été l'insistance de l'équipe de direction sur le fait qu'eux-mêmes et leurs subordonnés directs étaient à bout de souffle. « Ils nous ont demandé si nous voulions ou non être rachetés par eBay, se souvient Skye Lee. Et j'étais fatiguée. J'ai dit : "Je suis prête, je ne peux plus faire ça." » Malloy savait que Max Levchin pouvait supporter des niveaux de travail inhumains. « Lorsqu'il m'a dit : "C'est l'heure", j'ai su que nous devions vendre. Vous ne pouvez pas forcer les gens à continuer à travailler s'ils en sont arrivés là. »

Pour de nombreux membres de l'équipe PayPal, travailler dans l'entreprise était devenu un exercice de persévérance, pas de production. « Cette expérience répétée de mort imminente n'est pas quelque chose que les gens peuvent supporter, a dit Luke Nosek. Vous voulez partir à cause de l'épuisement. Il vaut mieux avoir une issue financière que d'avoir tout le monde si épuisé que la prochaine chose à faire ne se sortira peut-être tout simplement pas. »

Malloy a également noté qu'une fois que l'idée d'une sortie d'eBay – et les récompenses financières qui en découlent – était dans l'air, il était difficile de la récupérer. « C'est très difficile pour les gens normaux de remettre ce génie dans la bouteille », a-t-il dit, même s'il voyait Thiel moins ému par la fortune qui découlerait de la sortie que les autres. « Il est plus philosophe à ce sujet. Il n'y pense pas à un niveau aussi prosaïque. C'est plutôt comme s'il reportait le risque. »

Le matin du dimanche 7 juillet 2002, le conseil d'administration s'est à nouveau réuni pour un examen final de l'offre d'eBay. Thiel a demandé un vote ; Malloy a appuyé l'appel. « Les administrateurs ont été interrogés individuellement, selon les procès-verbaux. Chaque administrateur présent a voté pour. » PayPal serait vendu à eBay.

■ ■ ■

Chez eBay, Jeff Jordan a dû se montrer convaincant, et il a répété des arguments familiers : « Je suis Amazon – sans panier. Nous devrions acheter notre panier. »

Bien que l'équipe de direction d'eBay ait été favorable, un membre du conseil d'administration d'eBay, le PDG de Starbucks, Howard Schultz, a encouragé l'équipe à reconsidérer la question. Il a souligné que PayPal n'avait atteint la rentabilité que récemment, et de justesse. Le 1,4 milliard d'eBay pouvait, selon lui, être mieux dépensés ailleurs.

D'autres ne voyaient pas l'acquisition comme une solution à court terme à un problème de paiements mais plutôt comme une action à long terme pour l'entreprise. Scott Cook, membre du conseil d'administration d'eBay, fondateur et ancien PDG d'Intuit, a fait valoir que PayPal viendrait s'ajouter à l'activité d'eBay – et qu'il pourrait donner d'excellents rendements à long terme.

Cela cadrait avec l'exemple de Jordan. « Lors de ma présentation au conseil d'administration, j'ai dit que PayPal serait plus gros qu'eBay – ce qui a suscité quelques moqueries. Cela allait aider eBay, mais cela allait être aussi une énorme entreprise bâtie sur le dos d'eBay. »

Bien que la majorité du conseil d'administration d'eBay ait finalement voté pour l'acquisition de PayPal, le vote a eu des opposants. « Ce fut le premier vote non unanime dans l'histoire d'eBay », a déclaré Jordan.

■ ■ ■

Le matin du lundi 8 juillet 2002, la nouvelle est tombée : eBay allait acheter PayPal. Les deux entreprises continueraient de fonctionner de façon indépendante et l'accord serait soumis aux « approbations des actionnaires, du gouvernement et des autorités réglementaires ». Les paiements eBay effectués par Billpoint, selon le communiqué de presse, seraient progressivement supprimés.

À 4 h 30 du matin, Sal Giambanco a envoyé un message à toute l'entreprise de la part de Thiel pour officialiser l'annonce de l'acquisition. Quelques minutes plus tard, Giambanco enchaînait avec un message sur la réunion générale pour ceux qui étaient dans le bureau de Mountain View (qui, plus tard dans la matinée, a été divisé en deux réunions du fait de la taille de l'équipe). Alors que les gens arrivaient au bureau ce lundi-là, l'air était chargé de rumeurs, de bavardages et de confusion. Un employé a comparé l'ambiance à celle que connaîtraient les soldats apprenant qu'un armistice était en discussion alors qu'ils combattaient encore sur le terrain.

La rumeur s'est répandue que Meg Whitman s'adresserait aux employés de PayPal à midi ; puis s'est confirmée lorsqu'un podium est apparu avec le nom de « Meg Whitman » imprimé dans le style multicolore du logo d'eBay. Tandis que les membres de l'équipe se rassemblaient dans le « Cercle polaire », la plus grande salle de réunion de l'entreprise (ainsi nommée pour honorer un thermostat cassé de la salle de réunion d'anciens bureaux de l'entreprise). Thiel est monté sur le podium « Meg Whitman » – sous les ricanements de la foule. « Vous voyez ce que je dois supporter ?, a-t-il plaisanté. C'est pour cela que je vends l'entreprise. »

Comme l'a raconté Eric Jackson dans *The PayPal Wars*, il a présenté la vente à l'équipe. « Ils nous ont proposé une offre intéressante – nous obtenons une prime de 18 % par rapport au cours actuel de l'action de l'entreprise, a-t-il dit aux personnes rassemblées dans la salle. On se demande toujours si ce type d'accord a du sens ou non. Mais étant donné que nous avons obtenu une bonne valorisation et supprimé un énorme risque pour l'entreprise, je pense que c'est le cas. »

Aucun emploi ne serait menacé, a-t-il promis, et aucun poste ne serait supprimé – « sauf pour Billpoint ». La salle a applaudi et acclamé. « Il faudra probablement environ six mois pour conclure l'affaire. Jusque-là, tout restera à l'identique ; les deux entreprises continueront à être gérées séparément. Une fois la vente terminée, PayPal restera une unité indépendante au sein d'eBay, et l'équipe de direction restera inchangée. »

Après ses brèves remarques, les employés sont sortis de la salle de réunion. « Je suppose que nous avons gagné, non ? Même si nous sommes rachetés, on n'en a pas l'impression », a fait remarquer un employé à un de ses collègues.

L'analyste de la fraude Mike Greenfield n'arrive pas à se rappeler s'il avait entendu les nouvelles à propos de l'acquisition d'eBay à la radio ou bien par un courriel de son entreprise. Mais il se souvient de ce qu'il a pensé en allant travailler. « En pédalant pour aller travailler, je pensais : *Je devrais peut-être faire une demande pour aller à l'université ? Je n'ai plus vraiment besoin de rester ici.* »

■ ■ ■

Les employés se sont sentis à la fois surpris, soulagés et anxieux. Leur entreprise venait d'être rachetée par la même entité qu'elle avait passé des années à combattre et à railler. Malgré les assurances de Thiel, beaucoup se demandaient ce que cela signifierait pour leurs attributions et pour l'avenir de PayPal.

David Sacks a déclaré à son équipe produit qu'il n'était pas facile de savoir qui aurait été le « vainqueur » si les deux entreprises avaient continué de se battre. « Dans ces cas-là, si c'est clair, un accord ne peut généralement pas être conclu, a-t-il expliqué à son équipe, d'après le récit d'Eric Jackson. Les vainqueurs ne voudraient pas être achetés parce qu'ils savent qu'ils allaient gagner et les perdants ne pourraient convaincre personne de les acquérir. » Il les a également assurés que Botha et lui avaient conclu la meilleure affaire possible – atteignant ce que lui et l'équipe de direction de PayPal considéraient comme le rachat maximal possible par eBay.

Les clients de PayPal partageaient les craintes de l'équipe. D'une part, certains remarquaient sur les messages des forums que l'accord mettrait un terme à la confusion engendrée par les multiples méthodes de paiement d'eBay. Mais d'autres faisaient valoir que l'un des points forts de PayPal (publier rapidement « de nouvelles fonctionnalités simples à comprendre et à utiliser », comme le disait l'un d'entre eux) pouvaient être mis en danger avec le nouveau propriétaire.

Une partie de la presse s'est également interrogée sur l'accord. Les analystes de Wall Street se sont demandé si PayPal avait fait le bon choix, compte tenu des attentes élevées à son égard. « Vendre à eBay a peut-être été simplement la solution de facilité », a noté un analyste. D'autres ont vu un intérêt personnel de rang dans l'accord. « Seules quelques personnes – à savoir les premiers investisseurs, la direction et les banquiers d'investissement – en sont sorties plus riches », écrivait un journaliste de CBS MarketWatch.

Alors que le bureau était en pleine effervescence, Meg Whitman est arrivée à midi, arborant une casquette de baseball PayPal. Elle est montée sur son podium et a chaleureusement salué tout le monde. Elle a demandé combien d'employés PayPal utilisaient eBay. Un certain nombre de mains se sont levées. Lorsqu'elle avait demandé à un groupe d'employés eBay ce matin-là s'ils avaient utilisé PayPal, a-t-elle avoué, presque toutes les mains s'étaient levées.

Whitman a présenté à l'équipe PayPal les activités d'eBay, en donnant un aperçu de son ampleur et de sa croissance. « Vous devriez être très fiers de l'entreprise que vous avez bâtie, malgré les obstacles que nous avons dressés », a-t-elle dit en conclusion. Elle a terminé en remerciant Sacks et Jordan d'avoir fait avancer l'accord. Après quelques questions-réponses, les employés de PayPal ont quitté le Cercle polaire et ont reçu des tee-shirts eBay à leur sortie, en l'honneur de l'événement.

Whitman a esssayé d'être courtoise, mais elle a dû faire face à un public difficile – dont beaucoup n'ont pas été immédiatement conquis. Un employé a qualifié son discours de « bingo de mots à la mode ». « Un mot sur trois était "synergie". J'ai regardé la salle, et j'ai pu voir qu'elle avait perdu tout le monde au cours des cinq premières minutes, a-t-il dit. Parce que tout le monde se disait : "Ce n'est pas la société que nous étions. Il y avait vraiment un esprit très, très *corporate*" ». À la décharge de Whitman, il est possible que rien de ce qu'elle a dit n'aurait pu gagner les cœurs et les esprits à ce moment-là. Elle parlait devant des gens qui, dans le feu de la compétition contre Billpoint d'eBay, avaient déjà construit une « *piñata* Meg Whitman ».

Bob McGrew est arrivé tard ce jour-là et il n'avait pas encore entendu la nouvelle. Quelqu'un lui a lancé un tee-shirt du concurrent et lorsqu'il a demandé pourquoi, quelqu'un d'autre avait répondu : « Nous venons d'être achetés par eBay. »

« Et j'ai pensé : *Qu'est-ce qui se passe ?*, se souvient McGrew. Petit à petit, j'ai compris que c'était ce qui allait arriver. »

■ ■ ■

Après l'introduction en bourse de PayPal, l'acquisition d'eBay a semblé décevante – et controversée. Pendant des années, les anciens de PayPal ont débattu du bien-fondé de la décision, avec de solides partisans de tous bords.

D'aucuns soutenaient que l'opération était essentielle et inévitable ; après tout, il était préférable de vendre que de s'épuiser. « Nous n'avons cessé, sans manquer d'options, de nous essoufler, a fait remarquer Vivien Go. Et beaucoup d'efforts, d'énergie et de ressources ont été consacrés à la lutte contre eBay. Ils n'étaient plus consacrés à la création de valeur [...] Beaucoup de gens ont vraiment pensé qu'il valait mieux en finir [...] simplement pour que toutes ces ressources dépensées à essayer de s'entretuer puissent être utilisées ailleurs, sur la croissance réelle de l'entreprise. »

Katherine Woo travaillait sur un service marchand en dehors d'eBay et elle a considéré l'accord eBay-PayPal comme l'étape intermédiaire cruciale entre la création de PayPal et sa croissance sur des sites hors eBay. « Nous avions besoin de points d'appui pour arriver là où PayPal en est aujourd'hui, explique-t-elle. Et eBay était un point d'appui vraiment important. Donc je pense que nous devions traverser cette période où nous nous sommes fait racheter par eBay pour s'intégrer complètement, sans barrière, sans guerre entre nous [...] Nous avions en quelque sorte besoin de cet épisode pour devenir assez gros et être pris au sérieux en dehors d'eBay. » En devenant le fournisseur de paiement par défaut sur eBay, PayPal a rapidement évolué, a perfectionné plus rapidement son modèle de fraude, et a convaincu plus facilement les sites hors eBay de l'adopter.

Pourtant, d'autres personnes soutenaient que la vraie valeur de PayPal n'avait pas encore était atteinte, et que la vente à eBay freinait la croissance de l'entreprise. Et puis, il y avait ceux qui estimaient que la vente avait pollué la mission de PayPal de changer le système financier. « Si c'était la révolution, est-ce que vous la vendriez pour de l'argent ? », a demandé Luke Nosek.

En dernière analyse, la vente d'eBay était une de plus dans la riche histoire de l'entreprise en matière de tactiques d'atténuation des risques. La liste comprenait la fusion, la réduction des paiements de bonus, la lutte contre la fraude et même l'introduction en bourse. Sous un certain angle, le succès de PayPal était autant un exercice de protection prudente que d'innovation – et la vente à eBay était tout simplement la dernière protection. « Les gens ne comprennent pas la dynamique. Ils ne comprennent pas les pressions concurrentielles d'eBay ni les pressions du lobbying. C'était beaucoup plus compliqué qu'il n'y paraissait à première vue », selon Jack Selby.

■ ■ ■

Comme pour ponctuer le propos, une menace s'est matérialisée le lendemain de l'annonce de l'accord. Le 9 juillet, PayPal a reçu une citation à comparaître du procureur général de l'État de New York, Eliot Spitzer. Spitzer a annoncé qu'il enquêtait sur les liens de PayPal avec les jeux d'argent à l'étranger.

Fin 2001, les dirigeants de PayPal avaient commencé à se méfier du secteur des jeux. La relation déjà précaire de l'entreprise avec Visa et Mastercard risquait de se déliter davantage à cause des jeux en ligne. Ils pensaient également que les investisseurs potentiels au Moyen-Orient pourraient rechigner si PayPal devenait le premier fournisseur mondial de services de paiement de jeux d'argent. Mais peut-être que le plus grand risque venait du monde politique. Le Congrès commençait à s'intéresser de plus près aux casinos *offshores* et le député Jim Leach a présenté un projet de loi pour empêcher les institutions financières américaines de les servir. Les procureurs généraux des États ont également commencé à sévir – lorsque la citation à comparaître de Spitzer est arrivée, PayPal faisait face aux conséquences de ses actes.

À ce stade, eBay et PayPal avaient annoncé leur accord, mais il était toujours soumis à l'approbation des actionnaires et des autorités réglementaires. En d'autres termes, l'enquête de Spitzer est intervenue à un moment sensible. Une bizarrerie de l'enquête, cependant, s'est avérée être un cadeau inattendu. « Entre autres choses amusantes, ils ont envoyé un courrier postal, se souvient Hoffman. S'ils l'avaient envoyé par FedEx, il serait apparu avant que nous ayons conclu l'accord avec eBay. »

Chris Ferro, un des avocats de l'équipe, a comparé le risque de l'assignation à un fil sous tension. « Nous craignions qu'eBay n'adopte la position selon laquelle l'assignation Spitzer était un "changement défavorable important" et qu'ils n'essaient de se retirer de l'accord. Donc, les ordres de Peter étaient les suivants : "Ne laissez pas cela devenir un changement défavorable important. Nous *devons* conclure cet accord. Assurez-vous que cela arrive." »

Bien sûr, eBay n'était pas aveugle aux millions de revenus issus des jeux d'argent sur les comptes de PayPal, et la question avait constitué un point de discorde lors de la négociation. Sacks avait voulu préserver le commerce du jeu ; Whitman voulait le jeter aux orties, fissa. Pour finir, eBay a remporté la bataille et PayPal a accepté d'abandonner le secteur des jeux d'argent, et l'annonce de la fusion en disait autant. « Il est essentiel pour eBay que, dans l'annonce de l'accord, nous assurions que nous en sortons, se souvient Hoffman. En fin de compte, [c'était] une bénédiction. » (Pour Dan Madden, qui a atterri à Curaçao juste au moment où l'accord avec eBay a été diffusé, l'annonce était loin d'être une aubaine. Ses clients du casino l'ont assailli de questions à propos du sort de l'administration des transactions de jeux de PayPal. « La semaine a été difficile », a-t-il dit.)

La fin annoncée de l'activité de PayPal dans le domaine des jeux a enlevé une partie – mais pas la totalité – du mordant de l'action de Spitzer. PayPal devait encore répondre à l'assignation à comparaître. Hoffman a compris que les antécédents de PayPal n'étaient pas entièrement innocents : après tout, PayPal avait traité des paiements pour des casinos *offshores* et, même si l'entreprise n'avait pas violé la loi, il y avait des zones grises qui avaient pris au piège d'autres organismes de paiement.

Hoffman et les avocats de PayPal ont opté pour une approche non conventionnelle : « Je suis allé voir le service des relations publiques, et j'ai dit que je voulais un dépliant [...] qui débute par toutes les mentions dans les médias sur le fait que nous avions déjà cessé les jeux d'argent. À commencer par tous les médias nationaux les plus importants. Puis tous les médias new-yorkais les plus importants. Puis tout le reste. Je veux tout. La plaquette disait aussi : "Cette grande victoire médiatique que vous espérez ? Elle n'existe déjà plus. Vous n'obtiendrez rien en nous crucifiant." »

Les preuves contre eux-mêmes ayant été rassemblées, l'équipe a demandé une réunion avec le bureau du vérificateur général à

New York. « Nous leur avons dit que nous voulions les rencontrer à leur convenance. “Vous nous dites [précisément] le jour, et moi – un membre de l'équipe de direction – l'avocat général et n'importe qui d'autre viendrons à l'heure que vous choisirez”, a décrit Hoffman. Vous essayez d'avoir une attitude : “Nous sommes adultes et honnêtes. Nous sommes collaboratifs. Nous n'essayons pas d'éluder ou de retarder.” »

Hoffman et les avocats de PayPal ont présenté point par point à l'équipe du procureur général leurs actes répréhensibles, admettant même ce qui pouvait sembler la violation la plus flagrante : une période de deux semaines au cours de laquelle Visa avait changé ses codes de jeu et PayPal avait traité les paiements de manière incorrecte. « Vous pouviez voir le changement dans leur langage corporel, ils se sont tous penchés en arrière, ont ouvert les dossiers et ont dit : “À quelles dates avez-vous dit que c'était déjà ?” », se souvient Hoffman.

Les efforts de l'accusation ont été réduits à néant par l'approche coopérative de l'entreprise, en particulier une fois que l'équipe a offert son aide pour trouver d'autres acteurs malveillants. L'entreprise s'en tirerait avec une amende de 200 000 dollars.

■ ■ ■

Fin juillet, l'équipe de PayPal s'est réunie pour la dernière fois hors site en tant qu'entreprise indépendante. Elle a choisi un endroit sur les contreforts des montagnes de Santa Cruz surplombant la Silicon Valley. Thiel a inauguré les festivités par un discours passant en revue l'histoire de l'entreprise, qui a été relaté dans l'ouvrage *The PayPal Wars* d'Eric Jackson.

« Parfois, nous avons dit qu'on avait l'impression que le monde entier était vraiment contre nous [...] eh bien, il l'est !, a commencé Thiel. D'abord, ils ont pensé que les banques allaient nous mettre en faillite. Et quand cela ne s'est pas produit, ils ont dit que nos clients cesseraient de nous utiliser. Et quand cela ne s'est pas produit, ils ont appelé le reste du monde à les rejoindre. »

Thiel a ensuite cité deux articles, un titré « Perdre confiance en PayPal » et l'autre – un vieux favori – « Terre à Palo Alto ». Il a récité les mots vivifiants de ce dernier : « Que feriez-vous d'une entreprise de trois ans qui n'a jamais réalisé de bénéfice annuel, qui est sur le point de perdre 250 millions de dollars et dont les récentes déclarations auprès de la SEC signalent que ses services pourraient être utilisés pour le blanchiment d'argent et la fraude financière ? »

Thiel s'est tu pendant que le public riait, puis il a changé de rythme :

« Il y a deux tendances majeures au XXIe siècle. Premièrement, la mondialisation de l'économie. L'économie se développe à l'échelle internationale et les gens du monde entier deviennent interconnectés. Un milliard de personnes vivent aujourd'hui dans un pays autre que celui où elles sont nées. Deuxièmement, la recherche de sécurité. Dans ce monde globalisé et décentralisé, la violence et le terrorisme sont répandus et difficiles à contenir. Le terrorisme a contaminé tous les pays, et il est difficile de l'arrêter. Le défi consiste à trouver un moyen de lutter contre la violence dans le contexte d'une économie ouverte et mondialisée. »

Thiel a poursuivi en expliquant que lors de ses voyages à Washington, il avait été déçu par les deux côtés – gauche et droit – qui lui semblaient méconnaître à la fois les problèmes du monde et les solutions possibles.

« Aucun parti ne pose les bonnes questions concernant les besoins urgents du moment.

« À notre manière, chez PayPal, c'est ce que nous avons toujours fait. Nous avons créé un système qui permet le commerce mondial pour tout le monde. Et nous avons combattu les personnes qui nous faisaient du mal ainsi qu'à nos utilisateurs. Cela a été un processus graduel et itératif, et nous nous sommes trompés sur beaucoup de choses en cours de route, mais nous avons continué à avancer dans la bonne direction pour résoudre ces problèmes majeurs alors que le reste du monde les a ignorés.

« Et donc, je voudrais renvoyer un message à la planète Terre depuis Palo Alto. Il fait bon vivre ici à Palo Alto. Nous avons pu améliorer de nombreuses manières de faire les choses. Venez à Palo Alto pour une visite un de ces jours et apprenez quelque chose. Je pense que vous trouverez que c'est un bien meilleur endroit que la Terre. »

Alors que certains se souviennent de l'insertion de la politique dans le discours de célébration de l'introduction en bourse comme d'un moment gênant, d'autres ont fait écho à ces sentiments plus tard, notant que le sous-texte politique de PayPal concordait avec la croyance de l'entreprise dans la réussite individuelle. Vivien Go a fait remarquer que son passage chez PayPal « avait fait [de moi] une Américaine ». « L'une des devises au début était de démocratiser les paiements afin qu'un petit vendeur dans une autre partie du monde qui n'aurait jamais eu de choix puisse faire des affaires et améliorer réellement sa vie », se souvient-elle

Cela allait de pair, du moins selon son expérience, avec la volonté de la direction de PayPal de responsabiliser n'importe qui dans l'entreprise : « [Les dirigeants de PayPal] étaient vraiment désireux de changer le monde, de célébrer le meilleur de ce qu'un humain peut être. Ils célébraient donc la participation de chacun. Peu importe que vous soyez un simple soldat. Si vous aviez quelque chose à dire, ils voulaient l'entendre [...] Ils croyaient vraiment aux individus, par opposition aux institutions. »

■ ■ ■

L'avant-dernier jour avant l'acquisition, l'équipe a organisé une autre fête sur le parking du 1840 Embarcadero Road – le dernier hourra avant de devenir des employés d'eBay Inc. L'équipe de la direction a enfilé des combinaisons de sumo gonflées et a accepté de participer à un simulacre de combat de catch surdimensionné. Les fondateurs de PayPal – qui serait bientôt détenu à 100 % par un concurrent – se sont jetés les uns contre les autres alors que les employés encourageaient leur patron dans les coulisses. Même le dernier jour de l'indépendance de PayPal, la compétition amicale était de mise.

CONCLUSION : LE SOL

Peter Thiel n'avait pas mis en place de plan de transition à l'échelle de l'entreprise pour les mois qui suivaient l'acquisition de PayPal. Au lieu de cela, il est parti en voyage à l'international à la suite de l'annonce, confiant les commandes à David Sacks. Sacks occupait le poste de directeur général, et certains pensaient qu'il pourrait être promu au poste de PDG dans les mois qui suivraient l'acquisition de PayPal.

Alors même que l'accord était en cours de finalisation, la dispersion a commencé. Thiel s'est mis à planifier son prochain coup : un retour à son fonds de macro-investissement mondial. Jack Selby, Ken Howery et plusieurs autres anciens de PayPal se sont joints à lui et l'ont aidé aux préparatifs. « Nous avons commencé l'activité en octobre », a déclaré Selby.

Thiel a adressé un bref mot de départ à l'ensemble de l'entreprise le jeudi 3 octobre 2002 :

> Chers tous,
>
> À la clôture des marchés aujourd'hui, eBay a finalisé son acquisition de PayPal. Après une réflexion approfondie au cours de ces dernières semaines, j'ai décidé que c'était le bon moment pour moi de passer à de nouveaux défis, ce sera donc mon dernier jour au sein de l'entreprise.
>
> Pour nous tous dans l'équipe PayPal, ces dernières années ont été incroyables et inoubliables. J'ai toujours su que les gens constituent la partie la plus précieuse de toute entreprise et, aujourd'hui, je suis plus certain que jamais que c'est le cas.

Tant que nous restons concentrés sur cette réalité, l'avenir du regroupement eBay-PayPal sera assurément radieux.

En créant PayPal, Max et moi avons commencé par recruter un certain nombre de nos amis. Au fil du temps, nous avons également embauché les amis de nos amis, et ainsi de suite, en cercles concentriques. Je considère que c'est un témoignage durable de notre réussite que les amitiés existantes se soient renforcées, et que beaucoup de nouvelles se soient formées. Je sais que nous resterons en contact.

Amitiés,
Peter.

■ ■ ■

Au cours des mois qui se sont écoulés entre l'annonce de l'acquisition et son lancement, il est devenu clair que ni les dirigeants d'eBay ni ceux de PayPal ne s'étaient pleinement préparés à la réalité de l'intégration des deux équipes. Les cadres de PayPal n'étaient pas du tout enthousiastes à l'idée de devenir des employés d'eBay. « Nous avons tous dû jouer le jeu en allant parler aux gens d'eBay pour leur dire que nous voulions rester, se souvient Woolway. Mais il était évident que personne de chez eBay ne voulait voir quiconque de chez PayPal rester [...] et personne [chez PayPal] n'avait l'ambition de rester dans la nouvelle entreprise. »

Les deux parties s'attendaient à des contretemps culturels et les premières réunions ont confirmé les fortes différences d'approche des équipes. « Il fallait environ une journée pour programmer une réunion, se souvient un des membres du conseil d'administration de PayPal, parce qu'eBay était très bureaucratique ». À un moment donné, l'équipe de PayPal s'est rendue chez eBay – uniquement pour être soumis à une présentation PowerPoint de plus de 100 diapositives. « Eh bien, je suppose que nous allons devoir embaucher une personne PowerPoint pour nous », a plaisanté un directeur de PayPal à la fin de la réunion.

L'objectif d'eBay avait été d'acheter et d'intégrer la technologie et les utilisateurs de PayPal – pas de recruter des talents. « La grande majorité des compétences que nous avons apportées en tant qu'équipe de direction étaient redondantes, explique Selby. Meg Whitman a nommé un cadre d'eBay, Matt Bannick, comme superviseur des paiements et, supposait-on, futur président de PayPal. Sacks n'obtiendrait pas le poste le plus élevé.

Pae la suite, eBay a pris soin de garder certaines personnes à bord, dont plusieurs membres de l'équipe à des postes clés. Todd Pearson, par exemple, avait été chargé du maintien des relations avec Visa et Mastercard au fil des ans. Ses compétences et ses relations avaient permis à PayPal de fonctionner. « S'il avait pris la porte, ils auraient été fichus », a dit Selby.

Plusieurs de ceux qui sont restés chez eBay ont trouvé la vie dans une grande entreprise abrutissante. « Nous passons de notre mentalité de porteurs de jeans à une culture de porteurs des treillis », a déclaré David Wallace. Mais Wallace ne voyait pas l'intérêt de lutter contre la vague de changement culturel, car eBay avait « décidé ce qu'elle allait faire [...] [PayPal] n'était plus une version géante de l'entreprise familiale. »

Les anciens employés de PayPal ont noté une augmentation inquiétante de la politique de bureau, des réunions et des rapports à rendre. Si une partie de cette situation était due au fait d'être une filiale à part entière d'une plus grande entreprise, les employés de PayPal habitués à l'indépendance et à la rapidité « étaient au bout du rouleau ». Janardhan se souvient que son nouveau patron chez eBay ne comprenait pas son travail, allant jusqu'à lui demander un tableau détaillant ce qu'il faisait et comment il passait son temps « afin que je puisse affecter les ressources de façon appropriée ». Janardhan était déconcerté. « De quoi tu parles ? On se croirait dans *Office Space*[75]. »

Les employés de PayPal ont admis que l'intégration des deux entreprises n'a pas éét facile. « Il y a eu trois ou six mois qui ont été un véritable l'enfer – et nous avons fait vivre l'enfer à eBay », se souvient Kim-Elisha Proctor.

Les anciens de PayPal n'ont pas caché leur mécontentement. Un événement mémorable est survenu lorsqu'eBay a distribué des mangoustes en peluche pour mettre l'accent sur l'importance accordée

75. Le film *35 heures, c'est déjà trop.* (en français)

par l'entreprise, et l'établissement d'objectifs intelligents. Dans l'espace PayPal des bureaux de l'entreprise, d'anciens employés ont massacré leurs mangoustes. L'une d'elles a été étranglée avec un câble Ethernet et suspendue au plafond. Une autre a été collée contre le mur avec un couteau planté dans le sternum. Une autre a été crucifiée et coiffée d'une couronne d'épines miniature. Les mangoustes mutilées n'ont guère contribué à rapprocher les employés de PayPal à leurs nouveaux camarades eBay. « J'ai trouvé les comportements de certains de mes collègues gênants et carrément inappropriés, a reconnu Amy Rowe Klement. Je n'avais aucune donnée me disant que les dirigeants d'eBay étaient malhonnêtes ou malfaisants. Pourquoi ne leur donnerais-je pas une chance ? »

Un extrait du *Weekly Pal* de cette période témoignait des changements de culture. Les équipes avaient commencé des « réunions d'intégration », et un récapitulatif montrait à la fois le défi que représente le mélange des cultures – et une partie des sarcasmes qui répugnaient sans doute aux employés d'eBay :

> Les réunions d'intégration PayPal/eBay sur la question du produit se sont bien déroulées. Les gens d'eBay ont passé beaucoup de temps à se préparer pour ces réunions, en réalisant notamment de nombreuses maquettes. C'est assez génial de voir des maquettes de diverses pages Web d'eBay avec des logos PayPal partout.
>
> Au cours d'une de ces réunions d'intégration sur le produit, ils ont demandé si nous pouvions partager des identifiants et des mots de passe. Nous leur avons dit qu'obtenir des mots de passe PayPal revenait à ouvrir la porte à l'ensemble de la valeur nette de cet utilisateur. David Sacks a ensuite demandé : « Est-ce que votre site a déjà été piraté ? » Un des « eBayiens » innocents a répondu avec un haussement d'épaules : « Bien sûr ! » Sacks a répondu : « Alors, ça n'arrivera pas. » Ils ont accepté. =)
>
> Voici quelques citations :
>
> « Ouah – vous avez de la charcuterie gratuite !? »

> (Chez eBay), « nous devons finaliser nos PRD[76] (c'est-à-dire les spécifications) pour examen par la direction avant le 1er septembre si nous voulons qu'elles soient lancées en janvier. »
>
> En arrivant à la réception d'eBay : « Vous êtes avec qui ? » (« PayPal ») ; « Êtes-vous déjà venu ici avant ? » (« Non ») ; « De quoi s'agit-il ? » (« Vous nous avez rachetés ») ; « Oh… Ok… ummm… Je suppose que vous n'avez pas besoin de vous identifier. »

Max Levchin est resté au poste de directeur technique plus longtemps que beaucoup ne l'avaient prévu, mais il a connu des difficultés chez eBay. Il s'est senti frustré par la vie d'une grande entreprise et il s'est retrouvé privé d'un portefeuille de responsabilités spécifique. John Malloy a pris son expérience comme une leçon pour travailler avec les fondateurs. « Grâce à Max […] je suis tellement plus sensible au fait que, lorsque mes entreprises disparaissent, je reste en contact avec tous mes fondateurs […] parce qu'il y a une perte, a-t-il déclaré. Cela s'apparente à une dépression […] Vous avez cette chose qui remplit votre vie tous les jours et puis il n'y a plus rien. Vous devez vous réinventer. »

Au départ de Levchin de l'entreprise en novembre 2002, l'équipe lui a fait une surprise en recréant la légendaire soirée d'introduction en bourse. « Le jour de l'introduction en bourse a été le meilleur jour de ma vie, aussi loin que je puisse me souvenir, a-t-il dit plus tard dans un mail adressé à un petit groupe. Et [cette] fête était une réplique fidèle, notamment lorsque je me suis ridiculisé devant de nombreuses personnes. Je ne suis pas sûr de savoir ce que je peux dire d'autre à ce sujet. J'ai beaucoup aimé la fête et je vous aime tous pour l'avoir organisée et pour toutes les autres merveilles que vous avez faites :-) »

■ ■ ■

Le départ rapide de Levhcin et des plus hauts dirigeants de PayPal a alimenté un récit selon lequel la culture d'eBay perdait ses talents. Mais cela ne tient pas compte du fait que de nombreux

76. Product Requirement Documents.

employés talentueux de PayPal ont rejoint eBay après l'acquisition et y ont connu de longues carrières, lucratives et marquantes.

Katherine Woo est arrivée chez PayPal en 2002 : « Je n'étais pas une fanatique du PayPal ou rien. Je n'étais pas là depuis assez longtemps. » Elle est restée dans l'entreprise et s'y est épanouie après l'acquisition d'eBay. Un des éléments qui l'ont poussée à rester là, selon elle, est le profond respect que lui inspirait sa directrice, Amy Rowe Klement. « Amy se soucie des gens, et elle n'était pas prisonnière de cette posture du : *Ce sont les méchants et nous sommes les gentils.* »

Pour Klement, rester chez eBay était motivé par la passion pour une équipe qu'elle avait contribué à faire passer d'une poignée d'individus au-dessus d'une boulangerie à une société financière internationale. « Je me souciais tellement de mon équipe (et de la conception, de l'ingénierie, du contrôle qualité, du contenu, etc.), et j'étais tellement fière de ce que nous avions construit. Je n'étais pas prête à partir. Dans le même ordre d'idées, je me concentrais sur mon propre développement en matière de leadership. Je savais que j'avais encore beaucoup à apprendre », a-t-elle expliqué. Elle estimait également que l'entreprise avait encore des choses à faire. « Nous avons dû immédiatement nous battre contre l'idée que nous étions la caisse enregistreuse d'eBay. Nous avons dû démontrer que les paiements étaient plus importants que n'importe quel marketplace. »

Huey Lin a été déçue du départ des plus anciens de PayPal, mais cet exode lui a ouvert de nouvelles opportunités, ainsi qu'à d'autres. « Les cadres supérieurs ont tous disparu, et j'ai dû réorienter mes compétences », a-t-elle expliqué. Très vite, les dirigeants de niveau intermédiaire de PayPal ont obtenu des promotions rapides et ont appris à gérer des personnes et à naviguer dans les rouages d'une plus grande organisation.

Ensuite, eBay a également proposé des programmes de formation, y compris des cours « d'apprentissage et de perfectionnement » pour les managers – un concept nouveau pour les employés de PayPal. « [La formation en gestion] n'était pas à l'ordre du jour chez PayPal. Vous ne faisiez que la survoler, en quelque sorte », se souvient Lin. Elle et d'autres ont bénéficié de ces offres et ils ont emporté avec eux leurs nouvelles compétences dans leurs emplois ultérieurs.

Certains anciens de PayPal ont observé que la réussite chez eBay était, en partie, liée à l'endroit où atterrissait un employé au sein de l'entreprise. David Gausebeck, l'un des premiers ingénieurs chez PayPal, par exemple, a rejoint l'équipe d'architecture où il est resté jusqu'en 2008, soit six ans après l'acquisition. Bien qu'il ait ensuite fondé sa propre start-up, il a apprécié le temps passé en tant qu'employé d'eBay. Son équipe « était assez isolée de tout ce qui concernait l'activité d'eBay. Je travaillais toujours sur les mêmes problèmes, je construisais toujours le même produit, et j'étais toujours relativement content de le faire », se souvient-il.

Des dizaines d'autres anciens de PayPal sont restés chez eBay, et beaucoup d'entre eux considèrent qu'eBay leur a offert un développement professionnel, leur a appris comment transformer une start-up en une organisation mature, et les a récompensés financièremenet. Certains travaillent toujours chez PayPal ou eBay au moment de la publication de ce livre. Pour beaucoup, la rémunération généreuse d'eBay a eu un impact. Tandis que Levchin, Musk, Thiel et d'autres bénéficiaient de l'introduction en bourse et de la vente à eBay (en partie à cause d'une « acquisition accélérée » de leurs actions, une pratique courante dans de telles transactions), beaucoup de leurs collègues avaient des milliers d'actions non acquises. Leurs années passées chez eBay leur ont permis de gagner un pactole.

■ ■ ■

Musk, Thiel, Sacks, Klement et Jeff Jordan d'eBay, entre autres, avaient tous fait valoir que PayPal pourrait continuer à se développer après l'acquisition. L'histoire a prouvé que ces prévisions étaient exactes. En 2002, PayPal avait plus de 20 millions d'utilisateurs dans des dizaines de pays ; en 2010, elle a dépassé les 100 millions d'utilisateurs dans presque tous les pays du monde. À ce jour, PayPal compte plus de 350 millions d'utilisateurs et a effectué près de 1 000 milliards de transactions, uniquement en 2020.

La part des activités de PayPal au sein de l'écosystème d'eBay a également augmenté. Cinq ans après l'acquisition, PayPal représentait un tiers du chiffre d'affaires total de l'entreprise ; cinq ans plus tard, PayPal en représentait presque la moitié. Selon certaines estimations, la moitié de l'évaluation des 70 milliards d'eBay en 2014 était attribuable à PayPal.

Avec le temps, la croissance impressionnante de PayPal au sein d'eBay lui a valu un petit refrain appelant à son indépendance. En 2002, lors d'une conférence à Stanford, un interlocuteur a demandé à Thiel quel conseil il avait pour PayPal. « Le plus grand marché est hors eBay, et ils devraient développer de nombreuses caractéristiques et fonctionnalités du produit qui permettent des paiements de point à point dans un contexte hors eBay », a-il dit.

Le mouvement d'indépendance de PayPal a pris de l'ampleur, grâce à l'investisseur activiste Carl Icahn. En 2013, Icahn a pris une participation importante au sein d'eBay et il a commencé à la pousser à se séparer de PayPal. Dans son rapport trimestriel de janvier 2014, eBay avait répondu : « En ce qui concerne la proposition de séparation de monsieur Icahn, le conseil d'administration d'eBay [...] ne pense pas que la dissolution de l'entreprise soit la meilleure solution d'optimiser l'avoir des actionnaires. »

Icahn et eBay se sont affrontés au cours du printemps et de l'été, Icahn portant des accusations de conflit d'intérêts et de manquements à la gouvernance d'entreprise à l'encontre d'eBay, en plus de ses appels incessants à la séparation d'avec PayPal. « Nous nous sommes retrouvés dans de nombreuses situations préoccupantes au fil des ans, mais le mépris total de la responsabilité d'eBay est le plus flagrant que nous ayons jamais vu », écrivait Icahn en février 2014. En réponse, eBay a dit qu'Icahn « avait complètement tort » dans sa propre lettre intitulée « Stick to the Facts, Carl[77]. »

Icahn a rendu son point de vue public via des lettres ouvertes tranchantes aux actionnaires et lors d'apparitions dans les médias. « PayPal est un joyau, et eBay dissimule sa valeur », a déclaré Icahn à *Forbes*. Les anciens de PayPal ont également pesé dans le débat. « Cela n'a aucun sens qu'un système de paiement mondial soit une filiale d'un site d'enchères, a dit Musk. C'est comme si Target possédait Visa ou quelque chose comme ça [...] [PayPal] va se faire découper en morceaux par les paiements d'Amazon, ou par d'autres comme Apple et des start-up s'il continue à faire partie

77. Tiens-en-toi aux faits, Carl

d'eBay. » Musk (qui à ce stade était déjà PDG de Tesla et SpaceX) a conclu que PayPal devait soit être libérée, soit couler entièrement. « Carl Icahn s'en rend compte, et il n'est pas vraiment un expert en technologie. »

Sacks était d'accord, arguant que PayPal, libérée des griffes d'eBay, pouvait offrir une meilleure expérience que la plupart des banques. « Si vous permettez à PayPal de poursuivre son destin, [elle] pourrait prendre des mesures pour devenir la plus grande société financière au monde », a déclaré Sacks à *Forbes*. Sacks et Musk estimaient que, même si la valeur de PayPal avait atteint entre 30 et 40 milliards de dollars sous la propriété d'eBay, elle avait le potentiel de devenir une entreprise de 100 milliards de dollars par elle-même.

Au cours de l'été 2014, le président de PayPal, David Marcus, est parti rejoindre Facebook. Une vague d'intérêt pour les paiements mobiles a suivi la sortie d'Apple Pay et l'introduction en bourse d'Alibaba, qui a fait connaître Alipay, son produit de paiement. Tout cela a persuadé eBay de faire marche arrière.

Le 13 septembre 2014, eBay a annoncé qu'elle allait transformer PayPal en une entreprise indépendante. Annulant sa déclaration de janvier 2014 selon laquelle PayPal et eBay resteraient une seule unité, le PDG de PayPal John Donahoe a écrit : « Un examen stratégique approfondi avec notre conseil d'administration montre que garder ensemble eBay et PayPal au-delà de 2015 devient clairement moins avantageux pour chaque entreprise, au niveau stratégique et concurrentiel. » Les actionnaires d'eBay recevraient une part d'actions PayPal par action eBay qu'ils détenaient.

C'est ainsi que PayPal a fait son entrée en bourse pour la seconde fois à la mi-juillet 2015, treize ans après l'annonce de son acquisition par eBay. Au moment d'écrire ces lignes, la capitalisation boursière d'eBay sur le Nasdaq est de plus de 40 milliards de dollars. PayPal vaut aujourd'hui plus de 300 milliards de dollars – soit plus de 300 fois sa valorisation lors de son introduction en bourse en 2002.

Après plus de vingt ans d'existence, PayPal est sans doute devenu le système de paiement mondial imaginé par ses fondateurs. Et pourtant, pour certains, même cette échelle de réussite est insuffisante.

« PayPal devrait être de loin l'institution financière la plus précieuse au monde », a fait valoir Musk. Des années après qu'ils onttout laissé derrière eux, Musk a proposé à Reid Hoffman que l'équipe fondatrice de PayPal rachète l'entreprise et en fasse le centre névralgique de la finance mondiale.

Hoffman se souvient de ce moment avec humour : la rêverie d'un ami compulsivement ambitieux dont la liste de choses à faire comprenait des véhicules électriques, la technologie spatiale, les transports en commun, l'énergie solaire, des lance-flammes sur mesure et beaucoup d'autres choses. « C'est comme ça, Elon, laisse tomber », a dit Hoffman.

■ ■ ■

Comme PayPal elle-même, plusieurs des fondateurs et des premiers employés de l'entreprise ont prospéré. Plusieurs ont ensuite créé des entreprises qui sont des noms familiers – comme YouTube, Yelp, LinkedIn, SpaceX et Tesla. Dans plusieurs cas, les premiers investissements dans ces entreprises sont venus du réseau d'anciens de PayPal – Yelp, par exemple, a reçu son premier investissement de Levchin, qui aurait accepté le lendemain de sa fête d'anniversaire, au cours de laquelle les cofondateurs de Yelp, Jeremy Stoppelman et Russ Simmons, ont évoqué la nécessité de disposer d'avis localisés.

Même ceux qui n'ont pas lancé leur propre entreprise en ont rejoint d'autres créées par leurs frères de PayPal – Tim Wenzel, Branden Spikes et Julie Anderson, par exemple, ont tous brièvement rejoint Musk dans ses entreprises ultérieures. Thiel a ensuite créé une société de capital-risque – Founder's Fund – qui a à la fois embauché de nombreux anciens de PayPal et investi dans leur start-up.

Cependant, tout le monde n'a pas été à la hauteur. « Je n'ai pas pu travailler pendant un an après cette expérience », a reconnu Luke Nosek. À lieu de ça, il a voyagé autour du monde à la suite de son départ. D'autres ont essayé des environnements au rythme plus lent, éloignés des start-up. Bob McGrew et Levchin ont flirté du côté des parcours académiques. McGrew a commencé un programme de doctorat à Stanford. Levchin s'est également intéressé à un doctorat en cryptographie et a passé un été à travailler avec Dan Boneh, le premier conseiller technique chez Confinity. Mais ensuite, se souvient Levchin, Boneh a mis fin à sa carrière universitaire naissante.

« Ça ne marchera jamais, a dit Boneh.

— Pourquoi ? J'adore ça !, a répondu Levchin.

— Non, non, parce que chaque fois que nous parlons, tout ce que tu veux savoir, c'est à quoi cela va servir. Tu cherches simplement ton prochain projet. Tu veux construire ta prochaine entreprise, et pas résoudre un problème mathématique compliqué », a dit Boneh. McGrew a également abandonné son programme. Thiel l'a convaincu de rejoindre la start-up d'analyse de données massives Palantir Technologies en tant que directeur de l'ingénierie.

La première démarche de Sacks après son départ de PayPal l'a conduit, aussi improbable que cela puisse paraître, à Hollywood. En compagnie de Levchin, Woolway, Thiel et Musk, Sacks a produit le film satirique *Thank You for Smoking,* nommé pour deux Golden Globes en 2007. Malgré ce succès, il a mis un terme à sa société de production peu de temps après. « Nous avons créé PayPal en trois ans, et nous avons créé un film en trois ans, a dit Sacks à un journaliste en 2012. Ce sont toutes les deux de belles expériences mais PayPal affiche un résultat d'un milliard de dollars et compte aujourd'hui plus de cent millions d'utilisateurs [...] Vous pouvez réaliser des choses dans la technologie à une échelle que vous ne pouvez pas atteindre dans les films. » Sacks est retourné dans la Silicon Valley et a créé le réseau social d'entreprise Yammer, qui a été vendu à Microsoft pour 1,2 milliard de dollars en 2012.

Certaines rivalités et lignes de faille chez PayPal sont restées au fil des ans et sont devenues bien connues dans les cercles de la Silicon Valley. Certaines fractures, cependant, se sont refermées de manière inattendue. En 2010, Meg Whitman s'est présentée comme gouverneur de Californie. Parmi ses soutiens : Peter Thiel, un ancien concurrent dans les affaires, qui a contribué à sa campagne à hauteur de 25 900 dollars et l'a défendue dans la presse.

■ ■ ■

En 2006, l'histoire du réseau d'anciens de PayPal a commencé à émerger dans les reportages, y compris dans un long portrait paru dans le *New York Times*. Mais un numéro du magazine *Fortune* en

2007 a transformé les liens du groupe en légende. Le gros titre de l'article – la « mafia PayPal » – était accrocheur. Les photos qui accompagnaient l'article représentaient les célèbres Thiel, Levchin et onze autres anciens de PayPal dans le plus pur style mafieux. Inspirée du film *Le Parrain*, la séance photo avait eu lieu au Tosca Café, un restaurant emblématique de San Francisco avec des canapés en cuir moelleux et des peintures murales italiennes.

Malgré la popularité de la photo, l'image et la description ont déplu à de nombreux anciens de PayPal, certains pensant que l'étiquette mafieuse était trop calculatrice. « [L'étiquette] mafia m'a en quelque sorte dégoûtée [...] Ce n'est pas ce que PayPal était. Honnêtement, c'était un grand groupe d'amis qui pensaient qu'ils pouvaient faire ce qu'ils voulaient, qui travaillaient très dur, qui étaient très intelligents, et prêts à prendre des risques et à perdre. Ce n'est pas comme si c'était un grand plan », a observé Kim-Elisha Proctor.

Pour ceux qui avaient connu et continuaient de travailler avec les anciens de PayPal, le surnom impliquait un vernis et une mystique absents de la liste des personnages rudes de l'entreprise. « Presque tout le monde ici se sent comme un étranger, il n'y a pas de gamin cool [...], faisait remarquer Malloy. Le fait que les gens de PayPal soient désormais les gamins cool, ils ne pouvaient pas être plus éloignés de ça. »

Hoffman préférait le terme « réseau PayPal ». En le regroupant sous le terme de mafia PayPal, nombreux sont ceux qui supposent que c'est tout un tas de gens qui pensent le monde de la même façon, a-t-il dit au *New York Times*. En fait, c'était tout un tas de personnes qui ont vécu ensemble cette expérience vraiment intense [...] C'est comme la série télé *Band of Brothers*, un groupe de personnes qui allaient ensemble à la guerre, mais qui se dirigeaient dans des directions différentes. »

Julie Anderson, employée numéro cinq chez X.com, a contesté la représentation mafieuse du réseau fondateur de PayPal. Lorsqu'elle a vu la photo pour la première fois – composée uniquement d'hommes, anciens de PayPal – elle a dit qu'elle se sentait « tellement nauséeuse. Parce qu'aucune de nous n'était représentée. » Sa critique était justifiée : même en novembre 2000, la liste téléphonique des 150 personnes de l'entreprise était composée d'un tiers de femmes, dont plusieurs – Julie Anderson, Denise Aptekar, Kathy Donovan, Donna Driscoll, Sarah Imbach, Skye Lee, Lauri Schultheis et Amy Rowe Klement, entre autres – ont occupé des postes de direction et joué un rôle essentiel dans la croissance et la réussite de l'entreprise.

L'iconographie de la photo « mafia PayPal » s'est transformée en une fausse idole – et une idole inquiétante. Comme cela est soigneusement documenté dans le livre *Brotopia* d'Emily Chang et dans d'autres ouvrages, la Silicon Valley a longtemps eu du mal à garantir que les femmes soient traitées équitablement en matière d'embauche, de collecte de fonds, de promotion, de représentation dans les conseils d'administration ainsi qu'au niveau de la reconnaissance de leurs réalisations. La photo et la mythologie de la mafia PayPal ont exacerbé ce problème, et ont donné des preuves photographiques à la critique du « *boys' club* ».

Pour certains anciens de PayPal, la photo a servi de symbole malheureux de la manière dont une équipe autrefois unie s'est fracturée après PayPal. « La réalité, c'est qu'il existe un puits très profond de frustration, de tristesse et de colère, alors que nous nous en sortions (généralement) très bien au niveau professionnel, comme l'a écrit une ancienne dans un courriel. Les hommes se sont serré les coudes, nous ont (généralement) exclues et sont devenus des leaders mondiaux. » Elle et d'autres se sont senties responsabilisées chez PayPal – mais se sont sentis exclues de la plupart des retombées. Aujourd'hui, de nombreux anciens de PayPal considèrent la photo et l'étiquette « mafia » comme une description terriblement partiale de l'équipe des débuts de PayPal – et comme le genre d'image qui renforce les stéréotypes préjudiciables aux secteurs.

SB Master, qui est à l'origine du nom PayPal et qui a beaucoup réfléchi à la façon dont les entreprises et les marques devaient s'appeler, pensait que la dénomination « mafia » ne convenait pas non plus. Elle a ensuite été consultante pour plusieurs des premiers employés lorsqu'ils ont lancé d'autres entreprises et projets et, les connaissant, elle les considérait comme une brochette d'intellos excentriques, plutôt que comme une mafia la technologie. En pensant à la constellation de talents des premières années de PayPal, elle estimait que le nom « *diaspora* PayPal » évoquait de manière plus puissante les ramifications des anciens employés d'origine.

Bien qu'inclus dans la photo de la mafia, David Sacks préférait lui aussi le terme de *diaspora*. « Ce n'est pas comme un club. Il s'agit plutôt d'un mouvement de diaspora. Ce qui s'est passé, en gros, vous savez, c'est que notre territoire a été pris d'assaut. Ils ont brûlé notre temple et ils nous ont chassés. Nous ressemblons davantage aux Juifs qu'à des Siciliens. »

■ ■ ■

Au fil du temps, le groupe a organisé un certain nombre de réunions, dont une chez Sacks et une autre chez Thiel. Même ceux qui s'étaient éloignés du groupe principal se sont émerveillés du chemin parcouru par leurs anciens camarades depuis l'époque où ils étaient sur University Avenue. Pour Branden Spikes, l'évolution de ses anciens collègues était une source d'inspiration. Comme il l'a dit plus tard : « Beaucoup de ces personnes à côté desquelles j'étais assis dans des box pour écrire du code et construire des systèmes sont partis créer certaines des plus grandes entreprises qui existent aujourd'hui. Revoir tous ces gens et entendre leurs histoires, c'était tellement inspirant ! » À la suite d'une réunion, Spikes s'est senti poussé à lever des fonds pour lancer sa propre entreprise.

Beaucoup ont conservé des souvenirs de cette période. Plusieurs de ceux que j'ai interviewés pour ce livre portaient leur tee-shirt X.com ou brandissaient à l'écran un mug avec la marque. Et plusieurs ont noté que leur statut d'anciens de PayPal était une monnaie d'échange puissante dans les cercles technologiques – à ce jour, ils sont assaillis de questions sur ce qu'ils ont tiré de ces années.

Pourtant, certains ont trouvé l'association étouffante. « Je ne veux pas être simplement “le gars qui a créé PayPal” », disait Levchin. Il s'est passé tellement de choses dans la vie des fondateurs de l'entreprise au cours des deux décennies écoulées depuis que l'on peut comprendre. Dans la première correspondance électronique pour ce projet, Musk se demandait pourquoi quelqu'un s'intéresserait à l'histoire de sa deuxième start-up. « C'est une histoire assez ancienne à ce stade », écrivait-il.

Mais la vieille histoire jette une longue ombre, et Musk lui-même a révélé une tendance à la nostalgie. Des décennies après l'achat de l'URL X.com, il l'a rachetée en 2017. Musk a ri en racontant l'histoire de sa réacquisition du domaine. Le courtier qui lui a vendu l'URL a vu l'accord comme un couronnement. « Les URL sont sa grande passion dans la vie et il connaît vraiment son affaire. Et il m'a écrit cette longue lettre sincère », a déclaré Musk.

Interrogé quant à ses ambitions pour l'URL, Musk avait répondu sur Twitter. « Merci PayPal de m'avoir permis de racheter X.com ! Pas de projet pour le moment, mais il a une grande valeur sentimentale pour moi. » Au moment d'écrire ces lignes, un visiteur de X.com n'est accueilli que par un seul caractère, *x*. Le reste de la page est vierge.

Musk a cependant laissé un message secret sur le site réduit à l'essentiel de X.com : à ce jour, toute autre permutation de l'URL – www.x.com/q ou www.x.com/z, par exemple, révèle la lettre *y* à la place.

■ ■ ■

Bien que les fondateurs n'aient guère parlé explicitement de « culture d'entreprise » à l'époque, la culture de PayPal a définitivement façonné l'approche d'une génération de talents de la Silicon Valley. Aujourd'hui, les *outsiders* qui ont construit PayPal figurent parmi les initiés les plus influents dans le monde de la technologie et de l'ingénierie, leurs propos sont décodés, disséqués et débattus. Ils dirigent et investissent dans des entreprises, et reçoivent chaque semaine des centaines de propositions de nouveaux venus pleins d'idée, d'ambition et d'énergie.

Inévitablement, que ce soit sur des podcasts, des apparitions dans des conférences ou lors de discours, ils partagent ce qu'ils ont tiré de leur passage chez PayPal. Ce projet a bénéficié de ces réponses, mais beaucoup ont également ajouté une mise en garde. « Ce n'est pas toujours clair […] quelles leçons tirer, parce que vous ne pouvez pas vraiment mener une seconde fois l'expérience dans l'une de ces entreprises », explique Thiel.

Pourtant, il ne fait aucun doute que l'expérience PayPal a influencé les futurs projets du groupe. Avant tout, PayPal a prouvé à ses fondateurs que des étrangers talentueux pouvaient bouleverser un secteur – une chose qu'ils ont reproduite dans tous les domaines, depuis les réseaux sociaux professionnels jusqu'aux contrats gouvernementaux en passant par les infrastructures. « Ce que nous avons appris de l'expérience PayPal c'est [...] qu'il est réellement possible de révolutionner un secteur avec des gens très intelligents, qui travaillent dur et déploient une technologie que les gens n'avaient jamais vue auparavant, a déclaré Hoffman. Et donc, tout d'un coup, les secteurs dans lesquels vous pourriez éventuellement vous diriger ont une portée beaucoup plus large du fait de notre expérience chez PayPal. » Amy Rowe Klement a fait écho à ce sentiment : « Si ce n'est pas nous, alors qui ? L'idée que notre équipe hétéroclite de marginaux puisse se réunir pour construire quelque chose à partir de rien était vraiment incroyable. »

Les anciens en sont également arrivés à considérer l'inexpérience comme un atout. « Très peu des employés les plus performants de l'entreprise avaient une expérience préalable des paiements, a dit Mike Greenfile, un membre de l'équipe d'analyse de la fraude. Et bon nombre des meilleurs employés n'avaient que peu ou pas d'expérience dans la création de produits Internet. » Si l'entreprise avait construit son processus contre la fraude de manière traditionnelle, ils « auraient embauché des gens qui construisaient des modèles de régression logistique pour les banques depuis vingt ans, mais qui n'avaient jamais innové, et les pertes liées à la fraude auraient probablement englouti l'entreprise ».

Lauri Schultheis se rappelle avoir spécifiquement embauché *à cause de* l'inexpérience. « Lorsque nous cherchions à embaucher des gens pour gérer la fraude, nous essayions en fait de trouver des personnes qui n'avaient aucune expérience dans ce domaine-là, parce que nous ne voulions pas qu'elles aient des idées préconçues sur ce qu'elles feraient chez PayPal [...] Nous voulions qu'elles soient capables de pivoter et de sortir des sentiers battus, et qu'elles voient les choses sous un angle différent, au lieu de dire : "Bon, vous savez, dans telle et telle banque, c'est comme cela que nous faisions et c'est comme cela que nous devrions le faire ici." »

Tim Wenzel se souvient d'avoir convoqué un candidat pour un entretien final avec Thiel. Lorsque le candidat a terminé, Thiel l'a accompagné jusqu'au bureau de Wenzel et ce dernier a vu le candidat sortir. Au moment où Wenzel est revenu vers son ordinateur, un courriel de Thiel l'attendait : « C'est bon. S'il te plaît, plus personne pour les paiements. »

Beaucoup étaient des étrangers dans un sens différent : la majorité des dix cofondateurs originaux de X.com et Confinity étaient nés à l'étranger. « Immigrer, c'est un acte entrepreneurial, explique Sacks. Vous prenez une mesure concrète pour quitter votre pays, et vous laissez souvent tout derrière vous. C'est l'acte entrepreneurial ultime. Il n'est donc pas surprenant que lorsque les gens arrivent aux États-Unis, ils continuent d'essayer d'entreprendre des choses, de façonner leur propre environnement. »

Levchin a ajouté une compétence inattendue pour les employés de PayPal qui, selon lui, a contribué au succès de l'entreprise et aux réalisations ultérieurs de ses anciens collaborateurs : beaucoup de ses premiers employés détestaient tout simplement être des employés. « Le meilleur employé dans n'importe quel travail, à n'importe quel niveau de responsabilité, est la personne qui croit généralement que c'est le dernier emploi dans lequel elle devra travailler pour quelqu'un. La prochaine chose qu'ils feront, c'est de travailler pour eux-mêmes, dit Levchin. Avoir autant de personnes que possible comme ça, c'est ce qui a fait la différence dans l'entreprise, et c'est ce qui en a fait un terrain si fertile pour les entrepreneurs plus tard. » L'un des membres du conseil d'administration, Tim Hurd explique les qualifications des employés de PayPal de manière plus simple : « Étiez-vous une rockstar intellectuelle ? Numéro un. Pouviez-vous faire ce dont nous avions besoin que vous fassiez vraiment bien ? Et travailleriez-vous vraiment dur pour le faire ? Rien d'autre ne comptait. »

Réussir dans la Silicon Valley, c'est s'isoler des *outsiders* peu conventionnels qui pourraient façonner l'avenir. Aujourd'hui, plusieurs des fondateurs de PayPal sont probablement plus proches des Premiers ministres qu'ils ne le sont des Tom Pytel du monde. « Si vous atteignez un certain niveau de confort, c'est difficile de tout remettre en jeu et d'apprécier la personne qui remet tout en jeu, a déclaré Malloy. Comprenez-vous vraiment cette personne qui dort sur le sol ? »

Les fondateurs – notamment en leur qualité d'investisseurs – ont dû trouver des moyens de contourner ce défi. À cette fin, Levchin organise des réunions régulières avec les plus petites organisations étudiantes au sein des différentes universités qu'il visite, revenant à ses journées à l'ACM. Thiel est connu pour prendre des positions bien en dehors de son orbite immédiate, y compris auprès du lycéen occasionnel qui tend la main avec une note convaincante. Hoffman s'oblige régulièrement à demander aux autres : « Quelle est la personne la plus excentrique ou la moins conventionnelle que vous connaissiez, et est-ce que je pourrais la rencontrer ? Cette personne est peut-être folle – *ou* c'est peut-être un génie. » Il cherche, semble-t-il, le fondateur loin d'être parfaitement accompli, qui ressemble à ses collègues d'autrefois loin d'être parfaitement accomplis, un groupe qui a transformé un « vrai bordel » en l'une des plus grandes entreprises cotées au monde.

■ ■ ■

Pourtant, ces caractéristiques des employés de PayPal n'expliquent qu'une partie de la situation – à la fin des années 1990, la Silicon Valley regorgeait de « rockstars intellectuelles » excentriques prêtes à sacrifier leur vie sociale et leur sommeil sur l'autel du succès d'une start-up. La réussite de l'entreprise provenait d'autres sources.

L'une d'elles a été la concentration incessante sur le produit lui-même – pas seulement sur la technologie qui le soutenait. « Nous étions vraiment concentrés sur l'élaboration du meilleur produit possible [...] Nous étions incroyablement obsédés par la façon d'évoquer quelque chose qui allait vraiment offrir la meilleure expérience client possible, a déclaré Musk à propos de son travail à la fois sur Zip2 et PayPal. C'était un outil de vente bien plus efficace que d'avoir une énorme force de vente ou bien des gadgets marketing ou des processus en douze étapes ou quoi que ce soit. »

Peu ont mieux incarné cette orientation que David Sacks et les membres de l'équipe produit, dont beaucoup allaient poursuivre de brillantes carrières dans d'autres fonctions liées aux produits. David Sacks a lui-même mis à profit les leçons tirées de PayPal pour ses projets suivants, notamment en ce qui concerne la distribution des produits. Chez PayPal, « nous partions de zéro, avec très peu de ressources, et nous devions trouver un canal de distribution, explique Sacks. Depuis l'époque où c'était un produit pour PalmPilot [...] jusqu'au produit Web, il s'agissait toujours de savoir comment faire en sorte que quelqu'un découvre ce produit, afin qu'il puisse l'utiliser. »

Le concepteur Ryan Donahue se souvient d'une équipe « obnubilée par la distribution de son produit. Elle avait une approche très intelligente et vraiment mature de l'importance de pouvoir de mettre leur produit entre les mains des gens – et que cela l'emporte sur la qualité de leur produit et beaucoup, beaucoup d'autres choses encore. » Amy Rowe Klement note que l'équipe produit a embauché « des dirigeants avec une grande intelligence émotionnelle, qui avaient de l'empathie pour les clients » – une empathie qui se transmettait aussi bien en interne qu'en externe. « Nous avons créé le groupe de gestion des produits non seulement pour avoir de l'empathie pour les clients et pour créer d'excellents produits, mais aussi pour maintenir la cohésion de l'entreprise. »

Une fois ce problème de produit résolu, la croissance rapide de PayPal a conduit à une autre série d'enseignements qui ont influencé le travail futur de ses fondateurs. Le néologisme de Reid Hoffman « *blitzscaling* », par exemple, et l'obsession de la Silicon Valley pour la croissance rapide trouvent au moins partiellement leur origine dans le duo de start-up installé sur University Avenue. Russ Simmons a fait remarquer que l'un des effets secondaires involontaires de cette échelle de croissance a été de colorer sa vision des expériences de start-up à venir. « Cela m'a définitivement gâté pour plus tard, parce que c'est comme si on disait : “Oh, vous lancez juste une chose et ensuite elle décolle, n'est-ce pas ?” »

■ ■ ■

Ce produit et sa prolifération ont été façonnés dans le creuset de l'éclatement de la bulle internet, et de nombreux anciens ont remarqué le pouvoir générateurs de la pression externe. Né au zénith du *boom* des dotcom, PayPal a commencé à décoller au moment même où l'industrie au sens large s'effondrait. « La majorité de notre expérience, s'est déroulée après la crise », a observé Jack Selby.

PayPal est également passé à un cheveu d'un atterrissage en catastrophe – en 2000, le rythme de dépenses de l'entreprise ne lui laissait plus que quelques mois de financement. Mais ces défis ont suscité de puissants résultats : l'équipe a instauré des frais et a lutté contre la fraude, itérant rapidement sur les deux fronts. Selon de nombreux membres de l'équipe, sans pression financière extérieure, ces innovations n'auraient peut-être pas vu le jour. « Les meilleures équipes font face à des météores. Les météores qui ne vous frappent pas créent des opportunités », a déclaré Malloy.

Même ses démêlés avec eBay, observent les anciens, témoignent d'un esprit combatif. L'équipe devait construire, lancer, itérer et répéter alors qu'eBay contestait l'utilisation de PayPal sur le territoire du géant des enchères. « Ce qui nous a vraiment rapprochés, c'est la lutte contre eBay, car rien ne rassemble mieux une entreprise que d'avoir un ennemi mortel », souligne Skye Lee.

Thiel indique que cette pression est la caractéristique déterminante de son expérience PayPal. « Si vous êtes dans une entreprise fantastiquement prospère comme Microsoft ou Google, vous en déduirez que démarrer une nouvelle entreprise est plus facile que ça ne l'est vraiment. Vous apprendrez beaucoup de choses erronées. Si vous êtes dans l'entreprise qui a échoué, vous avez tendance à en tirer la leçon que c'est impossible. Chez PayPal, nous étions une sorte d'intermédiaire. Nous n'avions pas autant de succès que certaines des grandes réussites de la Silicon Valley, mais je pense que les gens ont en quelque sorte calibré tout cela et en ont tiré la meilleure leçon – que c'est difficile mais réalisable. »

Leur expérience a également fait d'eux des juges sévères des futurs fondateurs de start-up. « C'est tellement plus difficile que les gens ne le font croire », a dit Selby à propos de la création de start-up prospères. Dans leur travail d'investisseurs, les membres du groupe jugent autant l'endurance de l'équipe fondatrice que la justesse de leurs idées. À quelle vitesse vont-ils bouger ? À quelle vitesse s'adapteront-ils aux défis ? Une équipe poussera-t-elle à l'échec pour le plaisir d'apprendre ? « Si vous n'avez pas été confrontés à des échecs dont vous tirez des leçons, alors vous n'apprenez probablement pas suffisamment vite », a fait remarquer Hoffman.

Il y avait, bien sûr, un inconvénient à un environnement autant sous pression. Parfois, la peur de la faillite, d'eBay ou d'un nouveau concurrent raidissait l'échine ; mais cela pouvait aussi saper le moral. Plusieurs employés ont parlé, en plaisantant à moitié, au « PayPal PTSD[78] » – c'est-à-dire des conséquences psychologiques du travail 24 heures sur 24 dans une entreprise au bord du gouffre, et avec des collègues dont l'intelligence pouvait être intimidante.

En essayant d'expliquer les frictions au sein PayPal, Levchin a proposé une comparaison et un contraste entre PayPal et son nouveau projet, le service de partage de photos Slide, une réflexion capturée dans des notes publiées lors d'un cours à Stanford sur les start-up :

> L'équipe de direction de PayPal était trop souvent incompatible. Les réunions de direction n'étaient pas harmonieuses. Les réunions du conseil d'administration étaient encore pires. Il s'agissait certes de réunions productives. Des décisions ont été prises et des choses ont été faites. Mais les gens se faisaient traiter d'idiots s'ils le méritaient.
>
> La fois suivante, chez Slide, nous avons essayé de créer un environnement plus agréable. L'idée d'avoir des réunions où les gens s'apprécient vraiment semblait géniale. C'était de la folie. L'erreur a été de confondre colère et manque de respect. Les gens intelligents et énergiques sont souvent en colère. Pas les uns contre les autres, généralement. Ils sont plutôt en colère que nous « n'en soyons pas encore là », c'est-à-dire qu'ils doivent résoudre x, alors qu'ils devraient travailler sur un problème plus important. Le manque d'harmonie chez PayPal était en fait un effet secondaire d'une dynamique très saine.
>
> Si les gens se plaignent des autres dans leurs dos, vous avez un problème. Si les gens ne se font pas confiance pour faire du bon travail, vous avez un problème. Mais si les gens savent que leurs coéquipiers vont exécuter ce qui est convenu, vous êtes bien. Même s'ils se traitent tous d'idiots.

Sacks avait remarqué que la culture de la tension chez PayPal était aussi une culture de vérité. « C'était “la recherche de la vérité” [...] Il y avait beaucoup de frictions. Nous nous respections tous et

78. SSPT en français. Syndrome de stress post-traumatique. Le *redlining* est une pratique de discrimination consistant à refuser des prestations à des populations situées dans des zones géographiques déterminées.

c'est pour cela que cela a fonctionné. Il y avait beaucoup de cris, et nous nous souciions juste de trouver la bonne réponse », avait-il dit.

David Gausebeck, un membre de l'équipe qui n'élevait pas souvent la voix, est parti en ayant le sentiment que la culture de PayPal n'était pas principalement celle du conflit, mais qu'elle se caractérisait plutôt par des standards élevés. Plus tard, en tant que directeur technique et fondateur de Matterport, une plateforme média 3D, il s'est inspiré de son modèle de pensée de l'équipe performante de PayPal. « Vous créez certaines attentes. Comme lorsque je travaille en équipe, j'attends d'eux qu'ils soient tous vraiment bons. Telle est mon expérience. »

■ ■ ■

Malgré l'importance accordée au travail acharné, à l'intelligence, à la distribution de produits et à une honnêteté à toute épreuve, de nombreux anciens de PayPal apprécient avoir eu autre chose : la chance. « Il y a beaucoup de compétences et de gens intelligents, mais le plus gros ingrédient, de loin, est un certain degré de chance. Une confluence d'événements. Des étoiles alignées. Comme vous voulez. Cela nous a permis de réussir », indique Selby.

Selon Malloy, « les gens veulent toujours que ce soit une histoire simple. Et ce n'est pas vraiment comme cela que ça fonctionne. Il y a énormément de chance. Je ne parle pas de chance comme lorsque vous trouvez une pièce. Vous persévérez face aux changements et vous créez votre propre chance. Mais même dans ce cas, si la vague s'éloigne de votre idée, vous pouvez être condamné à l'échec. »

Pour PayPal, la chance a revêtu plusieurs aspects. L'entreprise a eu la chance que son groupe fondateur se réunisse comme il l'a fait. Il a eu également de la chance au niveau de son timing. Que l'entreprise ne soit pas devenue un simple accessoire oublié de PalmPilot ou un hypermarché de services financiers en faillite a autant à voir avec le moment de son lancement qu'avec son offre. PayPal a également réussi à boucler une grosse levée de fonds à neuf chiffres au printemps 2000 – juste avant que le marché ne s'effondre.

La conception du produit PayPal est également arrivée au bon moment : les adresses électroniques étaient devenues courantes et Internet était indispensable au moment où PayPal a été lancée. S'il avait fait son apparition un an plus tôt ou plus tard, PayPal aurait peut-être été trop prématuré ou trop en retard, et l'entreprise aurait pu suivre le chemin d'eMoneyMail, PayPlace, c2it, ou de l'une des dizaines de start-up de paiement qui ont échoué à l'époque.

Le fait qu'elle ait réussi à s'intégrer dans l'écosystème d'eBay, malgré toutes ses difficultés, s'est également avéré être une bonne chose. Si eBay avait arrangé les paiements avec Billpoint au printemps 1999, PayPal n'aurait peut-être pas trouvé son groupe d'utilisateurs de départ plus tard cette année-là ; eBay a fourni à PayPal une communauté active et passionnée d'utilisateurs qui a aidé à diffuser le produit. « Il y avait une ouverture pour démarrer une entreprise comme PayPal, mais même trois ans plus tard, je ne suis pas certain que cela aurait été possible », a déclaré Thiel.

L'entreprise est également entrée en bourse et a été rachetée par eBay juste avant la renaissance d'Internet. Les anciens de PayPal ont terminé leur mandat dans l'entreprise en croyant fermement à Internet au milieu d'une foule croissante de sceptiques. Ils avaient vu d'autres entreprises mourir – les victimes jonchaient le terrain – mais PayPal avait tenu. Ils ont donc plongé tête baissée dans le mouvement « Web 2.0 », en lançant et en investissant dans la génération suivante de sociétés Internet.

Parce que la chance était au cœur de l'histoire, les anciens de PayPal sont prompts à démonter tous les mythes sur un succès inévitable. « Lorsque vous devenez célèbre dans la Valley, vous pouvez être *l'outsider* ultime, la Valley vous coopte, dit Malloy. Vous devenez une fiction. La fiction prend le dessus [...] Nous sommes tous si doués pour raconter nos propres histoires. Nous perdons de vue l'humanité de la chose [...] Qui réussit et qui ne réussit pas, mon garçon, c'est un fil de rasoir. » Le fait que PayPal ait trouvé le bon côté du fil a laissé à certains anciens la volonté d'en étendre la portée. « Cela m'a fait réfléchir sur la façon dont nous développons cette capacité à rêver chez les autres », a déclaré Amy Rowe Klement.

Les premiers employés de PayPal réservent leurs plus grands éloges à ceux qui empruntent la même route caillouteuse – les fondateurs de domaines d'activités variés. « Ceux qui transforment les grandes idées en une réalité dure et imprévisible sont les praticiens, ceux qui ont un fort effet de levier, et je les admire presque sans réserve, a écrit Max Levchin sur un blog personnel, des années après PayPal. Un ingrédient clé pour être ce genre de personne est un manque presque irrationnel de peur de l'échec et un optimisme irrationnel, mais il y a aussi un côté plus tactique : ils arrivent à ne pas se laisser entraîner par tous les petits détails [...] tout en étant remarquablement conscients de ceux qui sont vraiment importants. »

À ce stade de sa vie, Max Levchin a fait plusieurs idées dans « une réalité dure et imprévisible ». Et pourtant, il a terminé par une demande sérieuse de conseil : « Il doit y avoir beaucoup plus d'ingrédients essentiels pour être quelqu'un à fort effet de levier. J'aimerais mieux comprendre ce type de personne [...] afin de maximiser mon propre effet de levier. Vous avez des conseils ? »

ÉPILOGUE

En terminant ce livre, j'ai mis en place des alertes numériques pour l'expression « mafia PayPal ». Comme les personnes qui ont vécu cette histoire, je suis arrivé à un rapport compliqué avec l'expression elle-même. D'une part, c'était un descriptif idéal pour les médias, un moyen rapide d'expliquer ce sur quoi je travaillais ; d'autre part, l'expression était insuffisante, car elle expliquait les efforts et les connexions entrepreneuriales ultérieures, et non la création de PayPal elle-même. Comme je l'ai découvert, le terme et la photo qui l'accompagnait excluaient de nombreux acteurs clés de l'histoire – et présentaient le groupe comme beaucoup plus homogène qu'il ne l'était en réalité.

Bien que je me sois efforcé de donner un caractère trop contemporain à mes sujets – d'être obsédé par tel ou tel tweet ou propos récent, j'ai voulu suivre l'influence du groupe des anciens *en tant que* groupe. Sans grande surprise, le sobriquet « mafia PayPal » était populaire dans le milieu de la technologie. Au lendemain d'une introduction en bourse ou d'une importante acquisition d'entreprise, Twitter et d'autres forums s'illuminaient avec des mentions de telle ou telle « mafia » en devenir.

Le terme était particulièrement populaire à l'étranger. En Europe, il y avait la « fintech Mafia » créée par la réussite de Revolut et Monzo ; au Canada, les anciens de Workbrain ont été également mis à l'honneur. En Afrique, les cofondateurs de Kopo Kopo, au Kenya, ont parlé explicitement de leur envie de construire la « mafia PayPal en Afrique de l'Est ». En Inde, on parlait de la façon dont le succès du géant du e-commerce Flipkart avait donné naissance à la « Flipkart Mafia ».

Quelques références à des mafias – la « mafia Vegan » par exemple – n'étaient pas issues du monde de la technologie, mais attacher le mot « mafia » mettait en évidence un sentiment et une ambition similaires : un groupe de talents pouvait-il nourrir un écosystème ?

Des dizaines de ces exemples m'ont été transmis par le biais d'alertes et d'amis, mais j'ai trouvé l'application la plus intéressante de la « mafia PayPal » dans un monde très éloigné de l'entrepreneuriat technologique. J'ai même hésité à partager l'histoire ici, mais elle mérite d'être consignée, ne serait-ce que pour la postérité. C'est une histoire singulière, et elle se déroule clairement à l'autre bout du pays, loin de la Silicon Valley.

■ ■ ■

En décembre 1997, une camionnette blanche a déposé un adolescent, Chris Wilson, à la Patuxent Institution, un établissement correctionnel de sécurité maximale à Jessup, dans le Maryland, non loin de Baltimore.

Chris avait grandi à Washington, D.C., alors que l'épidémie de crack ravageait sa communauté. Des dizaines de jeunes hommes afro-américains ont été victimes du chaos qui les entourait. À l'âge de sept ans, Chris a commencé à dormir sur le sol de sa chambre plutôt que sur son lit, pour se protéger des balles perdues. À dix ans, il avait assisté à plus de funérailles que de fêtes d'anniversaire. À quatorze ans, il ne quittait jamais la maison sans une arme.

Puis Chris a eu l'occasion de l'utiliser. Tard une nuit, deux hommes l'ont approché devant une épicerie. « Chris, nous avons un message pour toi », a dit l'un des hommes. Chris n'allait pas attendre de savoir de quoi il s'agissait. Il a sorti son calibre .38 et tiré six coups. Un des deux hommes est mort sur le coup, l'autre s'est enfui. Chris a été jugé comme un adulte et condamné à la prison à vie.

Ce n'était pas censé être comme ça, pas pour lui. Chris avait une famille qui se souciait de lui. Il adorait lire ; il jouait aux échecs ainsi que du violoncelle. Il croyait en son avenir. Mais il avait été pris par la vague de carnage et de criminalité qui l'entourait. Si la peur le poussait à porter une arme, c'était parce que Chris avait vu des choses qu'il valait mieux craindre.

Un des petits amis de sa mère était un flic véreux. « Un jour, il m'a assommé et a violé ma mère devant moi et puis il lui a défoncé le crâne avec son arme de service », a raconté Chris. Sa mère a survécu, mais ni elle ni Chris n'ont plus jamais été les mêmes.

En marchant vers la maison de sa grand-mère un soir, il se souvient avoir enjambé des cadavres dans la rue. « Comment voulez-vous qu'un enfant soit normal lorsque les gens autour de lui tombent comme des mouches ? », s'interrogeait-il.

La prison fut un choc, même pour quelqu'un qui avait vu plus que sa part de choses choquantes. À son arrivée, lui et neuf autres hommes ont été entassés dans une pièce, déshabillés et on leur a demandé de se pencher pour une fouille au corps. Chris s'en souvient comme du moment le plus humiliant de sa vie.

La réalité s'est ancrée en lui : Patuxent allait être sa maison pour le restant de ses jours. Un an s'est écoulé dans un brouillard de dépression. Chris se réveillait et se demandait comment sa jeune vie prometteuse avait abouti à une conclusion aussi amère et prématurée. Il a envisagé le suicide. Il fumait de la drogue de contrebande et maudissait le destin de l'avoir conduit ici.

■ ■ ■

Le parcours de Stephen Edwards vers l'incarcération à Patuxent ressemblait à celui de Chris – une condamnation pour meurtre au premier degré prononcée alors qu'il avait seize ans. Avant la prison, la vie de Stephen avait été très différente de celle de Chris. Les parents de Stephen étaient de fervents chrétiens et il avait grandi avec l'Évangile. Il a connu une enfance relativement confortable et privilégiée : son père travaillait pour la Réserve fédérale, et sa famille a encouragé ses talents considérables, qui se sont manifestés tôt.

Stephen était un as en mathématiques. Son père ramenait son ordinateur de travail à la maison à la fin de la journée, et Stephen passait de longues heures à apprendre à programmer et à jouer sur l'appareil. Il s'est particulièrement intéressé à l'animation par ordinateur. Stephen a consacré huit mois au codage d'une animation de cinq minutes d'un lancement de fusée de la NASA. Lorsque la fusée pixélisée avait décollé avec succès, Stephen rayonnait.

À douze ans, Stephen a commencé à fréquenter une école publique à Washington, D.C. Là, son intelligence est devenue un handicap. Il était constamment et cruellement harcelé. Un soir, une douzaine de garçons plus âgés lui ont sauté dessus. Ils lui ont fracassé la tête avec un pied-de-biche et poignardé au niveau de la cage thoracique. Alors que ses blessures guérissaient, son psychisme n'a pas suivi. Il est devenu paranoïaque à l'idée d'être à nouveau attaqué et il a commencé à porter une arme à feu pour se protéger. À seize ans, il a tiré et tué un homme qu'il croyait être sur le point de le tuer. Stephen a été condamné à perpétuité.

■ ■ ■

Comme Chris, Stephen a souffert pendant sa première année en prison, posant les mêmes questions et trouvant peu de réponses. Mais alors que le brouillard commençait à se lever, Stephen est retourné à son ancien amour : les ordinateurs. Il pensait qu'ils pourraient le soutenir pendant ses années d'incarcération, si cela était possible.

Les parents de Stephen lui ont fourni de vieux livres de programmation, et il a commencé à apprendre de nouveaux langages de code. Sans accès à un véritable ordinateur, il a écrit des programmes hypothétiques à la main sur des blocs-notes jaunes – comme le jeune Max Levchin à Kiev. N'ayant pas d'ordinateur pour mettre en œuvre les programmes, il ne pouvait que deviner leur exactitude. Mais il appréciait la résolution des énigmes de la programmation – et la satisfaction de construire quelque chose à partir de zéro.

Chris était en prison depuis un an lorsqu'il a croisé la route de Stephen. « J'ai rencontré un gars qui était aussi mineur, qui purgeait une peine d'emprisonnement à perpétuité, et ce gars était comme superconcentré, se rappelle Chris. Il étudiait pour devenir programmeur informatique. Il avait ces objectifs et ces réalisations qu'il voulait atteindre en sortant de prison. Je me souviens m'être moqué de lui parce qu'il n'avait pas d'ordinateur ou d'accès à un ordinateur. » Ils sont rapidement devenus amis et compagnons de cellule.

La volonté d'amélioration personnelle de Stephen a déteint sur Chris. Tous deux se sont engagés dans un programme de conditionnement physique, d'éducation, de prière, de rédaction d'un journal et de lecture – et se sont mutuellement tenus responsables.

Lorsque Chris ratait un problème de mathématiques lors de ses examens de pratiques du GED[79], Stephen comptait les pompes que Chris lui devait.

L'ambition de Stephen a enflammé l'imagination de Chris. Inspiré par les efforts de Stephen en programmation informatique sans ordinateur, Chris s'est rédigé une liste d'objectifs de vie incroyablement ambitieux. Il l'a appelée son « Plan directeur » et il prévoyait, entre autres, d'apprendre l'espagnol, d'obtenir un diplôme universitaire et d'un MBA, d'achater une Corvette noire et de parcourir le monde. Il a envoyé le document au juge qui avait prononcé sa condamnation à perpétuité.

■ ■ ■

Chris et Stephen sont devenus des détenus modèles. En quelques mois, Chris a obtenu son GED et Stephen a convaincu la direction de la prison de le laisser utiliser l'unique ordinateur de bureau de l'établissement pour sa programmation. En échange, il a accepté de créer un logiciel pour aider à alléger la charge administrative de la prison. Un gardien restait à proximité pour surveiller tandis que Stephen codait ; les prisonniers « ne pouvaient pas être à proximité d'un ordinateur sans être accompagnés », se souvient Stephen.

Le virus de la programmation l'a attrapé, et même les multiples heures que Stephen réussissait à passer chaque jour derrière le clavier n'étaient pas suffisantes pour le satisfaire. *Je préfère faire ça à n'importe quoi d'autre dans tout ce bâtiment ! Comment je peux avoir plus de temps ?* Ses compétences étant reconnues, les responsables d'autres départements de la prison lui ont demandé d'écrire des « mini-programmes », et Stephen a fait pression pour avoir davantage accès à l'ordinateur. Bientôt, Stephen est devenu l'administrateur non rémunéré de Patuxent. « J'ai écrit une cinquantaine d'applications différentes pendant mon incarcération », se souvient-il.

En peu de temps, la direction de la prison a confié plus de responsabilités à Chris et Stephen. On leur a demandé de donner des cours aux nouveaux prisonniers et ils ont lancé un club de lecture

79. Les examens General Educational Development (GED) sont un ensemble de cinq examens qui, une fois réussis, affirment qu'une personne détient des compétences académiques de niveau *high school* aux États-Unis ou au Canada.

et un centre d'orientation professionnelle. Ils ont également repéré une opportunité d'affaires : les parents et les familles des prisonniers voulaient des photos de leurs proches. Le duo a alors convaincu la direction de la prison d'acheter un appareil photo numérique. Ils factureraient les photos et reverseraient les bénéfices au Fonds du bien-être des détenus, qui aidait à financer diverses améliorations à l'intérieur de la prison.

Chaque année, Chris envoyait au juge une mise à jour des progrès réalisés au niveau de son Plan directeur, les éléments qu'il avait complétés fièrement rayés de la liste. Et chaque année, il n'avait aucun retour. Mais le Plan directeur, qui avait commencé comme un exercice d'imagination, a conduit à des réalisations significatives : Chris a obtenu plusieurs diplômes, appris trois langues, lu une longue liste de livres et créé une entreprise à partir de zéro.

Au cours de sa seizième année de prison, la mise à jour annuelle du Plan directeur de Chris est tombée entre les mains d'un autre juge. Ce nouveau juge a vu dans son histoire exactement le type d'amélioration que le système correctionnel était censé faciliter et a modifié sa peine pour qu'il puisse être libéré sur parole.

« Je n'ai pas seulement eu des mots de regrets lorsque je me suis présenté devant le tribunal ; je suis venu avec la preuve en main de mes réalisations, écrira Chris plus tard dans le *Baltimore Sun.* J'avais obtenu mon diplôme d'études secondaires et un diplôme d'associé. J'avais appris tout seul l'espagnol, l'italien et le mandarin et j'avais encadré d'innombrables jeunes détenus à leur arrivée en prison. Mais le plus important pour ma juge, mon Plan directeur avait démontré dix ans de cohérence dans la réalisation de mes objectifs. »

« Ce que vous avez fait est tout simplement stupéfiant », lui a dit la nouvelle juge. Il a obtenu sa liberté à l'âge de trente-deux ans, seize ans après avoir mis les pieds à Patuxent. Stephen, son compagnon de cellule, a été libéré deux ans plus tard, après une peine de vingt ans.

■ ■ ■

En écrivant ce livre, bien après leur libération conditionnelle, je suis devenu ami avec Chris et Stephen. Après la prison, Stephen a utilisé ses talents de programmeur pour diriger une société de conseil en logiciels, puis il a créé une start-up dont la technologie logistique a aidé des écoles, des entreprises, et d'autres lieux à rester ouverts pendant la pandémie du Covid-19. Stephen a même obtenu un brevet – US10417204B2, « méthode et système de création et de prestation de communications dynamiques » – pour ses travaux sur le traitement du langage naturel.

Chris n'était pas loin derrière. Il a créé deux entreprises, a écrit un livre largement salué, puis il a entamé une seconde carrière comme artiste globe-trotteur – une remarquable trajectoire post-carcérale qui a culminé par une apparition au *Daily Show*, avec Trevor Noah, pour promouvoir son livre, *The Master Plan*.

Chris et Stephen vivent leur vie avec un rare sentiment d'urgence – une urgence qui vient d'une conscience aiguë que la vie est précieuse. Comme beaucoup de ceux qui les ont rencontrés, je voulais savoir : comment diable avaient-ils fait ? Comment avaient-ils surmonté leur situation et accompli plus derrière les barreaux que la plupart d'entre nous avec toute la liberté du monde ?

Chris a été honnête sur le rôle de la chance – rencontrer Stephen à ce moment-là et, bien sûr, trouver un juge clément – mais il a également été clair sur l'importance de l'effort individuel. Il s'est fixé des objectifs précis et les a atteints avec une conviction religieuse. Il a visualisé et rédigé le journal de son Plan directeur tous les jours pendant des années et il a vécu pour rayer des éléments de la liste. Fixée au mur de sa cellule, la feuille de papier à interligne simple était l'une des deux premières choses qu'il voyait en se réveillant et l'une des deux dernières choses qu'il voyait avant d'aller au lit.

L'autre source d'inspiration visuelle avec laquelle Chris se réveillait tous les jours, c'était une photo, clouée à côté du Plan directeur sur le mur de la prison – représentant tout ce que ce Plan signifiait pour lui. À côté du Plan directeur de Chris Wilson, sur le mur de sa cellule, dans l'établissement de Patuxent à sécurité maximale, une photo découpée était accrochée – issue du numéro de novembre 2007 du magazine *Fortune,* elle présentait la « mafia PayPal ».

■ ■ ■

L'intérêt de Chris et Stephen pour cette histoire allait bien au-delà de la photo de la couverture. À l'intérieur de leur prison du

Maryland, les deux garçons sont devenus des experts amateurs de la vie et du travail des fondateurs de PayPal.

Tout a commencé lorsque la famille de Stephen a pris des abonnements à des magazines d'affaires pour soutenir son intérêt entrepreneurial – *Inc.*, *Entrepreneur*, *Forbes*, *Fortune*, *Fast Company*. Fin 2007, lorsque le numéro de *Fortune* est arrivé, Stephen a été le premier à lire l'histoire et il a été captivé : devant lui se trouvait la feuille de route pour transformer le code informatique en une vie réussie.

Stephen a lu l'article deux fois d'un seul trait, puis il a passé le magazine à Chris. « Lis ce putain d'article, mec », lui a dit Stephen. Chris, lui aussi, a été époustouflé. « Je me disais : "Bon sang, ce truc-là est complètement fou." Je pensais : *C'est ce qu'on va faire quand on va sortir. Il faut commencer à s'y mettre.* »

Chris se souvient avoir vu le mot *milliard* et avoir été fasciné par la somme. « Même en essayant de quantifier ce que représente un milliard de dollars. Un milliard ! Comment quelqu'un peut-il valoir cette somme ? [...] J'ai commencé à lire tout ce que je trouvais sur tous ces gens de PayPal, qui sont partis de rien et qui valaient maintenant tout cela. Et puis nous avons commencé à réfléchir sur ce que nous ferions avec cet argent. Comment pourrions-nous changer le monde ? Et puis il y avait cette photo de quelques personnes qui l'avaient fait. »

Stephen et Chris ont conservé la photo comme source d'inspiration. « J'ai collé du ruban adhésif transparent sur plusieurs couches pour la plastifier », se souvient Chris. « Ça avait l'air un peu bizarre mais ça a marché. » La photo plastifiée a gagné une place de choix sur le mur à côté des objectifs de vie. « Vous vous levez, et vous la voyez. Vous allez vous coucher, et vous la voyez. C'était ma motivation. Je fais des pompes, je les regarde. Pendant le confinement, je les regarde. C'était comme Robert De Niro dans *Cape Fear*[80]. » Stephen disait que voir la photo tous les jours « l'a[vait] gravée dans notre psyché ».

« Je disais aux gens qui avaient vu les photos que je gardais : "Je vais sortir de prison. Je vais vivre ce genre de vie-là. Je vais avoir un impact sur ma communauté." Et ils me disaient : "Eh mec, tu es complètement fou" », raconte Chris.

80. *Les Nerfs à vif*

■ ■ ■

Les deux garçons ont découpé tout ce qu'ils ont pu trouver sur Elon Musk, Peter Thiel, Max Levchin, Reid Hoffman et les autres anciens de PayPal. Au fur et à mesure que les fondateurs de PayPal se faisaient connaître, Chris et Stephen ont amassé une grande collection de coupures de presse et ont traité le paquet assemblé comme les Écritures. « C'étaient les seules choses auxquelles je tenais parce qu'elles étaient les seules choses qui me maintenaient en vie, a admis Stephen. C'est la pure vérité. Pour ne pas oublier et avoir des exemples de personnes qui sont tout aussi humaines que vous et moi. »

Tous les deux ont commencé à réfléchir sérieusement aux affaires et à l'entrepreneuriat comme à un chemin de vie viable après la prison. « Vous savez déjà que la société ne va pas vous recevoir lorsque vous sortirez. Il n'y a pas de véritable "réinsertion", explique Stephen. L'idée de la réinsertion, à l'heure actuelle, c'est que vous sortez à genoux, on vous donnera quelques aides, vous travaillerez peut-être chez McDonald's ou bien vous ramasserez les poubelles. Mais si vous pensez que vous allez vivre comme le reste d'entre nous qui n'avons pas été là-dedans, bonne chance. Et donc, c'était important pour nous de voir qu'il y avait un autre chemin. Créer sa propre entreprise est vraiment la seule voie pour laquelle il n'y a pas de vrai plafond qui s'impose à vous. »

Jusque-là, ni Stephen ni Chris n'avaient entendu parler d'entreprises aux ambitions aussi élevées que PayPal, ni des réseaux qui permettaient de telles entreprises. Les réseaux auxquels Stephen et Chris avaient été exposés traitaient de l'argent blanchi, de la drogue et de la violence, et portaient un autre nom : les gangs. « La mafia PayPal était l'exemple positif d'un gang. Beaucoup de gars en prison s'associent pour de mauvaises raisons. Ils n'ont pas beaucoup d'amitiés positives », a dit Stephen.

■ ■ ■

L'histoire s'est répandue hors de leur cellule. Dans leurs cours dispensés aux nouveaux détenus, Chris et Stephen ont intitulé leur première leçon : « Ce que vous pouvez apprendre de la mafia

PayPal ». Ils ont photocopié leur collection d'articles et l'ont distribuée, avec la photo de la mafia en couverture. « C'est une photo très sombre et j'étais énervé parce que les gens n'arrêtaient pas de vouloir photocopier l'original, a déclaré Stephen. Mais je voulais qu'ils photocopient une copie pour que l'original ne soit pas abîmé ! »

Ils racontaient comment les membres de la mafia PayPal avaient commencé en bas de l'échelle. Et combien d'entre eux étaient des immigrants. Et la jeunesse des fondateurs – inexpérimentés, indécis et, dans certains cas, sans succès. « Nous avons prêché PayPal. Nous avons trouvé une synergie. L'histoire était liée », disait Stephen.

Et, bien sûr, ils ont parlé de l'argent, en le comparant à des exemples de richesse que leur public connaissait bien. « Si vous avez pensé à suivre un trafiquant de drogue, parce qu'un trafiquant de drogue – au péril de sa vie, avec la violence, les armes à feu, les agressions, l'incarcération et la mort, et tout ça, le maximum qu'il va gagner, c'est un million de dollars. Soyons réalistes. Et ça, c'est après avoir traversé l'enfer et en être revenu, a dit Stephen. Et maintenant, laissez-moi vous montrer l'inverse : des gars qui ont gagné des milliards sans rien de tout cela. Ce qui déconcerte les gars qui ont entendu l'histoire de PayPal, c'est pourquoi personne ne leur avait jamais dit que c'était même une option. »

Les nouveaux détenus sont restés bouche bée devant les parcours de Musk et de Levchin. « Ils me regardaient et ils disaient : "Attendez, j'aurais pu faire ça ? Ça aurait été génial !" », se souvient Stephen. L'idée même qu'une start-up offre un chemin de la rue vers la richesse a constitué une avancée – une carte du monde que les détenus n'avaient jamais vue. « Je l'ai utilisée pour guider tous ceux qui disaient vouloir être plus grands qu'ils n'étaient actuellement. C'est-à-dire presque tous ceux qui se trouvaient parmi nous, parce que nous étions dans une prison à sécurité maximale », dit Chris.

■ ■ ■

Dans leur prosélytisme de l'histoire de PayPal, Stephen et Chris ont consciemment joué sur le motif de la « mafia » : l'idée que les fondateurs et les employés de PayPal se soutenaient mutuellement. « Quand je parlais à des jeunes affiliés à un gang, ils ont pu s'identifier à cela », a déclaré Stephen. Ils ont exhorté les prisonniers à agir, à s'inspirer des sujets photographiés et à se lier à des personnes partageant les mêmes idées. « Étudiez leurs antécédents, disait Stephen, afin de voir qu'ils sont comme vous [...] Regardez ce qu'ils ont fait. Et ils ne sont pas différents de vous, dans la mesure où ils saignent le même sang que vous, respirent le même air que vous. »

Stephen et Chris savaient quand leurs mots faisaient mouche et quand ils ne le faisaient pas. Ils connaissaient aussi leur public : ils avaient grandi dans les mêmes quartiers difficiles, franchi les mêmes portes de prison. Ces compagnons d'infortune étaient sceptiques à l'égard de tout ce qui leur semblait éloigné ou bidon ; les prisonniers avaient l'oreille fine pour les conneries.

Mais lorsque Stephen et Chris ont parlé de PayPal, l'auditoire se penchait en avant sur sa chaise. C'était réel. Le réseau était réel. La photo était réelle. L'argent était réel. « Cette histoire a signifié beaucoup dans ma vie, et dans celle de beaucoup de gens en prison avec nous, a dit Stephen. Vous ne pouvez pas nier ce qu'ils ont construit, et ce qu'ils représentent. Vous ne pouvez tout simplement pas le nier. C'est un sermon facile. »

DETTES

À leurs débuts, Max Levchin et Peter Thiel pensaient que l'exercice de création de Fieldlink serait bref. Construire l'entreprise, la faire évoluer rapidement et la vendre pour profiter de la ruée vers l'or sur Internet. Ce qui était censé être un projet d'un an pour eux s'est transformé en un projet de cinq ans – et une entreprise qui est restée en activité pendant plus de deux décennies depuis.

Ce livre aussi a commencé comme un projet d'environ deux ans et demi, puis s'est étendu sur cinq ans. Au cours de ces cinq années, d'innombrables personnes ont contribué à donner vie à ce livre – et patiemment enduré des histoires et des anecdotes sur une dotcom de la fin des années 1990 racontées par un auteur obsédé. Pour mes nombreux amis indulgents, ce sera un soulagement de pouvoir écrire ce qui suit : oui, c'est enfin terminé, et je peux enfin la fermer au sujet du livre PayPal.

Je ne serais pas capable d'écrire cette phrase sans les centaines de personnes qui ont créé et travaillé chez PayPal, qui ont pris le temps d'expliquer à un parfait inconnu comment ils étaient arrivés dans l'entreprise, ce qu'ils y ont fait et ce que cela signifiait pour eux. La grande joie de ce projet a été de parler pendant des heures avec ces personnes, et je suis reconnaissant au-delà de toute mesure pour leur temps, leur franchise, leurs réflexions, leurs notes et leurs souvenirs.

Simon & Schuster a donné son feu vert à ce projet grâce à ma regrettée éditrice, Alice Mayhew. Très tôt, elle a vu ce que j'avais vu : il y avait quelque chose dans *cette* entreprise, à *ce* moment précis, qui projetait une ombre plus longue que beaucoup ne l'appréciaent – et que personne n'avait la moindre idée de sa création. Elle a été la première avocate de ce livre, et plus important encore, elle a été la personne qui m'a soutenu lorsque ma confiance dans le projet s'est émoussée.

Elle a également mis la barre très haut pour ce livre, comme elle le faisait pour tous ses projets. « Jimmy, tu dois me prouver que ce que tu écris ici va résister à l'épreuve du temps ! Pourquoi cette histoire sera-elle pertinente dans cinquante ans ? Qu'est-ce qui fait qu'il restera dans notre liste de livres à publier ? », insistait-elle. Alice était une éditrice qui voulait que les livres *durent* – et elle exigeait que ses auteurs écrivent des livres qui durent.

Je ne peux pas savoir avec certitude si ce texte répondrait aux critères élevés d'Alice, mais lors de notre dernier échange, elle a laissé entendre que nous pourrions en être proches. Elle venait de lire les premiers chapitres des histoires de X.com et de Confinity et elle avait fait remarquer l'atmosphère fébrile : « Edison serait stupéfait. » J'espère qu'Alice serait également fière de la version finale de cette histoire. Cela n'aurait pas été possible sans elle.

Quand Alice est décédée début 2020, j'ai paniqué. Ce livre était une entreprise *colossale*, non seulement pour moi, mais pour tout éditeur assez courageux pour relever le défi. Heureusement, le flambeau d'Alice est passé à la brillante et inimitable Stéphanie Frerich. Je n'avais pas communiqué avec Stéphanie une seule fois avant que son patron chez Simon & Schuster ne lui confie ce projet, et je n'avais aucune idée de ce qu'elle en ferait ni de la façon dont elle l'ajouterait à un emploi du temps déjà bien rempli. Elle ne me connaissait pas du tout, et elle aurait pu être pardonnée d'avoir refusé la mission.

Je suis heureux qu'elle ne l'ait pas fait. La gestion de ce projet par Stéphanie Frerich a été la plus grande bénédiction qui soit. Elle a lu plusieurs fois chaque ligne de ce livre, elle a poussé mes réflexions avec dévouement et obstination, et s'est battue pour ce projet face aux retards et au milieu d'une pandémie mondiale. Il n'y a pas suffisamment d'espace pour signaler chaque erreur qu'elle a corrigée ou chaque phrase un peu faible qu'elle a renforcée, et si ce livre parvient à raconter fidèlement l'histoire de PayPal, c'est grâce à ses efforts. Elle était ce que tout auteur espère : une éditrice qui se soucie autant du projet que l'auteur ne le fait. Je suis ému aux larmes en pensant à ses efforts et j'éprouve une gratitude sans fin envers elle.

■ ■ ■

La personne qui « savait simplement » que tout finirait par s'arranger à la fin est la personne qui semble garder la foi dans mes projets de livres, peu importe à combien de reprises ma propre foi vacille. Laura Yorke me tolère encore (on se demande pourquoi), et elle a gardé ce livre avec toute la passion d'un agent qui en voyait le potentiel. Il existe d'innombrables histoires d'auteurs qui veulent jeter leurs brouillons par la fenêtre et déclarer leurs projets morts ; puis il y a d'innombrables histoires d'agents qui sauvent ces projets et remettent les auteurs sur le droit chemin. Laura l'a fait cela plus souvent tout au long de ce livre que n'importe quel agent ne devrait avoir à le faire, et pour cela, et pour bien d'autres choses, je lui suis reconnaissant.

Mon ami Justin Richmond a enduré les premières versions de presque tous les paragraphes, pensées et citations de ce livre – généralement envoyés par SMS à une heure matinale indécente. C'est lui que j'ai appelé en premier quand l'idée m'est venue de lancer ce projet, et il a reçu des milliers de messages, de notes et d'appels depuis. Parler tous les jours avec lui a rendu ce projet possible, et je le remercie pour cela et pour m'avoir fait cadeau de son amitié.

Gregg Favre est beaucoup de choses – un pompier, un responsable de la sécurité publique, un officier de marine, un athlète doué et une bonne âme. Il est aussi un ami qui valorise l'endurance nécessaire pour terminer des projets de longue haleine, et je lui suis reconnaissant pour les différents moments où il m'a encouragé, où il a partagé sa sagesse stoïcienne et où il s'est assuré que j'allais de l'avant. Si j'avais eu une pièce chaque fois que Gregg disait : « Reste en selle, bon sang ! » (le conseil de Jon Landau à Jimmy Lovine dans *The Defiant Ones*), je serais riche. Merci Gregg. Passons maintenant à la montagne suivante.

Lauren Rodman est la personne qui a fait de l'exercice difficile de terminer ce livre un moment joyeux. Lauren a célébré chaque victoire (les premiers entretiens, les premières ébauches, les révisions importantes). À chaque étape, elle exigeait, au minimum, un dîner pour porter un toast aux petits succès. Chaque personne dans le monde devrait avoir une amie comme Lauren Rodman, qui m'a rappelé au fil des années à quel point le projet avait avancé.

Mon amie Grace Harry a vu la vision de ce projet et en a nourri la flamme de toutes les manières possibles. Elle a passé sa vie à servir de muse aux artistes musicaux les plus talentueux au monde – et elle a apporté toute son intelligence et sa perspicacité au service de tant de conversations sur ce livre, son ambition et sa portée. Elle et son partenaire, Ahmir « Questlove » Thompson, m'ont aidé à remarquer les liens entre cette entreprise et des groupes de personnes créatives à travers les âges (artistes, poètes, écrivains et musiciens qui sont arrivés à l'âge adulte dans un contexte culturel particulier). Grace m'a également offert des encouragements créatifs et des perspectives lorsque j'en avais le plus besoin. Nous n'étions pas dans un studio de musique, mais je comprends maintenant pourquoi tant de musiciens légendaires *ont besoin* qu'elle soit dans leurs studios. Elle a pris soin de ce projet, qui porte beaucoup de ses empreintes.

Mille mercis à mon mentor, amie et coach, Lauren Zander. Vraisemblablement, ce livre serait encore une idée dans ma tête si elle n'avait pas exigé que je le commence et que je le termine. Presque tous les écrivains sont confrontés à l'angoisse, au syndrome de l'imposteur, à la peur, au doute et au bruit connexe et je suis peut-être plus susceptible que d'autres. Lauren a été un bouclier contre tout cela et elle a répondu à toutes sortes de messages fous avec fermeté, concentration et compassion. Un écrivain a rarement eu de meilleurs amis et, pour son insistance et ses encouragements, je lui suis reconnaissant.

Beaucoup d'autres ont contribué à donner vie à ce livre. Emily Simonson, chez Simon & Schuster, m'a guidé tout au long du processus éditorial avec patience et gentillesse. Elizabeth Tallerico a spontanément lu les premiers chapitres de ce livre, et m'a apporté son soutien et ses conseils – y compris aux moments plus difficiles de rédaction et de la réécriture. Marjie Shrimpton, Miranda Frum et Rob Goodman ont tous prêté leur regard éditorial à des ébauches, et l'ouvrage est plus fort grâce à leurs interventions.

Caleb Ostrom est arrivé tard sur ce projet, et comme je le lui ai dit des dizaines de fois tout au long de notre travail, j'aurais aimé l'avoir rencontré plus tôt. Il a été un partenaire de réflexion de premier ordre, et je lui suis reconnaissant pour tout ce qu'il a fait afin de donner vie au texte – notamment en écoutant avec enthousiasme mes diverses histoires, réflexions et appels téléphoniques, dont certains ont sûrement mis sa patience à rude épreuve. Merci d'avoir supporté tout cela, Caleb.

Les auteurs ont besoin d'amis auteurs, et j'ai la chance d'avoir les meilleurs dans le domaine. Mon ami Ryan Holiday a fait la première présentation à Peter Thiel, qui a ouvert la voie à toutes les autres rencontres. Allen Gannett s'est livré à nos dîners réguliers de « thérapie d'auteur », et sa conviction sur ce projet m'a conforté dans l'idée que ça en valait la peine. Ashlee Vance, l'auteur de la biographie définitive d'Elon Musk, s'est assis pour partager un long repas avec quelqu'un qu'il n'avait jamais rencontré – puis il a établi des contacts clés et apporté une sagesse éditoriale que lui seul pouvait fournir.

Au tout début de ce projet, un autre « auteur d'Alice Mayhew », Walter Isaacson, m'a fait croire en son importance et en son potentiel. À la toute fin, il a fourni le genre de conseils qui ne peuvent venir que de quelqu'un ayant passé des années à travailler dans les mêmes domaines. Pour ses réflexions sur tout, des notes de fin à la vérification des faits en passant par les entretiens, il a toute ma reconnaissance.

Mes amis David et Kate Heilbroner m'ont proposé leur maison lorsque j'avais besoin de suivre la routine de « la cabane dans les bois », et David a également attisé mon enthousiasme pour le projet avec sa propre passion pour la narration documentaire et les personnages plus grands que nature. Shir et Marnie Nir m'ont offert leur maison lorsque j'avais besoin de m'éloigner pour mettre le texte en forme et réviser, et ils m'ont également donné juste ce qu'il fallait d'embrassades, de conversations animées et de macaronis au fromage. À Chris Wilson, Andy Youmans, Leah Feygin, Bentley Meeker, Nadia Rawls, Brandon Kleinman, Katie Boyle, Parker Briden, Jacob Hawkins, Arthur Chan, Kevin Currie, Bryan Wish, Enna Eskin, Steve Veres, Mike Martoccio, Matt Gledhill,

Matt Hoffman, Tom Buchanan, Miho Kubagawa, Trisha Bailey, Nikki Arkin, Alex Levy, Bronwyn Lewis, Kaj Larsen, Meagan Kirkpatrick et Benjamin Hardy, merci pour les nombreux mots d'encouragement (et pour avoir supporté mes nombreuses, nombreuses absences). Plus de textos sur ce livre, c'est promis.

Et enfin, à Venice, à qui ce livre est dédié. L'idée de ce projet a commencé lorsque tu avais un an, et il a été terminé lorsque tu en avais six. Les cinq années qu'il a duré ont été parmi les plus heureuses de ma vie, dans une large mesure grâce à toi. Toi aussi, tu as écouté mes histoires sur Max Levchin et Elon Musk, et tu as apporté ta propre sagesse dans mes moments de doute sur le projet. Il est peu probable que tu te souviennes de ce qui s'est passé ces cinq dernières années. Mais je ne les oublierai jamais.

Les auteurs de livres comme celui-ci doivent généralement s'abstenir d'encombrer les lecteurs avec des « leçons » – le lecteur est suffisamment intelligent pour les découvrir par lui-même. Mais il existe une exception à cette règle pour les auteurs-pères, et je vais en profiter pour te laisser un message pour plus tard, quand tu pourras de lire ces mots.

Voilà : ta vie sera façonnée par les choses que tu crées et les personnes avec qui tu le fais. Nous avons tendance à nous inquiéter pour le premier point. Nous ne nous soucions pas suffisamment du second. L'histoire de PayPal, ce n'est pas uniquement des gens qui se regroupent pour façonner un produit : il s'agit de la façon dont le fait de se regrouper a façonné les gens eux-mêmes. Les fondateurs et les premiers employés de l'entreprise se poussaient encore et encore et exigeaient le meilleur des uns et des autres.

J'espère que tu trouveras aussi des personnes comme ça et que tu feras des choses avec elles. Cela paraît facile – mais c'est terriblement difficile. J'ai eu de la chance : j'ai eu plusieurs de ces personnes dans ma vie, dont beaucoup ont été nommées dans les pages précédentes. Tu les connais comme étant « tante Lauren », « tante Grace » et « oncle Justin », etc. Ce sont eux qui me demandent des comptes. Nous ne nous contentons pas de nous apprécier les uns les autres ; nous nous rendons meilleurs. Notre amitié repose sur un inconfort productif, et nous nous aimons suffisamment pour se dire ce qui doit être dit.

D'une manière amusante, je ne suis pas certain de pouvoir jouer ce rôle pour toi. Je t'aime trop pour t'apprendre certaines leçons, alors tu devras les apprendre par toi-même. Des compagnons de route t'aideront. Les livres ont besoin d'éditeurs, les vies aussi.

Comme tous mes conseils, prends-le avec scepticisme. D'ailleurs, je n'ai peut-être pas à m'inquiéter. Si tu as ouvert ce livre, que tu es restée si longtemps avec lui et que tu es arrivée jusque-là, peut-être que tu t'en sortiras très bien.

J.S.
New York

NOTE SUR LES SOURCES ET LA MÉTHODOLOGIE

J'ai écrit ce texte environ vingt ans après les événements traités dans ces pages. Mes livres précédents étaient des biographies historiques, et j'ai commencé ce projet d'une manière similaire. Pour commencer, j'ai créé une archive exhaustive de tous les livres, articles, documents scientifiques et autres références publiées concernant l'entreprise PayPal et ses sociétés antérieures Fieldlink, Confinity et X.com.

Dans la mesure du possible, j'ai essayé de m'en tenir aux éléments publiés entre 1998 et le milieu des années 2000. J'ai aussi rassemblé sur une feuille de calcul tous les articles de blog, interviews et interventions dans les médias des premiers fondateurs et des employés les plus étroitement associés à PayPal – et puis j'ai lu, regardé ou écouté chacune de ces apparitions et pour en extraire des pépites. Ces milliers d'articles et ces centaines d'heures d'images se sont avérés essentiels, en particulier pour avoir des souvenirs plus proches des événements en question.

Parmi les plus précieux, citons les conférences d'Elon Musk à l'université de Stanford en 2003 et une présentation en tandem de Peter Thiel et Max Levchin en 2004, ainsi que les commentaires d'anciens de PayPal sur la plateforme de questions-réponses Quora. Tout au long de ce projet, j'ai énormément bénéficié des efforts d'archivage et de catalogage des universités, des médias, des bibliothèques et de nombreux autres organismes (Ce n'est pas sans ironie de se dire que ce livre aurait été impossible sans YouTube – un réseau vidéo numérique construit par ceux qui ont commencé leur carrière chez PayPal).

J'ai également profité des archives stockées dans Internet Archive. Cette bibliothèque à but non-lucratif fait un travail inestimable, et si une civilisation extraterrestre veut déchiffrer le code de notre espèce, elle pourrait faire pire que de commencer par archive.org.

En plus des informations glanées dans des livres, des articles et du contenu audiovisuel existant, j'ai également contacté d'anciens employés de PayPal, des investisseurs, des quasi-investisseurs, des concurrents et d'autres personnes dans et autour de l'univers PayPal. J'ai tenté de contacter plusieurs centaines de personnes au cours de ce projet. Plus de deux cents ont répondu et ont accepté de me parler. Je suis reconnaissant envers les anciens de PayPal que j'ai interviewés en cours de route, dont beaucoup sont perpétuellement pressés et qui ont quand même fait de la place pour de longues discussions. J'espère que le résultat est agréable et instructif, même pour ceux qui ont vécu l'histoire.

Pour les scènes ou les dialogues du texte, j'ai essayé d'interviewer au moins deux personnes qui auraient eu une connaissance intime de la procédure. Dans la mesure du possible, j'ai essayé d'étayer ces moments par des documents papier ou des courriels, notamment des procès-verbaux du conseil d'administration, des documents de présentation et des notes internes. Un grand nombre de personnes que j'ai interrogées se sont avérées être des personnes qui ne jettent rien et j'ai bénéficié de diverses notes, courriels, documents et correspondances qu'elles ont conservés. J'ai pu en particulier me plonger dans plusieurs gigaoctets de courriels de cette période, un volume totalisant des centaines de milliers de pages. Cela m'a aidé à comprendre et à saisir des moments, petits et grands. J'ai été particulièrement chanceux de dénicher quatre années de la newsletter de l'entreprise PayPal (le *Weekly eXpert* devenu *Weekly Pal*), qui a donné à ma recherche une texture et une immédiateté qui, je l'espère, se reflètent dans le texte.

Les citations contenues dans le livre sont tirées à la fois de mes entretiens et de sources primaires et secondaires. Pour que le livre soit facile à lire, je me suis abstenu de noter chaque source dans le texte lui-même, mais j'ai soigneusement compilé les notes en fin de document pour rendre compte des citations. J'ai respecté ces moments où les sources souhaitaient s'exprimer sur le fond, et j'ai fait de mon mieux pour limiter mon utilisation de citations anonymes.

Ce livre a subi plusieurs réécritures, vérifications éditoriales et relectures approfondies. Il y a eu les lectures fournies par plusieurs éditeurs de l'équipe géniale de Simon & Schuster, ainsi qu'une lecture juridique par le biais de leur cabinet d'avocats sous contrat, Miller Korzenik Sommers Rayman LLP. Indépendamment, j'ai également sollicité le soutien d'un vérificateur de faits expérimenté, Benjamin Kalin, qui a porté un regard aiguisé sur ce texte. Ben est infatigable et se soucie profondément de la vérité. Je suis reconnaissant de l'avoir eu à mes côtés pendant ce voyage.

Comme pour tous les projets de cette longueur, il peut y avoir des erreurs, et elles sont entièrement de mon fait. Pour ce projet, j'ai écrit un brouillon de plusieurs centaines de milliers de mots ; mes interviews ont représenté à elles seules plus de quinze jours d'enregistrements audio. Ce que vous tenez entre vos mains est le produit d'un grand nombre décisions et de modifications douloureuses. Le plancher de la salle de coupe est recouvert.

De par sa conception, ce projet souffre du sophisme narratif : écrire sur un moment donné de l'entreprise, c'est ne pas écrire sur ce qui se passe dans le bureau d'à côté. Quand Brad Stone s'est assis avec Jeff Bezos pour discuter du premier livre de Stone sur Amazon, Bezos a demandé comment allait gérer les limites de la narration linéaire. « Quand une entreprise a une idée, c'est un processus désordonné », a déclaré Bezos. « Il n'y a pas de moment de vérité. »

Il a tout à fait raison – même si la réponse de Stone est également correcte : un auteur doit tenir compte du sophisme narratif et « se lancer quand même ». J'ajouterais que l'objectif de livres comme celui-ci est de saisir ce désordre. Construire quoi que ce soit (y compris ce livre) est un processus semé d'impasses, de routes non empruntées et de moments perdus dans les méandres du temps. J'espère que ce texte mettra en lumière cet effort sérieux et itératif autant qu'il révélera de grandes idées sur la technologie ou la stratégie commerciale.

Dans mes écrits, j'ai essayé de couvrir les sujets qui revenaient à plusieurs reprises dans les entretiens, tout en laissant de la place aux histoires et aux idées qui m'ont ému ou surpris. Mais ce sont des choix éditoriaux, et une autre série de choix aurait donné un livre différent. Je me risquerais à penser que plusieurs versions de l'histoire de PayPal restent à écrire – un futur auteur pourrait s'efforcer d'explorer à nouveau cette période.

C'est pourquoi je me suis efforcé de rédiger les notes de fin de chapitre détaillées qui suivent. Si une âme courageuse explore ces eaux à nouveau, ce qui suit représente les rivières que j'ai trouvées au cours de mon voyage. J'espère que vous en découvrirez de nouvelles au cours de vos recherches et, si je suis encore là quand vous le ferez, faites-moi signe. Je me joindrai à vous pour me pencher sur les années PayPal avec enthousiasme.

Imprimé en France par CPI
en novembre 2022
Dépôt légal : novembre 2022
N° d'impression : 172808

Talent Éditions est engagé dans le développement durable afin de limiter l'empreinte carbone de la fabrication de ses livres. Soucieux de l'impact environnemental de notre métier, nos ouvrages sont imprimés en France sur du papier certifié issu de plantations gérées de manière éco-responsable. Les livres non-commercialisables sont recyclés et réutilisés pour la fabrication d'autres produits cartonnés.